PPSB-Hamburg

Navigation in rauen Gewässern

Ein systemisches Kinderschutzprogramm

PPSB-Hamburg

Navigation in rauen Gewässern

Ein systemisches Kinderschutzprogramm

verlag das netz
Weimar

Bitte richten Sie Ihre Wünsche, Kritiken und Fragen an:
info@verlagdasnetz.de

ISBN 978-3-86892-175-5

Lektorat: Korinna Schröder
Gestaltung: Jens Klennert, Tania Miguez
Titelbild und Abbildungen: Heike Schader
Druck und Bindung: Förster & Borries, Zwickau
Printed in Germany

Weitere Informationen finden Sie unter www.verlagdasnetz.de

Inhalt

Das Familienspiel des PPSB-Hamburg auf Seite 236 können Sie unter dem folgenden Link herunterladen:

www.betrifftkinder.eu/home/verlagsprogramm-181/handlungskonzepte/2275-navigation-in-rauen-gewaessern.html
Passwort: NIRG2021

Einleitende Worte

Wir – das Lehrtherapeut_innen-Team des PPSB-Hamburg – haben uns zum Ziel gesetzt, ein Konzept für die Entwicklung und den Erhalt des Kindeswohls zu entwickeln. Denn wir erleben in unserer alltäglichen Supervisions- und Fortbildungsarbeit mit Kolleg_innen aus dem Bereich Jugendhilfe, wie schwer es ist, die vorhandenen Erkenntnisse in diesem Bereich an die Hilfesuchenden und deren familiäres Umfeld heranzutragen und mit den betroffenen Systemen verlässlich zu arbeiten. Die erschwerenden Faktoren in der Arbeit mit Gefährdungsthemen sind dabei sehr vielschichtig.

Es geht darum, die eigene Komfortzone zu verlassen. Konfrontation und Kritik sind unangenehm, und es geht um die Gefahren, die bei der Auseinandersetzung mit dem Thema Kinderschutz lauern. Das bringt eine hohe Brisanz mit sich und die Ausschüttung von Adrenalin. Oft reagieren Menschen darauf mit bekannten Schutzreflexen:

- sie gehen Deckung, ducken sich weg, bagatellisieren und flüchten,
- werden aggressiv, wehren sich, verteilen und verschieben die Schuld,
- wollen nichts davon wissen, schotten sich ab, öffnen die Tür nicht und stellen sich tot.

Diese archaischen menschlichen Schutzreaktionen kennen wir aus unserer Arbeit. Auf sie greifen alle Beteiligten, Betroffene wie nicht direkt Betroffene und die damit befassten professionellen Fachkräfte, zurück und machen es sich damit schwer, das Kindeswohl zu schützen oder wiederherzustellen.

Im Fall einer Gefährdung wird die_der Schuldige gesucht, und als Schutz vor Beschuldigung wird von den beteiligten Fachkräften jede Situation dokumentiert, um zu belegen: »Wir haben keine Fehler begangen.« Es entsteht der Eindruck, dass diese Vorgehensweise zum ausschlaggebenden Aspekt von Professionalität erklärt wird, sodass die helfenden Kolleg_innen kaum noch Zeit und Energie haben, mit den betroffenen Erziehungssystemen zusammenzuarbeiten.

Die hohe Anzahl der beteiligten Fachkräfte in Kindeswohlgefährdungsfällen birgt ebenfalls Probleme. Wir müssen eine Lösung finden und verlässliche Angebote machen, die uns vor den Fallen schützen, die in solchen komplexen Systemen mit einer hohen Kooperationsdichte enthalten sind. Wir haben die Erfahrung gemacht, dass wir ein hohes Maß an Verlässlichkeit in der Einhaltung von Absprachen leben müssen: sowohl zwischen den Fachkräften als auch zwischen den Betroffenen und darüber hinaus zwischen den Betroffenensystemen (Familien- und Hausgemeinschaften, Wohngemeinschaften und anderen Systemen) und dem Fachkräftesystem. Die Betonung liegt auf dem »Leben-Müssen«, denn auch hier stellen wir fest, dass die großen Probleme nicht beim Entwickeln von Plänen und deren Dokumentationssystemen liegen, sondern vor allem bei der Umsetzung von Ideen in die handelnde Beziehung der beteiligten Menschen. Wir sehen, dass es nicht nur wichtig ist, Verträge zu nutzen, um zwischen den beteiligten Menschen verlässliche Absprachen zu erzeugen, sondern zu lernen, wie wichtig diese Absprachen sind, an die sich alle halten müssen. Verträge werden häufig nicht ernst genommen, sondern als hinderlich und als Einschränkung von Freiheitsbestrebungen erlebt. Unser jetziges, sehr durch

Egoismus geprägtes Zeitalter hat dazu beigetragen, dass wir das Gebot »Füge niemandem zu, was du nicht willst, dass es dir selbst zugefügt wird« aus den Augen verloren und durch ein über allem stehendes Freiheitsbestreben nach dem Motto »Ich will alles und noch viel mehr machen dürfen« ersetzt haben. Wir müssen wieder lernen, mit diesem Satz aus der Zeit der Aufklärung zu leben: »Die Freiheit des einen hört da auf, wo das Recht des anderen beginnt.« Das vorliegende Buch ist im ersten Halbjahr 2020 geschrieben worden – zu einer Zeit, in der die Corona-Pandemie begonnen hat. Wir mussten in dieser Zeit immer wieder erleben, wie schwer es ist, Menschen zu einem solidarischen und gesundheitsbewussten Verhalten zu bewegen. Es hat viel Überzeugungskraft und sehr klare Richtlinien gekostet, das gewohnte Nähe-Distanz-Verhalten der nötigen Abstandsregel anzupassen, um Ansteckung zu verhindern. Wir sollten uns klarmachen, dass sich eine Veränderung des Umgangs und des Werte- und Regelsystems in Beziehungen nur schwer ausschließlich über die selbstbestimmte Erkenntnis entwickelt.

Auch im Kinderschutz gilt es, klare Grenzen aufzuzeigen und konsequente Regelungen bei Grenzverletzung durchzusetzen. Der Nachteil im Kinderschutz ist, dass es sehr schwierig ist, die juristischen, psychologischen und sozialpädagogischen Fachkräfte zur nötigen konsequenten Einhaltung der entwickelten Regeln zur Abwehr von Kindeswohlgefährdung zusammenzubringen und einen mit den Kindern solidarischen Umgang zu entwickeln. Zu oft kommt es dazu, dass die Verfahren frühzeitig geschlichtet und eigene Verhaltensweisen nicht reflektiert werden und auf diese Weise ein nicht hilfreiches Vorbild bieten.

Althergebrachte Moralvorstellungen sind auch nicht immer hilfreich, z.B. die Annahme, dass Kinder Eltern und die eigene biologische Familie in jedem Fall und ohne Ausnahme brauchen. Im Kinderschutz haben wir es eher mit einer Ausnahmesituation zu tun, die auch besondere Betrachtungen und Sonderregelungen erforderlich macht. Oft genug ist die Familie der gefährlichste Raum für die Kinder.

Unsere Erfahrungen und Empfehlungen mit der Umsetzung des SGB VIII § 8a und § 8b haben wir bereits im 2013 erschienenen Buch zur Risikoabschätzung bei Kindeswohlgefährdung beschrieben.[1]

Unser Buch

... handelt davon, wie Organisationen und ihre Mitarbeiter_innen mit der Sorge um eine Kindeswohlgefährdung oder mit einer festgestellten Kindeswohlgefährdung arbeiten können. Der Umgang mit diesem Thema ist von Organisation zu Organisation unterschiedlich und wird in den unterschiedlichen Regionen unserer Republik ebenfalls heterogen gehandhabt.

1 Schader, Heike (Hrsg.) (2013): Risikoabschätzung bei Kindeswohlgefährdung. Ein systemisches Handbuch. Weinheim/Basel: Beltz Juventa.

Wir stellen mit unserem Buch eine umfassende Konzeption für einen gelingenden Kinderschutz vor. Beginnend von der Organisationsentwicklung über die Reflexion von Mitarbeiter_innen bis hin zur Arbeit mit den betroffenen Systemen (Familien, Alleinerziehende und alle anderen Konstellationen, in denen Kinder dazugehören), wollen wir ein Programm anbieten, in dem Kinderschutz von einer konstruktiven Idee zu einer gelingenden Handlung wird. Das Modell haben wir auf der Grundlage unserer jahrelangen Erfahrungen in Fortbildung, Supervision, Organisationsberatung und der Unterstützung in konkreten Kinderschutzproblematiken entwickelt.

Unser Ziel war und ist es, ein Kinderschutzprogramm zu entwickeln, das unabhängig vom Kontext der Organisation eine systematische Einbindung von Kinderschutz in die Unternehmenskultur ermöglicht. Denn aus unserer Sicht sollte das Thema Kinderschutz in allen Organisationen, in denen mit Kindern oder mit Menschen, in deren Haushalt Kinder leben, gearbeitet wird, einen Platz haben. In einer freiheitlich-demokratischen Gesellschaft gehört es zu den elementaren Bedingungen aller Organisationen, in Sachen Kinderschutz gut aufgestellt zu sein.

Zentrale Gedanken des Kinderschutzkonzepts

... wollen wir an dieser Stelle schon einmal anreißen.

Im Mittelpunkt unserer Konzeption steht die Einführung und Etablierung einer »Stabsstelle Kinderschutz« in jeder Organisation. Diese Stabsstelle hat nicht nur beratende Funktion, sondern auch personalrechtliche Entscheidungsbefugnisse.

Ein weiterer zentraler Punkt ist die konsequente Einbeziehung von Kindern und Jugendlichen in die Aufarbeitung von Kindeswohlgefährdungen bzw. in die Bearbeitung von Sorgen um das Kindeswohl. Unser Ansatz ist, dass das in jeder Einrichtung, die mit Menschen arbeitet, geschehen sollte.

Die Basis unserer Arbeit ist der systemische Ansatz. Damit verbinden wir die begründete Überzeugung, dass Kommunikation und die Qualität derselben ein Schlüssel für Entwicklung sind. Um einen fachlich fundierten und anpassungsfähigen Umgang im Kinderschutz zu entwickeln, müssen wir Tabus und Sprachlosigkeiten auflösen.

Grundlegend ist für uns auch die Überzeugung, dass Kinderschutz ein Dauerthema sein muss. Daraus entsteht die Notwendigkeit, eine verlässliche Reflexionskultur zu schaffen. Wichtig sind uns außerdem die Installation eines respektvollen und wertschätzenden Umgangs mit allen Menschen, der gleichzeitig Schutz vor herablassenden Verhaltensweisen bietet. Wir fordern dazu auf, all das einzuüben, damit die lernenden Organisationen für die von ihnen betreuten Menschen eine Kultur der Entwicklung präsentieren können, die ein Vorbild und Orientierung sein kann.

Kommunikative Prozesse müssen in transparente Entscheidungen münden – in Absprachen, die verlässlich eingehalten werden, überprüfbar sind und Klarheit schaffen.

Wir möchten die Arbeit mit diesem schweren Thema auf drei Ebenen förderlich begleiten:

Erstens möchten wir den Organisationen und ihren Fachkräften Ideen und Instrumente an die Hand geben, die Anforderungen, die das neue Kinderschutzprogramm mit sich bringt, durch eine partizipative Organisationsentwicklung anzupassen. Damit können wir die unterschiedlichen Professionen näher zusammenführen: Sozialpädagog_innen, Erzieher_innen, psychologisch und therapeutisch orientierte Berufsgruppen, Pädagog_innen und Fachleute des Gesundheitswesens, aber auch andere Fachleute wie Handwerker_innen, Verwaltungskräfte und Hauswirtschaftskräfte. Alle Professionen eint die gemeinsame Klammer – das Kinderschutzprogramm.

Zweitens zeigen wir einen Weg, wie dieses Kinderschutzprogramm mit all seinen Facetten und Möglichkeiten auf partizipativem Weg entwickelt werden kann. Allen Beteiligten in der Organisation soll die Mitwirkung ermöglicht werden. Das Vorgehen in der Organisation soll ein Vorbild sein für das weitere Arbeiten mit den Menschen, die Hilfe suchen, Rat wollen oder unter Druck Kontakt aufnehmen.

Drittens werden wir systemisch orientierte Methoden zur Verfügung stellen und absichern, die Theorie und Praxis verbinden und zu einem effektiven Konzept zum Wohl der Kinder wachsen lässt. Respekt und Wertschätzung mit dem Gegenüber zu praktizieren und jeder Zeit sein eigenes Verhalten zu hinterfragen, soll bei diesem Vorhaben unsere Leitlinie sein. Entsprechend unserer regionalen Verortung im Norden des Landes und in einer Hafenstadt haben wir für einige Methoden nautische Begriffe gewählt.

Wir beschreiben sowohl die Grundgedanken als auch die dazu passende Praxis. Dabei stellen wir Methoden und Reflexionsübungen vor, die allein von Fachleuten durchgeführt werden können und auch als Anregung für die Arbeit mit externer Begleitung (Supervision, Organisationberatung) dienen.

Wir stellen ein Kinderschutzprogramm vor, in dem die konkrete Umsetzung im Vordergrund steht. Ein Kinderschutzprogramm soll keine Ausarbeitung für die Schublade sein, sondern ein praxisnahes System, an dem alle beteiligt sind. Auf diese Weise soll das Kinderschutzprogramm Teil der Unternehmenskultur werden. Es geht darum, aus der Perspektive des Kindeswohls Haltungsgrundsätze, Positionierungen, Maßnahmen und Verfahren zu entwickeln und – vor allem – mit nachhaltigem Handeln zu versehen. Kinderschutzprogramme müssen aus unserer Sicht zum einen eine verbindliche und stabile Rahmung bieten, sie müssen aber zum anderen auch in einen ständigen Diskurs, in die Kultur der Organisation eingebunden sein. Den Begriff Programm verstehen wir im Sinn von Repertoire, d.h. alles, was die Organisation zu bieten hat, und im Sinn von Programmatik, einer gemeinsamen Ziel- und Leitvorstellung zum Thema Kindeswohl und Kindeswohlgefährdung.

Unsere Arbeitsweise

... ist nicht ganz gewöhnlich. Unser Werk ist im Autor_innenkollektiv entstanden und ein Resultat gemeinsamer wie individueller Arbeit. Wir gehen davon aus, dass Theorien, Haltungsanregungen und Methoden auch das Produkt von Kollektiven sind. Unsere Sichtweise auf die Welt basiert auf der systemischen Theorie. Die heute namentlich geführten Theoretiker_innen verdienen unsere Anerkennung. Gleichzeitig gehen wir davon aus, dass es viele unbekannte Mitdenker_innen und Gestalter_innen gibt, die ebenfalls wichtige Beiträge geleistet haben: unzählige studentische Hilfskräfte und Praktiker_innen, die im Karussell des Namedroppings herausgefallen sind. Im Literaturverzeichnis finden Interessierte die Bücher, die uns inspiriert haben, und die in unsere eigenen Überlegungen mit eingeflossen sind.

Sprache ist machtvoll

... deshalb haben wir uns mit verschiedenen Begrifflichkeiten auseinandergesetzt. Die Begriffe »Eltern«, »Mutter« und »Vater« erscheinen uns in Anbetracht der Lebenssituation von Kindern als biologistisch einengend. Im Rahmen von Kinderschutz zielen sie für uns auch nicht auf den entscheidenden Punkt, denn hier geht es um Verantwortung. Wer trägt Verantwortung und wer ist auch bereit, sie zu tragen? Daher werden wir von »Erziehungsverantwortlichen« sprechen. Gemeint sind damit alle Erwachsenen, die in einer häuslichen Gemeinschaft oder aufgrund einer sozialen oder biologischen Verbindung Verantwortung für ein Kind oder mehrere Kinder tragen wollen oder müssen.

Wenn wir von »Kindeswohlgefährdung« schreiben, meinen wir Betroffene im Alter von 0 bis 18 Jahren. Jugendliche werden allzu oft nicht im Kontext von Kindeswohlgefährdung gesehen. Aus unserer Sicht gilt aber bis zum vollendeten 18. Lebensjahr ein besonderer Anspruch auf Schutz, nämlich der Kinderschutz.

Für die Beschreibung der Dynamik zwischen Fachstelle und Mensch haben wir uns für den Begriff »Hilfesuchende« entschieden. Auch wenn dieser Begriff zu Recht diskutiert wird, erscheint er uns im Kontext unseres Denkens passend. Systemisch gedacht kann sich jeder Mensch jederzeit entscheiden, auch wenn die Entscheidungsspielräume unterschiedlich groß und die daraus folgenden Konsequenzen unterschiedlich massiv sein können. Wenn es zu einem Kontakt mit einer Fachstelle kommt, deren Aufgabe es ist, Hilfe anzubieten, dann kann es sich im Umkehrschluss nur um Hilfesuchende handeln. Ansonsten wären sie an dieser Stelle nicht passend. Dabei ist noch nicht geklärt, wobei Hilfe gewünscht wird. Hilfe dabei, endlich in Ruhe gelassen werden, ist aus unserer Sicht ebenso ein Hilfeanliegen wie der Wunsch nach Hilfe für die Verbesserung der häuslichen Situation. Am Begriff »Hilfesuchende« gefällt uns außerdem, dass er auch impliziert, dass Hilfe angeboten, angenommen und umgesetzt werden muss, damit sich etwas verändert. Gerade im Themenkomplex Kinderschutz ist die Frage nach dem Veränderungswillen und der daraus folgenden Veränderung das zentrale Thema. Die Hilfe ist eine gesetzlich geregelte Pflicht. Die Vorgehensweise beziehungsweise Spielregel zur Umsetzung der Hilfe ist vertraglich geregelt, d.h. verpflichtend für die Vertragsparteien. Die Hilfeanbieter_innen sind durch fachliche Qualität gekennzeichnet. In Fällen von Kindeswohlgefährdung sind die eigentlichen Hilfesuchenden die Kinder. Wenn die Erziehungsverantwortlichen sich selbst nicht als hilfesuchend definieren können, muss eine alternative Hilfe gefunden werden, die unter Umständen mit Unterstützung des Familiengerichts umgesetzt wird.

… und zum Start

Wir hoffen, dass dieses Werkstattbuch für alle Leser_innen Anregungen enthält und eine Entwicklung zu einem guten Kinderschutz unterstützt. Wir freuen uns über Feedback und sind gespannt, wie sich der gesamtgesellschaftliche Diskurs entwickeln wird.

Harald Ott-Hackmann, Heike Schader, Brigitte Ott, Tim Käsgen

Hamburg, im Mai 2021

Haltung und Grundgedanken

Im ersten Kapitel wird eine Haltung beschrieben, die eine Basis für die Erarbeitung eines Kinderschutzprogramms sein sollte. Beginnen werden wir damit, Kindeswohl und Kindeswohlgefährdung zu definieren. Nur auf der Grundlage einer Definition dieser Begriffen, die mit einer entsprechenden Haltung verbunden ist, kann mit dem Thema Kinderschutz konstruktiv und nachhaltig gearbeitet werden: Denn der Schutzgedanke basiert auf der Abweichung von der Definition eines Kindeswohls.

Im zweiten Teil des ersten Kapitels widmen wir uns dem Selbstverständnis der Fachleute. Die Definition von Kompetenzen und Verantwortungen ist ebenfalls eine Notwendigkeit, um im Kinderschutz klar und sicher agieren zu können.

Im dritten Teil werden wir die gesellschaftliche Kultur im Umgang mit Kindeswohl und Kindeswohlgefährdung in den Blick nehmen. Damit begeben wir uns im systemischen Sinn in die Kontextumgebung, die maßgeblich für das Beobachten, Bewerten und Handeln im Kinderschutz ist. Um den Blick noch einmal zu weiten, stellen wir diese Kultur in den Kontext von Interkulturalität – weil der Umgang mit kulturellen Einflüssen in einer global orientierten Gesellschaft essenziell ist.

Kindeswohl und Kindeswohlgefährdung – eine Begriffsverortung

Über allem steht für uns die Überzeugung: Kindeswohl ist Menschenrecht. In vielen Diskussionen mit den Fachkräften aus den unterschiedlichen Arbeitsfeldern, die für Kinder und Jugendliche und deren Familien in unserer Gesellschaft geschaffen wurden, haben wir eine Konvention entwickelt, die den Rahmen für unsere Arbeit mit Kindern und Jugendlichen sichert. Sie besteht aus den Leitsätzen:

- Kinder und Jugendliche sind Menschen mit Menschenrechten. Diese sind von der Weltgemeinschaft entwickelt worden und die Mehrheit aller Menschen erkennen sie an.
- Kinder und Jugendliche haben ein Recht auf eine selbstgesteuerte Entwicklung und ein autonomes Leben.
- Kinder und Jugendliche haben ein Recht auf Unterstützung in ihrer individuellen Entwicklung durch die Gesellschaft (das schließt die Sorgeberechtigten und Erziehungsverantwortlichen und andere Bezugspersonen ein).
- Kinder und Jugendliche haben ein Recht auf Mitsprache in gesellschaftlichen Entscheidungsprozessen, weil sie diejenigen sind, die mit den Konsequenzen dieser Entscheidungen leben müssen. Sie sind die Vertreter_innen der Zukunft.

Diese Leitsätze sind für unsere Beziehung zu Kindern und Jugendlichen und deren Familien, aber auch in der Beratung anderer Fachmenschen, die mit ihnen arbeiten, wichtige Leitplanken. Sie orientieren uns in unserer machtvollen Position als Erwachsene, aber auch in der partnerschaftlichen Position als fachliche Begleiter_innen der Entwicklung von Kindern und Jugendlichen und deren vielleicht um Hilfe und Unterstützung suchenden Erziehungsverantwortlichen und Angehörigen. Sie dienen uns weiterhin als moralische und ethische Leitplanken in der Zieldefinition von pädagogischen und psychologischen/therapeutischen Handlungskonzepten:

- Wir verpflichten uns zu einem kooperativen Umgang mit Menschen, also auch mit Kindern und Jugendlichen.
- Wir entwickeln mit Ihnen gemeinsam die für uns geltenden Werte und akzeptieren ihre individuelle Persönlichkeit.
- Wir begegnen Ihnen mit allem Respekt vor ihrer Lebensleistung und achten ihre Grenzen.
- Wir unterstützen Kinder und Jugendliche dabei, dass sie lernen können, auch uns in unseren individuellen Möglichkeiten und Grenzen respektvoll zu begegnen.

Für uns gilt der Satz: »Meine Freiheit hört dort auf, wo das Recht auf freie Entwicklung des anderen beginnt.« Ein Übergriff in die Freiheitsrechte des anderen verbietet sich. Jede

Abweichung von dieser Ethik der selbstbestimmten Entwicklung ist eine Verletzung der Grundrechte des Gegenübers. Die Grenze zwischen beiden beteiligten Systemen ist ein Ergebnis kooperativer gesellschaftlicher Prozesse, die permanent und dialogisch verlaufen. Sie sind nicht in Stein gemeißelt und für die Ewigkeit stabil, sondern entwickeln sich immer weiter. So wie sich unsere Gesellschaft ändert und alle mit ihr verbundenen Lebensbedingungen, so müssen auch die Lebensstrategien immer wieder angepasst werden.

Innerhalb dieser Anpassungsprozesse brauchen die in der jeweiligen Epoche lebenden Menschen immer wieder neue Strategien. Der Mensch als biologisches System ist am Überleben interessiert. Die Fähigkeit der Selbststeuerung ist dabei eine basale Notwendigkeit, um sich im Kontext Natur, der sehr vielfältig, komplex und damit oft auch kompliziert ist, zu behaupten. Als Voraussetzung für die Selbststeuerung hat der Mensch vielfältige und individuelle Fähigkeiten zur Verfügung, die ihm das Überleben sichern können. Dieses innere Entwicklungsprinzip zu fördern und zu schützen ist unser Ziel.

Das Kindeswohl als Entwicklungsziel

Um das Kindeswohl zu schützen, sollten wir uns klargemacht haben, was das Kindeswohl ist.

Die erste Aufgabe einer Organisation beim Einführen eines Schutzprogramms in das Geflecht von Firmenphilosophie und alltäglichem Umgang mit den Menschen[2] wird sein, einen Prozess in Gang zu setzen, der eine kooperativ entwickelte Definition vom Kindeswohl im Dialog zwischen den beteiligten Menschen ermöglicht.[3] Das Kind kann nicht unabhängig von seinen Erziehungsverantwortlichen gesehen werden. Beide teilen einen Dialog mit dem Ziel, eine für alle zufriedenstellende Wirklichkeit zu konstruieren.

Kinder und Jugendliche sehen wir in diesem Dialog als Entwicklungsakteur_innen. Von Beginn an setzen sie sich aktiv mit ihrer Umwelt auseinander und entwickeln sich ihrer Natur entsprechend im Austausch mit den sie umgebenden kontextuellen Bedingungen (»nature and nurture«).

Schwangerschaft

Schon in den ersten Wochen im Mutterleib treten die kindlichen biologischen Anlagen in einen Dialog mit ihrer Umwelt, indem sie aktiv mit den Bedingungen des Körpers ihrer Mutter und der Umwelt der Mutter interagieren. Zellteilung, Zellspezialisierung, Zellmigration und Zellsterben im Embryonalstadium ermöglichen die zunehmende Ausbildung spezialisierter Strukturen und Funktionen im Zusammenwirken mit den unterstützenden

2 Vgl. Kapitel »Systemisches Organisationskonzept zur Erstellung eines Schutzprogramms«.
3 Vgl. PPSB-Hamburg (2015): Kooperative Konstruktion im Dialog. Ulm: Klemm und Oelschläger.

Bedingungen im Uterus. Unter diesen Voraussetzungen wird in einer frühen Mutter-Kind-Kommunikation durch fein abgestimmte hormonelle Prozesse ein Entwicklungsunterstützungssystem für den Embryo ausgebildet, bestehend aus Plazenta, Nabelschnur und Fruchtblase. Sind die Bedingungen auf einer der beiden Seiten nicht passend, endet dieser frühe Dialog – und gemeinsame Entwicklung ist zu diesem Zeitpunkt nicht möglich.

Durch die aktuelle Gesetzgebung zur Abwendung von Kindeswohlgefährdung ist das vorgeburtliche Leben des Kindes nicht geschützt. Hier treffen zwei hohe Persönlichkeitsrechte aufeinander: das Recht der Mutter und das Recht des Kindes. Dafür gibt es keine einfachen Lösungen. Wollen wir Mütter und Frauen nicht nur als biologischen Wirt, sondern als Menschen mit Persönlichkeitsrechten betrachten, ist ein Dialog auch im Hinblick auf das Kind von äußerst wichtiger Bedeutung. Denn hier gibt es eine Kollision des Rechts auf Unversehrtheit, Entwicklung und Wohlergehen des Kindes mit den Rechten der Mutter auf individuelle Lebensgestaltung, Autonomie und Schutz. Eine Entmythologisierung der Mutterschaft würde hier eine größere Vielfalt an Möglichkeiten und Hilfen ermöglichen. Glücklicherweise sind die Ressourcen an möglichen Hilfen, die ein Überleben von Mutter und Kind ermöglichen, in den letzten Jahren in Deutschland gewachsen, wenn auch noch lange nicht zufriedenstellend. In der Schwangerschaftskonfliktberatung ist ein dialogischer Ansatz bereits zu erkennen. Solange die Wertigkeit einer Frau jedoch maßgeblich an der Mutterschaft orientiert ist und Männer noch immer nicht die gleiche Verantwortung in der vorgeburtlichen Elternschaft tragen, wird es immer wieder Konflikte zwischen der Selbstbestimmung von Kind und biologischer Mutter geben. So gibt es immer wieder Schwangerschaften, die nicht zum Wohle des Kindes entstanden sind, sondern auf der Grundlage gänzlich anderer Bedürfnisse. Schwangere Frauen fühlen sich weiterhin alleinverantwortlich und überfordert und Männer übernehmen, wenn überhaupt, erst nach der Geburt Verantwortung. Ein Beispiel wäre die Tatsache, dass Substanzmissbrauch auch auf Seiten des biologischen Vaters das Kindeswohl schädigen kann.[4] Das spielt in Fallbetrachtungen und in der gesellschaftlichen Diskussion jedoch meist keine Rolle, und eine gleichberechtigte Verantwortung für eine potenzielle Kindeswohlgefährdung wird verhindert. Aus unserer Sicht trägt dies dazu bei, das Ungleichgewicht der Verantwortung von biologischer Mutter und biologischem Vater dem Kind gegenüber in der Schwangerschaft aufrechtzuerhalten.

Selbstbestimmte Entscheidungen hinsichtlich der Elternschaft erfordern ein gesellschaftliches Umdenken. Solange das Dilemma nicht anders gelöst wird, sehen wir in der Möglichkeit eines Schwangerschaftsabbruchs ein basales Recht auf Selbstbestimmung von Frauen.

Schwangere Frauen, die in einer hoch konflikthaften Ehe oder Beziehung leben oder von anderen Menschen psychisch oder physisch bedroht werden, müssten durch den Staat ohne Gegenleistung geschützt werden. Frauen in prekären finanziellen Situationen und wohnungslose Frauen bräuchten eine sofortige bedingungslose Unterstützung, wenn das Kindes-

4 Stachowske, Ruthard (Hrsg.) (2007): Drogen, Schwangerschaft und Lebensentwicklung der Kinder. Das Leiden der Kinder in drogenkranken Familien. Kröning: Roland Asanger.

wohl für die Gesellschaft ein hohes Gut wäre. Die zeugenden Männer müssten ab der ersten Minute für Kosten und Schutz von Frau und Kind aufkommen und ebenso die Verpflichtung haben, das Kind alleinverantwortlich aufzuziehen, sofern es keine andere Lösung gibt. Aus systemischer Sicht bringen biologische Systeme von der ersten Zelle an natürliche biologische, psychische und soziale Entwicklungsbedürfnisse mit sich, die eng miteinander verwoben sind. Die Entwicklung von Kindern ist bereits in der pränatalen Phase sehr weit geschritten. Auf biologischer Ebene steht in erster Linie das Überleben im Vordergrund. Das Kind will existieren, möglichst in körperlicher Unversehrtheit und Gesundheit. Mutter und Kind bilden einerseits eine biologische Einheit, sind aber andererseits ein soziales System, das aus zwei unterschiedlichen Menschen besteht. Bis zur Geburt bilden Mutter und Kind eine Einheit, daher muss jede Gefährdung der Mutter vom Gesetzgeber auch als Gefährdung des Kindes gesehen und behandelt werden. Dieser Sichtweise zufolge müssen in einem Übergriff jeglicher Art gegen die Mutter strafrechtlich relevante Taten gegen Mutter und Kind zugleich gesehen werden.

Kindheit und Jugend

Mit der Geburt wird der Mensch zum ersten Mal unabhängig und muss sich selbst in ein soziales Gefüge einbringen.

Selbst bei optimaler physischer Bedürfnisbefriedigung entwickelt sich jedoch kein Körper ohne Beachtung der Psyche weiter. Psychologisch gesehen streben Kinder und Jugendliche aus sich selbst heraus nach sicheren Bindungserfahrungen, die geprägt sind von einer ausgeglichenen Autonomie- und Nähe-Kultur, von Selbststeuerungsmöglichkeiten und Vielfalt. Sie haben den Wunsch nach Wertschätzung von Unterschiedlichkeit und Individualität. Sie bevorzugen eine transparente und authentische Feedbackkultur sowie Reflexions- und Entscheidungsangebote. Der psychische Hunger eines Kindes findet Sättigung in sozialen Austauschprozessen. In ihren sozialen Interaktionen orientieren sich Kinder und Jugendliche an einem Gefühl der Zugehörigkeit, an altersentsprechenden Wahlmöglichkeiten, an Gelegenheiten zum Mitreden, Mitdenken und Mitlernen. Sie streben ebenso nach der Erfahrung sozialer Möglichkeiten wie nach sozialen Grenzen. Sie haben ein Bedürfnis nach Strukturen und Halt und zugleich nach Freiräumen und sind interessiert an gemeinschaftlichem Lernen und gemeinschaftlicher Entwicklung. Kinder und Jugendliche verstehen schnell, was Gerechtigkeit bedeutet, und wünschen sich Gerechtigkeit. Des Weiteren wünschen sie sich, an der Gesellschaft teilzunehmen, Zugang zu den Gütern dieser Welt und Perspektiven für die Zukunft zu haben.

In jeder Lebensphase bilden diese physischen, psychischen und sozialen Bedürfnisse die Grundlage gesunder kindlicher Entwicklungs- und Auseinandersetzungsprozesse. Je nach Lebensalter und Persönlichkeit setzen Kinder und Jugendliche zu verschiedenen Lebenszeitpunkten unterschiedliche Schwerpunkte in ihren Entwicklungswünschen. Ein Säugling beispielsweise setzt in den ersten Monaten nach der Geburt seine Schwerpunkte wie folgt:

- Überleben: Dazu gehören Ernährung und eine hilfreich gestaltete, gesunde Umwelt ebenso wie Sinneserfahrungen und -erprobung (motorisch, akustisch, haptisch usw.).
- Bindung: Darunter verstehen wir einen verlässlichen, emotional förderlichen, empathischen Bezug zu einer vertrauten Person oder Gruppe von Erwachsenen – in unserer Gesellschaft meistens die Erziehungsverantwortlichen, die im Haushalt leben, und Personen, die mit den Kindern und Jugendlichen in besonderer Weise verbunden sind (z.B. Großeltern).
- Sicherheit: Darunter verstehen wir ein Gefühl der Berechenbarkeit und Planbarkeit von Beziehung zu den engsten Bezugspersonen. Eine verlässliche Wahrnehmung in diesem Kontext – ohne Angst und Willkür – kann das Kind in diesem Kontext zu Bewusstseinsprozessen organisieren.
- Soziale Interaktion: Das Kind ist in der Lage, eine Interaktion auszuüben – oder an ihr teilzuhaben –, in der es von Anfang an angstfrei die moralischen und ethischen Werte unserer Gesellschaft erleben und internalisieren kann. Weiterhin kann es in einer solchen Interaktion hilfreiche Lebensstrategien und den angemessenen Umgang mit stabilen Grenzen lernen und seine eigene Lebensgeschichte wertschätzend konstruieren.

Für ein Kind im Kindergartenalter könnte das Interesse an Entscheidungserfahrungen und Wahlmöglichkeiten sowie Grenz- und Strukturexperimenten im Vordergrund stehen.

Die Grundschulzeit zeichnet sich möglicherweise mehr durch den Wunsch nach Vielfalt, Unterschiedlichkeit, Feedback- und Reflexionserfahrungen sowie Wertschätzung der Individualität in der sozialen Interaktion aus.

Für einen Teenager könnten Mitreden, Mitdenken, Mitlernen, Feedback- und Reflexionskulturen, die Teilhabe an Gesellschaft und Zukunftsperspektiven in den Mittelpunkt ihrer Entwicklungsausrichtung rücken.

Das Zusammenspiel von Kindern und Jugendlichen und ihren Erziehungsverantwortlichen

Erziehungsverantwortliche, Kinder und Jugendliche bilden eine Entwicklungsgemeinschaft und sind füreinander Entwicklungsumwelten. Im vorgeburtlichen Stadium bilden der Körper der Mutter und ihre psychischen und physischen Erfahrungen den Erfahrungsraum des Kindes. Nach der Geburt sind die Erfahrungen mit autonomen Menschen das vielseitige Experimentierfeld von Kindern. Hier sammeln sie Erfahrungen, die sie immer wieder überdenken und hinsichtlich ihrer Anpassungsfähigkeit und Passung zu neuen Anforderungen abwägen, um sie dann in Form eines Bewusstseins im Umgang mit dem Leben.

Im Zusammenspiel von Erziehungsverantwortlichen, Kindern und Jugendlichen gibt es immer wieder gemeinsam zu bewältigende Entwicklungsaufgaben für die Entwicklungsgemeinschaft. Das kann auch ein großes soziales System wie eine Wohn- oder Hausgemeinschaft oder ein Kinderdorf sein, die alle jeweils unterschiedlich passende Bewältigungsstrategien mitbringen und entwickeln. Die gemeinsamen Aufgaben sind dabei ebenso an den Bedürfnissen des Kindes orientiert wie an denen der Entwicklungsbegleiter_innen. Mal sind die Bedingungen, unter denen die Bewältigung stattfindet, optimal entwicklungsfördernd, sodass Erziehungsverantwortliche und Kinder und Jugendliche die Aufgabe möglicherweise überhaupt nicht als solche wahrnehmen. Mal sind die Coping-Strategien eher am anderen Ende des Kontinuums angesiedelt: Die Aufgabe, der man sich gegenübersieht, übersteigt die hauseigenen Fähigkeiten, und die Entwicklung ist gehemmt oder sogar gefährdet. In den allermeisten Fällen finden sich die Akteur_innen zwischen den Extremen wieder. Die Aufgabe wird als solche wahrgenommen, über Lösungsstrategien muss aktiv nachgedacht werden, Ressourcen werden aktiviert und die – mal kleinere, mal größere – Hürde wird genommen. Mal fällt das leicht, mal bedeutet es mehr Aufwand und Aktivität.

Bei der Beschreibung dessen, was aus systemischer Sicht dem Wohl eines jeden Kindes, sprich seiner Entwicklung dienlich ist, sollte der Druck beachtet werden, dem sich Erziehungspersonen in Zeiten der unzähligen Erziehungsratgeber gegenübersehen. Wenn Menschen Erziehungsverantwortung übernehmen, werden ihre eigenen Bindungs- und Erziehungserfahrungen in einer völlig neuen Konstellation aktiv. Plötzlich sind sie in einer Beziehungsgestaltung mit besonderer Verpflichtung und Verantwortung gefragt. Nicht nur das eigene innere Bewertungssystem springt an, sondern in der Regel auch das Bewertungssystem des sozialen Umfelds. Welche Kategorien legen Eltern also an, wenn sie das Wohl ihres eigenen Kindes in den Blick nehmen? Und wie korrespondieren ihre Kategorien mit denen von Unterstützer_innen und Helfer_innen, Großeltern, Nachbar_innen, Schule?

Im beschriebenen Entwicklungsdialog sind die Erziehungsverantwortlichen immer wieder gefordert, die Balance zwischen ihren eigenen Bedürfnissen und Lebensanforderungen und denen ihrer Kinder herzustellen. Mal können, dürfen und müssen die erwachsenen Bedürfnisse im Vordergrund stehen, damit die Erwachsenen den kindlichen Bedürfnissen überhaupt gerecht werden können. Mal sind die Erziehungsverantwortlichen klar gefordert und aufgerufen, sich zurückzunehmen, da das kindliche Bedürfnis nicht länger warten kann und darf. Meist finden beide Bedürfnislagen gut nebeneinander Platz und Beachtung.

Ziel sollte es sein, Entwicklungsprozesse so hinreichend miteinander zu verhandeln, dass in der Summe – die auch hier mehr ist als die einzelnen Teile – für die Kinder und Jugendlichen ein positives Entwicklungsergebnis steht.

Das Recht auf Kindeswohl

Das Recht auf Kindeswohl ist in unserer Gesellschaft glücklicherweise gesetzlich geregelt. Leider nicht geregelt ist das Recht auf eine Schwangerschaft unter guten Bedingungen. Auch die UN-Kinderrechtskonvention, die von Repräsentant_innen eines sehr großen Teils der Weltbevölkerung diskutiert und beschlossen wurde, bietet eine Orientierung zum Kindeswohl. Nicht alle Länder haben sich angeschlossen und nicht alle Rechte sind aufgenommen worden. Umstritten waren die Fragen nach der Wechselwirkung zwischen Schutz des ungeborenen Lebens und dem Selbstbestimmungsrecht der Frau und der Partizipation der Kinder und Jugendlichen am gesellschaftlichen Wohlstand und Eigentum. Inhalt der UN-Kinderrechtskonvention ist

- das Recht auf Gleichbehandlung und Schutz vor Diskriminierung, unabhängig von Religion, Herkunft und Geschlecht,
- das Recht auf einen Namen und eine Staatszugehörigkeit,
- das Recht auf Gesundheit,
- das Recht auf Bildung und Ausbildung,
- das Recht auf Freizeit, Spiel und Erholung,
- das Recht, sich zu informieren, sich mitzuteilen, gehört zu werden und sich zu versammeln,
- das Recht auf eine Privatsphäre und eine gewaltfreie Erziehung im Sinne der Gleichberechtigung und des Friedens,
- das Recht auf sofortige Hilfe in Katastrophen und Notlagen und auf Schutz vor Grausamkeit, Vernachlässigung, Ausnutzung und Verfolgung,
- das Recht auf eine Familie, elterliche Fürsorge und ein sicheres Zuhause,
- das Recht auf Betreuung bei Behinderung.

In der Praxis umfassen die Kinderrechte das Recht, in einer sicheren Umgebung ohne Diskriminierung zu leben, Zugang zu sauberem Wasser, Nahrung, medizinischer Versorgung und Ausbildung zu erhalten und bei Entscheidungen, die ihr Wohlergehen betreffen, mitsprechen zu dürfen.

Kinder und Erziehungsverantwortliche stehen in einer Beziehung zueinander, die sich an Autonomie orientiert, in der im besten Fall die Selbstbestimmung des Kindes immer größer wird. Gleichzeitig müssen die Erziehungsverantwortlichen lernen, sich von der totalen Verantwortung für das Kind zu Beginn der Beziehung über das Loslassen zur Eigenständigkeit innerhalb einer verwandtschaftlichen Beziehung zu entwickeln.

Das Kindeswohl ist ein sehr komplexes und fragiles Kommunikationsergebnis, das unter Beteiligung sehr vieler unterschiedlicher sozialer Systeme entwickelt wurde. Freie Träger, Jugendamt, Gesellschaft und Kultur sollten grundsätzlich am Wohl des Kindes orientiert sein. So nimmt die öffentliche Jugendhilfe in Gestalt der zuständigen Jugendämter bei Bedarf mit dem Kind und gegebenenfalls mit den Erziehungsverantwortlichen oder anderen Bezugspersonen eine helfende, unterstützende Beziehung auf und delegiert einzelne Aufgaben an freie Träger der Jugendhilfe. Diese sollen die Entwicklung des Kindes oder des_der Jugendlichen fördern und Modell für ein selbstbestimmtes Leben sein. Die Freiheit der freien Träger in unserem System liegt im freien Handeln im Rahmen der Gesetze. Sie brauchen Rahmenbedingungen, um sich zu orientieren, und ein intern verlässliches Handlungskonzept. Hierin liegt eine wichtige Begründung für die Entwicklung eines klaren, verbindlich verlässlichen und evaluierbaren Schutzkonzepts. Es wird lebbar und bietet Orientierung, wenn es kontinuierlich kommuniziert wird und für alle, innen wie außen, überprüfbar ist. Neben der Jugendhilfe gibt es noch eine Vielzahl anderer und sehr unterschiedlicher

Angebote, die das Kind, die Erziehungsverantwortlichen und andere Angehörige des Kindes unterstützen können. Hierzu gehören Kinderbetreuungseinrichtungen, Sportvereine, Freizeitangebote, Orte der Gesundheits- und Entwicklungsförderung und andere.

Dem Kind muss es möglich sein, das von der Gesellschaft zur Verfügung gestellte Netz an Hilfen und Sicherungssystemen selbst zu aktivieren, und das Netzwerk muss die Möglichkeit haben, in das hilfesuchende System einzugreifen, wenn eine Abweichung vom Kindeswohl beobachtet wird. Die Handlungssysteme und Konzepte, die dabei entstehen, sind stark kulturell geprägt. Beobachten können wir den kulturellen Einfluss durch die in den letzten Jahren erhöhte Migration von Angehörigen uns fremder Kulturen. Zur Migration gehört aus unserer Sicht immer auch ein Aushandlungsprozess zwischen den beteiligten kulturellen Gruppen, der auch neue Entscheidungen zum Umgang mit der gemeinsamen Welt nötig macht bzw. sie ermöglicht.[5]

Um diese Komplexität zu bewältigen, ist ein klares und handlungsorientiertes systemisches Konzept hilfreich. Solch ein Konzept erfordert Leitsätze, die den Mitgliedern des sozialen Systems – Team oder Organisation – Orientierung bieten. Leitsätze des PPSB-Hamburg sind beispielsweise:

- Definiere dich selbst und biete den Hilfesuchenden Orientierung im Bezugssystem.
- Respektiere die Individualität aller anderen Menschen und erkenne sie als Ressource.
- Sei bei der Entwicklung von Lösungen an Kooperation mit den Menschen interessiert.
- Entwickle dich weiter durch den Austausch mit anderen Menschen aus deinem Arbeitsfeld.
- Entwickle Regeln, die es dir und den anderen Mitgliedern deines Arbeitsfelds erlauben, verlässlich miteinander zu interagieren.
- Sei an der Effektivität deiner Lösungen interessiert und überprüfe dein Handeln.

Der systemische Arbeitsansatz ist sehr effektiv im Umgang mit komplexen Systemen. Die Einhaltung von Leitlinien bietet die Möglichkeit, gut abgestimmt zu arbeiten und authentisch zu sein. Hilfreich ist, sich dabei einem kontinuierlichen Controlling zu unterziehen und das Konzept permanent weiterzuentwickeln, um es den Veränderungen in unserer Welt anzupassen.

Die drei Kategorien von Kindeswohlgefährdung

Wichtig ist die Definition der Grenze zwischen den unterschiedlich schweren Gefährdungsgraden einer das Kindeswohl gefährdenden Situation für das betroffene Kind und sein Bezugssystem. Mit einem Ampelmodell haben wir drei unterschiedliche Betroffenheiten definiert, die uns die nötigen Hilfemaßnahmen besser zuordnen lassen und die Gefahr von Willkür im System minimieren.[6]

5 Dazu mehr in: Kallies, Heidrun/Rezai, Farrin (2020): Migration und Interkulturalität. Hrsg. v. PPSB-Hamburg. Hamburg: Alma Marta.

6 Siehe ausführlich in Kapitel »Die Lotsenstelle Kinderschutz«.

Selbstverständnis von Fachleuten im Kinderschutz

Wenn wir über Selbstverständnis nachdenken, meinen wir zum einen das Selbstverständnis einer Organisation, zum anderen das Selbstverständnis jede_r einzelnen Mitarbeiter_in in Bezug auf ihre Arbeit. Dieses sollte sich weitgehend mit dem Selbstverständnis der Organisation decken. Wenn der Unterschied zu groß ist, passen Mitarbeiter_in und Organisation nicht zusammen, und es entwickeln sich ungünstige Dynamiken.

Das Selbstverständnis Einzelner setzt sich aus verschiedenen Aspekten zusammen. Es wäre auch möglich, an dieser Stelle von einer beruflichen Identität zu sprechen – einer Identität, die permanent im Wandel ist. Sie formt sich u.a. aus den eigenen Erfahrungen, zu sowohl berufliche Erfahrungen zählen wie auch Kindheitserfahrungen. Eine Rolle spielen auch Fortbildungen und – vor allem –, wie all diese Erfahrungen bewertet wurde. Im Laufe der Entwicklung bildet jeder Mensch Leitsätze und Moralvorstellungen aus, die das Denken und Handeln bestimmen. Diese sind maßgeblich für alle Lebensbereiche, also auch hinsichtlich des beruflichen Handelns. In Bezug auf die Herausforderungen, die beim Umgang mit einer Kindeswohlgefährdung entstehen, können diese Leitsätze hilfreich, aber auch hinderlich sein. Beispielsweise haben viele Menschen in helfenden Berufen den Wunsch, Gutes zu tun und gut zu sein. Sie möchten unterstützen, motivieren, begleiten, mitfühlen, Trost spenden und gegen gesellschaftliche Ungerechtigkeit wirken. Bei der Gefährdung eines Kindes wird es notwendig, Grenzen zu ziehen und die daraus entstehenden Konflikte mit den Erwachsenen auszuhalten. Das kann im Widerspruch zu den vorher genannten Werten geraten. Andere Fachleute tragen alte Erfahrungen, die noch nicht gut reflektiert sind, mit sich herum. Sie harmonisieren möglicherweise, um nicht an ihre eigene Verletzung erinnert zu werden. Das kann unter Umständen zu starken inneren Spannungen führen und einem immer größer werdenden Wunsch, den Konflikt beizulegen. Doch wenn der Konflikt mit den Erziehungsverantwortlichen harmonisiert wird, droht aus unserer Sicht, dass es keinen Anlass mehr gibt, etwas zu verändern und eine neue Entscheidung zum Umgang mit ihrem Kind zu treffen. Dann würde der Schutz des Kindes auf der Strecke bleiben und Erziehungsverantwortliche könnten sich in ihrem Tun noch bestärkt fühlen.

Neben das individuelle Selbstverständnis tritt auch das Selbstverständnis der Berufsgruppe. Pädagog_innen haben vermutlich ein anderes Selbstverständnis als Sozialpädagog_innen, Erzieher_innen oder Heilerziehungspfleger_innen. Wenn es um das Thema Kindeswohlgefährdung geht und der Schutz eines Kindes notwendig wird, können die nun erforderliche Schritte mit dem Selbstverständnis der Berufsgruppe in Widerspruch stehen. Wenn sich deren Selbstverständnis z.B. aus der Überzeugung speist, dass sich Kinder bis zum dritten Lebensjahr nur bei der Mutter gut entwickeln können, dann gerät dieser Fachmensch in einen inneren Konflikt, wenn es darum geht, ein zweijähriges Kind von der Mutter zu trennen. Wenn sich das Selbstverständnis aus der Loyalität zu der erwachsenen Hilfeempfängerin speist, dann entsteht ein Konflikt, wenn der Fachmensch davon ausgeht, dass eine Trennung von Kind und Erwachsenem den Erwachsenen in eine existenzielle Krise stürzen würde. Und dennoch wären diese Schritte notwendig, denn ein kleines Kind kann sich in keinem Fall alleine helfen.

Aus unserer Sicht ist es wichtig, sowohl die eigenen Leitsätze und Überzeugungen hinsichtlich des Schutzes von Kindern und Jugendlichen auf den Prüfstand zu stellen, als auch das berufliche Selbstverständnis für einen solchen Krisenfall zu erweitern. Was verändert sich, wenn Begleiten, Fördern und Unterstützen nicht ausreichen? Wie kann es gelingen, auszuhalten, dass das eigene Handeln vom Gegenüber nicht als hilfreich, sondern als bedrohlich angesehen wird? Diese und ähnliche Fragen können helfen, das eigene Selbstverständnis zu reflektieren.

Jede Berufsgruppe bringt eine spezifische Kernkompetenz in die Arbeit mit kindeswohlgefährdenden Systemen ein. Einigen Berufsgruppen fällt es relativ leicht, diese Kernkompetenz zu definieren, entsprechend fällt ihnen die Abgrenzung von abweichenden Erwartungen leicht.

Für Fachleute aus dem breiten Feld der pädagogisch arbeitenden Berufsgruppen ist das oft nicht so einfach. Mitarbeiter_innen aus der Jugendhilfe verstehen sich z.B. als Manager_innen des Hilfenetzwerkes, als Kommunikationsschnittstelle und Ansprechpartner_innen für alle anderen – Kompetenzen, die sicherlich notwendig sind, aber nur am Rand etwas mit pädagogischem Arbeiten zu tun haben. Weiterhin bewirkt der Mangel an zeitlichen Ressourcen, dass Fachleute ihre Kompetenzen nicht einsetzen können. So geht es oft auch Mitarbeiter_innen in Kinderbetreuungseinrichtungen. Sie sind an der Überlastungsgrenze und haben den Eindruck, dass sie ihren Anspruch an pädagogisches Arbeiten nicht umsetzen können. Kinderschutzfälle kommen dann als zusätzliche Herausforderung mit einem erhöhten zeitlichen und emotionalen Aufwand dazu. Oft fühlen sich die Mitarbeiter_innen dann überfordert und hilflos und können ihre Kernkompetenzen nicht mehr ausreichend einsetzen. Den Fachleuten, auch den Lobbyverbänden, fällt es schwer, sich von Erwartungen abzugrenzen und zeitliche Ressourcen für die Kernkompetenzen im pädagogischen Arbeiten zu gewinnen.

Worin liegen die pädagogischen Kernkompetenzen in Fällen von Kindeswohlgefährdung? Die Antwort auf diese Frage würde den Fachleuten dabei helfen, selbstbewusst zu handeln, Grenzen zu ziehen und handlungsfähig zu bleiben. Aus unserer Sicht gehören zu diesen Kernkompetenzen die Fähigkeit

- sich mit ethischen Fragen zu beschäftigen und sich zu positionieren,
- eine Haltung zu den Menschenrechten zu haben,

- generell Haltung als Grundlage allen pädagogischen Tuns anzunehmen,
- die Fähigkeit, sich zu reflektieren.

Praktische Kompetenzen sind außerdem
- der Blick auf die Interaktion zwischen Erziehungsverantwortlichen und Kindern bzw. Jugendlichen in Hinblick auf ein physisch geschütztes, identitätsstiftendes, Bildung und Selbstbewusstsein stärkendes, emotional ausbalanciertes und existenziell abgesichertes Lebensumfeld, in dem ein homöostatischer[7] Entwicklungsprozess möglich ist,
- der Blick auf das kindliche bzw. jugendliche Verhalten,
- der Blick auf die emotionale Verfassung von Kindern und Jugendlichen,
- die Bildung von Kindern und Jugendlichen (Bildung im Sinne von Persönlichkeitsbildung, Bildung und Stärkung neuer Ressourcen, Übergänge meistern lernen, Ablösung von den Eltern, Umgang mit Grenzen, Nein sagen) und anderes mehr.

In diesen Bereichen haben pädagogische Fachleute Kernkompetenzen. In vielen Familien, in denen das Kindeswohl gefährdet ist, gibt es Interaktionsformen, für die pädagogische Fachleute eine besondere Expertise haben, z.B. schädigendes Erziehungsverhalten oder mangelnde emotionale Versorgung. Vor allem den Bereich der emotionalen Vernachlässigung und Misshandlung sehen wir als wichtiges Kompetenzfeld für pädagogische Fachleute an.

Emotionale Kindeswohlgefährdung ist nach wie vor eine besondere Herausforderung. Sie ist nur schwer messbar und es gibt nur wenig Studien, die vor Gericht Wirkung zeigen. Die gesellschaftliche Kommunikation ist wenig präzise, sondern ambivalent. Das sorgt dafür, dass Sorgen um emotionale Vernachlässigung oder Misshandlung allzu schnell belächelt und als übertrieben abgetan werden. Auch pädagogische Fachleute tun sich häufig schwer mit einer konkreten Beschreibung und Einordnung des Beobachteten. Bei hartnäckigen Nachfragen bleibt zu oft nur ein ungutes Gefühl übrig. Dieser Bereich von Kindeswohlgefährdung sollte noch sehr viel stärker als Kernkompetenz pädagogischer Fachleute ausgearbeitet werden.

Wenn Erziehungsverantwortliche ihr Kind nicht ausreichend emotional versorgen, dann ist eine genaue Klärung von Einsichtsfähigkeit, Haltungsmotivation und Ausnahmen, in denen eine emotionale Versorgung gelingt, wichtig. Gutachten können das aus unserer Sicht nur oberflächlich erfassen. In einem intensiven, dauerhaften und fokussierten Kontakt können die Interaktionsformen sehr viel komplexer beobachtet werden. Daraus lassen sich wiederum Veränderungsnotwendigkeiten gezielter beschreiben und deren Umsetzung mit allen Beteiligten entwickeln. Hier könnten pädagogisch arbeitende Fachleute wertvolle und für den Kinderschutz grundlegende Beobachtungen machen und zur Verfügung stellen: nicht nur für den individuellen Fall, sondern auch für den Umgang mit diesem Gefährdungsbereich.

---

7 Zum Begriff der Homöostase siehe Kapitel »Umgang mit der Betroffenheit aller Kinder im Gefährdungssystem«.

Checkliste

Wenn ein Gebiet als Kernkompetenz erkannt wird, ist es wichtig, in der Organisation gemeinsam zu überlegen, wie ein praktisches Vorgehen aussehen kann.

- Welche konkreten Beobachtungsräume (im räumlichen, aber auch im zeitlichen und inhaltlichen Sinn) sind notwendig, welche hilfreich?
- Wie wird in diesem Fall mit den betroffenen Kindern und Jugendlichen gearbeitet? Wie werden sie einbezogen? Wie werden die Beobachtungen ausgewertet und dokumentiert?
- Welche Entwicklungsaufgaben können gestellt werden, die dann auch überprüfbar sind?
- Wie wird mit den Erziehungsverantwortlichen gearbeitet? Wie werden sie einbezogen und konsequent in Verantwortung genommen? Wie wird transparent ausgewertet und dokumentiert?
- Mit welcher Feedback-Kultur wird gearbeitet?
- Wie definieren sich die Fachleute in diesem Gebiet zur Grenze von Kindeswohl und Kindeswohlgefährdung?
- Welche kindeswohlgefährdenden Handlungen und Umstände müssen sofort abgestellt werden?
- Wie kann es gelingen, vom Bauchgefühl zur konkreten und beschreibbaren Beobachtung zu gelangen?
- Wie sind die Grenzen der Kooperation mit den Erziehungsverantwortlichen definiert?
- Wie werden die eigenen professionellen Grenzen am Anfang des Prozesses angekündigt und transparent gemacht?
- Welche pädagogische Theorie hilft, um dem eigenen Vorgehen mehr Gewicht zu geben?

Gleichzeitig wird in einem solchen Diskurs auch deutlich, was nicht zu den Kernkompetenzen gehört. Häufig hören wir in Supervisionen, dass Aufgaben übernommen werden, die aus unserer Sicht dringend geprüft werden müssten, beispielweise Aufgaben, die in den medizinischen oder in den psychologischen Bereich gehören. Hierzu gehören das Überprüfen von Gewicht und die Kontrolle der nötigen Gewichtszunahme bei Säuglingen oder eine psychologische Einschätzung des Verhaltens einer Erziehungsverantwortlichen, etwa: »Die Mutter ist doch depressiv!« Aus solchen Verantwortungsübernamen können mannigfaltige Probleme entstehen.

- Die Mitarbeiter_innen sind unsicher, da sie sich nur »halb« auskennen.
- Das Jugendamt oder die Auftraggeber_innen könnten davon ausgehen, dass das Thema professionell bearbeitet wird, und auf weitere Expertisen verzichten.
- Wenn das Kind zu Schaden kommt, liegt die Verantwortung bei denen, die die Aufgabe übernommen haben – auch, wenn sie nicht über die notwendigen Kompetenzen verfügen.

Unsere Empfehlung lautet:

- in der Organisation eine Definition der Kernkompetenzen zu entwickeln,
- individuell von Familie zu Familie zu überprüfen, welche Aufgabe bewältigt werden kann,
- die Kernkompetenzen der einzelnen Mitarbeiter_innen zu erkunden und entsprechend zu nutzen,
- Verantwortungsbereiche festzulegen und damit Grenzen der Verantwortung zu markieren.

Kindeswohl-Kultur

Kultur ist ein Begriff mit unzähligen Definitionen, deren jede vielfältig kritisiert werden kann. Auf dieser theoretischen Ebene ist Kultur für uns in diesem Buch nicht von Interesse. Wir beziehen uns auf Phänomene rund um den Kontext von Kindeswohl und Kindeswohlgefährdung. Für diesen Zusammenhang wollen wir den Begriff Kultur wie folgt umreißen:

- Kultur wird in Kommunikation erzeugt.
- Kultur dient der Reduzierung von Komplexität.
- Verstöße gegen kulturelle Werte werden mit Sanktionen belegt.

In einer Kultur werden Regeln von Dazugehören und Ausgeschlossensein definiert. Kultur ist aus unserer Sicht alles, was Menschen hervorbringen. Im Zusammenhang mit dem Thema Kindeswohl interessieren uns im Wesentlichen die geistigen Prozesse: Gesetze, moralische und philosophische Betrachtungen, gesellschaftliche Diskurse und Übereinkünfte. Diese Kulturgüter entstehen in konstruktiver Kooperation. Sie befinden sich zum einen in ständiger Veränderung und bieten zum anderen Orientierung.

Das Verständnis von Kindeswohl und Kindeswohlgefährdung hat sich in den letzten 50 Jahren erheblich gewandelt. Überzeugungen zu Beaufsichtigung, Medienkonsum, Bildung und auch zu körperlicher Gesundheit haben sich teils massiv verändert. Körperliche Gewalt als Erziehungsmethode war bis ins Jahr 2000[8] nicht verboten und wurde, geht man einige Jahre weiter zurück, auch noch als gutes pädagogisches Handeln eingefordert. Von vielen wird Gewalt in der Erziehung auch heute noch angewendet. Dass dieses Gesetz im Jahre 2000 verabschiedet wurde, steht in engem Zusammenhang mit den Kinderrechtskonventionen, die bereits 1989 in Kraft traten. Das Beispiel zeigt, wie langwierig gesellschaftliche Aushandlungsprozesse sind. Es zeigt aber auch, dass das, was wir heute so selbstverständlich als Teil unserer Kultur betrachten, noch relativ neu ist – und dass das, was wir als selbstverständlichen Teil von Kultur sehen, nicht von allen umgesetzt wird.

Vor diesem Hintergrund macht es aus unserer Sicht großen Sinn, dass Kindeswohlgefährdung ein sogenannter unbestimmter Rechtsbegriff ist. Es bedeutet, dass die Gesellschaft und damit wir alle immer wieder aufgefordert sind, uns über das, was Kindeswohl und dessen Gefährdung meint, auszutauschen.

---

8 Erst seit 02.11.2000 heißt es im BGB, § 1631 Abs. 2: »Kinder haben ein Recht auf gewaltfreie Erziehung.«

Die daraus entstehenden Gesetze sind notwendig, um ihrerseits Orientierung zu geben. Beispielsweise trat das »Gesetz zum Schutze der Jugend in der Öffentlichkeit« 1952 in Kraft und wird seitdem permanent angepasst. Dieser Anpassungsprozess ist Ausdruck sich immer weiter entwickelnder Diskussionen, aber auch eine Reaktion auf veränderte Umweltbedingungen und veränderte gesellschaftliche Herausforderungen. So ist die Art und Weise, wie in den 1970er-Jahren Kinder beaufsichtigt wurden, mit zunehmendem Verkehr und steigender Bevölkerungsdichte heute nicht mehr vertretbar.

Dementsprechend wissen wir nicht genau, was in zehn Jahren als gefährdend und was als fördernd angesehen werden wird. Die Einschätzungen zum Medienkonsum haben sich über die letzten Jahrzehnte dramatisch verändert – angefangen bei eingeschränkter Fernsehzeit (drei Stunden in der Woche) über massive Warnungen vor Computerspielen bis in die Gegenwart, in der diskutiert werden müsste, ob ein Medienverbot für Kinder über zehn Jahre nicht bereits eine Gefährdung darstellt, da sie am sozialen Leben der Bevölkerungsmehrheit und am Schulalltag nicht mehr teilnehmen könnten. In zehn Jahren fragen wir uns vielleicht, wie es uns gelingen kann, den Medienkonsum erneut zu verändern, da negative Folgen, die heute bereits sichtbar sind, stärker in den Fokus rücken. Gerade wurden verschiedene Störungsbilder in Bezug auf Medienkonsum neu definiert, weitere werden folgen.

Als Resultat einer gesamtgesellschaftlichen Aushandlung entspricht die Kultur, die wir aktuell zum Thema Kindeswohl leben, einem Verständnis, dem in einer demokratischen Gesellschaft die Mehrheit der Menschen zustimmt. Zugleich hat Kultur immer etwas Normatives, d.h. eine Abweichung, sobald sie von Gewicht ist und benannt wird, wird sanktioniert. Wie schnell das passiert, ist wiederum ein Resultat gesamtgesellschaftlicher Aushandlungen. Neben der Kultur zum Thema Kindeswohl und Kindeswohlgefährdung gibt es eine Menge anderen Kulturgüter, z.B. den Schutz der Privatheit und das Recht der Erziehungsverantwortlichen, mit ihren Kindern umzugehen, wie sie es selbst für richtig halten. Diese unterschiedlichen Kulturgüter können sich durchaus in die Quere kommen und damit den Schutz des Kindes verhindern.

Ein Aspekt von Kultur sind Tabus. Ein Tabu, dass im Kontext von Kindeswohlgefährdung noch immer eine Stolperfalle in der Wahrnehmung darstellt, ist das Tabu um Frauen als Täterinnen. Obgleich die Folgen für die Kinder und Jugendlichen genauso vernichtend sein können, gibt es noch immer einen Impuls, Frauen in der Täterrolle weniger ernst zu nehmen als Männer. Gerade im Bereich von sexualisierter Gewalt werden Frauen als potenzielle Täterinnen zu häufig übersehen. Allein das Denken daran stößt oft auf inneren und äußeren Widerstand. Auch wenn der statistische Anteil von Täterinnen klein ist, bleibt es wichtig, auf diesem Auge nicht blind zu sein. Aus unserer Sicht ist es gut, dass das Tabu bröckelt und es immer öfter möglich wird, bei Verdachtsfällen nicht sofort und ausschließlich Männer in den Fokus zu nehmen, sondern alle Erziehungsverantwortlichen in allen Rollen vermuten zu können.

Eine andere kulturell gewachsene Überzeugung ist, dass Familien einen erhöhten Schutz vor staatlichen Eingriffen genießen – eine Überzeugung, die nicht zuletzt aus den Erfahrungen der nationalsozialistischen Diktatur gewachsen ist. Damals griff der Staat vehement in die Kindererziehung ein und beschränkte die Möglichkeiten einer individuelle Lebensgestaltung erheblich. Folglich wurden die Elternrechte in der BRD massiv gestärkt. Das bedeutet aber auch, dass juristische Eltern ihre Kinder in weit größerem Maße gefährden können, als das außerhalb juristisch legimitierter familiärer Verbindungen denkbar ist. Es gibt in diesem Land eine deutlich unterschiedliche Bewertung von Gefährdungsaspekten innerhalb des familiären Systems, verglichen z.B. mit einer stationären Einrichtung, in der Kinder und Jugendliche leben. Auch insofern ist die Familie der gefährlichste Ort für Kinder und Jugendliche.

Die Überzeugung, dass die Familie ein Ort ist, der vor äußerer Einmischung geschützt werden muss, und die kulturell bedingten Geschlechterrollen sorgen für einen weiteren kindeswohlgefährdenden Aspekt: Die Anzahl der Opfer häuslicher Gewalt ist hoch. Im Jahr 2019 gab es mehr als 350 Tötungsversuche an Frauen im Rahmen von Partnerschaftsgewalt. Dabei fanden knapp 150 Frauen den Tod.[9] Das ist nur die Spitze des Eisbergs. Kinder und Jugendliche sind häufig elterlicher Gewalt bzw. partnerschaftlicher Gewalt, die sich primär gegen ihre Mütter richtet, und den daraus resultierenden Dynamiken ausgesetzt. Die Folgen für die Kinder und Jugendlichen sind mitunter gravierend und müssen immer die Sorge um eine Kindeswohlgefährdung nach sich ziehen. Aber auch Männer werden Opfer von Partnerschaftsgewalt, obwohl die Zahlen hier geringer sind. Gewalt gegen Männer ist ein Thema, das aufgrund des kulturellen Rollenverständnisse in unserer Gesellschaft in besonderer Weise tabuisiert ist – ein Grund mehr, auch hier aufmerksam hinzuschauen.

Ein letzter hier genannter kulturell verankerter Aspekt, der für eine zusätzliche Gefährdung von Kindern und Jugendlichen sorgt, ist der Umgang mit Sexualstraftaten in unserer Gesellschaft. Die Bewertung von Sexualstraftaten hat sich in den letzten Jahren zwar verändert, doch noch immer verblüffen Urteile, die im Angesicht der verübten Taten relativ mild sind. Das geringe Strafmaß bestätigt Täter_innen, dass ihre Taten »nicht so schlimm« waren, und demütigt gleichzeitig die Opfer, deren Erleben nicht ernst genommen wird. Bei sexualisierter Gewalt gegen Kinder und Jugendliche kommt noch hinzu, dass Kinder und Jugendliche als einzige Zeugen in den meisten Fällen in emotionaler und physischer Abhängigkeit zu den Täter_innen stehen und eine Aussage weitreichende psychische Folgen haben könnte, die die Kinder und Jugendlichen zusätzlich belasten. Diese Folgen können innerfamiliär sein: Schuldgefühle, Vorwürfe, Bedrohungen und Ausstoßung aus der Familie. Eine außerfamiliäre Folge kann sein, dass Nachbar_innen, das soziale Umfeld und manchmal auch Fachleute Opfer von sexualisierter Gewalt viel zu oft mit einem Makel versehen. Das Unverständnis über die Tat bleibt nicht nur bei den Täter_innen, sondern überträgt sich auch auf diejenigen, die die Gewalt erlebt haben. Die Täter_innen bleiben häufig im sozialen Umfeld der Kinder und Jugendlichen, sie werden immer wieder mit ihnen konfrontiert.

---

9 Deutschlandfunk (2018): Jeden Tag versucht ein Mann, seine Frau zu töten. Online verfügbar unter: https://www.deutschlandfunk.de/gewalt-in-deutschland-jeden-tag-versucht-ein-mann-seine.2852.de.html?dram:article_id=433613.

Die Hürden, die für eine Verurteilung zu überwinden sind, die psychische Belastung der Kinder und Jugendlichen in einem Strafverfahren und die gesellschaftliche Verurteilung der Opfer müssen bei einer Bewertung hilfreicher Schritte zur Sicherung des Kindeswohls mitgedacht werden. Nicht selten führt das zum Verzicht auf eine Strafanzeige. Gesamtgesellschaftlich gesehen trägt das zur weiteren Verharmlosung von sexualisierter Gewalt und zur Straffreiheit von Täter_innen bei. Solange sich die Lage jedoch nicht zugunsten der Geschädigten verändert, kann aus unserer Sicht nicht verlangt werden, dass bereits Geschädigte weitere Schädigungen in Kauf nehmen, um das moralische Gewissen der Gesellschaft zu beruhigen.

Eine weitere Hürde im Kontext Kultur ist, dass es möglicherweise einzelne Aspekte gibt, die zwar in unserer Gesellschaft als zur Kultur zugehörig empfunden werden, aber von einzelnen Fachleuten nicht mitgetragen werden – z.B. die Überzeugung, dass Kinder Kontakt zu beiden biologischen Elternteilen brauchen. Daraus entsteht der verpflichtende Umgang von Kindern mit beiden biologischen Eltern nach einer Trennung, auch wenn die Kinder ihn selbst nicht wünschen. Hier kann für Fachleute ein Dilemma entstehen, wenn sie Kinder zum Kontakt motivieren sollen bzw. den Kontakt als Pflicht vermitteln müssen, obwohl sie selbst möglicherweise das Recht des Kindes auf eigene Entscheidung höher bewerten. Jeder erwachsene Mensch ist verantwortlich, für sich selbst zu prüfen, ob die Abweichung von der eigenen Einstellung zu unserer Kultur noch passend ist oder zu groß wird. Bei einer Abweichung droht auch Fachleuten Sanktionen, dessen sollte sich jede_r bewusst sein.

Obwohl Kultur ein ständiger Aushandlungsprozess ist, bieten die Diskurse Orientierung und Stabilität. Die Aushandlungen bauen meinst auf bereits bekannten Ideen auf, nur selten wird etwas komplett Neues eingebracht. Dadurch bleibt immer ein Teil des Diskurses stabil, während ein anderer Teil weiterentwickelt wird. So stammen die ersten Ideen zur Bedürfnispyramide von Maslow bereits aus dem Jahr 1943.[10] Die Bedürfnispyramide ist auch heute noch ein wichtiger Grundstein für die Überlegungen zum Kindeswohl. Obwohl sich die Ideen dazu weiterentwickelt haben, obwohl es Kritik gibt und gab, ist der grundsätzliche Ansatz seit 80 Jahren in den gesellschaftlichen Diskursen präsent und heute fest verankert. Ähnlich verhält es sich mit den Kinderrechtskonventionen, die bis heute noch nicht in Gänze umgesetzt wurden. Dennoch sind die darin geforderten Kinderrechte seit 1989 im Diskurs präsent und bilden eine wichtige Orientierung.

Bei allen Vorteilen dynamischer Diskurse sehen wir eine große Baustelle in Bezug auf die Frage: Wer von den professionellen Akteur_innen trägt wofür die Verantwortung?

Ein Beispiel: Für welche Handlungsweisen können Mitarbeiter_innen der freien Jugendhilfe zur Verantwortung gezogen werden?

---

10 Maslow, Abraham (2017): A Theory of Human Motivation. Hawthorne: BN Publishing.

Um diese Frage juristisch zu klären, müssten Strafverfahren bis zum Ende geführt werden. Häufig werden, aus nachvollziehbaren Gründen, vorher Kompromisse gefunden. Dadurch kann aber keine juristische Klarheit entstehen. Eine solche wäre aber für das Handeln der Fachleute sehr wichtig. Die rechtliche Unsicherheit wirkt sich auf das Handeln aus. Unsicherheit erzeugt das Bedürfnis, Sicherheit zu schaffen. Wenn das nicht funktioniert, werden immer mehr Instrumente entwickelt, die eine vermeintliche Sicherheit erzeugen sollen. An dieser Stelle ist eine Kultur der Unsicherheit entstanden, die aus unserer Sicht aufgelöst werden müsste – jedoch nicht auf dem Rücken der Fachleute, sondern als Unterstützung von Fachleuten. Die erlebte Unsicherheit rückt immer wieder den Wunsch nach eigener Absicherung in den Mittelpunkt, und Handlungen und Entscheidungen werden auf dieser Grundlage getroffen. Das ist weder eine Lösung für die Unsicherheit noch für einen klaren Umgang mit der kindeswohlgefährdenden Situation.

Interkulturelle Aspekte im Kontext des Kindeswohls

Interkulturalität ist im systemischen Verständnis immer vorhanden. Sie entsteht, wenn sich zwei Menschen begegnen, da jede_r – egal, woher sie_er kommt, welches Geschlecht sie_er für sich definiert usw. – ein eigenes kulturelles Verständnis und eine individuelle Interpretation von Kultur mitbringt.

Neben diesen individuellen Differenzierungen, erscheint Kultur aber auch als Klammer für eine Gruppe von Menschen. Es gibt so etwas wie ein gegenseitiges kulturelles Verstehen. Die Kommunikationsprozesse, die eine Kultur formen, sind im Allgemeinen von ausgesprochen langer Dauer (sehen wir einmal von manchen kurzlebigen Subkulturen ab). Immer neue Einflüsse werden in das kulturelle Gewebe eingearbeitet, und dennoch bleibt es insgesamt so stabil, dass es weiterhin erkennbar ist. Dabei liegt der Ursprung von Kultur nicht selten in den Notwendigkeiten des Überlebens. Wenn wir uns beispielsweise kulturell verankerte Essensgewohnheiten oder Familienkonzepte ansehen, wird das schnell deutlich. Die Idealisierung der Kleinfamilie, wie sie in den westlichen Kulturen dominiert, ist nur möglich, weil die Erwachsenensterblichkeit so weit zurückgegangen ist, dass ein bis zwei Erwachsene als verlässliche Bezugspersonen ausreichend sind. Das Verzehren bestimmter Tierarten hat etwas mit deren Vorkommen in der Region zu tun, aber auch mit Haltbarkeit, der Übertragung von Krankheiten und alternativem Nutzen der Tiere.

Ein Verdienst von Kultur ist, dass eigentlich komplexe Entscheidungsprozesse redundant werden. Es ist in westlichen Kulturen im Allgemeinen nicht notwendig zu überlegen, wie viele Partner_innen gleichzeitig geheiratet werden. Es ist weder eine Frage der Liebe noch eine der Effektivität oder Wirtschaftlichkeit, stattdessen ist Monogamie als juristischer Wert eine kulturelle Übereinkunft – die sicherlich ganz unterschiedlich und spannend diskutiert werden könnte. Die Reduktion von Entscheidungsprozessen ist zum Teil so gründlich, dass den Menschen selbst nicht mehr klar ist, warum gerade das die richtige Regel sein könnte. Wenn kulturelle Überzeugungen in Frage gestellt werden, erscheint viel häufiger ein Gefühl von »Das war schon immer so« oder eine starke emotionale Reaktion wie »Ist das eklig«. Diese Phänomene kann jede_r einfach an sich selbst überprüfen. Für viele der westlichen Kultur angehörige Menschen ist der Anblick von gekochtem Hund oder Eichhörnchen mit einer sofortigen emotionalen und/ oder körperlichen Reaktion verbunden. Kulturelle Überzeugungen sind dementsprechend im gesamten menschlichen System verankert. Ein »Nein danke« oder ein »Wie interessant« ist dann keine dem inneren Zustand adäquate Reaktion. Obwohl es keine rationalen Gründe gegen den Verzehr von Hund oder Eichhörnchen gibt, kann allein das Angebot als Angriff wirken.

Das Abweichen von kulturellen Werten führt zu Sanktionen. Als Beispiel soll noch einmal die Ehe dienen: Wer gegen den kulturellen Wert der Monogamie mit einer Zweitheirat verstößt, wird wegen Bigamie bestraft. Hier gibt es juristische Sanktionen, vermutlich folgen auch soziale Sanktionen. In einem Land, das Homosexualität verbietet, drohen neben juristischen Sanktionen möglicherweise auch körperliche. Das heißt, dass Menschen als Reaktion auf »abweichendes« Verhalten verurteilt werden, dass sie gemieden und beschimpft werden oder Gewalt erleben. Möglicherweise werden Wohnung, Arbeitsplatz, körperliche Unversehrtheit und das gesamte Gefühl von Sicherheit in Frage gestellt – bis hin zur Todesdrohung.

Auf den Bereich Kindeswohl und Kindeswohlgefährdung bezogen stellen uns besonders kulturelle Überzeugungen vor Herausforderungen, die in einem kulturellen System als richtig, normal oder egal bewertet werden, und in einem anderen als kindeswohlgefährdend. Bei der Bewertung dessen, was Kindeswohl ist, können durchaus unterschiedliche und sich widersprechende Positionen aufeinandertreffen.

Wenn Menschen etwas entgegen ihren kulturellen Überzeugungen verändern wollen, dann wird das auf ihr gesamtes Leben Auswirkungen haben. Zum einen gibt es in uns selbst eine tiefe Überzeugung, dass das eigene Denken und Handeln richtig sind. Ein Infragestellen dieser Überzeugungen bringt möglicherweise weit mehr ins Wanken als nur den einen Aspekt, um den es ursprünglich ging. Annahmen, die immer als richtig galten, werden auf einmal fragwürdig und brüchig. Damit müssen die eigene Vergangenheit und auch die eigene Kindheit neu bewertet werden. Zum anderen droht bei einer Verhaltensänderung eine Sanktion aus der eigenen kulturellen Gruppe: angefangen von den Verwandten über Nachbar_innen bis hin zu weiteren Kommunikationssystemen. Das kann weitreichende emotionale, soziale und wirtschaftliche Folgen haben.

Menschen dazu zu motivieren, dass sie etwas tun, was den eigenen kulturellen Wertevorstellungen widerspricht, ist deshalb auf vielen Ebenen eine Herausforderung. Die Folgen der Veränderung müssen im Blick behalten werden. Meist sind die Fachleute selbst nicht in der Lage, sie richtig einzuschätzen. Daher braucht es die Expertise der Betroffenen und ihre Bereitschaft zur Kooperation. Wenn beispielsweise eine alleinerziehende Frau darauf angewiesen ist, dass weitere Verwandte die Kinderbetreuung übernehmen, während sie selbst arbeiten geht, dann verliert sie unter Umständen diese Unterstützung, wenn sie von diesen Verwandten einen anderen Umgang mit den Kindern verlangt. Wenn die Verwandten der Überzeugung sind, dass ihr Verhalten das einzig richtige Verhalten ist, dann werden sie vermutlich nicht viel Bereitschaft zeigen, es zu ändern – im Gegenteil, vielleicht überlegen sie sogar, dass sie die Kinder vor den neuartigen Ideen der Mutter schützen müssen. Wenn die Mutter die Kinderbetreuung verliert, wäre es wichtig, um diese Sorge zu wissen, damit eine Alternative geschaffen werden kann. Wenn es die Sorge der Mutter ist, dass die Verwandten ihr die Kinder entziehen werden, ist das Wissen darum ebenfalls von immenser Bedeutung, um Kinder und Mutter davor zu schützen.

Alle unsere Handlungs- und Denkweisen sind kulturell geprägt. Erst wenn wir selbst in Widerspruch zu kulturellen Normierungen geraten, fällt uns auf, dass das, was allgemein als gültig betrachtet wird, für uns selbst keinen Sinn ergibt oder nicht hilfreich ist. Kulturelle Prägungen fallen uns meist schneller bei anderen Menschen auf als bei uns selbst. So merken wir bei Auslandsaufenthalten rasch, was anders ist: das soziale Miteinander; das Verhalten von Frauen und Männern; die Rolle und Erziehung von Kindern und Jugendlichen. Möglicherweise entsteht ein Gefühl der Unsicherheit, weil wir nicht sicher sind, was ein passendes Benehmen ist. Vieles fällt uns vermutlich gar nicht auf – aber »den anderen« ist sofort klar, dass wir nicht dazugehören.

Mit fortschreitender Globalisierung beginnen sich kulturelle Grenzen aufzulösen. Die Globalisierung erleichtert es, die eigene Kultur zu verlassen und sich woanders kulturell beheimatet zu fühlen. Viele Menschen haben auch keine Wahl und müssen ihre kulturelle Heimat hinter sich lassen.

Der Fokus auf Abgrenzung gegen andere Kulturen hat viele destruktive Anteile. Wir sind meist voll von kulturellen Vorurteilen, Pauschalisierungen und Bewertungen noch bevor wir einen Menschen kennengelernt haben. Dabei können Menschen, die aus einem anderen Land kommen, durchaus mehreren, sich voneinander unterscheidenden Kulturen angehören oder sich von kulturellen Werten distanziert haben. Uns als Systemiker_innen hilft hier der Leitsatz: »Nicht so schnell verstehen.« Neugierig sein und nachzufragen ist die Basis einer interkulturellen Perspektive.

Wenn es um das Kindeswohl und seine Gefährdung geht, ist eine Positionierung notwendig. Um das unscharfe Bild von möglichen kulturellen Unterschieden zu überprüfen und eigene Vorurteile kritisch zu hinterfragen, müssen sich Helfende immer wieder selbst reflektieren.

Fragen zur Selbstreflexion

- Wenn diese Familie aus einem anderen Kulturkreis käme, würde ich dann genauso reagieren?
- Würde ich die Situation dann anders bewerten?
- Welche Fragen ergeben sich daraus?
- Wem kann ich diese Fragen stellen?

Vorurteile können auch hilfreich sein: Sie lassen uns aufmerksam sein, und das können wir für den Umgang mit allen Menschen nutzen. »Wenn ich die Perspektive ändere, welche neuen Ideen ergeben sich dann?« kann an der Stelle eine spannende und weiterbringende Frage sein. Wir müssen jedoch aufpassen, dass Vorurteile uns nicht leiten, sondern dass wir stets neugierig bleiben und versuchen, unsere kritische Position zum Thema Kindeswohl und Kindeswohlgefährdung beizubehalten.

Wenn es in einer Familie eine kindeswohlgefährdende Situation gibt, dann gelten für alle Familien, unabhängig von Herkunft, Religion, Bildung oder finanzieller Ausstattung, die gleichen Kriterien. Auch angesichts einer kulturell erklärbaren Verhaltensweise darf kein Unterschied gemacht werden. Es gelten immer die Werte in Bezug auf das Kindeswohl, die in der Kultur verhandelt sind, in der die Kinder und Jugendlichen leben. Ein Beispiel dazu: In einer asiatischen, religiös geprägten Kulturgemeinschaft gehört es zum Schönheitsideal, einen flach geformten Hinterkopf zu haben, weshalb Babys stramm zusammengeschnürt, zur Unbeweglichkeit verdammt, auf den Rücken und mit dem Hinterkopf auf einen Teller gelegt werden. Dort müssen sie stundenlang verharren, weil in dieser Entwicklungsphase der Kopf noch formbar ist. Was das für das Kind bedeutet, können wir nur erahnen. Das Baby kann sich noch nicht angemessen äußern, die Eltern sind religiösen Kulturansprüchen und Autoritäten unterworfen. Hier brauchen Fachleute eine klare Positionierung im Hinblick auf die eigene Definition von Kindeswohl. Hier ist es wichtig, dass Organisationen selbst eine Definition von Kindeswohl und Kindeswohlgefährdung diskutiert haben. Ebenso wichtig ist die Beachtung juristischer Grenzen.

In den Unterschieden zwischen den verschiedenen Erziehungssystemen besteht eine Herausforderung für die Arbeit. Wenn wir den Blick auf Kultur lenken, betrifft das alle involvierten Akteur_innen: Kinder und Jugendliche, Erziehungsverantwortliche, Mitarbeiter_innen, Netzwerkpartner_innen (z.B. ASD oder Schule).

Viele Kinder und Jugendliche leben in zwei Kulturen. Oft kennen sich die Kinder und Jugendlichen in der »neuen« Kultur besser aus als die Erziehungsverantwortlichen. Sie müssen zum Teil sprachmittelnd aushelfen, sowohl in der Schrift wie auch in der Rede. Dadurch werden sie mit Themen beschäftigt, die möglicherweise nicht altersgerecht sind. Dabei erleben sie ihre Eltern als unterlegen und als Minderheit in der Gesellschaft, in der sie leben. Das, was die Erziehungsverantwortlichen für richtig halten, entspricht unter Umständen nicht dem, was die Kinder und Jugendlichen erleben. Kultur ist nicht mehr normierend, sondern ein Rahmen für die Ausnahme. Die Kinder und Jugendlichen haben meist das Bestreben, Teil beider Kulturen zu sein und zu bleiben, und geraten so in viele innere Konflikte.

Die Erziehungsverantwortlichen versuchen sich möglicherweise so zu verhalten, dass sie ihre Herkunftskultur nicht verlieren oder verleugnen. Vielleicht erkennen sie einen Unterschied zur hiesigen Kultur, vielleicht aber auch nicht. Ihr Handeln erscheint ihnen als richtig und angemessen, eine Änderung falsch und nicht notwendig. Die Erziehungsverantwortlichen merken vielleicht auch, dass sie die Entwicklung ihrer Kinder und Jugendlichen nicht mehr ausreichend beeinflussen können, und versuchen mit deutlichen Mitteln, dagegen anzugehen.

Die Mitarbeiter_innen sind entweder in Differenz zur Kultur der Hilfesuchenden oder sie sind zugehörig bzw. nahe dran. Erstere stehen vor der Frage, was überhaupt kulturell geprägte Bilder, Denk- und Verhaltensweisen in Bezug auf das Kindeswohl sein können. Das Nicht-Wissen kann in dieser Situation ein Faktor des Nicht-Erkennens werden. Mitarbeitende, die als Teil des kulturellen Systems betrachtet werden, müssen sich möglicherweise für ihre andere Überzeugung rechtfertigen. Die Erziehungsverantwortlichen appellieren an die Solidarität mit der eigenen Herkunft und bringen sie damit in Zwickmühlen. In manchen Fällen sind diese Mitarbeiter_innen aus der größeren Nähe heraus auch einer größeren Gefahr ausgesetzt: Während Kulturfremde manchmal nicht ernst genommen werden, können Kulturangehörige mit einer differierenden Meinung eine Bedrohung darstellen.

Im Umgang mit weiteren Netzwerkpartner_innen spielt möglicherweise die Frage der kulturell bedingten Vorurteile eine Rolle. Die Fachleute geraten untereinander in Kompetenzgerangel oder die Hilfesuchenden brauchen Schutz vor Diskriminierung.

Jenseits von interkulturellem Arbeiten und Kultursensibilität darf der Blick auf das, was die Kinder und Jugendlichen erleben, nicht verloren gehen. Möglicherweise denken wir nur, dass es sich um eine kulturspezifische Verhaltensweise handelt, dabei hat das Verhalten der Erziehungsverantwortlichen einen ganz anderen Hintergrund. Deshalb sollten Fachleute sich entsprechend des Leitsatzes »Nicht so schnell verstehen« verhalten. Nachfragen ist extrem wichtig. Im Fokus sollte das Erleben des Kindes stehen, wie es die Fachleute aus der Beobachtungsposition heraus verstehen. Das Erleben der Kinder und Jugendlichen kann für sie selbst voller Widersprüche sein. Drohungen, Loyalitätsbindungen und Abhängigkeiten müssen von den Kindern und Jugendlichen in Bezug zueinander gesetzt werden. Fachleute brauchen deshalb einen aufmerksamen Blick. Ihre Einschätzung ist möglicherweise konträr zu dem Erleben einzelner oder aller Mitglieder des Erziehungssystems. Doch erst wenn das Kindeswohl gesichert ist, geht es darum, Ideen zu entwickeln, wie es möglich sein könnte, die Erziehungsverantwortlichen bei einer Verhaltensänderung zu unterstützen. Dafür brauchen wir keine speziellen Tools, sondern können die Möglichkeiten, die uns auch sonst zur Verfügung stehen, entsprechend modifiziert nutzen. Dazu gehört z.B. die Einbindung des sozialen Netzwerkes oder von religiöser Zugehörigkeit, die Notwendigkeit der sprachlichen Verständigung und der Kontakt mit allen wichtigen Bezugspersonen.

Übung zur Selbstreflexion für Teams

- Es gibt eine beliebige Anzahl an Begriffen, die für kulturelle Verortung sprechen können, z.B. Stadt, Land, Regionen, Länder, Sprachen, Religion und anderes mehr.
- Zu jedem Begriff gibt es ein Flipchart-Papier. Darauf stehen außer dem Begriff vier weitere Begriffe, die sich ebenfalls variieren lassen. In unserem Bespiel sind es: Erziehung, Geschlechterrollen, Familienbild, Kindeswohl.
- Die Mitarbeiter_innen werden aufgefordert, sich zu einem Flipchart-Papier zu begeben und frei zu assoziieren, was sie denken, welche Auswirkungen der zentrale Begriff auf die vier Begriffe am Rand hat.
- Am Ende werden die einzelnen Papiere ausgewertet und überprüft, welche Risiken in Bezug auf eine Kindeswohlgefährdung in diesen Annahmen stecken könnten und was dabei hilft, mit den Vorurteilen bzw. Annahmen konstruktiv umzugehen.

Übung zur Selbstreflexion für Mitarbeitende

Für die Übung wird eine Skulptur im Raum organisiert. Die vier Seiten des Raums stehen für die vier Himmelsrichtungen. Die Mitarbeiter_innen sollen sich dahin stellen, wo sie sich selbst verorten. Die anderen werden aufgefordert, nun zu beschreiben, was typisch ist für »den Norden« oder »den Süden«.

Auswerten: Wie schnell hattest du Ideen zu kulturellen Aspekten bei den anderen? Wie fühlst du dich, wenn andere etwas über deine Kultur sagen? Wie fühlst du dich, wenn du selbst Aussagen machst? Was heißt das für deine Arbeit?

Ziel der Übung ist es zu verdeutlichen, dass jede_r sofort auf Vorurteile zugreifen kann. Gleichzeitig wird deutlich, wie unangenehm es ist, wenn andere einem sagen, was an einem selbst typisch sein soll.

Systemisches Organisationskonzept zur Erstellung eines Schutzprogramms

Aus systemischer Sicht geschieht nichts ohne Anlass. Bevor sich Menschen zu einer Veränderung entschließen, gibt es ein Ereignis. Das kann eine Aufforderung von außen sein oder auch die eigene Unzufriedenheit – etwa der Wunsch nach Qualitätsentwicklung aus der Beobachtung einer konzeptionellen oder alltäglichen Lücke. Damit ein Entwicklungsschritt gegangen werden kann, muss der Anlass jedoch eine Entscheidung der Organisation zur Veränderung nach sich ziehen – erst dann kann ein Veränderungsprozess beginnen. Das ist bei der Entwicklung eines Schutzprogramms nicht anders. Wie eine Organisation es schafft, sich diesbezüglich nachhaltig zu entwickeln, wird in den folgenden Kapiteln beschrieben.

In einer Organisation sind mehrere Menschen auf unterschiedlichen Hierarchieebenen in einer Kooperation miteinander verbunden. Das Bedürfnis eines Einzelnen nach Veränderung kann in einem System unter Umständen nicht ausreichen, ebenso wenig wie eine Aufforderung von außen. Denn nicht jeder Anlass führt zu einer Entscheidung, sich zu verändern. Möglicherweise bewertet die Organisation das Risiko einer Veränderung höher als den Nutzen. Jede Veränderung zieht Verunsicherungen nach sich: »Wie muss das jetzt gemacht werden?« oder »War denn bisher alles falsch?« Eine so komplexe Veränderung wie die Implementierung eines Schutzprogramms bindet viele Energien und Ressourcen. Eine Organisation, die sich selbst als überfordert betrachtet, wird sich vielleicht scheuen, diesen Entwicklungsschritt zu gehen – auch wenn es notwendig wäre. Eine Organisation, die sich gezwungen fühlt und dabei nicht selbst von der Entwicklungsnotwendigkeit überzeugt ist, wird etwas entwickeln, um dem Druck zu entkommen. Die Motivation dieser Organisation ist nicht der Kinderschutz, sondern die Erfüllung von Auflagen oder die Beruhigung der Situation. Sobald der Druck nachlässt, werden die neuen Verfahren nicht mehr angewendet und die Diskurse beendet. Damit die Veränderung Teil der Organisation wird, muss der Anlass die Motivation auslösen, ein Schutzprogramm zu entwickeln und zu leben. Nur wenn die ganze Organisation bereit ist zu handeln, wird die Entwicklung gelingen.

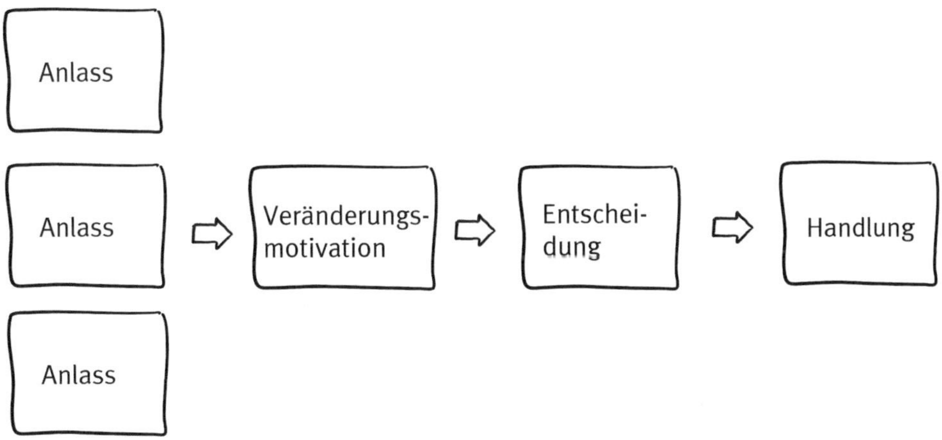

Aus unserer Erfahrung gibt es verschiedene Anlässe, die dazu führen können, dass sich Organisationen mit der Frage beschäftigen, wie sie Kinder zukünftig besser schützen können.

Ein aktueller Anlass kann dann gegeben sein, wenn ein Kind zu Schaden gekommen ist. In einer Reflexion der Ereignisse, die zur Schädigung geführt haben, kann die Organisation für sich selbst erkennen, dass durch ein anderes Handeln das Kind möglicherweise besser zu schützen gewesen wäre. Der gleiche Anlass – ein Kind oder mehrere Kinder sind zu Schaden gekommen – kann aber auch dazu führen, dass von außen gefordert wird, dass sich die Organisation neu aufstellt. Dieser Druck kann existenziell sein: Bei der Schädigung eines oder mehrerer Kinder kann die Weigerung, sich zu verändern, zur Auflösung der Organisation führen. Wenn z.B. die Heimaufsicht die Betriebsgenehmigung entzieht oder alle Erziehungsverantwortlichen eine weitere Kooperation mit der Organisation verweigern, ist die Organisation nicht mehr überlebensfähig.

Historische Ereignisse, die zu einer Entwicklung in Fragen des Kinderschutzes geführt haben, kennen wir alle aus der Vergangenheit, etwa Fälle von sexualisierter Gewalt in kirchlichen Einrichtungen. Gemeint sind hier Ereignisse, die an sich abgeschlossen sind, weil die Betroffenen nicht mehr in Obhut der Organisation sind oder die Gefährdung nicht mehr besteht. Hier kann es sich um das Fehlverhalten Einzelner oder das Versagen einer ganzen Organisation handeln. Oft kommt beides zusammen, wie es in der Odenwaldschule war: einzelne Täter und ein System, das weggeschaut hat und damit die Ereignisse tolerierte. Wieder ins Bewusstsein rücken sie meist, wenn damalige Betroffene sie veröffentlichen. Sie können aber auch durch das Auffinden alter Akten oder durch die »Beichte« ehemaliger Mitarbeitender sichtbar werden. In diesen Situationen geraten die Organisationen ebenfalls unter Druck.

Ein weiterer existenziell bedeutender Anlass zur Entwicklung von Schutzkonzepten wurde durch den Gesetzgeber geschaffen. Für alle Organisationen im Bereich der Jugendhilfe sind Kinderschutzkonzepte in Bezug auf Verfahrensweisen bei einer Kindeswohlgefährdung (oder einer Sorge) seit 2005 gesetzlich vorgeschrieben (SGB VIII, § 8a). Auch Kinderbetreuungseinrichtungen orientieren sich an diesem Gesetz. Für alle anderen Organisationen, die mit Kindern und Jugendlichen arbeiten, gelten die später gefassten SGB VIII, § 8b, und das Bundeskinderschutzgesetz, insbesondere das Gesetz zu Kooperation und Information im Kinderschutz (BKiSchG, § 4). In diesen Gesetzestexten wird ein Anspruch auf Unterstützung bei der Entwicklung eines Schutzkonzeptes formuliert. Auch wird ein Schutzkonzept dringend angeraten, jedoch nicht als zwingend notwendig eingefordert. Dennoch haben sich viele Einrichtungen die Notwendigkeit erkannt. Einige haben bereits Konzepte, andere sind dabei, welche zu entwickeln.

Zur Gruppe der Organisationen, die nicht unter SGB VIII, § 8a, fallen, gehören etwa Schulen. Darunter zählen aber auch Organisationen, für die der Blick auf die Kinder bisher keine Selbstverständlichkeit war – Organisationen, die ausschließlich mit Erwachsenen arbeiten. Hier wird bisher zu oft nur der_die Erwachsene in den Blick genommen, und die Frage nach dem Wohl der Kinder im Haushalt dieses Erwachsenen hängt vom Engagement einzelner Mitarbeiter_innen ab. Dazu gehören Einrichtungen der Eingliederungshilfe für Erwachsene, ambulante sozialpsychiatrische Angebote oder Beratungsstellen (für Schulden, Migration usw.). Auch für Organisationen der Gesundheitsfürsorge bestand bis vor Kurzem noch keine Verpflichtung, sich mit Kinderschutz auseinanderzusetzen. Mit der Richtlinie gegen Kindesmisshandlung[11] ist das Thema auch in diesem Bereich angekommen.

Die unter äußerem Druck entstandenen Schutzkonzepte halten nicht immer den Kriterien eines Schutzprogramms, so wie wir es verstehen, stand. Organisationen wollen im Allgemeinen weiter bestehen und sind aus diesem Grund bereit, Konzepte zu entwickeln oder Veränderungen anzudenken. An den öffentlich bekannt gewordenen Fällen und der beobachtbaren Praxis lässt sich oft ziemlich gut erkennen, wie schwer es Organisationen fällt, in einen nachhaltigen Veränderungsprozess einzusteigen. Wenn bei dieser Entscheidung die Überzeugung fehlt, dass es richtig und wichtig ist, sich mit dem Thema Kinderschutz als Gesamtorganisation zu beschäftigen, versanden Bemühungen allzu oft und Konzepte verschwinden in der Schublade.

Neben solchen Anlässen von außen, gehört es zum Selbstverständnis vieler Organisationen, sich ständig weiterzuentwickeln. Das Modell der »lernenden Organisation«, dass in der Organisationsentwicklung als Ideal formuliert wird, basiert auf der Erkenntnis, dass sich Organisationen permanent weiter entwickeln müssen, um sich an die sich verändernde Umwelt anzupassen und um sich immer weiter zu verbessern – im Sinne der Zufriedenheit von Mitarbeiter_innen und Kund_innen. Dazu gehört z.B. der Wunsch nach einer organisationsimmanenten Positionierung. Die Organisation trifft hier die Entscheidung, politische und soziale Verantwortung zu übernehmen und die Menschenrechte von Kindern und Jugendlichen im Sinne des angestrebten Kindeswohls und der UN-Menschenrechtskonvention ernst zu nehmen. Das bedeutet, gemeinsam Verantwortung zu übernehmen: »Wir sind ab jetzt verantwortlich für das definierte Kindeswohl.« Das unterscheidet sich von einem individualistischen »Ich-Vorgehen«, in dem Menschenbild, Kindeswohl, politische, humanistische Haltung und das Verständnis von Verantwortungsübernahme individuell, aber nicht übergreifend definiert sind. Basis für die Implementierung eines Kinderschutzprogramms, so wie wir es vorschlagen, ist eine Entscheidung der Organisation, die mit ausreichend Entscheidungsmacht und Überzeugung getroffen wurde und deren Motivation der Schutz von Kindern und Jugendlichen ist. Erst dann führt diese Entscheidung zu Schritten, die Bestand haben können.

Wir sind der Überzeugung, dass jede Organisation, die mit Menschen arbeitet, ein Schutzprogramm haben muss. Der Schutz der Kinder ist eine gesamtgesellschaftliche Aufgabe, vor der sich keine Organisation verschließen kann.

---

11 Bundesärztekammer (o.J.): Vernachlässigung und Misshandlung von Kindern von Kindern: Früherkennung und Prävention als ärztliche Aufgabe. Online verfügbar unter: https://www.bundesaerztekammer.de/aerzte/versorgung/praevention/kindesmisshandlung.

Struktur und Entwicklung

Hat sich eine Organisation entschieden und positioniert, als Anlass für ihre Arbeit und Sinnproduktion den Schutz des Kindeswohls auf ihre Agenda zu schreiben, muss sie zunächst prüfen, ob dies erfolgversprechend im Sinne eines Überlebens im aktuellen Arbeits- und Bedarfskontext der Gesellschaft ist. Diese Standortpositionierung ist von großer Bedeutung für das Überleben der Organisation, denn aus systemischer Sicht gehen wir davon aus, dass alles mit allem zusammenhängt. Ändert sich an einer Stelle eines Systems etwas, geraten alle damit verbundenen und vernetzten Teile in Bewegung. Gibt es also keinen Bedarf an einem Kinderschutzprogramm, so kann es keine Verbindung im Netzwerk geben und die Angebote laufen ins Leere und gefährden das Überleben der Organisation.

Der sinnstiftende wie aktuelle Anlass für unsere Modellorganisation ist also die Einführung eines Schutzprogramms im Interesse des Kindeswohls. Im aktuellen gesellschaftlichen Kontext herrscht dazu ein hoher Bedarf an Hilfe-, Beratungs- und Konzeptionsanliegen. Als besonders passender Ausgangspunkt erscheint uns die systemische Idee, dass Organisationen sich selbst und ihre jeweiligen Umwelten aktiv und kreativ gestalten. Sie erzeugen Sinnkonstrukte, die als Leit- und Weltbilder in die Umwelt projiziert werden. In diesem Sinne verstehen wir Organisationen als lernende Systeme. Wie dieser Prozess bei der Entwicklung und Einführung eines Schutzprogramms von Anfang an erfolgreich gestaltet werden kann, wollen wir im Folgenden beschreiben. Dabei gibt es drei wesentliche Blickwinkel.

Drei Blickwinkel: Interne und externe Aspekte und die Zielgruppe

Erstens muss darauf geachtet werden, was wichtige Aspekte einer internen Grundhaltung sind. Alle Mitarbeiter_innen der Organisation sollen partizipativ die Einführung und Entwicklung mitgestalten, um eine größtmögliche Identifikation mit den Zielen und Inhalten des Schutzprogramms zu erzeugen. Dieses soll aktiv gelebt werden und in jeder Zelle der Organisationeinheit wiedererkennbar sein. So kann es sich durch rekursive Kommunikation verändern und weiterentwickeln. Damit diese dynamischen Prozesse produktiv und im Sinne der Zielorientierung genutzt werden können, ist eine Rückkopplung und ein stabilisierendes Controlling[12] hilfreich. Fehlende Identifikation mit dem Schutzprogramm und fehlendes

---

12 Siehe ausführlich in Kapitel »Controlling«.

Controlling führen zu Verantwortungsverschiebung, Wegsehen, Verschleierung von Fehlern, letztlich zur Auslieferung der Schutzbefohlenen in gefährdende Situationen. Als warnendes Beispiel sei der Fall Lügde genannt, der vermutlich 1000 Einzeltaten umfasst, begangen innerhalb von zehn Jahren: Kinder wurden Opfer kinderpornografischer Aufnahmen und waren sexualisierter Gewalt ausgesetzt. Im Laufe der Ermittlungen ergaben sich Hinweise auf schwere Versäumnisse im Vorgehen von Polizei, Jugendämtern und Familienhilfe-Organisationen, was zu Ermittlungsverfahren gegen insgesamt 14 Angehörige der genannten Organisationen führte.

Zweitens ist es wichtig, externe Aspekte zu beachten. Die Organisation ist im externen Kontext vernetzt mit anderen sozialen Organisationen, u.a. Behörden, Gerichten, Bildungseinrichtungen, die alle unterschiedliche Ideen, Interessen und Positionen haben. Einerseits geht es darum, Konsense im Hinblick auf gemeinsame Ziele in der Kooperation zum Kinderschutz zu erarbeiten, etwa Arbeitstreffen oder Stadtteilkonferenzen. Andererseits gibt es Unterschiede, die wesentlich, aber auch hilfreich und sinnvoll sind. Diese müssen im externen Kontext gekennzeichnet und transparent vertreten werden. So gilt es auszuhandeln, welche Organisation wofür zuständig ist und welche Organisation welches Alleinstellungsmerkmal hat.

Der dritte Aspekt fokussiert die Zielgruppe und den Umgang mit ihr. Ziel ist, dass das Schutzprogramm verlässlich mit den betroffenen hilfesuchenden Systemen durchgeführt wird. Um das zu erreichen, muss der Prozess Orientierung bieten. Das gelingt, wenn sich Abläufe gleichen. Wenn Mitarbeiter_innen auf ähnliche Weise in den hilfesuchenden Systemen wirken, bietet das beiden Seiten Sicherheit und Orientierung. Dazu dienen Verträge und Beschlüsse, die den Rahmen für Kommunikationen und Vorgehensweisen im Prozess bilden.

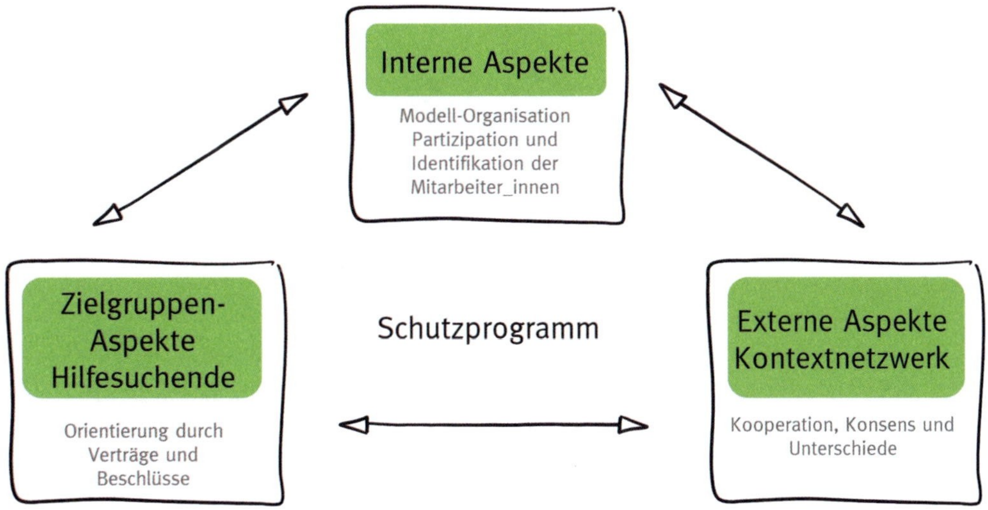

Die Mitarbeiter_innenversammlung

Als ersten Schritt zur Einführung eines Schutzprogramms schlagen wir eine Mitarbeiter_innenversammlung vor. Hierbei ist es völlig unerheblich, ob sich eine Organisation neu gründet oder schon längere Zeit produktiv war und dieses Thema zukünftig gut konzeptionieren will. Die Mitarbeiter_innenversammlung sollte drei Ziele verfolgen:

- die Positionsbestimmung der Organisation zum Kinderschutz,
- die Partizipation aller Mitarbeiter_innen an Planung und Entwicklung von Anfang an,
- die Einführung der dazu nötigen Instrumente und Gremien.

Diese Vorgehensweise ermöglicht eine hohe Identifikation der Beschäftigten mit dem von ihnen selbst definierten, mitentschiedenen sowie mitgestalteten Schutzprogramm. Damit ist der Start in eine entwicklungsorientierte, dynamische Kommunikationsstruktur, die Eigenverantwortung und Selbststeuerung anregt, gegeben.

Bei einem diktierten Themenstart mit vorgefertigten Vorgaben ohne Gestaltungsraum wird erfahrungsgemäß eher Passivität und Konsumverhalten in der Mitarbeiter_innenschaft ausgelöst. Viele haben hinterher Inhalte, Entscheidungen und Ergebnisse vergessen und verbinden die Inhalte nicht mit eigenen Positionen, sondern mit der Person, die die Vorgaben gemacht hat. Kopplung und Identifikation mit den Themen bleibt gering. Die Motivation, die Inhalte aktiv mitzuentwickeln, wird nicht geweckt, womit wertvolle Ressourcen ungenutzt bleiben. Dennoch ist es hilfreich, vorher einen Rahmen für die inhaltliche Themensetzung zu definieren und anzukündigen, damit ausufernde und uneingegrenzte Diskussionen vermieden werden. Eine gute Planung durch die Leitung und/oder versierte Moderator_innen empfiehlt sich an dieser Stelle.

Eine Mitarbeiter_innenversammlung, die die Partizipation und Identifikation aller Kolleg_innen mit einem Schutzprogramm zum Ziel hat, sollte von Anfang an transparente Abläufe initiieren, die mitgestaltet werden können. Das bietet Sicherheit in der Vorgehensweise und in den Abläufen.

Die Moderation wird vorgestellt, intern vorgeschlagen, gewählt oder extern hinzugezogen. Sie bereitet den Ablauf vor, hält nötige Materialien bereit, achtet auf Zeitraster, gestaltet den Prozess, wertet Ergebnisse aus und hält Entscheidungen fest. Wir schlagen vor, mit der Definition des Verständnisses von Kinderschutz zu beginnen, gefolgt von einer individuellen Handlungsorientierung und Reflexion, und schließen mit den Ideen zu noch fehlenden Instrumenten in dieser Organisation. Folgende Fragen sind hierbei orientierend:

- Was verstehe ich unter Kindeswohl?
- Wie will ich das Kindeswohl schützen?
- Welche Instrumente brauche ich in meiner Arbeit hierfür?

Beispiel für ein methodisches Vorgehen auf der Mitarbeiter_innenversammlung zur Einführung des Schutzkonzeptes:

Ziele der Versammlung:
Partizipation aller,
Positionierung,
Einführung,
Schutzkonzept

Methode 1 Organisationssonar
Analyse und Erkundung

Methode 2 Organisationsecholot
Praxistauglichkeit und
Verfahrensform

Methode 3 Fish Bowl
Diskussion der Ergebnisse,
Reflexion, Position,
Entscheidung

Methode 1: Organisationssonar

Es werden Dreiergruppen aus möglichst unterschiedlichen Abteilungen gebildet, um den Blick über den Tellerrand und damit viel Diversität zu ermöglichen. Jede_r Arbeitsgruppenteilnehmer_in erhält zu jeder Frage (»Was verstehe ich unter Kindeswohl? Wie will ich das Kindeswohl schützen? Welche Instrumente brauche ich in meiner Arbeit hierfür?«) drei Moderationskarten. Auf jede Moderationskarte wird jeweils eine Aussage groß und deutlich geschrieben. So erhalten wir bereits in einer Dreiergruppe möglicherweise neun Aussagen zu einer Fragestellung.

In der Gruppe soll jede_r Teilnehmer_in den anderen erläutern, warum ihr diese Punkte wichtig sind. Dazu können von den anderen Verständnisfragen gestellt werden. Es geht an dieser Stelle nicht um eine kritische Diskussion oder ein Infragestellen der Aussagen, sondern um ein Verständnis und eine Bestandsaufnahme der aktuell in der Organisation vorhandenen Vorstellungen, Haltungen und Ideen. Die Ermittlung der Aussagen in der Arbeitsgruppe dauert maximal 45 bis 60 Minuten.

Dann kehren alle mit ihren ausgefüllten Moderationskarten ins Plenum zurück. Es empfiehlt sich zur Übersicht, dass für jede Frage eine unterschiedliche Farbe gewählt wird, z.B. für die erste Frage grüne Moderationskarten, für die zweite Frage blaue, für die dritte Frage rote. Im Gesamtplenum werden die Aussagen von den Moderator_innen auf drei verschiedene Stellwände gepinnt. So entsteht ein beeindruckendes Ergebnis, das für alle sichtbar wird. Doppelungen können herausgenommen, Themen zugeordnet und noch einmal differenziert sortiert werden. An dieser Stelle ist ein Feedback äußerst hilfreich für die gesamte weitere Entwicklungsarbeit hin zu einem gelebten Schutzprogramm. Bemerkt werden können hier die Vielfalt, der Reichtum an Ideen, Haltungen, Ressourcen, welche die professionellen Kräfte mitbringen und damit die Organisation beleben, gestalten und entwickeln. Dabei entstehen Identifikation, Partizipation und Motivation für den weiteren Gestaltungsprozess. Außer den Moderator_innen sollten alle aufgefordert werden, ein erstes Feedback zu ihren Eindrücken der vorhandenen Ressourcen zu geben. Wichtig ist darauf zu achten, dass alle wesentlichen Abteilungen, Bereiche, Teams, Steuerungsorgane ihren Eindruck äußern können. Für diesen Prozess kann wiederum eine Stunde kalkuliert werden. Die Ergebnisse werden später verschriftlicht. So bekommen die Aussagen einer jeden Mitarbeiter_in noch mehr Bedeutung innerhalb der Organisation.

Nach einer Pause geht es in die zweite Phase, die sich mit der Entwicklung der Instrumente eines Schutzprogramms befasst. Jetzt sollen zum einen die bereits vorgeschlagenen Instrumente auf ihre Praxistauglichkeit geprüft werden. Zum anderen sollen interne Unterstützungsstrukturen zum Schutz der Ressourcen von Mitarbeiter_innen, zum Schutz der Haltung und der weiteren qualitativen Entwicklung des Schutzprogramms erarbeitet werden. Hier können auch bereits vorhandene Vorstellungen von Geschäftsführung, Abteilungs- bzw. Bereichsleitungen, Teams, Fachberater_innen oder einzelnen Mitarbeiter_innen transparent einfließen.

Wir schlagen für die Gremien die Einrichtung einer Lotsenstelle und eines Qualitätszirkels vor und für das Verfahren die Arbeit mit Verträgen. Die Lotsenstelle soll eine unabhängige Stellung innerhalb der Organisation haben und künftig den Prozess leiten, beraten und kontrollieren.[13] Der Qualitätszirkel soll sich aus den verschiedenen Abteilungen der Organisation zusammensetzen und künftig Qualität planen, entwickeln und Ergebnisse evaluieren. Verträge im Verfahren sollen orientierend und stabilisierend wirken, sowohl für die professionellen Kräfte als auch für die hilfesuchenden Systeme.[14]

---

13 Siehe Kapitel »Die Lotsenstelle Kinderschutz«.

14 Zum Arbeiten mit dem Schutzvertrag siehe Kapitel »Pädagogisches Arbeiten mit Erziehungssystemen und dem sozialen Umfeld im Kontext von Kindeswohlgefährdung«.

Methode 2: Organisationsecholot

Wieder wird mit einem Metaplan gearbeitet, diesmal aber in der Form eines Open Talks. Dazu werden im Raum oder in verschiedenen Räumen, wenn vorhanden, Flipcharts oder Stellwände an verschiedenen Stellen aufgebaut. Es kann auch mit Tischen gearbeitet werden, auf denen Plakate, Moderationskarten und Stifte liegen.

- An einer Stellwand hängen die Moderationskarten der bereits erarbeiteten Instrumente für ein Schutzprogramm: »Wie praxistauglich in unserer Arbeit sind die hier gesammelten Instrumente? Bitte ordnet sie ein!«
- An einer weiteren Stellwand hängt folgende Frage: »Was brauche ich in meiner Arbeit an organisationaler Unterstützung dazu?«
- An der letzten Stellwand hängt die Frage: »Welches Verfahren und welche Gremien wären für ein Schutzprogramm hilfreich?« Hier können auch schon vorhandene Vorschläge für Struktur- und Gremien angepinnt werden.

Nun werden Fünfergruppen gebildet, die sich möglichst aus unterschiedlichen Abteilungen, Bereichen, Teams und Hierarchieebenen zusammensetzen. Je nach Größe der Organisation können auch kleinere Arbeitsgruppen mit jeweils drei Personen oder doppelt so viele Stellwände bzw. Tische bestückt werden, sodass beispielsweise zu einer Fragestellung zwei Fünfergruppen arbeiten können. Mehr als fünf Teilnehmer_innen sind jedoch aufgrund von Zeit- und Diskussionsintensität sowie Themenverdichtung und Unübersichtlichkeit nicht empfehlenswert. Es sollte eine leere Ecke geben, den sogenannten Denkraum.

Nun verteilen sich alle Gruppen an die verschiedenen Stellwände und diskutieren über die dort vorbereiteten Themen und die schon gesammelten Ideen oder Vorschläge und schreiben Moderationskarten mit ihren Bewertungen, Fragen und Ergebnissen dazu. Wichtig ist hier, dass die Arbeitsgruppenteilnehmer_innen ihre Blickwinkel aus den unterschiedlichen Arbeitsbereichen und Verantwortungsebenen der Organisation einbringen. Sie haben 15 bis 30 Minuten Zeit, dann läutet die Moderation den Wechsel zur nächsten Station ein.

Die Gruppe, die zu Beginn im Denkraum sitzt, kann sich über den Start mit dem Metaplan austauschen, z.B. entstandene Fragen, noch vorhandene Ideen, Vorschläge, persönliche Erfahrungen. Sie kann aber auch schon mögliche Vorstellungen und Fragen zu den neuen Aufgaben miteinander reflektieren – aus den unterschiedlichen Blickwinkeln der eigenen Positionen innerhalb der Organisation.

Nach maximal zwei Stunden fordert die Moderation auf, den Rundgang zu beenden. Nach einer Pause werden alle eingeladen, sich die fertiggestellten Plakate anzuschauen.

Methode 3: Fish Bowl

Nachdem auch dieser Rundgang beendet wurde, wird mit der Methode Fish Bowl eine Auswertung eröffnet. Dazu werden in der Mitte des Plenums fünf Stühle aufgestellt. Beginnen können vier Freiwillige – eine Abteilung, eine Hierarchieebene oder ein Team. Vier Stühle werden besetzt, ein Stuhl bleibt frei. Diskutiert werden die Ergebnisse der ersten Stellwand. Wie praxistauglich sind die Instrumente aus Ihrer Sicht? Welche würden Sie jetzt wählen: innerhalb ihrer Organisation und für Ihren Bereich? Auf den freien Stuhl kann sich jemand setzen, die_der eine wichtige Eingabe, Anregung, Skepsis, Frage oder Kritik hat und mitdiskutieren möchte. Jederzeit kann jemand aussteigen, wenn das Anliegen fertig bearbeitet zu sein scheint. Der freiwerdende Stuhl kann von jemand anderem besetzt werden. Eine Fragestellung sollte in maximal 15 bis 20 Minuten bearbeitet sein.

Dann folgt die nächste Frage: Welche organisationale Unterstützung wird benötigt? Eine neue Diskussionsrunde startet mit neuen Teilnehmer_innen. Zuletzt werden die vorgeschlagenen Gremien und Verfahren diskutiert.

Der Ablauf bleibt immer gleich. Die Moderation steuert die Zeit und hält wichtige Ergebnisse fest, die sie an einer Flipchart für alle visualisiert. Wenn möglich – insbesondere bei größeren Gruppen – empfiehlt sich hier die Arbeit zu zweit, um Visualisierung der wesentlichen Aussagen, Protokoll und Ergebnissicherung sowie Moderation, Steuerung von Änderungen des Ablaufs und Bearbeitung von Unvorhergesehenem im Arbeitsgruppengeschehen zu gewährleisten.

Nach einer Stunde beendet die Moderation die Methode mit Dank für das Engagement und die vielen kreativen Eingaben. Die Ergebnisse der Mitarbeiter_innenversammlung werden noch einmal zusammengefasst. Jetzt sollte eine Abstimmung aller eingeleitet werden, was die nächsten drei Schritte sein sollen. Dazu müssen Verantwortliche gewählt und Termine, bis wann die Aufgaben erledigt sein sollen, festgesetzt werden. Die verantwortlichen Ebenen machen danach einen Vorschlag, wie alle Mitarbeiter_innen über die Ergebnisse informiert werden. Der Qualitätszirkel ist gegründet. Dieser kann nun die weitere Planung der Installierung des Schutzprogramms aufnehmen.

Die Mitarbeiter_innenversammlung wird mit diesem Ausblick und einem Dankeschön für die großartige Zusammenarbeit beendet.

Je nach Größe des Betriebes muss die Komplexität der Veranstaltung angepasst werden. Je nach Zeitaufwand und Dauer kann die Mitarbeiter_innenversammlung auch als ein Klausurtag geplant werden. Je sorgfältiger die Veranstaltung vorbereitet wird, desto besser läuft der nachfolgende Prozess. Der erste Eindruck ist nachhaltig und beflügelt den Start des Projekts.

Die Lotsenstelle Kinderschutz

Für die Einführung eines Schutzprogramms zur Sicherung des Kindeswohls sind in der Steuerung einer Organisation folgende Ziele von nachhaltiger Bedeutung:

- Es sollten verbindliche Prozessabläufe und Arbeitskonzepte für ein Kinderschutzprogramm installiert werden.
- Kriterien, die am Kindeswohl ausgerichtet sind, sollten als Orientierung zur Beurteilung von Gefährdungen im Rahmen eines Ampelsystems installiert und konsequent verfolgt werden.
- Es sollte ein Angebot an Fortbildungen, Fachtagungen und themenzentrierten Veranstaltungen zu den unterschiedlichen Fragen des Kindeswohls platziert werden.
- Ein Controlling zum Verhalten der Mitarbeiter_innen gegenüber Kindern und Jugendlichen, gegenüber Hilfesuchenden und untereinander sollte positiv bewertet und unterstützend installiert werden.
- Die vorhandenen Ressourcen im Bereich der Arbeit in Kindeswohlgefährdungsfällen sollten fortlaufend geprüft werden.
- Der Kontakt zu Jugendamt, Bildungseinrichtungen, anderen Institutionen im Bereich der Kindeswohlsicherung sowie zu anderen Trägern sollte kontinuierlich gepflegt und weiterentwickelt werden.
- Es sollte ein flankierendes Angebot an Beratung in Kindeswohlgefährdungsfällen als standardisiertes Programm installiert werden.
- Der Schutz von gefährdeten Mitarbeiter_innen sollte sensibilisiert in den Blick genommen und mit entsprechender Beratung versehen werden.
- Ein Beschwerdewesen, das den Bereich Schutzprogramm mit allen genannten Facetten behandelt, sollte installiert werden.

Das Schutzprogramm sollte kontinuierlich evaluiert und qualitativ weiterentwickelt werden. Da die Steuerung der oben genannten Aufgaben der Geschäftsführung bzw. Leitungsebene obliegt, die noch mit vielen anderen Steuerungsaufgaben innerhalb der Gesamtorganisation betraut ist, empfehlen wir – ähnlich wie in der Schifffahrt –, zur Entlastung und Abgrenzung eine Lotsenstelle einzurichten.

Die Lotsenstelle Kinderschutz hat die oben beschriebenen Aufgaben. Das heißt, sie kümmert sich schwerpunktmäßig um die Umsetzung der Zielformulierungen, und hat dafür die Verantwortung und die Fachaufsicht. Sie ist Mitglied des Leitungskreises und des Qualitätszirkels. Sie arbeitet mit allen Teilen der Organisation zum Thema Schutzprogramm für die Arbeit mit Kindeswohlgefährdung zusammen. Im Organigramm steht sie neben der Geschäftsführung und ist von dieser mit besonderer Kompetenz und Verantwortung ausgestattet. Die einzelnen Aufgabenbereiche werden mit der Geschäftsführung ausgehandelt. Dazu gibt sie Rechenschaftsberichte ab. An dieser Stelle ist es wichtig, sicherzustellen, dass die Lotsenstelle keine Alibifunktion hat. Die Effizienz und der Erfolg des Schutzprogramms hängen von der Autorisierung durch die Geschäftsführung und der Verantwortungsautonomie dieser Position ab. Eine reine Vorzeigefunktion nach dem Motto, »Seht her, wir tun was in dieser Organisation für den Kinderschutz, wir haben eine Lotsenstelle eingerichtet«, während diese aber mit keinerlei eigenständiger Macht ausgestattet wäre, würde an dem hier angestrebten Schutzprogramm völlig vorbeilaufen und das Ziel konsequenten Kinderschutzes verfehlen. Die Installation der Lotsenstelle, ihre Ausstattung mit Befugnissen und eigenständigen Verantwortungsbereichen sowie Personalführungsautorität in ihrem Bereich ist von immenser Bedeutung für den Erfolg eines Schutzprogramms innerhalb der jeweiligen Organisation. Dazu gehört auch, dass die Lotsenstelle bei grober Vernachlässigung oder Verstößen gegen das Schutzprogramm die Möglichkeit zu Abmahnung, Suspendierung und Entlassung haben muss. Genau in diesem Punkt unterscheidet sich unsere Lotsenstelle Kinderschutz von solchen im traditionellen Sinn.

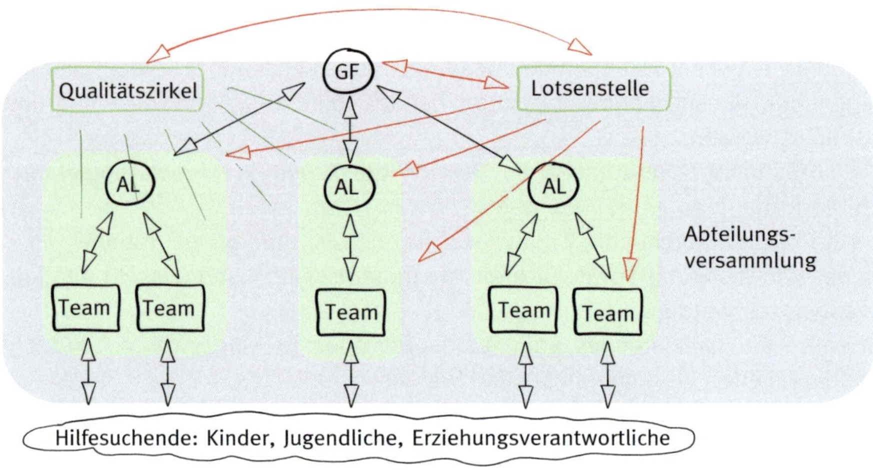

In kleinen Organisationen können Teilaufgaben an eine Mitarbeiter_in delegiert werden, die ansonsten andere Aufgaben erfüllt, von denen sie dann für bestimmte Zeiträume freigestellt wird. Eine Leitungsperson kann ebenfalls – bei entsprechender Qualifikation – die Aufgaben der Lotsenstelle übernehmen, um deren Wichtigkeit zu unterstreichen. Sie muss dafür andere Aufgaben an die Teamleitungen delegieren. In diesen Fällen muss jeweils gekennzeichnet werden, in welcher Funktion die Kolleg_innen auftreten.

Die damit verbundenen Aufgaben und Autorisierungen sollten in aller Deutlichkeit veröffentlicht werden, damit auch hier das Schutzprogramm nicht ins Leere läuft und sich die Verantwortlichen sowie ihre Arbeitskontexte über die damit verbundenen Konsequenzen im Klaren sind. Eine solche Delegation von Aufgaben stellt aber in jedem Fall die schwierigere Variante für alle Beteiligten dar und ist mit vielen Stolpersteinen verbunden, da es sich um eine Matrix-Organisation handelt.

Die Haupttätigkeit der Lotsenstelle besteht in der Leitung und Beratung der Prozesse, die den angestrebten Zielen dienen. Es bietet sich an, für diesen speziellen Zuständigkeitsbereich eine sozialpädagogisch geschulte Mitarbeiter_in mit der Zusatzqualifikation der Erfahrenen Fachkraft Kinderschutz (EFK) einzustellen. Eine schon zum Mitarbeiter_innenstamm zählende Kolleg_in kann diese Zusatzqualifikation erwerben und mit den delegierten Ziel- oder Detailaufgaben betraut werden. Die Position und die Aufgabenbereiche dieser Kolleg_in sollten im Betrieb von der Geschäftsführung entsprechend angekündigt und veröffentlicht werden. Wenn diese Konzeptionierung von der Geschäftsführung bereits beabsichtigt wurde, kann dafür die Mitarbeiter_innenversammlung genutzt werden. So werden Irritationen über die Autorisierung der Lotsenstelle mit ihrem avisierten Aufgabenbereich vermieden.

Im Folgenden werden die Aufgabenfelder einer solchen Lotsenstelle beschrieben, die wir für sinnvoll halten und im Rahmen der Installation eines Schutzprogramms empfehlen.

Die Aufgabenfelder der Lotsenstelle

Das Drei-Kategorien-Modell (Ampelsystem)

Die Lotsenstelle regt eine hilfreiche Struktur in den Fallbesprechungen der Teams für Kinderschutzfälle an. Um Orientierung und eine Basis für die gemeinsame Fallbetrachtung anzubieten, empfehlen wir die Einteilung der Kinderschutzfälle in drei Kategorien.[15]

Es ist sinnvoll, diese drei Kategorien genau zu benennen – auf der individuellen wie auch auf der Trägerebene. Dabei hilft die Annahme Niklas Luhmanns, dass jedes einzelne Mitglied zum gemeinsam diskutierten Kommunikationsergebnis eines Systems, in dem sie_er Mitglied ist, eine Differenz bildet.[16] Als System kann hier ein beliebiges Helfersystems oder ein

15 Eine Einteilung in Kategorien von Kinderschutzfällen gibt es in vielen Konzepten, Haltung und Instrumentarium unterscheiden sich jedoch.

16 Niklas Luhmann (1987): Soziale Systeme. Grundriß einer allgemeinen Theorie. Frankfurt am Main: Suhrkamp.

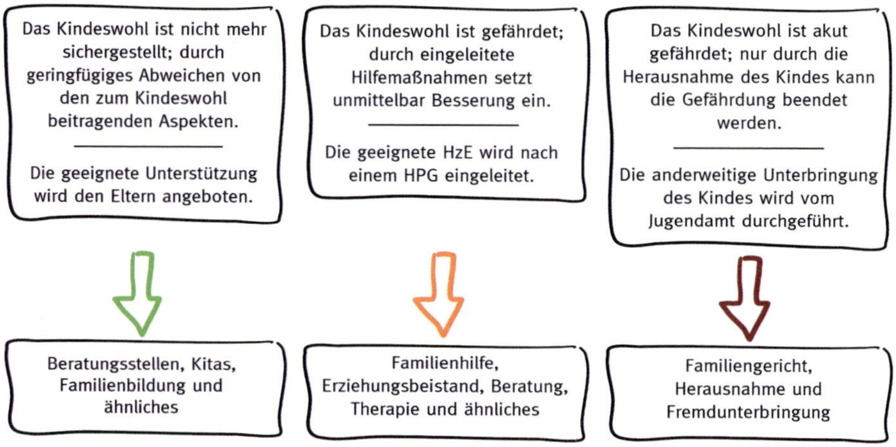

Träger angenommen werden, als Kommunikationsergebnis ein beliebiges Konzept. Um festzustellen, ob noch genügend Übereinstimmung vorhanden ist, ist deshalb eine kontinuierliche Auseinandersetzung über die Gemeinsamkeiten erforderlich. Für jede Entscheidung oder Positionierung eines einzelnen Mitglieds ist die_der Einzelne auch selbst verantwortlich.

Aus unserer Sicht:

Grüne Fälle (grüner Pfeil) sind solche, in denen es mit professioneller Hilfe gut läuft. Die Erziehungsverantwortlichen sind kooperations- und lernbereit. Sie nehmen die angebotenen Interventionen an und arbeiten konstruktiv mit. Eine positive Entwicklung ist beobachtbar bzw. nachweisbar. Die Kinder sind sicher und entspannt, die Fachkräfte beobachten keine Kindeswohlgefährdung. Dennoch ist die Situation ohne professionelle Hilfestellung nicht nachhaltig stabil. Die Stabilität muss noch weiter erarbeitet werden und erfordert anhaltende Kontinuität. Das können Systeme im fortgeschrittenen Bearbeitungsprozess sein oder neue Fälle, wenn die Erziehungsverantwortlichen der Hilfe zustimmen oder sie selbst wünschen. Diese Fälle sollten bei wöchentlich stattfinden Teambesprechungen einmal monatlich bearbeitet werden.

Der Fokus liegt auf
- der aktuellen Kindeswohlsituation,
- Veränderungen im Prozessverlauf seit der letzten Fallbetrachtung,
- Kooperationsverhalten,
- positivem Feedback und Wertschätzung,
- nächsten Schritten,
- Nachhaltigkeit.

Orangefarbene Fälle (orangener Pfeil) sind solche, in denen es auch mit professioneller Hilfe eine labile Situation gibt. Möglicherweise ist die Kooperationsbereitschaft der Erziehungsverantwortlichen brüchig – mal klappt es sehr gut, mal weniger oder gar nicht. Die Gründe dafür sind noch unzureichend ermittelt. Die Interventionen werden weitgehend und überwiegend fristgerecht eingehalten. Es ist manchmal eine intransparente, zögernde bis ablehnende Haltung zu beobachten, überwiegend wird jedoch mitgearbeitet. Die Fallzuständigen müssen genau beobachten, wie sich die Lage weiterentwickelt und wie die Kooperation gestärkt werden kann. Das Kindeswohl ist überwiegend gesichert, wenn auch noch nicht hundertprozentig. Die fehlenden Elemente müssen durch weitere externe Hilfen gestützt werden. Hierzu gehören auch Fälle, in denen die Erziehungsverantwortlichen eine Veränderung zwar wollen, aber aus verschiedensten Gründen nicht schaffen umzusetzen. Orangefarbene Fälle sollten alle vierzehn Tage besprochen und der Blick dabei auf Folgendes gerichtet werden:

- Gewährleistung des Kindeswohls,
- Verbesserungen, Verschlechterungen oder Kontinuität,
- Veränderungen seit der letzten Fallbesprechung,
- Kooperation und Lernbereitschaft der Erziehungspersonen,
- Feedback-Kultur,
- nächste notwendige Schritte,
- Beratungsbedarf der fallzuständigen Kolleg_innen.

Rote Fälle (roter Pfeil) sind solche, in denen trotz professioneller Hilfe eine akute Krisensituation vorliegt und das Kindeswohl gefährdet ist. Das kann beim Start einer professionellen Hilfe sein oder wenn eine aktuelle existenzielle Krise vorliegt, beispielsweise der Verlust des Arbeitsplatzes, der Ausbruch einer Krankheit, Beziehungskonflikte in der Partnerschaft, Tod eines Angehörigen, Wohnungsverlust u.ä., und dadurch eine kindeswohlgefährdende Situation beobachtet wird. Es kann auch durch ungünstige Verläufe ausgelöst werden: Scheitern bei Leistungsprüfungen in der Berufsausbildung, Schulden, Kontakt zu ungünstig wirkenden sozialen Kontexten, Verschlimmerung einer Krankheit, Drogenrückfälle u.v.m. Ein Auslöser kann auch fehlende Fürsorge der Erziehungsverantwortlichen sein, Vernachlässigung und Misshandlungen, die bereits länger bestehen, ohne dass es Hilfe gegeben hat, oder ohne dass die Hilfe Veränderung für die Kinder und Jugendlichen gebracht hat. Die Einstellung der Erziehungsverantwortlichen zu den Sorgen der Fachleute, fehlende Einsicht, mangelnde Reflexions- und Kooperationsbereitschaft oder Ablehnung von Verantwortung sollten dringendes und vorrangiges Thema in der Arbeit sein. Hier ist es wichtig, sofort Ansätze zur Verbesserung anzubieten. Dazu gehört, eine erhöhte Bereitschaft zur Zusammenarbeit zu fordern und diese auch zu überprüfen – sonst besteht für das Kind eine starke Gefährdung. In dieser Situation ist eine kompromisslose und anweisende Arbeit der professionellen Helfer_innen unabdingbar, um die Gefährdungssituation für das betroffene Kind schnell aufzulösen. Daran darf keinerlei Zweifel aufkommen.

Rote Fälle sollten wöchentlich und bei Bedarf in noch kürzeren Abständen überprüft werden. Da die Fachleute, die an solchen Fällen arbeiten, stark unter Druck stehen, brauchen sie eine engmaschige Beratung und Unterstützung durch die Lotsenstelle. Auch Krisenberatungen sollten hier jederzeit möglich sein. Die Arbeit fordert den Fachleuten darüber hinaus eine hohe Konfliktfähigkeit ab, die sehr kräftezehrend sein kann. Sie stehen meistens in einer Sandwich-Position unter Druck von unten – den Erziehungsverantwortlichen – und von oben, dem Jugendamt und weiteren Institutionen, die sich um das Kindeswohl und den sozialen Kontext des Kindes sorgen. Daher brauchen sie sehr viel Unterstützung und Rückendeckung und müssen vorrangig beachtet werden, genau wie das betroffene Kind.

Wenn eine Organisation ein eigenes System der Kategorisierung entwickelt, dann sollten die verschiedenen Kategorien eindeutig unterscheidbar sein. Das gelingt durch wesentliche Kriterien für jede Kategorie.

Methode: Brückenalarm

Das Drei-Kategorien-Modell kann mithilfe eines Open Talks eingeführt werden, um ein Team oder eine Organisation, eine Arbeitsgruppe oder eine Konferenz zu einem Abgleich der konkreten Beobachtungsmerkmale zu führen und damit praxistauglich für jedes Mitglied zu machen. Der Tagungs- oder Konferenzraum wird mit drei Flipcharts bestückt. Sie stehen in drei unterschiedlichen Ecken des Raumes. Sie werden wie folgt beschriftet:

Das Kindeswohl ist geringfügig gestört. Woran erkenne ich ...? Was ist zu tun?	Das Kindeswohl ist gefährdet. Woran erkenne ich ...? Was ist zu tun?	Akute Gefährdung-Herausnahme. Woran erkenne ich ...? Was ist zu tun?

- Das Kindeswohl ist geringfügig gestört.
- Das Kindeswohl ist gefährdet.
- Akute Gefährdung/Herausnahme.

Die Teilnehmer_innen werden aufgefordert, sich in gleicher Gruppenstärke an den drei Tafeln aufzustellen. Jetzt hat jede Gruppe zehn Minuten Zeit, zu der Frage: »Woran erkenne ich ...?« Beobachtungskriterien zu notieren, auf die sich die Gruppe einigen kann.

Danach werden die Gruppen an die nächste Tafel geschickt und dann noch einmal nach zehn Minuten an die dritte Tafel. Jede Gruppe hat ihre Diskussionsergebnisse auf der Flipchart dokumentiert.

Danach wird der gleiche Durchgang zur Frage nach den geeigneten Empfehlungen und Maßnahmen (»Was ist zu tun?«) durchlaufen.

Nachdem auch diese Ergebnisse konstruiert und auf der Flipchart dokumentiert sind, kann eine Pause gemacht werden. Nach der Pause werden die Ergebnisse im Plenum abgestimmt und zu einem Ergebnis festgelegt, das dann für die nächste Zeit gilt. Der Zeitraum wird miteinander vereinbart.

Die Lotsenstelle übernimmt in der Arbeit mit dem Drei-Kategorien-Modell das Controlling. Zwar sind die Kategorien und die damit verbundenen Kriterien in der Organisation für alle Mitarbeitenden verbindlich. Dennoch werden die Interpretationen immer wieder unterschiedlich sein. Die Fallzuständigen machen unterschiedliche Beobachtungen und bewerten die Lage entsprechend verschieden. Die Fachleute aus dem Team und die Leitungskräfte haben wiederum eigene Hypothesen zur Wirklichkeit in der Familie. Daraus folgt, dass die eigene Betrachtung, das individuelle Verantwortungsempfindung und die gemeinsam entwickelten Kriterien öffentlich transparent, systematisch und ergebnisorientiert reflektiert werden müssen. Aus unserer Sicht müssen die Fallführenden die Entscheidungen über ein weiteres Vorgehen treffen, denn sie sind verantwortlich und sie müssen die Konsequenzen für die Entscheidungen tragen. Sie müssen jedoch in der Lage sein, ihre Entscheidungen zu begründen, und offen bleiben für die Überlegungen der anderen Teammitglieder. Wenn Leitungskräfte den Eindruck gewinnen, dass ihre Mitarbeiter_innen keine passenden Entscheidungen treffen, haben sie die Verpflichtung einzugreifen. Ebenso steht die Lotsenstelle in der Pflicht, beratend oder aber auch reglementierend einzugreifen. Die Lotsenstelle und ein Orientierung bietender Kriterienkatalog, der die Grenzen und die vorhandenen Möglichkeiten immer wieder ins Zentrum der pädagogischen Arbeit rückt, sind hier von äußerster Wichtigkeit. Sie dienen der Entlastung der Kolleg_innen und verlieren gleichzeitig den Schutz der betroffenen Kinder nicht aus den Augen. Die Bremse kann jederzeit gezogen werden.

Selbstreflexion: Skalierung

Die aktuelle Einschätzung der_des Fallzuständigen könnte in der kollegialen Beratung mithilfe einer Skalierung oder eines Spannungsbarometers operationalisiert werden. Es wird eine Skala mit den Werten +10 bis -10 gezeichnet: +10 bedeutet, das Kindeswohl ist wiederhergestellt und stabil; -10 bedeutet, das Kindeswohl ist akut gefährdet und es müssen sofort Maßnahmen ergriffen werden. Die zuständigen Kolleg_innen sollen nun mithilfe der oben dargestellten Kriterien einordnen, ob es ein grüner, orangefarbener oder roter Fall ist. Die gleiche Vorgehensweise bietet sich haptisch mit einem Spannungsbarometer an. Bei dieser Methode müssen sich die Fallzuständigen positionieren und die Kolleg_innen haben einen Ausgangspunkt für weitere Fragen und Ideen.

Schutzverträge und Zweierteams als Arbeitskonzept

Die Lotsenstelle erarbeitet mit den Mitarbeiter_innen ein Arbeitskonzept, das eine hohe Verlässlichkeit, Kontinuität auch bei Personalausfällen, Vergleichbarkeit der Vorgehensweisen, Sicherheit in Durchführung und Ablauf sowie eine höhere Unabhängigkeit von einzelnen Personen erzeugt. Wir empfehlen das Arbeiten mit Verträgen in Kindeswohlgefährdungsfällen.[17]

17 Siehe ausführlich in Kapitel »Der Schutzvertrag«.

Die Arbeit mit einem verlässlichen Konzept schafft Sicherheit in vielerlei Hinsicht. Zum einen können sich die professionellen Helfer_innen auf einen immer gleichen Ablauf stützen, dessen Modifikationen sie mit der beratenden Lotsenstelle mitgestalten und mitverantworten. Das entlastet die Kolleg_innen auch, wenn es zu Personalengpässen, wie Vertretungssituationen, oder Personalwechseln kommt. Die einspringenden bzw. neu dazukommenden Mitarbeiter_innen können sich schnell in den jeweiligen Fall einarbeiten, weil der Ablauf im Prozess immer gleich ist. Um die Kontinuität der Arbeit durch Transparenz und Verlässlichkeit aller Beteiligten zu erhöhen, ist das Instrument des Schutzvertrags besonders wichtig.

Der Schutzvertrag wird in der Fallakte dokumentiert und ist wegen der Kindeswohlgefährdungssituation mit Fristen versehen, die bei Übernahme sofort übernommen werden können. Das schafft auch Sicherheit bei den Erziehungsverantwortlichen, die durch einen Vertrag und die dazugehörigen Fristen aufgeklärt und informiert sind. Sie wissen Bescheid über den weiteren Ablauf der Hilfe, der ihnen angekündigt und mit ihnen in Familienkonferenzen verhandelt wird. Die von ihnen zu erbringende Kooperation im Hinblick auf das Kindeswohl sowie die professionellen Hilfestellungen auf dem Weg dahin sind geklärt und vertraglich festgehalten. Sie werden Schritt für Schritt abgearbeitet. Das wird dokumentiert.

Im Zentrum der Aufmerksamkeit steht das Wohlergehen des Kindes, das zu keinem Zeitpunkt gefährdet sein darf. Dazu dienen die Fristen: Was ist bis wann zu tun, um das Kindeswohl zu sichern oder wiederherzustellen? Woran müssen Erziehungsberechtigte arbeiten, um ihre Erziehungsfähigkeit zu erreichen, zu verbessern und nachhaltig zu stabilisieren? Bis wann muss das geschehen, um das Kind nicht unnötigen Belastungen auszusetzen?

Auch das Kind weiß von Anfang an über diesen Ablauf Bescheid und wird im Prozess aktiv befragt und transparent einbezogen. Das schafft auch an dieser Stelle im System – der schwächsten und abhängigsten – Sicherheit und Mitsprachemöglichkeit.

Empfehlenswerter Standard ist in Kindeswohlgefährdungsfällen die Arbeit in Zweierteams. Sie ermöglichen – durch die notwendige Abstimmung in der Co-Betreuung – regelmäßige Selbstfürsorge und Reflexion der Arbeit. Ein solches Arbeitskonzept kann sehr gut von einer Lotsenstelle beraten und begleitet werden. Damit können Übergänge, personelle Ausfälle oder Wechsel hervorragend kompensiert werden.

Ziel der Lotsenstelle in der Beratung zur Entwicklung eines Arbeitskonzepts ist es, dass
- die hilfebedürftigen Systeme weniger abhängig vom Vertrauensaufbau zu einzelnen Personen sind. Das kann erreicht werden, wenn die Abläufe als solche Vertrauen und Kontinuität anbieten. Es geht um das Verändern des Handelns.
- die professionelle Aufmerksamkeit nicht mehr das ungezielte, explorative Kennenlernen des einzelnen Menschen fokussiert, wie es häufig mit der Begründung eines notwendigen Vertrauensaufbaus argumentiert wird. Stattdessen soll im Zentrum der (Lern-)Prozess mit den dazugehörigen notwendigen Kooperationen, Kommunikationen, Interventionen,

Lernfeldern, veränderten Handlungen und Haltungen stehen – mit dem Ziel eines Zustands, der das Kindeswohl sichert.

- für Kontinuität im Prozessablauf gesorgt wird. Die Lotsenstelle muss jeden Prozessabschnitt von Planung, über Durchführung bis zum Ergebnis begleiten, gemeinsam mit den Kolleg_innen auswerten und adäquat beraten. Das schafft, neben der Sicherheit, eine ungeheure Entlastung für die Kolleg_innen, die in solchen spannungsgeladenen Fällen arbeiten.
- die Abläufe klar und vergleichbar sind. Die nächsten Schritte sind transparent. Bei Abweichungen ist Hilfe gewiss, sowohl für die gefährdeten Kinder und Jugendlichen als auch für die Helfer_innen.

Ein interaktives Reflexions- und Fortbildungsangebot

Ein weiteres Aufgabengebiet für die Lotsenstelle ist die Entwicklung und Erweiterung der Sachkenntnisse der Mitarbeiter_innen, die im Arbeitsfeld Kindeswohl und Kindeswohlgefährdung tätig sind. Dazu ist ein bereichsübergreifender, interaktiver Austausch – intern und extern – äußerst hilfreich, um neue Ideen für die Arbeit zu generieren oder eigene gute Ideen innerhalb der Organisation oder im Netzwerk zu verankern. Auch Professionalisierung und Reflexion der eigenen Arbeit, der eigenen individuellen Anteile und Befindlichkeiten in den Prozessabläufen und mit den beteiligten Systemen und Systemmitgliedern sollten standardisiert werden.

Dazu dient das Zusammenstellen eines Fortbildungsprogramms. Die Lotsenstelle kann darüber gezielt einzelne Kolleg_innen beraten und ihnen Angebote für Fortbildungen machen, die für die erforderliche Arbeit nützlich, entlastend und weiterentwickelnd sind. Dazu braucht es ein Klima, in dem es zum professionellen Selbstverständnis gehört, dass regelmäßig Fortbildungen besucht werden. Die Organisation sollte von der Lotsenstelle angeregt und beraten werden, vielleicht in Kooperation mit einem geeigneten Bildungsträger, Fortbildungen zum Themenschwerpunkt Kindeswohl und Kinderschutzprogramm als Inhouse-Veranstaltungen verbindlich anzubieten.

Der Austausch mit dem internen Netzwerk kann so positiv entwickelt werden, was wiederum Qualität im Output erzeugt. Ein interaktiver Austausch mit dem externen Netzwerk kann über regelmäßig stattfindende Fachtage, die von der Lotsenstelle einmal pro Jahr zentral organisiert werden (im Idealfall von mehreren Lotsenstellen unterschiedlicher Organisationen), zu einer noch höheren Qualität in der Arbeit beitragen. Das führt zu einer guten Kooperation der verschiedenen Netzwerkbeteiligten und ist damit über den fachlichen Input hinaus hilfreich für die eigenen Kolleg_innen wie für die betroffenen Familien und das ganze Hilfesystem.[18] Auffälligkeiten, Zusammenhänge und Gefährdungssituationen von Kindern und Jugendlichen können schneller erkannt und beantwortet werden.

18 Siehe Kapitel »Arbeiten im Netzwerk«.

Kritisches gegenseitiges Controlling in brisanten Fällen wird möglich. Damit kann präventiv auf fehlende oder mangelnde Verfolgung von Gefährdungsmeldungen und auf Chronologien sowie historische und biographische Daten bei Wiederholungen reagiert werden, wie sie im Kindervergewaltigungsfall Lügde vernachlässigt wurden.

Neben der schnelleren Hilfe entsteht auf diese Weise eine höhere Zufriedenheit mit der Kooperation im Hilfenetzwerk. Bei allem muss selbstverständlich der verantwortliche und angemessene Umgang mit Schweigepflicht und Datenschutz geachtet werden, um Vorverurteilungen, falsche Unterstellungen und üble Nachrede zu vermeiden.

Die Lotsenstelle ist dazu aufgerufen, regelmäßige kollegiale Beratung und Supervision als Reflexionsangebot einzurichten. Reflexion ist ein wichtiges Element für die Betrachtung eigener Anteile, die in der Hilfe förderliche oder blockierende Wirkungen zeigen. Auch die Zusammenarbeit von Kolleg_innen – Rollen, Aufgabenverteilung, Konflikte und Kooperationsmöglichkeiten – kann hier lösungsorientiert reflektiert werden. Eigene Blockaden können erkannt und Probleme gelöst werden, neue Ideen können entstehen, die den Fall oder das Team voranbringen und die Arbeit spannend, interessant und erfolgreich werden lassen.

Zudem dient Supervision und kollegiale Beratung der Entlastung im Sinne der Selbstpflege und Mitarbeiter_innenfürsorge. Die Fürsorge für die Mitabeiter_innen im Kontext von Kinderschutzfällen im Blick zu behalten, ist ebenfalls eine Aufgabe der Lotsenstelle. Sie sollte z.B. Symptome, die auf Burnout hindeuten, rechtzeitig wahrnehmen.

Diese Arbeitsmittel sollten zum regelmäßigen Repertoire eines organisationalen Kinderschutzprogramms gehören. Die Lotsenstelle sollte eine Empfehlungsliste von Supervisor_innen zusammenstellen, die in diesem Arbeitsbereich Expertise und Renommee haben. Sie sollte ferner kontrollieren, ob Teams, einzelne Kolleg_innen oder Tandempartner_innen in der Hilfe regelmäßige Supervision wahrnehmen. Hierzu gehört selbstverständlich auch die Supervision im Krisenfall, die außer der Reihe der regelmäßig stattfindenden Sitzungen angeboten werden sollte.

Die Lotsenstelle bietet selbst begleitende Beratung und Krisenberatung an, kann das aber in größeren Organisationen nicht alleine leisten, da sie noch mit vielen anderen übergeordneten Aufgaben betraut ist. Auch bei Verquickungen im eigenen System funktioniert das nicht, wenn die_der mit der Lotsenstelle Betraute gleichzeitig Mitarbeiter_in im Team ist. Hier kann kollegiale Beratung greifen und einen Ausweg anbieten. Kollegiale Beratung als hilfreiches Reflexionsinstrument ist in Kindeswohlgefährdungsfällen immer möglich.

Die Lotsenstelle sollte auf die Installation und regelmäßige Durchführung von kollegialer Beratung hinwirken. Sie selbst nimmt daran in Kindeswohlgefährdungsfällen teil und sorgt für die Moderation. Neben der Anwendung des Ampelsystems sollten auch hier die eigenen hilfreichen Anteile und Ressourcen, aber auch Blockaden lösungsorientiert, z.B. mit dem systemischen Dreiklang[19], bearbeitet werden. Ist das an dieser Stelle nicht möglich oder sprengt zeitlich und inhaltlich den Rahmen, können Fragestellungen alternativ mit einer_m externen Supervisor_in bearbeitet werden.

Die Lotsenstelle leitet das Team der Erfahrenen Fachkräfte in Kinderschutzfällen (EFK) nach SGB VIII, §§ 8a und b. Beim Einsatz externer EFK in der Organisation überprüft sie deren Arbeitsweise und Qualifikation und erstellt einen Pool mit Adressen. EFK müssen laut Gesetz in Kinderschutzfällen hinzugezogen werden, um bei einer Risikoeinschätzung und der Entwicklung nächster Schritte zu unterstützen. Die EFK nimmt eine abgegrenzt, beraterische Position ein und nimmt der fallführenden Kolleg_in die Risikoabschätzung nicht ab, um sie durch eine eigene Wahrheit zu ersetzen. Nur wenn die Bewertungen der fallführenden Kolleg_innen im Hinblick auf eine Kindeswohlgefährdung nicht zu den Eindrücken der EFK passen, ist die EFK aufgefordert, diesem Dissens nachzugehen und gegebenenfalls auch die beraterische Rolle zu verlassen.[20] In Risikoeinschätzungen, die von einer EFK durchgeführt werden, ist die Lotsenstelle routinemäßig mit am Tisch – wenn nicht in der Beratung direkt, so wird sie über den Verlauf zeitnah informiert. Die Kolleg_in aus der Lotsenstelle hat beratende und beobachtende Funktion und trifft dann, wenn die EFK und die Fallmanagerin sich nicht einigen können, die Entscheidungen, die wieder zu einem sicheren Umgang mit dem Fall führen, der den gemeinsam aufgestellten Qualitätskriterien entspricht.

Der Verfahrensablauf im Gefährdungsfall

Eine der wichtigsten Aufgaben der Lotsenstelle ist die Erarbeitung eines internen Ablaufplans im Gefährdungsfall. Dabei sind alle Systemmitglieder gefragt. Ähnlich wie in der eröffnenden Mitarbeiter_innenversammlung zum Thema Kinderschutzprogramm eignet sich hierfür ein ganztägiger Klausurtag mit Referent_in und Moderation, zu dem ein themenzentrierter Vortrag über mögliche Kategorien von Gefährdungen und Fallbeispiele, über hilfreiche und weniger hilfreiche Vorgehensweisen im Gefährdungsfall gehalten werden kann. Die Vorbereitung dieser Veranstaltung übernimmt die Lotsenstelle ebenso wie die Verschriftlichung der Ergebnisse als derzeit aktuelles verbindliches Vorgehen aller Organisationsmitglieder im Kindeswohlgefährdungsfall. Die Ergebnisse der Veranstaltung sollten verbindliche und nachvollziehbare Schritte aufzeigen, die jede_r Mitarbeiter_in gehen kann. Das Setting einer Plenumsveranstaltung ist dabei äußerst hilfreich für die erfolgreiche Verankerung. Wie die jeweilige Organisation vorgehen kann, hängt von vielen Faktoren ab, wie Größe, Struktur, Aufgaben, Ausstattung und Möglichkeiten des Betriebs. Wir empfehlen jedoch, stets auf drei Kategorien der Gefährdungen hinzuweisen:

---

19 Siehe Kapitel »Der systemische Dreiklang und das Reflecting Team«.

20 Schader, Heike (Hrsg.) (2013): Risikoabschätzung bei Kindeswohlgefährdung. Ein systemisches Handbuch. Weinheim/Basel: Beltz Juventa.

- Kategorie (A): Was ist zu tun, wenn eine Gefährdung im betreuten Hilfesystem beobachtet wird?
- Kategorie (B): Was ist zu tun, wenn die Gefährdung bei Mitarbeiter_innen in der Arbeit mit Schutzbefohlenen beobachtet wird?
- Kategorie (C): Was ist zu tun, wenn eine Gefährdung im Netzwerk des Arbeitskontextes mitgeteilt wird? (Dies ist der Fall, wenn ein anderer Träger der sozialen Arbeit, z.B. die Eingliederungshilfe, bei einem Hausbesuch eine starke Gefährdungssituation aufgrund einer akuten depressiven Phase eines Elternteils für die Kinder beobachtet. Sie kann auch der Fall sein, wenn beim Jugendamt eine Meldung wegen Grenzverletzungen durch eine_n Erziehungsverantwortliche_n eingeht, die_der in der eigenen Organisation ebenfalls peripher, z.B. als Freund der Mutter eines hier betreuten Kindes, bekannt ist und sich häufig im Haushalt des Kindes häufig als Besucher aufhält. Solche Meldungen wurden im Skandalfall Lügde nicht oder nicht konsequent verfolgt oder gar verschleiert und gefälscht.)

Die Lotsenstelle begleitet alle drei Kategorien nicht nur in der akuten Phase, sondern fragt systematisch solche Beobachtungen ab. Sie sensibilisiert die Kolleg_innen der eigenen Organisation für kritische Verhaltensweisen und den unreflektierten Gebrauch entwertender, sexistischer und rassistischer Sprache. Sie sorgt für ein Klima gegenseitiger Aufmerksamkeit und Regulation als selbstverständliche Norm professioneller Arbeit. Das wird durch Fortbildungen, Fachtage, Supervision und kollegiale Beratung unterstützt.

Netzwerkpflege, Qualitätszirkel, Evaluation und Beschwerdewesen

Weitere wesentliche Aufgabenfelder könnten die Netzwerkpflege, die Mitgliedschaft im Qualitätszirkel, die Evaluation und die Bearbeitung von Beschwerden, die zum Themenbereich Kindeswohl und Kindeswohlgefährdung gehören, und damit das organisationale Kinderschutzprogramm betreffen.

Im Netzwerk sollten regionale Trägertreffen, themenzentrierte Arbeitsgruppen, Fachveranstaltungen, politische Veranstaltungen, die das Thema behandeln und weiterentwickeln, besucht und mitgestaltet werden. Die Teilnahme an diesen Gremien kann von der Lotsenstelle auch delegiert werden. Bedeutung, Zielsetzung und Sinn der Teilnahme sollten vorher geklärt sein. So können die Ideen des eigenen Trägers nach außen vertreten bzw. durch hilfreiche und neue Ideen von außen neu justiert und mitentwickelt werden. Das ist als notwendiger und demokratischer Prozess des Aushandelns zu begreifen und hat gleichzeitig eine Vorbildfunktion nach innen und außen. Auch hier geht es um Themen wie Kooperation, Verhandlungsbereitschaft, Aushandeln, Machbarkeit, Selbststeuerung, Entwicklung, gezielte Veränderung, Vernetzung im sozialen Kontext und Nachhaltigkeit.

Es macht Sinn, dass die Lotsenstelle ständiges Mitglied im Qualitätszirkel der Organisation ist, um ihren Arbeitsschwerpunkt hier zu vertreten und weiterzuentwickeln. Der Austausch mit anderen Themenkomplexen der Organisation erweitert den Blickwinkel für alle Beteiligten dieses Gremiums im Hinblick auf Qualitätserhalt, Zusammenwirken der verschiedenen Facetten, Zukunftsplanungen und Zufriedenheit.

Die Lotsenstelle kann die Aufgabe haben, eine Evaluation der Kinderschutzfälle zu erarbeiten. Eine mitlaufende Evaluation des Kinderschutzprogramms ist für die interne Auswertung und Veröffentlichung von Ergebnissen sehr empfehlenswert. Damit können Erfolge vermerkt und in die Gesamtorganisation transportiert werden. Das tut allen Mitarbeitenden gut. Gleichzeitig werden dadurch weniger hilfreiche Elemente des Kinderschutzprogramms erkannt und können überarbeitet werden. Das bedeutet Entwicklung und spornt an. Mit den Evaluationsergebnissen kann sich die Organisation auch nach außen präsentieren und an Profil gewinnen, was ihrer Reputation zugutekommt.

Methode: Fallwerkstatt

Im Rahmen einer Fallwerkstatt können die einzelnen Fälle mithilfe des systemischen Dreiklangs ausgewertet werden. Dabei werden jeweils zwei bis drei Aspekte gesucht, die in der Nachschau gut gelungen sind (erster Klang: das Loben!), danach wird das Problem in den Beobachtungen fokussiert (zweiter Klang: das Problem!), zuletzt geht es um zwei bis drei Empfehlungen, die künftig weiterhelfen können oder Veränderungen ermöglichen (dritter Klang: das Empfehlen!)

Übergeordnete Aspekte und Fragen für eine Evaluation können sein:

- Die Anzahl der bearbeiteten Kinderschutz-Fälle wird erhoben.
  Was war im Rahmen des installierten trägereigenen Schutzprogramms erfolgreich? Im bearbeiteten Fall? In der Mitarbeiter_innenschaft? Innerhalb der Organisation? Im Netzwerk? Wie wurden Schwierigkeiten überwunden? (Hierbei sollten Planung, Prozess und Ergebnis betrachtet werden.)
- Was war in den gleichen Systemkontexten nicht erfolgreich, weniger erfolgreich oder unnötig? Wovon können oder sollten wir uns künftig verabschieden?
- Außerdem werden interne Fallwerkstätten von der Lotsenstelle vorbereitet und gemeinsam bearbeitet (als eine regelmäßige interne Fortbildungsveranstaltung im Rahmen der kontinuierlichen Qualitätsarbeit in einem Träger).

Die Bearbeitung von Beschwerden, die im Rahmen des Kinderschutzprogramms auftreten, sollten ebenfalls von der Lotsenstelle bearbeitet, konsequent verfolgt und zu einem Ergebnis gebracht werden. Das Ergebnis sollte so bearbeitet sein, dass es mit Einverständnis aller Beteiligten veröffentlicht werden kann, um so zu einer Beruhigung der Lage beizutragen und eventuell nötige Veränderungsschritte einzuleiten.[21]

21 Siehe Kapitel »Transparenz und Beschwerdemanagement«.

Entscheidungswege

Das Gelingen des Schutzprogramms hängt mit Entscheidungswegen zusammen, die für alle transparent sein sollten. Es lohnt sich, diese in einer speziellen Mitarbeiter_innenveranstaltung oder einem Workshop zum Thema »Entscheidungswege im Kinderschutzprogramm« zu erarbeiten. Eine externe Moderation kann für diesen Diskussions- und Entscheidungsprozess äußerst hilfreich sein.

Auch hier gibt es wieder drei große Bereiche, für die Entscheidungswege entworfen werden müssen. Wir unterscheiden wieder den Bereich der Klient_innen (A), den Bereich der Organisation (B) und den Bereich des Netzwerks (C).

Methode: Roter Faden

Wir legen einen Roten Faden in Form eines Seils im Raum auf den Boden, der einen Ablaufplan von Entscheidungen visualisiert. Drei Arbeitsgruppen zu den Bereichen (A), (B) und (C) befassen sich mit der Aufgabe: Wir beobachten eine Kindeswohlgefährdung in unserem Bereich, oder eine Kindeswohlgefährdung kommt uns zu Ohren. Was ist zu tun? Welche Entscheidungswege sind einzuhalten? Auf Moderationskarten werden verschiedene Schritte festgehalten, wobei auf jeweils eine Karte nur ein Schritt geschrieben wird. Dieser wird später entlang des Roten Fadens gelegt. So können Entscheidungen gemeinsam in der Arbeitsgruppe getroffen werden: Welcher Schritt ist zuerst dran, welcher zuletzt? Anschließend wird das Gesamtergebnis im Plenum vorgestellt und diskutiert.

Wenn alle mit dem vorgeschlagenen Ablauf einverstanden sind, werden die Ergebnisse als verbindlich einzuhaltender Ablaufplan dieser Organisation für Entscheidungen in Kindeswohlgefährdungsfällen verschriftlicht und veröffentlicht. Neue Mitarbeiter_innen werden in der Einarbeitungsphase darüber informiert. Einmal jährlich sollte eine Überprüfung der getroffenen Vereinbarungen stattfinden – entweder in einer Mitarbeiter_innenveranstaltung oder im Qualitätszirkel, der anschließend alle Organisationsmitglieder über seine Ergebnisse informiert. Folgende Fragestellungen im Sinne des systemischen Dreiklangs sollten dabei Berücksichtigung finden:

- Was war richtig gut und erfolgreich?
- Was hat sich bewährt? Was ist richtig gut gelaufen?
- Sind unsere Entscheidungswege übersichtlich und allen bekannt?

- Sind unsere Entscheidungswege noch brauchbar und hilfreich im Sinne der Zielorientierung – der Herstellung des Kindeswohls?
- Wo müssen wir nachbessern oder korrigieren?
- Wie können die Änderungen umgesetzt werden?
- Was sind die nächsten Schritte?

Zu diesen Fragen möchten wir Ihnen, geordnet nach den drei Bereichen, einige Ideen und Anregungen mit auf den Weg geben.[22]

Bereich (A): Kindeswohlgefährdung bei Klient_innen

Die Kindeswohlgefährdung wird von fallzuständigen Kolleg_innen beobachtet bzw. kommt ihnen zu Ohren.

Der erste Schritt

Der erste Schritt sollte das direkte Gespräch mit den betroffenen, beteiligten und verantwortlichen Personen sein. Die Lotsenstelle als verantwortungstragende Institution wird in solchen Fällen sofort eingeschaltet. Die Ziele dieses Hinzuziehens sollten sein: Steuerung im Sinne der Zielvision »Kindeswohl«, Reflexion, Konzepteinhaltung, Bedarfsermittlung, Einhaltung der Qualitätskriterien, Personaleinsatz und -führung, Öffentlichkeitsarbeit, Netzwerkpflege, Controlling u.v.m. Die reflektierende Bearbeitung im Team und mit der Erfahrenen Fachkraft Kinderschutz (EFK), eine erste Information an die zuständige Leitungskraft über eingeleitete Schritte sowie eine mögliche Supervision als Krisenintervention laufen parallel dazu. Wenn eine Organisation viel oder überwiegend mit Fällen zu tun hat, in denen es um eine Kindeswohlgefährdung oder um die Sorge um eine Kindeswohlgefährdung geht, ist die Lotsenstelle somit an einem Großteil der Gesamtfälle beteiligt. Diese konsequente Beteiligung ist wichtig, da die Lotsenstelle zur Professionalisierung der Hilfe beitragen soll. Damit reduziert sich auf der anderen Seite die Arbeit für die Fachleute, die mit den Hilfesuchenden arbeiten. Die Qualität der Hilfen nimmt zu, und die Organisation lernt dazu, auch durch Evaluationen, was hilft und was nicht. Darüber werden die Kompetenzen der beteiligten Mitarbeiter_innen vergrößert. Folgende Fragen tragen zur Klärung bei:

- Was genau wurde beobachtet oder gehört?
- Welche Auswirkungen und Folgen hat diese Handlung?
- Wie ordnen wir die Schwere der möglichen Kindeswohlgefährdung ein?
- Was ist sofort zu tun bzw. zu unterlassen?
- Welche Konsequenzen wird die Handlung nach sich ziehen?

---

22 Ein detaillierter Verfahrensablauf bei einer institutionellen Kindeswohlgefährdung wird auch in Kapitel »Umsetzung des Schutzprogramms innerhalb einer Organisation« beschrieben. Dort finden Sie auch einen ausführlichen Gesprächsleitfaden.

- Welche nächsten Schritte folgen?
- Wer muss informiert werden?
- Gibt es weitere Beobachter_innen? Was haben sie beobachtet?

Methode: Systembrett

Beim Systembrett handelt es sich um ein Holzbrett (teilbar oder auch nicht teilbar), auf das Holzfiguren verschiedener Größen und Farben mit und ohne Gesichter gestellt werden können. Damit können Beziehungen, Nähe und Distanz, Blickrichtungen, zu viele oder fehlende Personen, Gefühle u.v.m. visualisiert werden.[23]

Der erste Schritt

Mit den Figuren wird die aktuelle, akute Situation aufgestellt. Alle Beteiligten gehören dazu: Wer hat was beobachtet? Wer ist wie nah dran oder wie weit entfernt vom Kindeswohl? Wer fehlt? Wie gefährdet ist das betroffene Kind? Wo steht es im System?

Der Worst Case wird aufgestellt: Was könnte schlimmstenfalls passieren? Wo steht dann das Kind? Wo stehen die Gefährder_innen bzw. die Erziehungsverantwortlichen? Wo stehen die Helfer_innen? Wer ist sonst noch im System und wo? Wo ist die Grenze für eine Notfallintervention?

Die Wunschsituation wird gestellt: Wie würde das System aussehen, wenn es optimal wäre? Wo stehen dann die beteiligten Personen? Was können die Helfer_innen tun? Wie kann das Kind gesichert werden? Wer müsste sich wohin bewegen? Geht das? Bis wann müsste das passiert sein? Wie werden möglicherweise die beteiligten Personen reagieren? Wer kann sonst noch aktiviert und dazugestellt werden? Was müsste wer tun, um den ersten Schritt in diese Richtung zu machen?

Der zweite Schritt

Als zweiten Entscheidungsschritt empfehlen wir das Entwerfen einer Strategie, die zum Ziel hat, die Kindeswohlgefährdung unverzüglich zu beseitigen. Dazu ist die Entscheidung für eine zeitlich begrenzte Frist oder die sofortige Inobhutnahme des Kindes unbedingt zu treffen. Die Frist bis zu weiteren Entscheidungsschritten sollte maximal drei Wochen betragen. Hier werden vor allem Kooperation und Veränderungswilligkeit beobachtet und ausgewertet.

---

23 Genau beschrieben wird die Methode in: PPSB-Hamburg (Hrsg.) (2015): Kooperative Konstruktion im Dialog. Ulm: Klemm und Oehlschläger, S. 193-209.

Welches sofortige Handeln ist nötig? Ist Gefahr im Verzug – oder geht es um eine Überprüfung der Beobachtungen oder des Gehörten? Soll eine Meldung ans Jugendamt gemacht werden und sind alle dafür erforderlichen Schritte abgearbeitet? Muss bei Gefahr im Verzug die Polizei eingeschaltet werden, weil eine Straftat mit erheblichen Folgen droht? Müssen wir eine Anzeige machen? Müssen wichtige Personen (Verwandte, Bezugspersonen, Jurist_innen, Therapeut_innen, Behandler_innen, andere Helfer_innen etc.) hinzugezogen oder informiert werden? Wenn es im Erziehungssystem im Beisein von Helfer_innen zu akuten Gefährdungssituationen – beispielsweise durch Gewalt gegen ein Kind – kommt, ist sofortiges Handeln und die Sicherung des Kindes unverzüglich angezeigt.

Parallel dazu raten wir zu einer genauen Dokumentation der Beobachtungen, der zeitlichen Abläufe, der involvierten Personen, der hinzugezogenen und informierten Personen bzw. Dienststellen und der nächsten geplanten Schritte. Um ausreichend Gelegenheit und Zeit für ein kritisches Controlling zu haben, sollten die Kontaktintervalle erhöht werden. Zum Controlling gehört neben den nötigen Hilfestellungen auch die ausführliche Dokumentation.

Der dritte Schritt

Der dritte Schritt auf dem Entscheidungsweg sollte das Festhalten eines Ergebnisses sein und damit einer Entscheidung, wie es weitergehen soll. Ist die Aufgabe beendet oder durch externe Stellen zu einem Ende geführt worden? Gibt es keinen Auftrag mehr für diese Organisation, weil andere den Auftrag übernehmen? Wie sieht das Resümee zu diesem Prozess aus? Was lernen wir daraus? Müssen wir etwas in unseren Herangehensweisen verändern oder kann alles so bleiben, wie es ist? Wird der Auftrag weiterverfolgt? Wenn ja, wie? Was soll oder muss sich ändern? Wie läuft das Controlling? Mit welchen Zeitschienen und Fristen wird gearbeitet? Gibt es einen Personalwechsel? Werden andere Stellen hinzugezogen? Wer muss informiert werden? Wie wird dokumentiert? In welchen Abständen wird prozessorientiert reflektiert? Muss der Fall im Ampelsystem neu eingeordnet werden; als Gefährdungs- und somit als orangefarbener Fall oder als oder akute Gefährdung, also roter Fall? Müssen Verträge geändert oder ergänzt werden? Was ist der nächste Schritt?

Bereich (B): Kindeswohlgefährdung durch Mitarbeiter_innen

Eine Grenzverletzung oder kindeswohlgefährdendes Verhalten durch Mitarbeiter_innen wird beobachtet oder gemeldet.[24]

Hier muss sofort unter Führung der Lotsenstelle Kinderschutz eine weitere vorgesetzte Person innerhalb der Hierarchie informiert werden, die ein Gespräch mit dem_der Beschuldigten führt und über weitere Schritte entscheidet.

---

24 Siehe ausführlich in Kapitel »Erkennen und Entscheiden«.

Der Schutz beider Seiten – Beschuldigter und Betroffener –, die Klärung der Sachverhalte sowie Beratung und Supervision stehen bis zu einer tragenden Entscheidung im Vordergrund. Eine entlastende Voraussetzung für den Klärungsprozess ist die Entzerrung des bestehenden Arbeitskontexts.

Im dritten Entscheidungsschritt wird beurteilt, ob es eine Fehlmeldung war oder eine Abmahnung oder gar Kündigung erfolgen muss. In jedem Fall müssen Erziehungsverantwortliche angemessen informiert werden und Schritte zur Entspannung und Aufarbeitung oder zur therapeutischen Begleitung der betroffenen Personen erarbeitet werden.

Bereich (C): Kindeswohlgefährdung im Arbeitskontext

Eine Kindeswohlgefährdung wird im Arbeits- oder Netzwerkkontext bekannt. In diesen Fällen empfehlen wir das sofortige Hinzuziehen der Lotsenstelle und der zuständigen Leitungskräfte. Da es sich um Informationen über Dritte handelt, die häufig peripheren Kontakt mit der eigenen Organisation haben, ist hier besondere Vorsicht geboten. In jedem Fall ist die Schweigepflicht zu beachten. Dennoch müssen kindeswohlgefährdendes Verhalten und mögliche Straftaten überprüft und konsequent verfolgt werden.

Das direkte Gespräch kann hier nicht einfach umgesetzt werden, weil die Beobachtungen eventuell von anderen Netzwerkteilnehmer_innen stammen. Wir bewegen uns hier schnell im Terrain übler Nachrede und Verleumdung. Darum muss die Vorgehensweise sehr gut geprüft und geplant werden.

Der erste Schritt

Zuerst sollte ein verschwiegenes und gewähltes Gremium, z.B. aus verschiedenen beteiligten Lotsenstelleninhaber_innen oder Leitungspersonen, die kindeswohlgefährdende Beobachtungen gewissenhaft überprüfen – im Sinne einer organisationsübergreifenden KWG-Kommission. Kommen mehrere Verdachtsmomente aus unterschiedlichen Kontexten zusammen? Wurden Hinweise nicht konsequent verfolgt oder vernachlässigt? Sind die berichteten Ereignisse plausibel? Tauchen Blockaden, Tabuzonen und Geheimnisse in ungewöhnlicher Häufung auf? Wer wäre jetzt in der Verantwortung? Wer kann recherchieren, ob der Verdacht sich erhärtet oder in Luft auflöst? Wie werden Ergebnisse festgehalten und eventuell weiterverfolgt?

Der zweite Schritt

Welche Entscheidungen sind notwendig, um die Kindeswohlgefährdung zu beseitigen? Wer aus dem Netzwerk muss hier Verantwortung übernehmen? Was können die anderen Netzwerkbeteiligten zur Unterstützung beitragen? Was muss für eine endgültige Entscheidung noch an Vorbereitungen getroffen werden? Wird eher eine Rechtsberatung oder ein juristischer Beistand gebraucht? Auch hier ist eine präzise Dokumentation von außerordentlicher Bedeutung.

Der dritte Schritt

Im dritten Schritt muss eine Entscheidung erfolgen. Die Ergebnisse sollten auch hier gründlich aufgearbeitet werden. Was war hilfreich, was hat Probleme bereitet? Wo gab es Blockaden? Was haben wir gelernt? Was wollen wir verändern? Wie machen wir angesichts der neuen Erfahrungen weiter?

Alle diese Fragen wurden in den Kindervergewaltigungsfällen Lügde und Münster vermutlich nicht konsequent im Netzwerk bearbeitet! Das Ergebnis sind massiv traumatisierte Kinder und leidtragende Angehörige, die nicht ernst genommen wurden.

An dieser Stelle zeigt sich wieder, welche außerordentliche Bedeutung einer Lotsenstelle Kinderschutz zukommt und welche Wirksamkeit sie im Sinne des Erhalts oder der Wiederherstellung des Kindeswohls hätte. In vielen Prozessen, auch widersprüchlichen und kontroversen, kann sie Kontinuität herstellen. Blockierte oder zeitlich noch nicht entscheidbare Verdachtsmomente werden nicht aus den Augen verloren, wenn diese Aufgabe prominent und exklusiv besetzt ist.

Der Qualitätszirkel

Der Qualitätszirkel sollte nach dem Delegationskonzept in der Organisation gegründet werden, d.h., alle wesentlichen Bereiche der Organisation wählen Delegierte in den Qualitätszirkel. Dieser tagt regelmäßig und bei Bedarf auch in zeitlich engeren Takten. Die Teams oder Fachbereiche geben ihren Delegierten Aufträge für den Qualitätszirkel mit, die sie dort vortragen und bearbeiten. Die Ergebnisse und alle weiteren Informationen werden danach wieder in die Bereiche zurücktransportiert, diskutiert, bearbeitet. In einem ständigen, rekursiven Prozess werden sie über die Delegierten wieder in den Qualitätszirkel vermittelt und weiterentwickelt. Die lernende Organisation steht so in einem gesamten, demokratisch verlaufenden, entwicklungs- und qualitätsorientierten Informationsaustausch. In einer Plenumsveranstaltung können sich die gewählten Kandidat_innen der einzelnen Abteilungen vorstellen, damit alle Kolleg_innen der Organisation einen persönlichen Eindruck von den Delegierten und den anstehenden Inhalten bekommen. Das erleichtert die Kontaktaufnahme auch mit Delegierten anderer Abteilungen und die Informationsvermittlung.

Wenn wir an der Qualität bei der Installation, Durchführung und kontinuierlichen Weiterentwicklung eines Kinderschutzprogramms in sozialen Institutionen arbeiten wollen, ist es interessant, sich zunächst das »sozialrechtliche Dreieck« anzuschauen. Die drei Ecken setzen sich wie folgt zusammen:

1. die Hilfesuchenden, die Anspruch auf eine Leistung haben,
2. der sozialen Institution, die die Leistung erbringt und
3. dem Leistungsträger, der die Leistung finanziert.

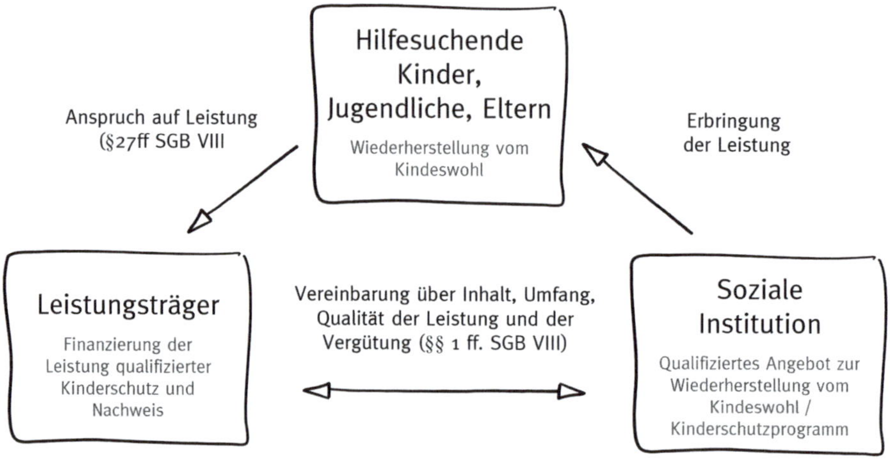

Die soziale Institution vereinbart mit dem jeweiligen Leistungsträger vertraglich Inhalt, Umfang und Qualität der Leistung wie auch deren Vergütung (Leistungsvereinbarung). Auch die Hilfesuchenden, die Klient_innen, stellen Ansprüche an die Qualität. Nicht zuletzt haben die sozialen Institutionen und ihre professionellen Mitarbeitenden Ansprüche an die Qualität der Leistung.

Die Qualität im Sozialbereich, um die es hier gehen soll, ist das Thema Kinderschutz und Kinderschutzprogramm. Es soll nicht um Qualität im Allgemeinen gehen. Vielmehr wollen wir den Nutzen eines solchen Programms für die Klient_innen sowie deren Bewertungen, aber auch die Prozess- und Ergebnisbewertungen der durchführenden sozialen Institutionen aus Sicht ihres Fachpersonals in den Fokus rücken. Wir gehen davon aus, dass die verschiedenen Gruppen jeweils eigene, unterschiedliche Vorstellungen und Werte haben. Eltern haben in der Hilfe beispielsweise andere Interessen als ihre Kinder. Sozialpädago-g_innen beurteilen den Nutzen bestimmter Hilfeanliegen aus ihrer eigenen fachlichen Sicht – genauso wie Kostenträger.

Für Organisationen, die im Gesundheitswesen arbeiten, oder für Organisationen, die außerhalb des Wirkungsbereiches der beiden Sozialgesetzbücher tätig sind, können entsprechend adäquate Dreiecke entwickelt werden.

Schon bei diesen wenigen Aspekten zeigt sich, dass Qualität eine Frage der Perspektive ist. Dementsprechend kann Qualität unterschiedlich definiert werden. Wichtig ist hier, Standards, Regeln und Prozessabläufe gemeinsam mit allen Mitarbeitenden zu entwerfen und die Prozesse und Ergebnisse kontinuierlich zu evaluieren und auszuwerten. Dazu ist die Einrichtung eines Qualitätszirkels in der jeweiligen Institution hilfreich.

Die ISO 9000:2005 beispielsweise fordert als Mindeststandard im Qualitätsmanagementsystem, in Unternehmen folgende zentrale Dimensionen zu beachten und kontinuierlich zu bearbeiten:

- Kund_innenorientierung,
- Verantwortlichkeit der Führung,
- Einbeziehung der beteiligten Personen,
- einen prozessorientierten Ansatz und (früher eigenständig) einen systemorientierten Managementansatz,
- kontinuierliche Verbesserung,
- einen sachbezogenen Entscheidungsfindungsansatz,
- Lieferantenbeziehungen zum gegenseitigen Nutzen.

Wenn diese Standards auf den Punkt Kinderschutzprogramm im Rahmen eines Qualitätszirkels angewandt werden, ist der soziale Leistungsanbieter schon sehr gut aufgestellt. Dieser Fokus könnte im Qualitätszirkel von der Lotsenstelle vertreten werden.

Planungs-, Struktur-, Prozess- und Ergebnisqualität

Eine ergänzende Sichtweise auf Qualität hierzu ist die Unterscheidung in Planungs-, Struktur-, Prozess- und Ergebnisqualität.

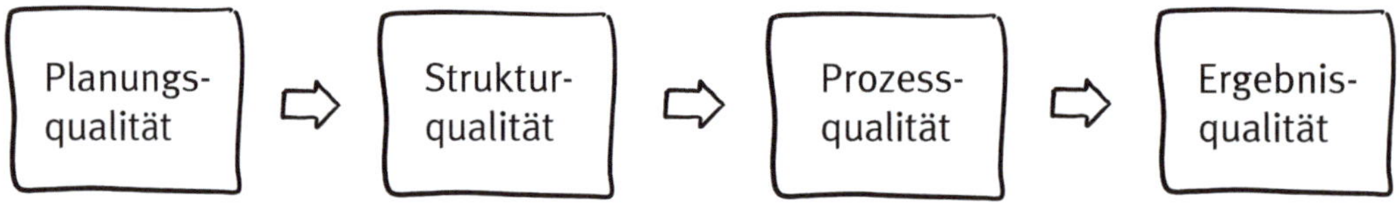

Planungsqualität

Die Planungsqualität beschäftigt sich mit der Planung und den nötigen Voraussetzungen zur Installation eines Kinderschutzprogramms. Hierzu gehören neben der Bedarfsfeststellung und -analyse die Entwicklung eines Ziels und einer Idee, wie dieses Ziel umgesetzt werden könnte. An dieser Stelle finden erste Verhandlungen mit dem zuständigen Leistungsträger statt. Die zentrale Frage ist: Welche Voraussetzungen braucht es, um das angestrebte Ziel umzusetzen? Damit kommen wir schon zur Strukturqualität.

Strukturqualität

Dazu zählen die Voraussetzungen und die gegebenen Rahmenbedingungen, über welche die Institution verfügt. Ebenfalls dazu gehören:

- die Einstellung qualifizierten Personals,
- Arbeitsräume und Arbeitsmaterial,
- Budget,
- Lage der Einrichtung im Bedarfsviertel,
- Vernetzung im Arbeitskontext,
- Fortbildung und Supervision,
- die Einrichtung einer Lotsenstelle Kinderschutz,
- das Vorhandensein oder die Gründung eines institutionellen Qualitätszirkels.

Die wichtigste Frage zur Herstellung von Strukturqualität lautet: Mit welcher Struktur werden die Ziele erreicht?

Prozessqualität

Die Prozessqualität bezieht sich auf die Abläufe und Aktivitäten bei der Erbringung der Dienstleistung und beschreibt, wie wir etwas tun. Es geht also um die Art und Weise, wie das Konzept zur Installation eines Schutzprogramms entwickelt wird:

- Mit welcher Haltung entwerfen wir Standards, Regeln, Arbeitskonzepte und Abläufe?
- Welcher Personaleinsatz, welcher Dienstplan und was für eine (kontinuierliche) Fortbildungsplanung sind dafür erforderlich?
- Wie sensibilisieren wir uns für den Blick auf Kinderschutz durch kollegiale Beratung und Supervision?
- Welche Definition der Verantwortungsbereiche (z.B. der Lotsenstelle Kinderschutz), welches Krisen- und Beschwerdemanagement, welche Kommunikationsstrukturen, Notfallpläne und Grenzziehungen sind bei der Durchführung nützlich?
- Wie gestalten wir Kooperation und Informationsaustausch im Netzwerk, auf Plenumsveranstaltungen, Fachtagen und in der Öffentlichkeitsarbeit, um unsere Ziele transparent zu erreichen und weiterzuentwickeln?
- Wie sehen unsere verbindlichen Entscheidungsstrukturen aus?

Die zentrale prozessorientierte Frage lautet: Wie machen wir unsere Arbeit ganz konkret?

Ergebnisqualität

Zur Betrachtung der Ergebnisqualität müssen Planung, Struktur und Prozess im Hinblick auf die Zufriedenheit mit den erbrachten Hilfeleistungen in erster Linie mit der Klientel, in zweiter Linie mit den im Hilfekontext Tätigen und zuletzt mit den Leistungsträgern ausgewertet werden. Dazu kann es manchmal hilfreich sein, zwischen kurz-, mittel- und langfristigen Zielen zu unterscheiden. Ein kurzfristiges Ziel kann z.B. die Erstellung eines ersten Arbeitskonzepts mit Ampelsystem sein. Mittelfristiges Ziel ist die Arbeit mit Verträgen, langfristiges Ziel die quantitativ erreichte Prozentzahl eines wiederhergestellten Kindeswohls.

Ein kurzfristiger Standard in der Ergebnisqualität der sozialen Institution sollte die sofortige Verbesserung des Kindeswohls sein. Danach können Hilfesuchende und Mitarbeitende sowie Netzwerkbeteiligte befragt werden, wozu Evaluation und regelmäßige Auswertung der Qualitätsstandards sinnvoll sind. So kann Unzufriedenheit rechtzeitig gegengesteuert werden, etwa durch die Weiterentwicklung von Konzepten. Die Ergebnisqualität zeigt, wie wir die Wirkung der erfolgten Arbeit erkennen können bzw. wie der Erfolg gemessen wird:

- Wie konnten Lösungen erzielt werden?
- Wie wurden Ressourcen aktiviert?
- Wie wurden Probleme bewältigt?
- Wie wurde das Kindeswohl geschützt?
- Waren Lernen und Fortbildung möglich? Welche kollegiale Unterstützung gab es?
- Konnten klare Entscheidungen getroffen werden, die Sicherheit erzeugten und zufrieden gemacht haben?
- Insgesamt: Wie sieht das Ergebnis aus?

Alle Qualitätsdimensionen werden von Personen besetzt, die in einem kommunikativen institutionellen Zusammenhang stehen und einander gegenseitig beeinflussen. Mit ihrem

Wirken auf die Prozesse bestimmen sie die Ergebnisqualität, die wiederum Veränderungen innerhalb der Prozesse und Strukturen anregen.

Für die kontinuierliche Qualitätsentwicklung der sozialen Institution empfehlen wir die Einrichtung eines regelmäßig stattfindenden Qualitätszirkels, der einmal monatlich tagt. Folgende Zusammensetzung ist erfolgversprechend: Geschäftsführung, Vertreter_innen der Lotsenstelle, gewählte Vertreter_innen aus der Mitarbeiter_innenschaft, gewählte Vertreter_innen aus der Leitung, Bereichsleitung, Teamleitung der unterschiedlichen Abteilungen mit etwaigen unterschiedlichen Arbeitsinhalten, gewählte Vertreter_innen des administrativen Bereiches und gewählte Vertreter_innen der Hausverwaltung, Küche, Reinigung. Empfehlenswert ist es, zwischen kontinuierlich und bedarfsorientiert teilnehmenden Kolleg_innen zu unterscheiden. Für unseren Themenbereich gehört auf jeden Fall die Lotsenstelle Kinderschutz prominent und kontinuierlich in den Qualitätszirkel.

Checkliste

Die Lotsenstelle sollte neben den oben angeführten Dimensionen immer folgende Fragen für ihren Arbeitsbereich im Qualitätszirkel mitlaufen lassen:

- Ist der Auftrag geklärt und die Strategie festgelegt?
- Gibt es gültige Leistungskataloge und Leitlinien oder sind sie noch zu erarbeiten?
- Gibt es konzeptionelle Klarheit, eine systematische Arbeitsweise und Dokumentation zum Thema Kinderschutz?
- Müssen Konzepte und Handlungsanweisungen erstellt werden, welche die Kernprozesse detailliert beschreiben, oder sind sie bereits umgesetzt?
- Wird die Arbeit systematisch reflektiert und dokumentiert?
- Ist das Leistungsangebot für die Klientel klar und transparent gemacht?
- Ist die Lotsenstelle Kindeswohl mit ihren Aufgaben, Verantwortungen und Zeitbudgets für die Steuerungsfunktionen ausreichend beschrieben?
- Wie sehen Strategie- und Zieldefinition, Planung, Organisation, Ressourcensteuerung und -einsatz, Controlling sowie die Personalführungskompetenzen, Kontrolle und Entscheidungsfindung im laufenden Alltag aus?
- Wie laufen Kooperation und Einbezug der Rückmeldungen der Hilfesuchenden als wichtiger Bestandteil, um Qualität herzustellen? Welche Instrumente werden hierzu genutzt? (Fragebogen, Gespräch, Dokumentation, Beschwerdewesen ...) Wie werden die Rückmeldungen ausgewertet?
- Wie werden Personalführung, Personalentwicklung und die Mitwirkungsmöglichkeiten des Personals kooperativ gestaltet?
- Welche Evaluationen, gemeinsame Veranstaltungen, Fachtage, Einsätze externer Berater_innen, Moderator_innen, Inhouse-Fortbildungen und Supervisionen müssen im Sinne weiterer Qualitätsentwicklungen zum Thema Kinderschutzprogramm gemeinsam geplant werden?

Die meisten Organisationen haben sich zum Ziel gesetzt, eine hohe oder mindestens gute Qualität zu erzielen. Dies erhöht die Wahrscheinlichkeit, auf dem konkurrierenden Markt der Hilfeanbieter_innen zu überleben. Aus diesem Grund haben Qualitätssicherung und -entwicklung Eingang in viele Angebots- und Arbeitskonzepte gefunden. Wesentlich bei der Umsetzung ist, ob Qualitätssicherung ein reines Feigenblatt in der Außendarstellung ist oder ob sie mit Überzeugung und Leben gefüllt wird. Verkommen die Treffen eines installierten Qualitätszirkels zu gelangweilten Sitzungen zweimal im Jahr nach dem Motto: »Wir müssen uns ja mal treffen!« oder werden sie in konstruktiver Kooperation aller Vertreter_innen zur Qualitätsentwicklung in oben dargestellter Weise genutzt? Auch von dieser Haltung hängt die Qualität der angebotenen Leistung ab! Ein guter Qualitätszirkel geht über die klassischen internen und externen Auditprozesse hinaus, die bei der Zertifizierung nach ISO 9000 vorgeschrieben sind. Es geht nicht darum, an einem festgelegten Termin festgeschriebene Standards und Prozesse zu reproduzieren – Qualitätssicherung zeigt sich im alltäglichen Handeln und in der Haltung.

Eine weitere Herausforderung stellt der Balanceakt zwischen den Ansprüchen an Wirtschaftlichkeit und Qualität dar. Ist der Fokus zu stark auf Wirtschaftlichkeit ausgerichtet, leidet die Qualität. Eine andere Herausforderung im Umgang mit Qualitätssicherung ist, dass sich Qualität im sozialen Bereich nicht wie eine Ware messen lässt. Sie kann sich jedoch an ihren angestrebten Zielen und umgesetzten Standards messen lassen und an der aktuellen Zufriedenheit der Hilfesuchenden und Mitarbeitenden mit dem Schutz der gefährdeten Kinder und Jugendlichen.

Methoden der Organisationsentwicklung

In diesem Unterkapitel nehmen wir den Blickwinkel einer Lotsenstelle Kinderschutz ein. Wir wollen die methodische Seite beleuchten, die einer Fachkraft zur Verfügung steht, um eine Organisation hinsichtlich des Kinderschutzes gut aufzustellen und den Prozess zur kontinuierlichen Evaluation und Weiterentwicklung des Kinderschutzes helfend und steuernd zu begleiten.

Wir werden dabei vier Blickwinkel einnehmen, die auch aufeinander einwirken.
- Evaluationsmethoden,
- Planungsmethoden,
- Methoden, um neue Strategien und Vorgehensweisen einzuführen,
- Methoden des Controllings.

Sie wirken z.B. aufeinander ein, wenn das Ergebnis einer neu eingeführten Methode auch das Denken über das bearbeitete Thema beeinflusst: Die neue Methode wirkt sehr positiv – also denken wir, wir haben es geschafft, und lassen in der Beobachtung nach. Wir können uns endlich anderen Themen widmen. Die fehlende Kontrolle des Systems führt zu gefährdenden Situationen und der_die Täter_in beginnt in unbeobachteten Situationen wieder mit den alten Gefährdungshandlungen dem Kind gegenüber.

Diese Rückwirkung zeigt: Eine Fachkraft, die den Prozess der Sicherung Betroffener bei gleichzeitiger Entwicklung der Fachkräfte steuern soll, muss sich durch ein gutes Controlling absichern.

Methoden zur kontinuierlichen Evaluation und Zielbestimmung

Methode: Navigationsbogen

Lernende Organisationen sollten ihre eigene Entwicklung immer wieder auf den Prüfstand einer Evaluation stellen, um folgende Fragen zu überprüfen:
- Sind im letzten Entwicklungszeitraum neue Ressourcen im Team entstanden?
- Was hat uns geholfen, die Erkenntnisse aus unseren Erfahrungen in ein Konzept einfließen zu lassen, sodass die dabei gewonnenen Ressourcen nicht wieder verloren gehen?
- Gibt es neue Bedarfe oder Fragen zum Thema Schutz der Kinder und Jugendlichen?

- Gibt es Überlegungen, die uns alle und damit die gesamte Organisation etwas angehen?
- Gibt es Fortbildungsbedarfe und was hat dazu geführt?
- Sind die Supervisionen, Coachings und Einzelberatungen zu diesem Themenkomplex hilfreich? Gab es Auswertungsgespräche darüber? Soll oder möchte ich an solchen Besprechungen teilnehmen?
- Wie läuft die Zusammenarbeit mit Kostenträgern und Kontrollinstanzen?
- Was sind Ergebnisse aus Netzwerktreffen, die alle Mitarbeiter_innen wissen sollten?
- Wie kann der nächste Schritt aussehen und wer sollte mit wem weiterhin kooperieren?

Solche und weitere Fragen, die der Lotsenstelle Kinderschutz dienen, um einen guten Prozess zu organisieren, sollten ein- bis zweimal pro Jahr per Fragebogen oder in kleinen Einrichtungen als Inhalt einer speziellen Dienstbesprechung erarbeitet werden und in einer Rundmail allen zur Verfügung gestellt werden. In dieser Rundmail sollte die_der Verantwortliche bereits seine_ihre Zielvorstellungen und ersten Handlungsideen beschreiben und mit entsprechenden konkreten Handlungsschritten versehen. Vom Einzelcoaching einer betroffenen Kolleg_in über Konfliktmoderation bis hin zu Studientagen zur Erarbeitung von einzelnen Spezialfragen oder dem Erlernen spezieller Methoden wäre hier alles möglich. Eine klare Analyse des Ist-Zustands und eine daraus abgeleitete klare Entwicklungsstruktur bringen als Evaluationsmethode Handlungssicherheit ins gesamte Team und leiten gleichzeitig den nächsten Schritt ein.

Methoden, die die Planung von Entwicklungsschritten in lernenden Organisationen vereinfachen

In der Planung von Prozessen ist es hilfreich, eine partizipative Absicht zu verfolgen. Dabei sollten sowohl die Entwicklungs- und Beteiligungsspielräume für alle Kolleg_innen erkennbar als auch die vorgegebenen Grenzen für alle deutlich gekennzeichnet sein. Wenn klar ist, dass der Kreativität juristische oder moralisch-ethische Grenzen gesetzt sind, die auch von der Organisation unterstützt werden, kann jede Mitarbeiter_in diese Räume besser einschätzen.

Partizipation hilft, bei der Planung unterschiedliche Ressourcen am besten einzusetzen. Methoden, die dafür beispielsweise in einem Qualitätszirkel benutzt werden, sind deshalb so angelegt, dass

- sie im Denkmuster eines Brainstormings bleiben, um Vielfalt zu gewährleisten.
- sie strukturorientiert sind, um den Überblick über die Vielfalt einzelner Aspekte zu sichern.
- die Kreativität jedes_jeder Einzelnen zur Geltung gebracht wird.
- sie gut moderiert werden.

Methode: Schutzprogramm-Sonar

Besonders konferenzgeeignet sind Open-Talk-Methoden. Tische werden je nach Anzahl der Themenschwerpunkte aufgestellt und mit großen Flipchart-Blättern belegt oder beklebt. Zu einer Gesamtfrage bzw. Überschrift (etwa: »Begleiteter Umgang«) werden an jedem Tisch Einzelaspekte benannt und als Tischthema auf das Blatt notiert. Zum Beispiel

- Tisch 1: Positive Erfahrungen und erkannte Ressourcen mit diesem Thema
- Tisch 2: Ängste der Mitarbeiter_innen, die während der Arbeit eine Rolle spielen
- Tisch 3: Meine Beobachtung der Kinder und Jugendlichen
- Tisch 4: Meine Beobachtung des_der jeweiligen Erziehungsverantwortlichen
- Tisch 5: Welche Fragen müssen dringend gelöst werden?
- Tisch 6: Welche Ideen zur Verbesserung der Lage gibt es schon?

Die Teilnehmer_innen der Konferenz werden aufgefordert, sich an den Tischen in ungefähr gleicher Gruppengröße aufzuteilen. Alle bekommen den klaren Auftrag, die Gesamtüberschrift mit dem speziellen Blickwinkel des Tischthemas zu diskutieren und die Ergebnisse auf das Tischpapier zu schreiben. Es ist hilfreich, die einzelnen Tische mit je einer_m Moderator_in zu besetzen, um für die ankommenden Gruppen eine schnelle Übersicht zu ermöglichen und straffere Kommunikationsregeln durchzuhalten. Alternativ wird in jeder Gruppe ein_e Moderator_in benannt.

Die Teilnehmer_innen werden nach jeweils zehn Minuten gebeten, an den nächsten Tisch zu wechseln. So muss jede_r mit den unterschiedlichen Brillen diskutieren und ist an allen Prozessen beteiligt. Der Prozess wird mit einem offenen Rundgang beendet.

Die Ergebnisse können fotografiert und danach in den Teams weiterdiskutiert werden. Das Protokoll wird so schon während des Arbeitens entwickelt. Es kann aber auch von der Lotsenstelle erstellt und mit einem neuen Arbeitspapier an alle Teams geleitet werden – mit der Bitte, weiter am Ziel zu arbeiten und über das Vertreter_innensystem des Qualitätszirkels die Teamergebnisse in den Träger zu transportieren.

Jetzt fehlt nur noch der letzte Schritt: die Planung, was nötig ist, die Arbeit im Sinne des Kinderschutzes zu erleichtern und zu effektivieren. Die Brücke zur Einführung einer Methode in die Gesamtarbeit der Einrichtung oder des Trägers ist gesetzt und die neue Strategie oder Methode kann im Rahmen der Gesamtentwicklung eingeführt werden.

Einführung einer neuen Herangehensweise

Wenn es um das Einführen neuer Handlungsstrategien oder Herangehensweisen zu bekannten Problemen geht, sind wir Systemiker_innen nicht überrascht, dass uns eine sehr bekannte Dynamik begegnet, die wir Reproduktion nennen. Systeme versuchen permanent, alte Zustände wiederherzustellen. Dabei greifen sie auf alte, scheinbar bewährte

Muster zurück und handeln in gleicher Weise, wie sie auch in der Vergangenheit an Problemstellungen herangegangen sind. Sie reproduzieren ihre Lebensstrategie, weil sie davon ausgehen, dass es sicherer ist, etwas Altbewährtes zu tun als etwas Unbekanntes zu versuchen. Das Unbekannte macht tendenziell Angst.

Um diesen Prozess zu unterbrechen und der Einführung einer neuen Strategie auf die Sprünge zu helfen, versuchen wir, mit unseren Lösungsstrategien die bestehende Ordnung zu verstören.

Methode: Über Bord

Was ist besonders dazu geeignet, ein neues Denken zu verhindern und an althergebrachten Mustern festzuhalten? In dieser Methode fordern wir Kolleg_innen präventiv auf, einen solchen Gedanken im Zusammenhang mit der zu bearbeitenden Aufgabe beiseite zu legen. Wir bitten alle, den eigenen entsprechenden Gedanken auf eine Karteikarte zu schreiben, einmal vorzulesen und ihn dann mit der festen Absicht, während der Arbeitsphase nicht mehr daran zu denken, auf den Tisch in der Mitte des Raums zu legen.

Danach arbeiten wir an den neuen Ideen. Am Ende der Arbeitsphase geben alle ein Feedback zur Vorgehensweise. Erfahrungsgemäß können nicht alle mit solchen Strategien gleich gut umgehen. Wir empfehlen sie, trotz aller Bedenken, mehrere Male einzusetzen. Oft expandieren die positiven Erfahrungen über den Gewöhnungsweg.

Methode: Skalierung

Diese Methode dient dazu, die Entwicklung in Veränderungsphasen zu überprüfen. Die Skalierung sichert aus unserer Erfahrung einzelne Entwicklungsschritte gut ab, macht sie kontrollierbar und übersichtlich. Sie ermöglicht, sich im Vergleich mit den Entwicklungen der anderen beteiligten Kolleg_innen zu erleben.

Für diesen Zweck benötigen wir ein Seil, wie man es im Baumarkt kaufen kann. Wir legen es als Entwicklungslinie in den Raum und kennzeichnen eine Seite als Anfang und die andere als erfolgreichen Abschluss der Entwicklungsphase. Alle Kolleg_innen werden gebeten, sich so an das Seil zu stellen, dass dadurch der Grad ihrer aktuellen Kenntnis um die neue Herangehensweise deutlich wird. So wird sichtbar, wie viel sich die Kolleg_innen zutrauen und wie sie sich im Vergleich mit den anderen sehen. Danach werden alle gebeten, sich an die Stelle zu platzieren, an der sie nach erfolgreicher Entwicklung stehen wollen, und zu beschreiben, was dort anders ist: Wie fühlst du dich dort? Was hast du gelernt? Jetzt sollen sie sich dort hinstellen, wo sie stehen würden, nachdem sie den ersten kleinen Entwicklungsschritt geschafft haben. Zuletzt werden sie gebeten, zu benennen, was sie sofort dazu beitragen können, um dieses Ergebnis zu erzielen.

Auch bei dieser Übung können Fotos helfen, die eigenen Positionen und getroffenen Entscheidungen nach einigen Tagen und Wochen erneut zu überprüfen und mit den Kolleg_innen in der Supervision weiter zu reflektieren.

Sowohl die Skalierung als auch das Stellen einer Skulptur sind immer eine willkommene Abwechslung zur üblichen Sitzung mit rein sprachlichem Austausch. Erfahrungsgemäß kommen diese Methoden bei den Teilnehmer_innen gut an. Ein systemischer Kollege beschrieb das humorvoll so: »Lasst uns eine Aufstehung machen, um Erkenntnis zu erlangen.«

Methoden des Controllings

Das Controllinginstrument sollte ein Bogen sein, der es möglich macht, einen Erfolg und neue Ziele zu formulieren.

Erfolge sind Teil jedes Entwicklungsversuchs. Selbst wenn das große Ziel nicht erreicht wird und wohl nie erreicht werden kann (z.B. »Jetzt sind die Kinder sicher und wir müssen uns keine Sorgen mehr machen«), brauchen wir doch Teilerfolge, um motiviert zu bleiben. Diese erscheinen aber nicht, ohne dass wir sie herausarbeiten, indem wir Unterschiede suchen. Wie ist es aktuell mit dem Kinderschutz bestellt – im Vergleich zur Situation vor einem halben oder einem ganzen Jahr? Auf keinen Fall dürfen es größere Zeiträume sein, da diese möglicherweise zu unüberschaubar und komplex sind. Die herausgearbeiteten Unterschiede helfen uns, die Erfolge von den neu zu definierenden Zielen zu unterscheiden.

Methode: Sichere Landung

Die Erfolge sollten aber nicht mit »Ist doch normal« oder »Wir sind schließlich Fachleute« abgetan werden – sie sollten gefeiert werden. Vielleicht kann eine kleine Danksagung mit konkreten Beispielen auf dem Sommerfest oder vor dem Betriebsausflug die Arbeit der Kolleg_innen würdigen? Das trägt zu Wertschätzung und Respekt, Motivation, Identifikation mit dem Ziel und zum Stolz bei, das Thema Kinderschutzprogramm in der sozialen Organisation weiterzuentwickeln.

Schutzprogramm für die Mitarbeiter_innen

Menschen, die mit Erziehungsverantwortlichen, Kindern, Jugendlichen und deren Kontextsystemen arbeiten, um eine Kindeswohlgefährdung zu überwinden, sind mit vielen Herausforderungen konfrontiert. Wir haben bereits ausgeführt, dass in Gefährdungssystemen alle Ebenen der arbeitenden Organisation in das Schutzprogramm einbezogen werden sollten. Dazu gehören besonders die Mitarbeiter_innen, die direkt mit den Hilfesuchenden arbeiten.

Schutz der Mitarbeiter_innen vor Überforderung durch das Gefährdungssystem

Als Systemiker_innen gehen wir davon aus, dass sich Menschen ihre eigene Wirklichkeit konstruieren. Das Gehirn hat keinen direkten Zugang zum Außen, sondern ist auf die Verarbeitung von Sinneseindrücken angewiesen. Verarbeitung findet auf der Grundlage von Erfahrungen statt, ist subjektiv und individuell. Da wir nicht ins Gehirn eines anderen Menschen »hineinkriechen« können, haben wir keinen direkten Zugang zur subjektiven Wirklichkeit unseres Gegenübers. Wir können nicht feststellen, wie andere denken, fühlen, riechen und die Welt sehen.

Ankoppeln als Grundlage

Wir können uns aber mittels Kommunikation über die unterschiedlichen Sichtweisen auf die Welt verständigen. Sich über die subjektive Wirklichkeit auszutauschen, immer wieder den Versuch zu unternehmen, den anderen zu verstehen, nachzufragen und das Verstandene wiederzugeben sind Voraussetzungen einer erfolgreichen Kommunikation. Indem wir versuchen zu verstehen, konstruieren wir weiterhin unsere eigene Wirklichkeit – angelehnt an die beschriebene Wirklichkeit unseres Gegenübers. Wir entwickeln uns weiter, verändern unsere Wirklichkeit, indem wir andere Sichtweisen hören und mit unseren eigenen abgleichen. Durch die Kommunikation über verschiedene subjektive Positionen stehen Helfer_innen wiederum in einem rekursiven Prozess mit dem Gefährdungssystem. Zentral für diese gegenseitige Referenz sind das deutliche Darlegen und Einfordern der Anliegen von Helfer_innen in der gemeinsamen Arbeit.

Wenn als Ziel der Arbeit die Überwindung einer Kindeswohlgefährdung definiert werden kann, sind Anliegen der Helfer_innen beispielsweise Verhinderung von Gewaltausbrüchen, Herstellung eines Wohnumfelds mit grundlegender Hygiene und einer emotional zugewandten Beziehung zu den Kindern und Jugendlichen. Diese Anliegen sind in Gefährdungssystemen nicht verhandelbar, auch wenn Gefährder_innen manchmal das Anliegen der Nicht-Veränderung haben.

Den Prozess des Versuchens zu verstehen, der Benennung von (Ziel-)Anliegen und die Erarbeitung von Veränderungen bezeichnen wir als »Ankoppeln«. Er ist sehr hilfreich in der Arbeit mit Menschen, indem er u.a. dem Gegenüber hilft, die eigene subjektive Wirklichkeit zu verstehen, neue Blickwinkel einzunehmen und Veränderungen einzuleiten.

Helfer_innen arbeiten durch Kommunikation in und mit den Gefährdungssystemen. Dabei ist es unerlässlich, sich ein Stück weit an die Kommunikation der Erziehungsverantwortlichen, Kinder, Jugendlichen und anderer Beteiligter anzugleichen. Dies zeigt sich bereits im Phänomen Sprache. Im Kindergarten wird z.B. beim gemeinsamen Frühstück mit den Kindern anders gesprochen als beim Elternabend. Unterschiede finden sich auch im Umgang mit Angehörigen unterschiedlicher Berufe. Mit dem Vater, der selbst in einer Kindertagesstätte arbeitet, wird vermutlich anders gesprochen als mit der Mutter, die in einem Labor tätig ist. Indem Helfer_innen die Sprache des jeweiligen Systems nutzen, koppeln sie an. Systemisch gesprochen braucht es eine gewisse Viabilität, um hilfreich sein zu können.

Übernahme von Werten und Inhalten

Wir gehen davon aus, dass das Zeigen von Interesse essenziell zur Arbeit in hilfesuchenden Systemen gehört. Helfer_innen begeben sich in ein für sie neues soziales System und erkunden neugierig dessen Regeln und Werte. Sie interessieren sich für die Inhalte und kommunizieren mit den einzelnen Systemmitgliedern darüber, bewahren aber ihre eigenen Positionen und damit professionelle Distanz.

In hilfesuchenden Systemen tauschen sich Helfer_innen über die Inhalte aus, die in dem jeweiligen System wichtig sind. In einer katholischen Familie kann dies der Austausch über katholische Werte und den Glauben sein – auch wenn der_die Helfer_in selbst Atheist_in ist. Gleiches gilt für den Austausch über Inhalte wie Computerspiele oder finanzielle Notlagen bis hin zu Erziehungsideen.

Der Versuch zu verstehen kann als Billigung verstanden werden, deshalb ist Positionierung umso wichtiger. Zudem besteht das Risiko, dass die Konstruktion der eigenen subjektiven Wirklichkeit vom Gefährdungssystem beeinflusst wird. So können beispielsweise Rechtfertigungsmuster oder Werte übernommen werden, die dann die Helfer_innen selbst gefährden. Die professionelle Distanz geht verloren.

Ankoppeln heißt nicht, Inhalte zu billigen oder gar zu übernehmen, welche die Helfer_innen in eine schwierige Lage bringen können und die eigentliche Aufgabe – die Überwindung der Gefährdung – blockieren. Wenn das Gebot in einem katholischen Familiensystem »Du sollst Vater und Mutter ehren« von Helfer_innen anerkannt und der Glaubenssatz sehr restriktiv verstanden wird, kann das die Autonomie von Kindern und Jugendlichen sehr einschränken. Wichtige Entwicklungsschritte, die z.B. in der Pubertät gegangen werden, sind vielleicht erschwert, Veränderung können kaum eingefordert werden. Unter Umständen sind Helfer_innen anfällig für Vorwürfe aus dem Gefährdungssystem, dass sie die religiöse Toleranz verletzen würden. Gerade Menschen, denen Toleranz ein wichtiges Gut ist, können damit verunsichert werden. Der Vorwurf der Diskriminierung wiegt schwer und kann Helfer_innen intensiv beschäftigen. Der Kinderschutz droht aus dem Blick zu geraten.

Übernahme von Kommunikationsdynamiken

Das »Wie« der Kommunikation in hilfesuchenden Systemen kann sehr unterschiedlich gefärbt sein. Helfer_innen treffen z.B. auf laute, leise, direkte, vorsichtige, emotionale, sachliche, mitfühlende, liebevolle, verletzende, vermeidende, abwertende, humorvolle, chaotische, manipulierende und noch ganz andere Formen von Kommunikation.

Sie nutzen diese Kommunikationsarten in den jeweiligen hilfesuchenden Systemen, um sensibel und passend kommunizieren zu können. In Systemen, in denen direkte Kommunikation stattfindet, können Helfer_innen selbst auch direkter sein. Das erleichtert das deutliche Benennen gefährdenden Verhaltens und der Veränderungsbedarfe. In Systemen, in denen trotz der Gefährdung viel gelacht wird, können auch Helfer_innen mit Humor arbeiten. Sie können sich jedoch auch, wenn es ihnen als nützlich erscheint, einen großen Unterschied zu setzen, sehr ernsthaft verhalten. Sie müssen es nur fachlich vertretbar begründen.

Eine unreflektierte Übernahme des »Wie« von Kommunikation kann gefährdend für die Kinder und Jugendlichen oder die Mitarbeiter_innen sein und die Veränderung in Richtung Kindeswohl erschweren – besonders, wenn die Kommunikationsweise der Vermeidung von Konflikten durch die Konfrontation mit Gefährdung und Veränderungsbedarf dient. Selbst Kommunikationsstrategien, die auf den ersten Blick vor allem als Ressource eingeschätzt werden, können problematisch sein. Hier wollen wir wieder auf das Beispiel eines humorvollen Umgangs verweisen: Diese Strategie kann das Leid verschleiern, gestützt von Helfer_innen, die darauf einsteigen. Genauso kann sie Unsicherheit bei den Helfer_innen erzeugen, ob Veränderungen wirklich ernst genommen werden. Ähnlich verhält es sich bei einem sehr leisen, vorsichtigen Umgang miteinander: Schwierigkeiten und Bedürfnisse können nur schwer benannt werden, was aber wichtig wäre, um Kinder und Jugendliche zu stärken.

Auch ablenkende Kommunikationsstrategien treten im Alltag auf. Tauchen beim Elterngespräch immer wieder akute Probleme auf, kann dies eine Kommunikationsdynamik sein. Es handelt sich um Probleme, die scheinbar ganz dringend bearbeitet werden müssen – beispielsweise die verschwundenen Gummistiefel, die Schwierigkeiten des Vaters im Job, Streit zwischen den Kindern oder andere Themen. Das Abarbeiten des akuten Problems erschwert eventuell die Arbeit an der Überwindung der Kindeswohlgefährdung und erzeugt Unzufriedenheit bei der Helfer_in. Dass eigentliche Anliegen – etwa ausfallende Zahnarzttermine trotz kaputter Zähne – fällt leicht unter den Tisch.

Einige der klar gefährdenden Kommunikationsarten, wie Schreien und Herabwürdigen, fallen Helfer_innen meist direkt ins Auge und müssen dann bearbeitet werden. Allerdings sollte auch hier sensibel darauf geachtet werden, ob diese Kommunikation übernommen wird. Manchmal fällt erst in der Reflexion auf, dass es sich um gefährdende Kommunikationsarten handelt. Beispielsweise kann es eine Strategie des Gefährdungssystems sein, Herabwürdigungen zu ignorieren. Hier besteht manchmal auch für Helfer_innen das Risiko, über das Verhalten hinwegzuschauen.

Das, was nicht gesagt wird …

Beim Thema Kinderschutz gibt es immer wieder Situationen, Verhaltensweisen und Emotionen, die nicht erzählt und benannt werden. Dies gilt für die Gefährder_innen, aber auch für die betroffenen Kinder und Jugendlichen. In sozialen Systemen lohnt sich der Blick darauf, was nicht direkt gesagt wird. Laut Watzlawik[25] gilt: »Man kann nicht nicht kommunizieren«. Das heißt, auch Ungesagtes wird irgendwie kommuniziert, beeinflusst die Beobachtung und Kommunikation der Helfer_innen. Deshalb sollte unbedingt auf ablenkende und ausklammernde Kommunikation geachtet werden. Ungesagte Gefährdungen schwingen in der Kommunikation mit, oft erzeugen sie starke Emotionen.

Die unreflektierte Übernahme der Kommunikationsmuster von Erziehungsverantwortlichen, Kindern und Jugendlichen im hilfesuchenden System kann systemerhaltend sein – gerade auch durch seine zerstörerischen Komponenten. Das wird am Beispiel von Ungesagtem besonders deutlich. Hier besteht das Risiko, dass Helfer_innen das »komische« Bauchgefühl ignorieren, es lieber nicht im Team besprechen und genau damit die Chance vergeben, es zu überprüfen und Veränderung einzufordern. Insbesondere bei hoher, eventuell sogar freundschaftlicher Loyalität zum Gefährdungssystem, kann es sehr schwierig werden, Gefährdungen überhaupt wahrzunehmen. Dann gilt es, darauf zu achten, dass Helfer_innen die professionelle Distanz wahren, sich deutlich positionieren und vermutete Gefährdungen klären.

Das Problem solcher Dynamiken ergibt sich einerseits für den Schutzauftrag im hilfesuchenden System.[26] Andererseits können sie sich auf die emotionale Verfassung der Mitarbeiter_innen auswirken, beispielsweise in Form von Unzufriedenheit, Anstrengung oder Ärger. Immer wieder erleben wir die vielfältigen Auswirkungen auf die Kommunikation im Team. Besonders hellhörig sollten Mitarbeiter_innen werden, wenn sich im Team kommunikative Schwierigkeiten wiederfinden, die sie von den hilfesuchenden Personen kennen und die für das Team eher unüblich sind. Wird z.B. aufgrund von Geheimnisdynamiken über einen Fall wenig oder gar nicht gesprochen, kann das Vertrauen untereinander leiden. Offen über Fälle und die eigenen Schwierigkeiten in den Fällen zu sprechen, wird dadurch erschwert.

Explizit sei hier auch auf die Dynamik hingewiesen, wenn die Gefährdung von Mitarbeiter_innen durch die Arbeit in Gefährdungssystemen ausgeblendet oder negiert wird. Gerade Kinder und Jugendliche, die über einen längeren Zeitraum hinweg gefährdet sind, entwickeln manchmal den Überlebensmechanismus, die Gefahr zu negieren und sich selbst einzureden, dass nichts mehr passieren wird. So kann innerhalb des hilfesuchenden Systems ein Kommunikationsmuster gelebt werden, dass die Gefährdung ausblendet oder negiert, obwohl sie immer wieder auftritt. Wenn Mitarbeiter_innen sagen: »Der Vater ist zwar ganz schön aggressiv, aber da passiert, glaube ich, nichts mehr, und mir passiert schon mal gar nichts«, sollten wir diese Einschätzung hinterfragen.

---

25 Watzlawick, Paul (1985): Die erfundene Wirklichkeit. München/Zürich: Piper.

26 Siehe ausführlich in Kapitel »Arbeiten mit Familien und ihrem sozialen Umfeld im Kontext von Kindeswohlgefährdung«.

Schutz von Mitarbeiter_innen und Teams – was kann helfen?

Wir gehen davon aus, dass wir alle nicht davor gefeit sind, Kommunikationsmuster zu übernehmen und in Fällen die Distanz zu verlieren. Das Risiko steigt, je belasteter Helfer_innen aufgrund von Inhalten und Dichte in der Arbeit rund um das Thema Kinderschutz sind. Eine Reflexion der Kommunikation in den Systemen und der eigenen Kommunikation kann helfen, diese Schwierigkeiten als solche zu erkennen und zu bewerten. Reflexionshilfen sind folgende Fragen:

- Wenn ich bzw. wir so kommunizieren, handeln wir dann noch im Sinne des Kindeswohls? Was bräuchte es stattdessen?
- Bin ich als Mitarbeiter_in in einer gefährdeten Situation? Wie geht es mir, wenn ich so (vorsichtig, direkt, ...) mit der Familie kommuniziere? Was könnte ich anders machen?
- Hat die Art und Weise, wie wir im Team miteinander kommunizieren, wie wir über den Fall sprechen, etwas mit der Kommunikation der Familie zu tun? Ist das ein unübliches Merkmal unserer Kommunikation im Team? Was könnten wir anders machen?

Eine Atmosphäre im Team und mit der Leitung, die es möglich macht, »komische Gefühle« auszusprechen und Schwierigkeiten zu benennen, sowie eine wertschätzende Fehlerkultur sind entscheidende Grundlagen. Die Absprache untereinander und auch der Mut, solche Beobachtungen als Hypothesen in den Raum zu stellen, sind ebenfalls hilfreich.

Hat eine entsprechende Bewertung durch die Mitarbeiter_in oder gemeinsam durch das Team stattgefunden, setzt oft wie von selbst ein Erkenntnisprozess ein. Jetzt kann daran gearbeitet werden, welche anderen Formen von Kommunikation stattdessen geeignet sein können: z.B. regelmäßig im Team über das Bauchgefühl zu sprechen, einen klaren Faden für Gespräche zu entwickeln und Gefährdungssituationen regelmäßig zu beurteilen. Kollegiale Beratung und Supervision sind ein guter Ort, um das zu reflektieren und Veränderung anzustoßen. Richtschnur beim Ankoppeln bleibt die Überwindung der Gefährdung und das Kindeswohl.

Die Wahrung von professioneller Distanz kann durch ein gutes Controlling unterstützt werden und sollte immer Bestandteil eines Schutzprogramms sein. Wir empfehlen dazu die regelmäßige Hinzuziehung der Lotsenstelle, Supervision bzw. Coaching und die kollegiale Fallreflexion mit der Methode des Reflecting Teams.[27]

Überlastung

Grundsätzlich ist in der Arbeit mit Gefährdungssystemen auf das Risiko einer möglichen Überlastung der Mitarbeiter_innen zu achten. Neben den beschriebenen Kommunikationsdynamiken sind dafür auch andere Faktoren wichtig. Wenn Mitarbeiter_innen Kindeswohl-

27 Siehe ausführlich in Kapitel »Der systemische Dreiklang und das Reflecting Team«.

gefährdungsfälle übernehmen, bekommen sie Informationen über die Gefährdungslage der betroffenen Kinder und Jugendlichen. Es sind nicht nur abstrakte Zahlen, nicht nur Fälle von Kolleg_innen – sondern echte, persönlich bekannte Menschen.

Die aktuelle Situation in den hilfesuchenden Systemen beschäftigt die Mitarbeiter_innen. Immer wieder beschreiben sie die Sorge, was sie z.B. beim nächsten Hausbesuch oder beim nächsten Kontakt vorfinden werden. Helfer_innen sind unterschiedlich nah und mitfühlend dabei und fühlen sich dadurch unterschiedlich stark belastet.

Ebenso belastend kann die Arbeit mit den Erziehungsverantwortlichen sein. Möglicherweise sind sie selbst mit einer Vielzahl von Problemen, schweren Geschichten usw. beschäftigt. Vielleicht ist eine Mitarbeit am Ziel »Kindeswohl« nur schwer oder sogar gar nicht zu erreichen.

Nicht zu unterschätzen ist auch die hohe Arbeitsdichte. Oft werden viele Fälle parallel betreut, es besteht ein Mangel an Fachkräften, und bürokratische Anforderungen machen es noch schwerer. Überlastung kann durch die hohe Arbeitsbelastung an sich entstehen, aber auch durch das Risiko, dass Familien dadurch aus dem Blick rutschen.

Das Gefühl von Überlastung ist individuell und lässt sich nicht objektiv messen. Das heißt, Mitarbeiter_innen, die von Überlastung berichten, sollten unbedingt ernst genommen werden und sich auch selbst ernst nehmen. Eine längere Überlastungssituation kann typische Stressreaktionen auslösen, die von der Stressforschung in den letzten dreißig Jahren ausführlich beschrieben wurden: In vielen Fällen kann unser Organismus aufgrund von Stress in einen Leistungsmodus umschalten, der funktioniert und uns für einen gewissen Zeitraum sehr leistungsfähig und somit überlebensfähig macht. Wir können schnell auf bewährte Strategien zurückreifen, um stressige Zeiten durchzustehen. Bei hohem Krankenstand in einer Kindertagesstätte beispielsweise kann eine Strategie lauten, Pausen wegzulassen, um schnell die Küche zu reinigen und parallel noch ein Tür- und Angelgespräch mit den Erziehungsverantwortlichen zu führen. In einem anderen Fall wird während des Autofahrens zur einen Familie noch der Kontakt zur anderen hergestellt. Solche Stressstrategien eignen sich für die Bewältigung von eher kurzfristigen Stressbelastungen. Langfristig überfordern sie aber oft den Organismus und können psychische und physische Probleme nach sich ziehen. Da wir in stressigen Situationen und Zeiten grundsätzlich auf Altbewährtes zurückgreifen und »einfach nur noch machen«, ist es eine besondere Herausforderung, auf der Metaebene nach anderen Wegen und Lösungen für Entlastung zu suchen. Es empfiehlt sich deshalb, die eigene Überlastung frühzeitig wahrzunehmen und ihr gegenzusteuern.

Methode: Stressskala

Hier bietet sich die Einschätzung der Überlastung auf einer Skala von 1 bis 10 an: 1 ist sehr entspannt und 10 kurz vor dem Zusammenbruch. Die persönliche Einordnung auf der Skala schafft Klarheit. Wo befindet sich der_die Einzelne? Bis zu welchem Wert ist es okay, ab wann wird es kritisch? Was ist es genau, das überlastet? Die Antworten darauf sind ebenso individuell wie das Gefühl, überlastet zu sein.

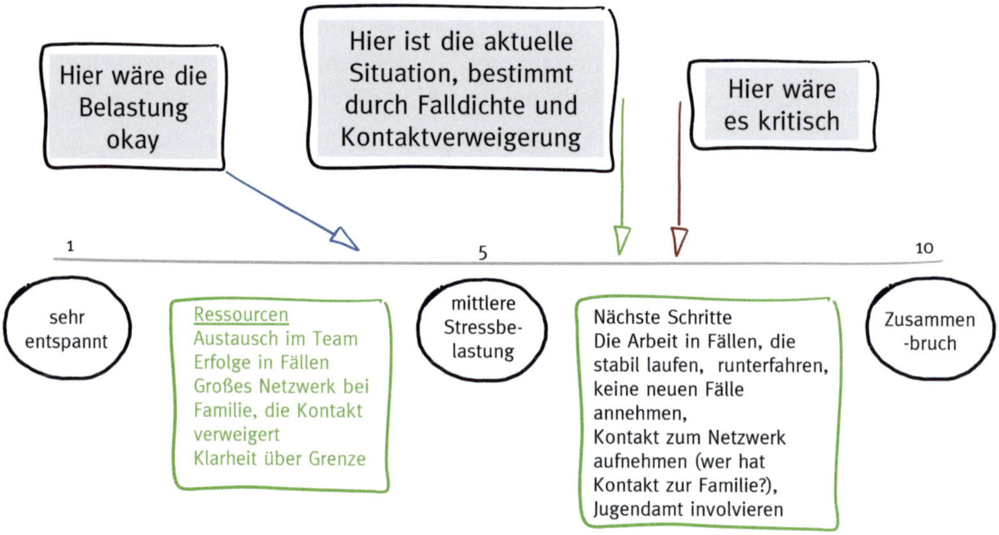

Nach dieser Analyse sollte geschaut werden, was zur Entlastung getan werden kann. Wann war es besser, was war zu dieser Zeit anders? Wann war es schlechter, wie wurde diese Situation bewältigt? Was davon könnte heute hilfreich sein? Welche Ressourcen sind beim Einzelnen, im Team oder in der Organisation vorhanden? Manchmal ist es hilfreich, an den eigenen Bewertungen zu arbeiten. Manchmal entlastet ein_e Tandempartner_in im Fall, manchmal braucht ein_e Mitarbeiter_in eine vorübergehende Stundenreduktion.

In Krisensituationen von Mitarbeiter_innen muss auf jeden Fall gehandelt werden. Wir empfehlen darüber hinaus, sich als Team regelmäßig mit der Über- und Entlastungsfrage präventiv zu beschäftigen. Dazu gehört auch die Auseinandersetzung mit den eigenen Grenzen, die im nächsten Unterkapitel behandelt wird.

Umgang mit Grenzen

Biologische, psychische und soziale Systeme haben Grenzen, deren Einhaltung für das Überleben essenziell sind. Dabei können Grenzen die eigene Belastbarkeit, das moralisch Vertretbare oder gesetzliche Vorgaben betreffen. Entsprechend wichtig ist es, dass sie bekannt sind, kommuniziert werden und dass ihre Einhaltung gefordert wird.

Damit sind bereits einige Herausforderungen verbunden. Nicht allen Menschen sind die eigenen Grenzen immer klar. Grenzen werden oft aus einem retrospektiven Blickwinkel beschrieben: »Jetzt habe ich meine Grenze erkennen müssen, erreicht oder gar überschritten.« Dass Grenzen durch Grenzverletzungen spürbar werden, kann durch andere Menschen, aber auch durch eigenes Verhalten geschehen. Unklarheit über Grenzen kann in sozialen Systemen bestehen, etwa in Teams. Hier müssen Grenzen miteinander besprochen, verhandelt und nach außen kommuniziert werden. Sie sind also oft Konventionen, die von einzelnen Gruppen, der Gesellschaft oder allen Weltbürger_innen verhandelt worden sind und immer wieder neu auf den Prüfstand gesetzt werden.

Auch das angemessene Setzen und Halten von Grenzen gegenüber anderen Menschen fällt häufig schwer. Da Grenzen zwischen den Menschen existieren, muss die Frage: »Wo befindet sich die Grenze, die für uns beide gilt?« zwischen den betreffenden Menschen verhandelt werden. Die optimale Grenzlinie ist nicht fix. Sie verändert sich mit jeder neuen, gemeinsamen Erfahrung, die die beiden machen. So kann man z.B. sagen, dass sich die Grenze zwischen den beiden Polen Liebe und Hass in einer Beziehung in beide Richtungen verändern kann.

Mitarbeiter_innen im Themenbereich Kinderschutz müssen Erziehungsverantwortliche damit konfrontieren, wann sie sich gefährdend verhalten, und den Veränderungsbedarf klarmachen. Darauf reagieren nicht alle mit freiwilliger Mitarbeit und Freude über die Hilfe. Helfer_innen arbeiten mit, setzen und fordern Grenzen, wenn sie beispielsweise Gespräche in der Kindertagesstätte führen oder Besuche im Rahmen von ambulanter Familienhilfe durchführen. Die Erziehungsverantwortlichen, Kinder und Jugendlichen können das durchaus als Grenzverletzung wahrnehmen. Das wird für Mitarbeiter_innen mitunter zu einer Belastung, die beachtet werden muss. Wir bewegen uns hier in einer Ambivalenz zwischen den Ideen, die Grenzen aller Menschen zu achten, und der Befreiung von Unterdrückung und Gewalt. Diese Ambivalenz kann durch ein klares Weltbild und eine sich positionierende Haltung der Begleiter_in beruhigt werden. Hilfreich für die eigene Reflexion und Entlastung ist die Richtschnur, Gefährdung festzustellen und eine Überwindung möglich zu machen. Beispielsweise empfinden auch misshandelte Kinder und Jugendliche eine Herausnahme aus der Familie häufig als Grenzverletzung. Das ist für Mitarbeiter_innen weniger belastend, wenn ihnen klar ist, dass die Herausnahme zum Schutz des Kindes oder Jugendlichen geschehen muss. Umso wichtiger ist es, dass die Mitarbeiter_innen klare Positionen in Bezug auf die Gefährdung und das Verhalten erarbeitet haben. Dann ist es möglich, das eigene Vorgehen – also auch Grenzverletzungen – zu reflektieren, sich dazu zu positionieren und zu entscheiden.

Mitarbeiter_innen im Kontext Kinderschutz brauchen insgesamt ausgeprägte Kompetenzen, um Grenzen verhandeln und setzen zu können: Grenzsetzungskompetenzen. Damit können sie ihrer wichtigsten Aufgabe, der Wahrung und Achtung der Grenzen von Kindern und Jugendlichen in gefährdenden Systemen, gerecht werden. Um entsprechend sicher und geschützt mit und in den Familien arbeiten zu können, ist es in unseren Augen zwingend erforderlich, dass Mitarbeiter_innen auch vom Träger in die Lage versetzt werden, eigene Grenzen wahrzunehmen, zu setzen und zu halten. Ein gut erarbeitetes Schutzkonzept, wie in Kapitel »Systemisches Organisationskonzept zur Erstellung eines Schutzprogramms« beschrieben, bietet Klarheit über Gefährdungslagen, die Art der Grenzsetzungen und das Verfahren. Besteht Unklarheit von Seiten der Organisation, kann das eine besondere Belastung für die Mitarbeiter_innen bedeuten. Sie bewegen sich dann eventuell unsicher und schutzlos in einer sehr herausfordernden Arbeit. Der Schutzvertrag, der mit den Erziehungsverantwortlichen ausgehandelt wird[28], ist ebenso ein wesentlicher Bestandteil, um Sicherheit und Klarheit für die Mitarbeiter_innen zu gewährleisten.

Mangelnde Transparenz

Transparenz schafft Sicherheit für die Mitarbeiter_innen. Mangelnde Transparenz im Verfahren des Kinderschutzes dagegen belastet die Mitarbeiter_innen in Organisationen, aber auch im Hilfenetzwerk, und kann selbst eine Grenzverletzung darstellen. Insbesondere bei Inobhutnahmen sollte der Ablauf für die Mitarbeiter_innen deutlich sein. In einem Fall aus der Praxis empfand eine Mitarbeiterin in der ambulanten Familienhilfe das intransparente Vorgehen des Jugendamts ihr gegenüber als grenzverletzend, was zur Krankschreibung führte und zur Erwägung, den Arbeitsbereich zu wechseln. Sie hatte im Rahmen sozialpädagogischer Familienhilfe gut zwei Monate lang eine Familie mit zwei Kindern im Kindergartenalter betreut. Nach einer erneuten Meldung durch Dritte entschied das Jugendamt die Herausnahme der Kinder – ohne die Mitarbeiterin zu involvieren, noch sie überhaupt zu informieren. Die Inobhutnahme fand zufällig in Anwesenheit der Mitarbeiterin statt, die völlig überrascht war und die Kinder und auch sich selbst nicht vor der emotionalen Reaktion der Erziehungsverantwortlichen schützen konnte. Die Situation eskalierte, und die Polizei wurde hinzugezogen. Inhaltlich fand die Mitarbeiterin die Inobhutnahme richtig, aber die Art und Weise ihr gegenüber sehr grenzverletzend. Sie hätte sich eine vorherige Abstimmung gewünscht, um Klarheit zu bekommen und die Inobhutnahme vorbereiten zu können.

28 Siehe ausführlich in Kapitel »Der Schutzvertrag«.

Grenzverletzung bei Mitarbeiter_innen durch die Erziehungsverantwortlichen

In der Arbeit rund um das Thema Kindeswohlgefährdung verletzen die Erziehungsverantwortlichen unter Umständen auch die Grenzen von Mitarbeiter_innen. Wie in anderen Hilfen, gibt es schon beim Umfang der Hilfe unterschiedliche Vorstellungen, was zum Überschreiten von Grenzen der Mitarbeiter_innen führen kann. Zum Beispiel holen manche Erziehungsverantwortliche regelmäßig ihr Kind zu spät aus der Kindertagesstätte ab, oder vereinbarte Termine werden nicht eingehalten, aber akute Verfügbarkeit erwartet. Mitunter werden Fachleute als Dienstbot_innen betrachtet oder ihre Arbeit wird anderweitig nicht ernst genommen. Sie werden mit grenzverletzenden Verhalten konfrontiert, beispielsweise Menschen, die die Helfer_innen in Unterhose empfangen oder im Nachbarraum lautstark masturbieren, die einen extrem starken, unangenehmen Körpergeruch haben oder deren Wohnung von Ungeziefer befallen ist. Auch hier gilt: Grenzen sind individuell. Was für die eine okay ist, ist für eine andere Person nicht mehr in Ordnung. Daneben sollte es aber auch Grenzen geben, die im Team einen Konsens darstellen.

Grenzverletzungen können auch massiver sein: direkte verbale Angriffe beispielsweise, die während der Arbeit geäußert werden. Möglich sind auch Äußerungen gegenüber Dritten, etwa den Kindern und Jugendlichen oder anderen Fachkräften gegenüber. Diese gelangen oft über Umwege an die Mitarbeiter_innen und können ebenfalls verunsichern oder sogar verletzen. Auch körperliche Übergriffe gegen Helfer_innen sind keine Seltenheit.

Grenzverletzungen gegenüber Mitarbeiter_innen müssen konsequent benannt, Veränderungen eingefordert und passende Konsequenzen erarbeitet werden. Das Schutzkonzept einer Organisation ist die Grundlage für den Inhalt der Entscheidungen, z.B. das Beenden einer Hilfe oder neue Verabredungen. Der Träger, die Lotsenstelle und Leitungskräfte brauchen also entsprechende inhaltliche Klarheit über inhaltliche Grenzen. Wenn geklärt wird, wie Entscheidungen getroffen werden und was die erforderlichen Konsequenzen sind, haben Mitarbeiter_innen eine gute Unterstützung, Grenzen zu setzen, zu halten und Veränderungen einzufordern. Auch Workshops, in denen das angemessene Setzen von Grenzen trainiert wird, sind hilfreich. Ebenso sollte das Thema regelmäßig in Supervisionen bearbeitet werden.

Persönliche Grenzen

Helfer_innen haben unterschiedliche Ressourcen, schauen mit einem je individuellen Blick auf die Welt und haben ganz verschiedene biografische Erfahrungen, mit denen sie wiederum einen individuellen Umgang gefunden haben. Das gilt auch für das Themenfeld Kindeswohl, Kinderschutz und Kindeswohlgefährdung.

Die Motivation, als Fachkraft im pädagogischen Feld tätig zu sein, ist häufig persönlich geleitet. Sie reicht von »Ich arbeite gerne mit Kindern, habe selbst viel Zuwendung erlebt und möchte das gerne weitergeben« über »Ich finde es politisch wichtig, dass Kinder eine Stimme bekommen« bis hin zu »Ich habe als Kind selbst Misshandlung erlebt und will mich engagieren«. Alle Motivationen können dafür sorgen, dass Mitarbeiter_innen Schwierigkeiten bekommen, angemessen Grenzen zu setzen und dafür zu sorgen, dass diese eingehalten werden. »Ich möchte viel Zuwendung geben« kann einerseits heißen, jemand möchte keinen Ärger oder keinen Streit hervorrufen und stellt Harmonie über alles. Andererseits vergessen die Anwälte der Kinder und Jugendlichen manchmal, dass auch Erziehungsverantwortliche Anwält_innen brauchen könnten.

Eigene grenzverletzende Erfahrungen als Heranwachsende stellen in der Arbeit häufig eine Ressource dar. Sie können Mitarbeiter_innen aber auch sehr belasten, z.B. wenn die Arbeit im Fall belastende Erinnerungen an eigenes Kindheitserleben triggert und eine Trennung zwischen dem Fall und der eigenen Geschichte nicht mehr ausreichend möglich ist. Eventuell kann eine emphatische Perspektive dann nicht mehr eingenommen werden, da der Schutz vor den eigenen Gefühlen im Mittelpunkt steht.

Jede Fachkraft sollte für sich selbst reflektieren, wo ihre_seine persönlichen Grenzen liegen. Das Wissen um die persönlichen Grenzen hilft Mitarbeiter_innen, sich selbst zu schützen. Da aus systemischer Sicht alles mit allem zusammenhängt und vernetzt ist, wirkt die Situation der Mitarbeiter_innen in irgendeiner Form in die Arbeit in den Gefährdungssystemen hinein. Auch von dieser Seite ist eine Nichtbeachtung nicht angezeigt. Ebenso zu beachten und herzustellen ist der Schutz der Mitarbeiter_innen. Hier sollen einige Beispiele aufgezeigt werden, die uns regelmäßig in der praktischen Arbeit begegnen: Durch die Konfrontation mit Erziehungsverantwortlichen, die Kindern oder Jugendlichen gegenüber gewalttätig sind, und den massiven Auswirkungen auf die Kinder oder Jugendlichen kann eine positive Sicht auf die Welt verstört werden. Hilflosigkeit und der Verlust von dem Optimismus, dass Veränderung möglich ist, können hier zu einer Belastung für die Mitarbeiter_innen werden.

- Die Arbeit mit traumatisierten und traumatisierenden Menschen und Systemen kann auch bei Helfer_innen traumatisch wirken. Bei ihnen können ähnliche Auswirkungen auftreten wie bei den Menschen, welche die traumatische Erfahrung direkt gemacht haben. Betroffene Mitarbeiter_innen schränken z.B. den eigenen Bewegungsradius aufgrund von Ängsten ein, die sie vorher nicht hatten, oder schlafen schlecht. Mitarbeiter_innen müssen vor dieser sogenannten Sekundärtraumatisierung geschützt und entsprechende Symptomatiken ernst genommen werden.
- Die oft dünne Personaldecke und enge finanzielle Ausstattung im pädagogischen Bereich erschweren adäquates und zeitnahes Handeln. Die Überzeugung, dass Kinder oder Jugendliche viel besser geschützt werden könnten, wenn entsprechende Ressourcen vorhanden wären, kann Helfer_innen an eine moralische Grenze bringen.
- Eigene Erfahrungen können persönliche Grenzen darstellen. So können durch die Arbeit in Gefährdungssystemen Emotionen und Erinnerungen ausgelöst werden, die doppelt belastend sind.

Umgang mit persönlichen Grenzen

Wenn persönliche Grenzen erreicht werden, ist es sowohl zum Schutz der Mitarbeiter_in als auch der Kinder oder Jugendlichen und eventuell auch der Erziehungsverantwortlichen wichtig, das weitere Vorgehen zu reflektieren. Professionelles Handeln kann auch bedeuten, Fälle abzugeben bzw. gar nicht erst anzunehmen. Manchmal fallen die persönlichen Erfahrungen so stark ins Gewicht, dass ein Weiterarbeiten im Fall oder im Arbeitsbereich zum eigenen Schutz nicht mehr möglich ist. Die Reflexion und Aufarbeitung eigener Themen kann ebenso ein Weg sein wie die Veränderung des Blickwinkels.

Wir empfehlen hierfür ein geschütztes Setting für die Mitarbeiter_innen, wie Gruppensupervision und im Krisenfall die Möglichkeit zur Einzelberatung oder -supervision.

Hilfreich ist es zu klären:

- Was ist eigentlich genau das Problem?
- Welche eigene Grenze wurde erreicht?
- Welche Auswirkung hat das auf die_den Mitarbeiter_in und was bedeutet es für die weitere Arbeit mit der Familie?
- Welche eigenen Themen werden angestoßen oder getriggert?
- Gibt es blinde Flecken?
- Gibt es eine Möglichkeit, die eigene Erfahrung von der Arbeit in der Familie zu trennen?
- Gab es Situationen in eigenen Leben, in denen es gelungen ist, sich von solchen Problemen abzugrenzen oder zu befreien?
- Kann hier eine Bearbeitung der eigenen Geschichte helfen? Wenn ja, welches Setting braucht es dafür – Supervision, Beratung oder Therapie? Welches sind die nächsten Schritte?

Eine andere Möglichkeit, um beim Erreichen persönlicher Grenzen zu entlasten und die Arbeit mit der Familie zu sichern, ist das Arbeiten im Tandem. Eine Kolleg_in wird offiziell mit in den Fall eingebunden, dadurch sind mehr Augen involviert. Bedeutet die direkte Arbeit mit einem besonders betroffenen Kind eine starke Belastung für eine Mitarbeiter_in, kann diese Arbeit entweder gemeinsam oder von der Kolleg_in durchgeführt werden. Die Mitarbeiter_in könnte die Kontakte zum Netzwerk übernehmen, um dort ein stabiles Umfeld für das Kind zu unterstützen und die Kontinuität aufrecht zu erhalten. Dies muss im Einzelfall genau erarbeitet werden, damit die Grenzen der Mitarbeiter_innen nicht erneut überschritten werden.

Die Lotsenstelle sollte an dieser Stelle zu Rate gezogen werden, um mehr Sicherheit im fachlichen Handeln zu bekommen und Entscheidungen treffen zu können. Das kann die inhaltliche Arbeit voranbringen, neue Blickwinkel entstehen lassen und Veränderungen im Umgang des Mitarbeitenden initiieren. Dadurch wird vielleicht ein anderer Umgang mit der persönlichen Grenze möglich. Fachkräfte zum Thema Kinderschutz sind auch mit den Auswirkungen auf Mitarbeiter_innen vertraut, die in diesem Kontext arbeiten. Entsprechend ist die Lotsenstelle insgesamt eine hilfreiche Anlaufstelle, wenn es um den Schutz der Mitarbeiter_innen geht. Eine solche Stärkung kann auch durch Fortbildungen erfolgen, die zum Aufgabenbereich der Lotsenstelle gehören.

Fachliche Grenzen

Mitarbeiter_innen im pädagogischen Bereich kommen aus unterschiedlichsten Professionen. Dadurch ergeben sich vielfältige Ressourcen und Verknüpfungsmöglichkeiten, die in der Arbeit mit Gefährdungssystemen zwischen den Mitarbeiter_innen genutzt werden können. Zugleich kann aber nicht jede_r alles, sondern es gibt auch fachliche Grenzen. Während beispielsweise Sozialpädagog_innen prädestiniert sind, soziale Hilfenetzwerke zu kennen und für die Arbeit nutzbar zu machen, und Erzieher_innen sich mit Bildungsprozessen von Kindern sehr gut auskennen, haben Kulturmittler_innen oft besondere Expertise in Bezug auf die jeweilige Kultur der zu betreuenden Familie. Helfer_innen, die seit vielen Jahren in einer Kindertagesstätte als Erfahrene Fachkraft Kinderschutz (EFK) arbeiten, haben sehr wahrscheinlich andere fachliche Möglichkeiten als Kolleg_innen, die gerade ihren Abschluss gemacht haben und noch nichts mit einem Gefährdungssystem zu tun hatten. Demgegenüber können sie von Mitarbeiter_innen, die frisch von der Hochschule kommen, die aktuellen Empfehlungen zum Thema Gefährdung lernen.

Die fachlichen Grenzen, die hieraus entstehen, sollten berücksichtigt werden, wenn es um die Verteilung von Bezugsbetreuung, Fällen und der Arbeitsverteilung in akuten Situationen geht. Dies dient zum einen der Sicherstellung von Qualität, zum anderen aber auch dem Schutz der Mitarbeiter_innen. Das Arbeiten kann sonst schnell zur Überforderung und zu vermeidbaren Fehlern führen. Das Vorgehen bei Verdacht auf sexualisierte Gewalt bei einem Kind in einer Kindertagesstätte ist ein passendes Beispiel. Ein solcher Verdacht kann beim Kita-Team hohen emotionalen Druck zur Folge haben, der wiederum schnelles Agieren erzeugt. Vorschnelles Agieren – zumal wenn Helfer_innen sich wenig oder gar nicht mit dem Thema auseinandergesetzt haben – gefährdet das betroffene Kind eher als dass es hilft. Stattdessen macht es Sinn, die vereinbarten Schritte des Schutzkonzepts zu beachten, die Lotsenstelle oder eine Fachberatung zu Rate zu ziehen, um nachhaltige Schritte planen und dann gehen zu können. Um einen Überblick über die Möglichkeiten zu bekommen, empfiehlt es sich, eine Netzwerkkarte anzufertigen. Hier werden alle Kontakte zu externen Organisationen visualisiert und eingetragen, wer wann wie einbezogen werden kann. Dabei wird auch deutlich, an welchen Stellen das Netzwerk noch ausgebaut werden sollte.

Tauchen fachliche Grenzen auf, empfehlen wir auf der einen Seite, sich weiterzuentwickeln – durch gemeinsames Arbeiten in Gefährdungssystemen, vielfältigen Austausch und passende Fortbildungen – und auf der anderen Seite, die Grenzen transparent zu machen und Verantwortung abzugeben.

Grenzen im Team

In vielen Einrichtungen kommt es auch durch den Mangel an Fachkräften zu Arbeitsüberlastung, und herausfordernde Fälle können nicht mit der nötigen Aufmerksamkeit bearbeitet werden. Was passiert z.B., wenn in einer inklusiven Kindertagesstätte eine der beiden Heilerzieher_innenstellen unbesetzt ist? Denkbar sind auch neue Grenzen durch den Weggang erfahrener Kolleg_innen oder durch das Fehlen jüngerer Kolleg_innen. Immer wieder ist zu überlegen, was im Team qualitativ geleistet werden kann, ohne dass es zu einer Überforderung kommt.

Daneben kann es auch sein, dass frühere Bekanntschaften und Erfahrungen mit den Kindern, Jugendlichen und den Erziehungsverantwortlichen bestehen. Diese können zu Grenzen bei der Übernahme von Fällen, Bezugsbetreuung oder den Kindern und Jugendlichen in einer Gruppe führen. Gegenüber der ehemaligen Nachbarin, mit der die Sozialpädagogin regelmäßig einen netten Plausch am Gartenzaun gehalten hat, ist die Konfrontation wegen der Vernachlässigung ihres Säuglings vielleicht erschwert. Eine Bezugsbetreuerin, die bei einem früheren Kind von den Eltern abgelehnt wurde, kann gegebenenfalls nicht unbefangen die Betreuung des Geschwisterkindes übernehmen. Solche Situationen führen nicht zwingend dazu, dass ein Arbeiten nicht möglich ist, sollten aber miteinander gut besprochen und dann entschieden werden.

Wenn Teams auf diese eigenen Grenzen nicht achten, kann es zu Grenzüberschreitungen kommen. Diese Überschreitungen können sowohl die Grenzen der Mitarbeiter_innen und des Teams, aber auch die Grenzen der Familien betreffen. Unter Umständen sind solche Grenzüberschreitungen nur schwer konstruktiv auflösbar. Teams sollten daher die eigenen Grenzen kennen und wahren, auch um Klarheit und Transparenz für die Familien zu schaffen. Wenn die Mitarbeiter_innen sich überlasten und grenzenlos verhalten, sind sie in keiner Weise Vorbild.

Prävention

Wir empfehlen, persönliche und fachliche Grenzen, soweit es möglich ist, im Team präventiv zu besprechen. Dadurch wird es möglich, ein Gefühl dafür zu bekommen, wo Grenzen erreicht werden könnten, und dies rechtzeitig zu berücksichtigen. Das kann z.B. die thematische Fallverteilung betreffen. Wer hat welche Ressourcen zur Verfügung, mit welchen Familien wird gerne gearbeitet? Manche Mitarbeiter_innen arbeiten häufiger mit den Kindern oder Jugendlichen zusammen, andere eher mit den Erziehungsverantwortlichen. Manche arbeiten sehr gerne in sogenannten sozialen Brennpunkten, andere brauchen eher ein wechselndes Umfeld.

Hilfreich ist es auch, vorab zu besprechen, welche Themen schwierig werden könnten. Eine Mitarbeiterin, die selbst aus einer Suchtfamilie stammt, würde in der ambulanten

Familienhilfe vielleicht nicht mit Familien arbeiten wollen oder können, in denen es eine ausgeprägte Alkoholproblematik gibt. Eventuell gelingt ihr aber die Arbeit in einer suchtbelasteten Familie sehr gut, und sie ist besonders geübt in der Abgrenzung. Andere arbeiten sehr gerne in Familien mit Säuglingen, während manche Kolleg_in hier eine persönliche Grenzen sieht.

Präventives Arbeiten, um Mitarbeiter_innen zu schützen, empfehlen wir ebenso für die Arbeit im Fall. Auch Herausforderungen, die noch keine Grenzverletzung darstellen, sollten in den Blick genommen werden. Manche Fallstricke sind bei der Verteilung der Fälle noch gar nicht bekannt, tauchen aber in der Arbeit auf. Die regelmäßige Frage danach, wer gerade welche Unterstützung braucht, steht hier im Mittelpunkt.

Leitungskompetenzen im Kontext Kinderschutz

Beim Schutz von Mitarbeiter_innen kommt den Leitungskräften eine tragende Rolle zu. Das fußt unter anderem auf der Fürsorgepflicht, die Arbeitgeber_innen den Mitarbeiter_innen gegenüber haben und die in erster Linie von der direkten Leitungskraft gewährleistet werden soll. Wir empfehlen die Einrichtung einer weisungsbefugten Lotsenstelle[29], die für die Leitungskräfte bei diesen Aufgaben eine zentrale Rolle einnimmt. Bei Themen rund um den Kinderschutz sieht unser Konzept vor, dass die Lotsenstelle die vollumfängliche Zuständigkeit in der Steuerung des Prozesses inklusive der nötigen Personalverantwortung und Weisungsbefugnis hat. Die Lotsenstelle wird von dafür qualifizierten Fachkräften besetzt, die genau diesen Aufgabenbereich bearbeiten und die Leitung in den vorher gekennzeichneten Verantwortungsbereichen hinzuzieht.

Leiten und Führen als Grundmodelle

Wir empfehlen Leitungskräften, grundsätzlich zwischen Leiten und Führen zu unterscheiden. Leiten heißt, Teams und Mitarbeiter_innen im kooperativen Dialog zu unterstützen, damit diese eigenverantwortlich und selbstgesteuert ihre jeweiligen Tätigkeitsbereiche ausfüllen können. Leitungskräfte haben die Aufgabe, einen Rahmen für ihre Mitarbeiter_innen anzubieten, der sowohl fachlich hochwertige Arbeit als auch Austausch im Team ermöglicht. Im Mittelpunkt steht dabei die Anregung von Entscheidungen, die Mitarbeiter_innen treffen können und sollen. Leiten bedeutet in unseren Augen, sich als Mensch und Fachkraft in einem dialogischen Prozess zur Verfügung zu stellen, damit Mitarbeiter_innen die eigenen Ressourcen in der Arbeit mit Familien entdecken, Lösungen entwickeln, Positionen entwickeln und halten und Entscheidungen selbst treffen können. Hier geht es nicht darum, inhaltliche Vorgaben zu machen. Leiten will einen Kommunikationsprozess unterstützen, der es den Kindern und Jugendlichen ermöglicht, sich in Freiheit und Sicherheit zu entwickeln.

Führen kommt demgegenüber ins Spiel, wenn Leitungskräfte oder die übergeordnete Organisationsstruktur selbst die Entscheidung treffen und manchmal auch gegen die Meinung der Mitarbeiter_innen durchsetzen müssen. Beim Kinderschutz muss sich die Leitung insbesondere positionieren, wenn

29 Siehe ausführlich in Kapitel »Die Lotsenstelle Kinderschutz«.

- Mitarbeiter_innen selbst in ihrem Handeln die Grenzen des Kindeswohls überschreiten und das Kindeswohl gefährden,
- Leitungskräfte das Kindeswohl gefährdet sehen und das Handeln der Mitarbeiter_innen im Fall als nicht hilfreich im Sinne des Kindeswohls einschätzen,
- bei Mitarbeiter_innen Überforderung deutlich wird – ob fachlich im Umgang mit Kindeswohlgefährdung oder im Sinne einer Überlastung,
- im pädagogischen Handeln die im Rahmen der Organisation erarbeiteten Leitlinien zum Kinderschutz nicht eingehalten werden,
- Mitarbeiter_innen einer Gefährdung beschuldigt werden,
- Mitarbeiter_innen sich untereinander so verhalten, dass sie ein schlechtes Vorbild für die betreuten Kinder und Jugendlichen und deren Erziehungsverantwortlichen sind.

Die Unterschiede zwischen Leiten und Führen lassen sich an folgendem Beispiel verdeutlichen: Die Mitarbeiterin einer Mutter-Kind-Einrichtung möchte das weitere Vorgehen in einem Fall mit ihrer Leitung besprechen. Sie ist Bezugsbetreuerin für eine Mutter und deren Sohn, der knapp ein Jahr alt ist. Beide leben seit der Geburt des Kindes in der Einrichtung. Aufgrund psychischer Belastungen braucht die Mutter immer wieder Unterstützung bei der Versorgung ihres Kindes. Gemeinsam mit der Mutter wurde ein Aufenthalt in einer psychosomatischen Klinik geplant, in welche die Mutter das Kind mitnehmen kann. Allerdings zermürbt die lange Wartezeit die Mutter zusätzlich und ihre psychische Situation hat sich in der letzten Zeit massiv verschlechtert. Da die Mitarbeiter_innen seit Wochen immer wieder die Versorgung des Systems übernehmen, sieht die Bezugsbetreuerin jedoch keine akut kindeswohlgefährdende Situation. Sie macht sich vor allem Sorgen um die Mutter. Die Mutter überlegt nun, ob sie das Angebot einer anderen Klinik annimmt. Hier könnte sie einen Platz bekommen, aber ihren Sohn nicht mitnehmen. Er müsste vorübergehend in einer Pflegestelle untergebracht werden. Die Bezugsbetreuerin wünscht sich von der Leitung Unterstützung. Sie ist unsicher, wie die Mutter die Trennung von dem Kind verkraften würde.

Aufgrund der Fallkonstellation muss, wenn sie nicht schon involviert ist, sofort die Lotsenstelle hinzugezogen werden, die dann die weitere Steuerung des Prozesses übernimmt. Nach eingehender Beratung im Team und einer Risikoabschätzung mit einer erfahrenen Fachkraft kann es auf den unterschiedlichen Ebenen unterschiedliche Einschätzungen geben, die eine Entscheidung erforderlich machen und zu unterschiedlichen Handlungen führen.

Möglichkeit 1 – Leiten: Die Lotsenstelle schätzt die Situation als nicht gefährdend ein. Wenn die Lotsenstelle die Einschätzung der Bezugsbetreuerin teilt, dass es sich aktuell nicht um eine kindeswohlgefährdende Situation handelt, wird die Leitung informiert. Diese geht dann mit der Bezugsbetreuerin in einen dialogischen Prozess. Wenn gewünscht, kann die Lotsenstelle hier unterstützen. Was genau ist die Schwierigkeit der Mitarbeiterin in diesem Fall? Wobei wünscht sie sich Unterstützung? Die Mitarbeiterin würde das weitere Vorgehen entwickeln, z.B. mit der Mutter erarbeiten, was sie braucht, um sich entscheiden zu können. Leiten hieße dann, nicht die Entscheidung für die Mitarbeiterin oder für die Mutter zu fällen, sondern sie bei der Entscheidungsfindung zu unterstützen.

Möglichkeit 2 – Führung: Die Lotsenstelle schätzt die Situation als gefährdend ein. In diesem Fall kam die Lotsenstelle jedoch zu einer anderen Einschätzung und entschied zu führen. Sie sah in der Zuspitzung der psychischen Belastung der Mutter und der daraus resultierenden mangelnden Versorgung sowohl eine Gefährdung für das Kleinkind als auch eine Gefährdung für das Team. Die jeweils diensthabenden Mitarbeiter_innen verbrachten seit Wochen einen großen Teil ihrer Dienstzeit mit dem Kleinkind und waren an der Belastungsgrenze. Die Betreuung der anderen Kinder und Mütter litt bereits darunter. Die Leitung hatte zudem bei Übergabe des Falls an die Lotsenstelle große Zweifel geäußert, dass die Mutter die Betreuung des Kleinkindes in der Reha-Einrichtung bewältigen könnte. Daher entschied sich die Lotsenstelle für Führung und involvierte entsprechend die Leitungskraft. Der weitere Verbleib im Mutter-Kind-Haus wurde an die Aufnahme einer stationären Behandlung geknüpft. Nach drei Monaten Klinikaufenthalt kehrte die Mutter aus der Klinik und der Sohn aus der Pflegestelle in die Mutter-Kind-Einrichtung zurück. Der therapeutische Prozess hatte einiges in Gang gesetzt, pädagogisches Arbeiten war jetzt eher möglich. Nach einem weiteren Jahr konnten beide gemeinsam die Einrichtung in ein ambulantes Hilfesystem verlassen.

Sollte es in der Organisation noch keine Lotsenstelle Kinderschutz geben, müssen die Leitungskräfte diese Entscheidungsaufgaben übernehmen.

Kommunikationsqualitäten im Umgang mit komplexen Gefährdungssystemen

Leitungen brauchen in der Arbeit mit Fällen rund um das Thema Kindeswohl vielfältige Kompetenzen. Ein Leitungsmodell, das auf Fachkompetenz verzichtet – in einigen Unternehmen ist dieser Ansatz verbreitet –, ist in unseren Augen im Kontext Kinderschutz ungeeignet und würde schlussendlich zu Lasten der zu schützenden Kinder und Jugendlichen gehen. Wir empfehlen daher dringend, dass die Leitung selbst praktische Erfahrungen in der Arbeit im Kinderschutz mit Mitarbeiter_innen, Eltern, Erziehungsverantwortlichen, Kindern und Jugendlichen, Familien und dazugehörigen Kontexten gesammelt hat. Außerdem sollte sich eine Leitungskraft in den fachlichen Diskursen auskennen, weiter fortbilden und eigene Positionen entwickelt haben.

Die Fähigkeit, sich zu positionieren

Entsprechend brauchen Leitungskräfte auch die Fähigkeit, Positionen zu entwickeln und diese entsprechend vertreten zu können. Nicht unwesentlich dabei ist, dass die Positionierung gegenüber unterschiedlichen Akteur_innen geschieht.

In einigen Fällen braucht es in der Arbeit mit den gefährdenden Erziehungsverantwortlichen die direkte Unterstützung durch die Leitungskraft bzw. durch die Lotsenstelle, um

Positionen bei Kindeswohlgefährdung deutlich zu machen und zu vertreten. Ein Gespräch mit Erziehungsverantwortlichen, das gemeinsam mit der Leitung oder der Lotsenstellenfachkraft geführt wird und Grenzen deutlich benennt, stützt die Mitarbeiter_innen in den meisten Fällen. Werden Erziehungsverantwortliche beispielsweise mit Beobachtungen von Fachkräften des Kindertagesstättengruppendienstes konfrontiert – wie Anzeichen von Vernachlässigung –, bekommt die Aussage in Anwesenheit der Leitung oder der Lotsenstelle oft eine höhere Priorität. Die entsprechende Autorität muss genutzt und vertreten werden.

Die Anwesenheit der Leitung beziehungsweise Lotsenstelle dient aber auch dem Schutz der Fachkraft. Grundsätzlich sollten sich Leitungskräfte auch zum Schutz ihrer Mitarbeiter_innen positionieren können, z.B. vor Überforderung oder Überlastung. Menschen fällt es manchmal schwer, die eigenen Grenzen wahrzunehmen und sich entsprechend zu verhalten, gerade in längerfristigen Stresssituationen, in denen bestimmte Mechanismen den Ausstieg aus der Situation erschweren. Hier sollte die Leitungskraft ihre Fürsorgepflicht sehr ernst nehmen. Das hat eine Vorbildfunktion im Rahmen eines Schutzprogramms, weil sich damit gefährdendes Verhalten von Mitarbeiter_innen präventiv bearbeiten lässt. Dieses Vorbild kann von Erziehungsverantwortlichen genutzt werden.

Mitarbeiter_innen schützen durch Begrenzen

In manchen Fällen braucht es Entscheidungen, die Mitarbeiter_innen dahingehend begrenzen, dass sie z.B. für einen bestimmten Zeitraum keine neuen Fälle annehmen, das Gespräch mit Erziehungsverantwortlichen von jemand anderem führen lassen oder im Tandem arbeiten. Auch die Empfehlung, sich krankschreiben zu lassen, gehört zu diesen Begrenzungen. Hier müssen Leitungskräfte die Lotsenstelle umgehend als Stelle, die den Kinderschutz und den Schutz der Mitarbeiter_innen bezüglich dieses Themas im Blick hat, involvieren. Die Lotsenstelle kann diese Entscheidungen treffen, ohne sie von den Gesamtbelangen der Organisation abhängig machen zu müssen. Dadurch können Interessenkonflikte vermieden werden, da die oben beschriebenen Entscheidungen häufig mit Personalengpässen, dem Druck, Fälle zu übernehmen und anderen wirtschaftlichen Fragen der Organisation kollidieren. Damit nicht der Blick für Detailfragen im Fall verloren geht, ist hier die Delegation der Kinderschutzaufgaben und des Gesamtschutzprogramms für die Organisation äußerst wichtig.

Gerade Leitungskräfte in sogenannten Sandwich-Positionen haben auch eine Schutzfunktion innerhalb der Hierarchie der Organisation. Mitarbeiter_innen brauchen die Sicherheit, dass die direkten Leitungen die Entscheidungen und Handlungen des Teams und der einzelnen Mitarbeiter_innen unterstützen, solange sich diese im Rahmen der ausgehandelten Entscheidungen und der Leitlinien befinden und für die Leitung vertretbar sind. Auf jeden Fall müssen sich Mitarbeiter_innen auf eine transparente und lösungsorientierte Kommunikationskultur verlassen können. Defizite, Schwierigkeiten und Fehler von Mitarbeiter_innen können dann offen kommuniziert und gelöst werden. Diese Haltung sollten die direkten Vorgesetzten im Rahmen eines Schutzprogramms kultivieren. Das bietet Orientierung, auch beim Umgang mit differenten Auffassungen oder Gefährdungsverhalten innerhalb und außerhalb des Arbeitskontextes.

Dabei ist auch die Fähigkeit wichtig, sich in der Hierarchie nach oben positionieren zu können. Angst vor Fehlern und entsprechenden Sanktionen innerhalb eines Trägers sind generell kein guter Ratgeber, wenn Menschen Entscheidungen treffen müssen. Bei der hohen Verantwortung, die Mitarbeiter_innen beim Thema Kinderschutz tragen, braucht es entsprechende Klarheit innerhalb des Trägers und Rückhalt durch die Leitungskräfte. Sonst droht ein Entscheidungsvakuum, das beim Schutz der Kinder fatale Folge nach sich ziehen kann.

Nicht zuletzt brauchen Leitungskräfte die Kompetenz, sich mit anderen Akteur_innen des Hilfenetzwerkes fachlich auseinandersetzen zu können und die eigenen Haltungen zu vertreten. Hierzu gehören manchmal auch abweichende Haltungen gegenüber Beteiligten, denen eine wichtige Rolle im Kinderschutz zukommt. Fühlen sich z.B. Fachkräfte einer Kindertagesstätte mit der anhaltenden Sorge um ein Kind oder in einer bekannten Gefährdungssituation im Fachaustausch mit anderen Organisationen nicht ernst genommen, ist die Leitung gefragt. Diese sollte sich dann ebenfalls die Unterstützung durch die Lotsenstelle holen. Entsprechende Positionierung bei anderen Helfer_innen, etwa der ambulanten Familienhilfe, kann dann genauso wichtig sein wie die Kommunikation mit dem Jugendamt. Die Leitung sollte hier mit der Lotsenstelle und den Mitarbeiter_innen an einem Strang ziehen und ihnen den Rücken stärken. Dazu braucht es natürlich eine enge Abstimmung und Klarheit über die Inhalte.

Kooperation und Unterstützung

Zugleich brauchen Leitungskräfte auch kooperative und unterstützende Kompetenzen. Sie müssen Vertrauen in die Fähigkeiten der eigenen Mitarbeiter_innen setzen können. Hilfreich ist es, wenn Mitarbeiter_innen ihren Arbeitsbereich in vielen Teilen selbst ausfüllen können, sodass ihre Kompetenzen wahrgenommen und ihre Ressourcen genutzt werden.

Regelmäßige und authentische Wertschätzung der Arbeit und Leistung der Mitarbeiter_innen sollten selbstverständlich sein. Leitungen müssen in der Lage sein, Erfolge der Mitarbeiter_innen und des gesamten Teams gut anzunehmen und nach innen und außen darzustellen. Es empfiehlt sich für die Leitung, bescheiden zu sein und die eigenen Mitarbeitc r_innen glänzen zu lassen.

Die Arbeit mit Systemen, die gegenüber Kindern und Jugendlichen gefährdendes Verhalten zeigen, fußt jedoch nicht allein auf Vertrauen. Die Mitarbeiter_innen dürfen den Gefährder_innen nicht rückhaltlos vertrauen, sondern haben auch eine Kontrollfunktion – zumindest, solange die Gefährdung nicht nachhaltig überwunden werden konnte. Die Lotsenstelle und die Leitung übernehmen wiederum ein positives Controlling gegenüber den Mitarbeiter_innen zum Schutze der schwächsten Mitglieder des Systems, den Kindern und Jugendlichen. Qualität und Wirksamkeit der Interventionen, sowohl inhaltlich wie auch zeitlich, werden mit der Lotsenstelle und der Leitung besprochen und regelmäßig überprüft. Beide begleiten die Mitarbeiter_innen kooperativ durch diesen Prozess.

Die Leitungen tragen Verantwortung, ihren Mitarbeiter_innen angemessene Ressourcen in Form von Zeit, Personal und Mittel zur Verfügung zu stellen, damit sie auch langfristige Kontrollaufträge in Gefährdungssystemen sichern können. Sie sollten fachliche Unterstützung anbieten, insbesondere durch die Installation und Nutzung der Lotsenstelle, durch regelmäßige Besprechungen der pädagogischen Arbeit und geeignete, also in Bezug auf das Kindeswohl nachvollziehbare Dokumentationsstrukturen. Die Leitung unterstützt Mitarbeiter_innen nicht zuletzt darin, ihre persönlichen und fachlichen Kompetenzen zu erweitern.

Die Leitungskräfte sollten auch in der Lage sein, das eigene Handeln zu hinterfragen, andere Perspektiven anzuhören, sich damit auseinanderzusetzen und darüber auch zu veränderten, eigenen Standpunkten zu kommen. Es braucht eine ständig kooperative Haltung, um sich leitend mit den installierten Organen für das Schutzprogramm – den Mitarbeiter_innen und dem dazugehörigen Hilfekontext – über brisante Kinderschutzfälle und deren Auswirkungen auf die Gesamtorganisation und die Verfassung von Mitarbeiter_innen auseinanderzusetzen. Zur kritisch reflektierten Haltung gehört auch, im Rahmen eines qualitativ nachhaltigen Schutzprogramms ein Klima zu schaffen, in dem Mitarbeiter_innen Bedenken, Kritik, aber auch die eigene Überforderung oder Fehler äußern können. Ein solches Klima lässt sich fördern, indem Leitungskräfte selbst Vorbild sind und über eigene Bedenken, Überforderung, Versäumnisse, Unzulänglichkeiten, Unkenntnis oder Lücken in der eigenen Haltung sprechen. Unabhängig davon, um welche Hierarchieebene es geht, sollte nicht die Schuldfrage im Mittelpunkt stehen, sondern die Suche nach Lösungen und das Lernen von noch unbekannten Themengebieten. Diese Bereitschaft sollte sich gerade im Themenbereich Kinderschutz durch die gesamte Organisation ziehen und gefördert werden. Schließlich verlangen Helfer_innen das auch von den gefährdenden Erziehungsverantwortlichen.

Umgang mit nicht (mehr) hilfreichen Handlungsmustern und Konstruktionen

Systemiker_innen gehen davon aus, dass psychische und soziale Systeme im Umgang mit der Welt aus ihrer Umwelt am ehesten das aufgreifen, was zu ihren bisherigen Konstruktionen passt. Sie gleichen in der Wahrnehmung ihre Umwelt an die eigenen Konstruktionen an. Unterschiede wahrzunehmen und die eigenen Konstruktionen zu verändern, ist schwieriger als Anpassung. Systeme überleben, in dem sie auf dieser Grundlage ihr Handeln organisieren, denn das Altbekannte gibt Sicherheit. Natürlich unterliegen Systeme auch der Veränderung und entwickeln sich. In diesem Abschnitt wollen wir jedoch den Rückgriff auf bekannte Konstruktionen und Handlungsmuster untersuchen. Er ermöglicht Menschen einen vertrauten Umgang mit der Welt, Handeln ohne ständiges Nachdenken und Abwägen, Sicherheit in Handlungsabläufen und vieles mehr.

Bei spontanen Ideen und Reaktionen greifen Menschen am ehesten auf Handlungsstrategien und bekannte Konstruktionen zurück, die von eigenen Erfahrungen, Einstellungen, aber auch dem Kontext geprägt sind. Zum Kontext gehören beispielsweise Diskurse in Fachkreisen, aber auch die gesellschaftliche Stimmung, der Austausch im Team und im privaten Umfeld. Dabei wirkt nicht nur der gegenwärtige, sondern auch der historische Diskurs. Die Beschäftigung mit den fachlichen, aber auch gesellschaftlichen Diskursen rund um das Thema Kinderschutz sollte daher selbstverständlich sein. Regelmäßiger Austausch hilft, Positionen zu überprüfen und weiterzuentwickeln, statt unreflektiert die bisherigen Konstruktionen und Handlungsstrategien zu übernehmen.

Mancher Rückgriff auf bekannte Konstruktionen und Handlungsmuster kann dem Ziel des Kinderschutzes widersprechen. Das birgt das Risiko, Dynamiken zu wiederholen, die weder dem Schutz der Helfer_innen noch dem der Kinder und Jugendlichen dienlich sind. Mitarbeiter_innen tragen eine große Verantwortung rund um das Thema Kinderschutz. Unerwünschte Dynamiken können die Fachlichkeit beeinträchtigen und zu Fehlern in der Arbeit führen. Mitarbeiter_innen müssen in der Lage sein bzw. in diese versetzt werden, sich davor zu schützen.

Im folgenden Abschnitt wollen wir uns exemplarisch mit drei Strategien beschäftigen, die wir im Sinne des Schutzes von Mitarbeiter_innen und Kindern und Jugendlichen als grundsätzlich nicht hilfreich einstufen. Im Anschluss nehmen wir die Teamebene gesondert in den Blick. Der letzte Abschnitt dieses Kapitels liefert Ideen zum Umgang und der Entwicklung von hilfreichen Handlungsstrategien.

Beispiele für nicht (mehr) hilfreiche Konstruktionen und Handlungsstrategien

Folgende Haltungs- und Handlungsmuster werden in unseren Augen sowohl gesellschaftlich als auch individuell häufig genutzt:
- Bagatellisieren,
- Vermeiden,
- Aufmerksamkeitsverlust für die Hilfesuchenden.

Sie begegnen uns in der Praxis häufiger und können sich auf die Arbeit im Kinderschutz sehr negativ auswirken. Deshalb sollen sie hier exemplarisch beleuchtet werden.

Bagatellisieren

Ein kurzer Blick auf den gesellschaftlichen Diskurs zur Gewalt als vermeintlichem Erziehungsmittel zeigt: Gewalt wurde nicht nur lange Zeit als erzieherisches Handeln gerechtfertigt, sondern auch ihre Auswirkungen werden bis heute heruntergespielt. Kritik an Gewalt gegen sehr junge Kinder wird beispielsweise mit dem Argument, dass sie sich »eh nicht daran erinnern könnten«, heruntergespielt. Aussagen wie »Schläge gegen den Hinterkopf erhöhen das Denkvermögen« oder »Mir hat das auch nicht geschadet« sind nicht von der Bildfläche verschwunden und waren in der Sozialisation heutiger Helfer_innen häufig Alltag. Bis in das Jahr 2000 war Gewalt als Erziehungsmittel juristisch legitimiert, was unter anderem damit zu erklären ist, dass das Ausmaß der Gewalt, aber auch die Folgen für die Kinder und Jugendlichen so lange bagatellisiert wurden. Besonders emotionale und psychische Gewalt wird immer noch nicht durchgehend als schädlich betrachtet.

Bagatellisieren findet sich nicht nur im gesellschaftlichen Diskurs, sondern auch auf der Seite von Gefährder_innen und Betroffenen. Zum Beispiel bagatellisieren Täter_innen, die über einen langen Zeitraum hinweg schwere sexualisierte Gewalt gegen Kinder ausgeübt haben und deshalb zu langen Haftstrafen verurteilt wurden, häufig ihre Taten und deren Auswirkungen. Ihr Einfühlungsvermögen für die Betroffenen ist marginal. Auch die Kinder entschuldigen oft das gefährdende Verhalten der Erziehungsverantwortlichen oder verharmlosen es vor sich selbst und ihrem Umfeld. In vielen Fällen hilft es den Betroffenen, ein positives Elternbild[30] aufrechtzuerhalten und sich emotional zu schützen.

Mitarbeiter_innen im Themenbereich Kinderschutz sind dementsprechend sowohl im gesellschaftlichen Diskurs als auch in der praktischen Arbeit mit Bagatellisierungsversuchen konfrontiert. Sehr wahrscheinlich verfügen sie auch über persönliche Erfahrungen, in denen Leid bagatellisiert wurde oder wird. Wird das nicht reflektiert, besteht in der praktischen

30 Siehe ausführlich in Kapitel »Loyalität zum Kind als zentraler Leitgedanke«.

Arbeit das Risiko, auf diese Strategie zurückzugreifen und als Helfer_in zu bagatellisieren. Das kann dazu führen, dass trotz eines »unguten Bauchgefühls« bei einem Kind keine Risikoabschätzung durchgeführt wird und entsprechend keine Reaktion erfolgt. Kommt eines Tages die Gefährdung ans Licht und erweist sich das Nicht-Reagieren als fataler Fehler, kann das Folgen für die Mitarbeiter_in haben: als enorme psychische Belastung, aber auch in Form von rechtlicher Verantwortlichkeit. Es ist Aufgabe der Lotsenstelle, Mitarbeiter_innen und Leitungskräfte entsprechend zu schulen und Strukturen zu schaffen, damit solche Fehler – im Sinne aller Mitarbeiter_innen – möglichst vermieden werden.[31]

Die Strategie des Bagatellisierens kann sich auch in Teams zeigen, wenn z.B. formulierte Schwierigkeiten und Überlastung in der Arbeit kleingeredet oder gar nicht wahrgenommen werden. Aussagen wie »Das ist normale soziale Arbeit, das muss du aushalten« sind beispielsweise wenig hilfreich – egal, ob sie von der Helfer_in selbst, von Kolleg_innen oder der Leitung kommen.

Ein wesentlicher Schutz vor Bagatellisieren ist das Wissen, dass wir auf solche Strategien zurückgreifen. Es ermöglicht Reflexion und das Entwickeln neuer, besserer Strategien.

Folgende Fragen unterstützen Sie darin, festzustellen, ob Bagatellisierung eine Rolle spielt:

- Was würde die Person (Kind, Kolleg_in, ...), über die wir gerade sprechen, sagen? Fühlt sie sich mit dem Problem ernst genommen?
- Haben wir über die möglichen Auswirkungen der Situation für das Kind, die Jugendliche, die Mitarbeiter_in umfassend nachgedacht? Was sagen unsere Erfahrungen dazu?
- Kommen uns Sätze wie »Das wird schon nicht so schlimm sein« oder »Da wird schon nichts passieren« oder »Du musst nur mehr Distanz einnehmen« in den Sinn?
- Habe ich Entschuldigungen für gefährdendes Verhalten im Kopf?

Deuten die Antworten auf diese Fragen auf ein bagatellisierendes Denken und Handeln hin, heißt es, einen Schritt zurückzugehen. Mitgeteilte Schwierigkeiten, ein ungutes Bauchgefühl und geäußerte Überlastung sollten unbedingt ernst genommen werden – auch wenn sie zunächst als diffus erscheinen. Wir empfehlen, sich die Fragen zu stellen:

- Worin liegt hier genau das Problem?
- Wozu ist das gut?
- Was können wir machen, um Lösungen zu entwickeln?

Vermeiden

Das Vermeiden von unangenehmen Situationen und Wirklichkeiten findet sich als Strategie im Umgang mit Kindeswohlgefährdung ebenso wieder wie in den gesellschaftlichen Diskursen, in den Gefährdungssystemen und natürlich auch bei Professionellen. So rücken

31 Siehe ausführlich in Kapitel »Systemisches Organisationskonzept zur Erstellung eines Schutzprogramms«.

Medien in ihren Berichterstattungen Einzelschicksale in den Mittelpunkt, statt den Fokus darauf zu legen, dass wir ein massives gesellschaftliches Problem haben und Veränderungen grundlegender gedacht werden müssten.

Menschen schützen sich durch Vermeidung sowohl vor erschreckenden Erkenntnissen und Emotionen als auch vor Situationen, die unangenehm oder gefährlich sein können. Als elementares Gefühl spielt Angst hier eine wesentliche Rolle. Angst hilft Menschen, potenziell gefährliche Situationen zu erkennen und sich zu schützen. Menschen haben unterschiedliche Strategien zur Verfügung, um mit Ängsten umzugehen, vereinfacht gesagt: Wir können kämpfen oder flüchten. Wenn gar nichts mehr geht, verfallen wir in eine Art Schockstarre. Kämpfen beschränkt sich natürlich nicht auf körperliche Kämpfe, sondern meint z.B. auch das Kämpfen um das Wohl eines Kindes, sich darin zu positionieren und standzuhalten, auch gegen die Meinung anderer. Auch Flucht umfasst nicht nur das Weglaufen. Eine Form der Flucht ist die Vermeidung. Schockstarre und Vermeidung sind Dynamiken, die Mitarbeiter_innen stark belasten können. Veränderungen werden blockiert, die Betroffenen bleiben gefährdet, eigene Grenzen werden nicht kommuniziert und anderes mehr.

Wie weiter oben erläutert, sind Mitarbeiter_innen im Kinderschutz mit unangenehmen, belastenden oder sogar gefährdenden Herausforderungen konfrontiert. Mitarbeiter_innen dürfen Konflikte mit Erziehungsverantwortlichen und anderen Akteur_innen nicht scheuen. Strategien, sie dennoch zu vermeiden, wurden bereits gezeigt: Themen werden nicht angesprochen, ein Aufeinandertreffen verhindert, in hitzigen Diskussionen zurückgerudert, die – eventuell lebenswichtige – Überprüfung vermieden oder es wird in Konflikten beschwichtigt.

Wir gehen wieder davon aus, dass das (Nicht-)Verhalten eigentlich dem Überleben dient bzw. einst gedient hat. Mitarbeiter_innen haben in ihren Biografien die Erfahrung gemacht, dass Vermeiden eine Strategie sein kann. Auch in der akuten Situation scheint diese erfolgreich zu sein, wenn sie beispielsweise eine scheinbare Deeskalation herbeiführt, eigene belastende Emotionen beruhigt oder die Harmonie im Team wiederherstellt. Für eine langfristige Veränderung ist Vermeidung jedoch nicht nützlich. Sie umschifft nur Probleme, die trotzdem weiter bestehen. Meist holen die Folgen die Vermeidenden mit ungeheurer Wucht ein, zum Beispiel dann, wenn die Sorge um ein Kind sie bis in den Schlaf verfolgt. Lücken im Schutzkonzept des Trägers, Schwierigkeiten aufgrund von eigener Betroffenheit, unterschiedliche Meinungen zum Kindeswohl als andere beteiligte Akteur_innen, Konflikte im Team oder dergleichen sollten keinesfalls vermieden und ausgeblendet werden. Sie verdienen es, wahrgenommen, angesprochen und bearbeitet zu werden.

Selbstreflexion: Bagatellisieren

- Schiebe ich konfrontierende Gespräche auf, weil die Stimmung gerade nicht passt oder weil mir andere Dinge wichtiger erscheinen?
- Habe ich von Zeit zu Zeit Meinungsverschiedenheiten mit den Erziehungsverantwortlichen, mit Kolleg_innen, mit der Leitung? Oder ist alles (zu) harmonisch?
- Spüre ich Angst oder sogar Unsicherheit, wenn ich mir vorstelle, Gefährdungen oder andere Schwierigkeiten anzusprechen, sei es beim Jugendamt, anderen Kooperationspartner_innen, im Team oder bei den Erziehungsverantwortlichen?
- Bin ich emotional zu sehr involviert und vermeide dadurch Situationen, die mich belasten könnten? Stelle ich das Leiden des Kindes nicht mehr in den Mittelpunkt?
- Habe ich ausreichend Distanz zum Geschehen? Oder stelle ich diese durch Vermeiden her?

Aufmerksamkeitsverlust für die Hilfesuchenden

Es ist unserer Gesellschaft in den letzten Jahrzehnten nicht gelungen, dass mehr Kinder und Jugendliche gewaltfrei und emotional gut versorgt aufwachsen können. Auch im Hilfesystem kommt es zu Engpässen. Die Gruppen in den Kindertagesstätten sind sehr groß, in der Kinder- und Jugendhilfe sind hohe Fallzahlen an der Tagesordnung und Kinder- und Jugendlichenpsychotherapeut_innen haben viel zu lange Wartezeiten. Das Recht auf gewaltfreies Aufwachsen scheint immer wieder aus dem Blick zu geraten.

Auch im gesellschaftlichen medialen Diskurs werden Kinder oft zur Nebensache, z.B. wenn die Motive und das Verhalten von Erwachsenen, die Kinder gefährden, die zentrale Rolle einnehmen. Fragen nach den Täter_innen, den Taten, den Umständen und den Strafen werden ausführlich behandelt. Es wird ungläubig gefragt: »Wie kann jemand so etwas tun?« Ebenso werden die Versäumnisse des Umfelds erforscht. Einige dieser Perspektiven sind zur Verbesserung des Kinderschutzes unerlässlich, andere eher sensationsverliebt als hilfreich. Auffällig ist dabei, dass die betroffenen Kinder und Jugendlichen schnell in den Hintergrund rücken: Ihr Leid wird nur am Rande thematisiert, ihre Ressourcen noch seltener. Die Aufmerksamkeit hat aus unserer Sicht den falschen Fokus.

Auch in der praktischen Arbeit sind diese Dynamiken zu beobachten. Die Bedürfnisse der Erwachsenen und manchmal auch des Hilfesystems rücken in den Vordergrund, es besteht das Risiko, die Bedürfnisse und die Situation der Kinder und Jugendlichen zu übersehen. Auch Helfer_innen sind Menschen, die in ihren aktuellen Situationen ähnliche Nöte kennen und eher an die Sicht der Erziehungsverantwortlichen anknüpfen, wenn z.B. nach einer Trennung die Paarprobleme auf der weiterhin bestehenden Elternebene ausgetragen werden.

Ein Beispiel soll illustrieren, wie schnell die Aufmerksamkeit vom Kind zum Erwachsenen gelenkt wird, weil bisher hilfreiche Konstruktionen genutzt werden. In einer Beratungsstelle wurde eine Mutter beraten, die sich nach häuslicher Gewalt von ihrem Mann getrennt hatte.

Dieser Prozess wurde bereits durch die Beratungsstelle begleitet. Ein Jahr später wandte sich die Mutter erneut an die Beraterin, um einen Umgang mit den »restriktiven Erziehungsmethoden« des Vaters zu finden. Der gemeinsame fünfjährige Sohn war regelmäßig beim Vater und nach den Besuchen oft durcheinander. Die Mutter erklärte das Verhalten des Vaters mit seiner Herkunft aus einem anderen Land und seiner schwierigen wirtschaftlichen Situation. Das Anliegen der Mutter begrenzte sich auf den Umgang mit ihrem Sohn nach den Besuchswochenenden. Die Beraterin blieb mit einem unguten Gefühl zurück und brachte dies in der nächsten Supervision ein. Hier drehte sich zunächst alles um die persönliche Situation des Vaters. Für die Beraterin war es selbstverständlich, der kulturellen Verschiedenheit gerecht zu werden und Verständnis für sein Erziehungsverhalten zu zeigen. Erst auf detailliertes Nachfragen wurde deutlich, dass in der Beratung nicht nach der Perspektive des Kindes gefragt worden war. Die vermeintliche Erziehungsmethode entpuppte sich als Gewalt des Vaters gegenüber dem Sohn. Die Beraterin hatte die Gewalt kulturell bedingt als Erziehung bewertet. Sie war bestürzt, als ihr klar wurde, dass sie das Wohl des Kindes aus dem Blick verloren und versucht hatte, das Verhalten des Vaters zu entschuldigen. Anschließend konnte sie entsprechende Maßnahmen erarbeiten und einleiten.

An diesem Beispiel wird deutlich, dass solche Konstruktionen und Handlungsstrategien nicht alleine ein Risiko für die betroffenen Kinder und Jugendlichen darstellen. Auch die Mitarbeiterin war von der Dynamik betroffen und belastet. Sie brauchte eine entsprechend angeleitete Reflexion im Rahmen einer Supervision, um wieder handlungsfähig zu werden.

Folgende Fragen helfen, einen Aufmerksamkeitsverlust zu erkennen und ihm zu begegnen:

- Kommen mir die Probleme der Erziehungsverantwortlichen bekannt vor? Kann ich mich viel zu gut in sie hineinversetzen?
- Haben die Situation und die Bedürfnisse des Kindes oder der_des Jugendliche_n bisher genug Raum eingenommen? Kenne ich seine_ihre Perspektive und habe ich die einbezogen?
- Erkläre oder entschuldige ich gefährdendes Verhalten der Erziehungsverantwortlichen und vergesse darüber die Kinder oder Jugendlichen?
- Welche meiner Ressourcen könnten mir helfen, einen distanzierteren Blickwinkel einzunehmen?
- Welche Herangehensweise meiner Kolleg_innen, die sich sehr gut distanzieren können, könnte mir jetzt behilflich sein?
- Wer oder was könnte mir weiterhelfen, den Fokus wieder auf das schwächste Glied im Hilfesystem zu richten?

Nicht (mehr) hilfreiche Konstruktionen und Handlungsstrategien, die aus frühen Erfolgen und Misserfolgen resultieren

Aufgrund eines Wunsches nach Sicherheit und Absicherung, gerade auch im Bereich Kinderschutz, entwickeln Organisationen, Leitungen und Mitarbeiter_innen Strategien und Konzepte. Eine wichtige Rolle spielen dabei frühere Erfolge und Misserfolge in der

Fallarbeit und in der Struktur. Vor allem dramatische Ereignisse, die Träger, Einrichtungen oder die Jugendämter erleben, führen zum Wunsch, eine Wiederholung zu vermeiden. Dadurch kann es zur Anwendung nicht (mehr) hilfreichen Strategien kommen, die sich häufig bis auf die Ebene der Mitarbeiter _innen auswirken und die praktische Arbeit negativ beeinflussen können. Wir wollen uns einige dieser Dynamiken näher anschauen.

Die Organisationsebene

Ein dramatischer Verlauf eines Kinderschutzfalls wird sich auf die gesamte Organisation auswirken. In einigen Fällen sind Kinder gestorben oder schwer verletzt worden, obwohl sie bereits an ein Hilfesystem angedockt waren.

Eine Handlungsstrategie kann dann sein, dass sehr schnell von Kindeswohlgefährdung ausgegangen wird, um alles unter Kontrolle zu halten. Aufgrund der Erfahrung werden Verfahren und Instrumente entwickelt, welche die damals gemachten Fehler beseitigen sollen. Alle Hilfesuchenden werden vor dieser Folie betrachtet, dabei können andere wichtige Aspekte aus dem Blick geraten.

In einem Fall wurde eine Familie betreut, in der beide Eltern eine leichte geistige Behinderung hatten. In einer Überforderungssituation verursachte der Vater beim Baby ein Schütteltrauma und das Kind erlitt eine lebenslange Schädigung des Gehirns. Es ist davon auszugehen, dass die ganze Organisation ein besonderes Augenmerk auf Erziehungsverantwortliche mit Behinderungen haben wird. Auch kann es sein, dass Maßnahmen verstärkt werden, die das Schütteln von Babys verhindern sollen. Die Wiederholung eines solchen Falles zu verhindern, rückt in den Mittelpunkt. Auch andere Teams des Trägers bekommen entsprechende Instruktionen, obwohl sie vielleicht in einem anderen Arbeitsbereich tätig sind. Selbstverständlich muss der Träger das eigene Vorgehen überprüfen und feststellen, wie es dazu kommen konnte und was zukünftig präventiv getan werden kann. Allerdings besteht das Risiko, dass sich die Maßnahmen aus der Angst vor Wiederholung negativ reproduzieren. Zum Beispiel kann eine grundlegende Skepsis gegenüber Erziehungsverantwortlichen mit Behinderungen verankert werden. Den Verbleib von Kindern und Jugendlichen in scheinbar ähnlichen Erziehungssystemen zu befürworten, wird schwierig. Der Schwerpunkt liegt eventuell auf dem Aspekt der Kontrolle und nicht auf Unterstützung einer guten Entwicklung innerhalb des Systems. Andere Risikobereiche können aus dem Blick geraten, hier werden Anzeichen für Kindeswohlgefährdung vielleicht erst verspätet wahrgenommen. Wenn solche Fälle nicht entsprechend aufgearbeitet werden, wirken sie in Organisationen lange nach.

Auch zentrale Thesen eines Trägers können unreflektiert und unhinterfragt übernommen werden. Zum Beispiel kann die Idee »Die Familie ist die Keimzelle der Gesellschaft und der beste Ort für das Aufwachsen von Kindern und Jugendlichen« zu Wiederherstellung von Gefährdung und Überlastung führen. In einem Fall arbeitete ein Team von Mitarbeiter_innen schon in zweiter Generation mit einer Familie. Die Mutter fühlte sich aufgrund von psychischen Problemen nicht in der Lage, ihr Kind zu versorgen. Die oben genannte Grundannahme führte zum Schluss, dass die Unterbringung des Kindes bei den Großeltern auf jeden Fall besser sei als eine stationäre Wohngruppe. Folge war, dass erneute Unterstützung durch ambulante Familienhilfe eingesetzt wurde – mit dem ständigen Thema der emotionalen Vernachlässigung und fehlender Förderung. Das gleiche Problem hatte sich bereits gezeigt, als die Mutter selbst Jugendliche war und von den jetzt älteren Teammitgliedern betreut wurde. Der Eindruck, dass sich der Verlauf mit dem Enkelkind quasi wiederholte, machte das Team mut- und hilflos und stellte eine enorme Belastung dar. Erst das Infragestellen des normativen Glaubenssatzes – »Ist denn überhaupt Familie das Beste?« – machte es möglich, die Pflegestelle kritisch zu betrachten und die latente Kindeswohlgefährdung aufzulösen.

Die Leitungsebene

Auch auf Leitungsebene kann der Rückgriff auf bereits bekannte Strategien sowohl nützlich als auch hinderlich im Sinne des Kinderschutzes sein. Leitungskräfte, die vermehrt dramatische Fälle zu betreuen hatten, machen unter Umständen gute Erfahrungen damit, sehr eng in die Fälle involviert zu werden und jeden Schritt mit den Mitarbeiter_innen zu besprechen. Dann legt die Leitung beispielsweise den Fokus auf die inhaltliche Fallarbeit und möchte alle Schritte der Mitarbeiter_innen vorher absegnen. Die positive Folge ist, dass die Leitungen in allen Fällen Bescheid wissen, Schwierigkeiten früh erkennen und gegebenenfalls schnell intervenieren können. Allerdings ist damit auch das Risiko verbunden, dass Belange und Belastungen von Mitarbeiter_innen aus dem Blick geraten und die Mitarbeiter_innen wenig Möglichkeiten für den Ausbau eigener Kompetenzen haben. Das zeigt sich in Teamsitzungen, in denen ausschließlich Fälle besprochen werden und die Leitung im Prinzip Anweisungen für das weitere Vorgehen gibt. Unterschiedliche Sichtweisen werden nicht diskutiert, weil die Leitung die Expert_in ist. Dabei ist im Kinderschutz gerade der Austausch verschiedener Beobachtungen unerlässlich. Durch den Fokus auf den Fall werden zudem Belange und Nöte von Mitarbeiter_innen in der Arbeit unter Umständen nicht wahrgenommen. Umso wichtiger ist die enge Zusammenarbeit mit der Lotsenstelle: Sie entlastet zum einen Leitungskräfte und Mitarbeiter_innen, zum anderen ermöglicht sie einen reflexiven Blick auf Handlungsstrategien.

Die Ebene der Mitarbeiter_innen

Mitarbeiter_innen bringen natürlich auch ihre Erfahrungen mit – Erfolge wie Misserfolge –, die sich auf die Arbeit auswirken können.

Wie bereits erläutert, ist das Übergehen der eigenen Grenzen eine Strategie, die sich häufig bei einem Zuviel an Arbeit zeigt. Mitarbeiter_innen machen die Erfahrung, dass eine höhere Leistungsfähigkeit unter Stress zeitlich begrenzt möglich ist. Die Arbeit wird bewältigt, oft werden auch gute Erfolge erzielt. Wir gehen jedoch davon aus, dass ein Rückgriff auf entgrenzendes Arbeiten über längere Zeit hinweg gerade nicht hilfreich ist und daher reflektiert und verändert werden sollte. Dauerhaft lässt sich ein solches Pensum nicht durchhalten, führt zu Überlastung und Misserfolgen und eventuell zu gesundheitlichen Problemen.

Wenn Mitarbeiter_innen die Erfahrung machen, dass sie erfolgreich sind, wenn sie Dinge alleine durchführen, kann das ebenfalls zu Problemen führen. Da wir in einer leistungsorientierten und ständig bewertenden Gesellschaft leben, bekommen Menschen häufig vor allem für individuelle Leistungen Wertschätzung. Das beginnt bereits in der Grundschule, wenn die Kinder ihre Noten vergleichen und gucken, wer die_der Beste ist. Eine Bewertung im Sinne von Teamleistung findet viel seltener statt – zumeist auch nicht im Berufsleben. Die häufige Auseinandersetzung und Abstimmung mit Kolleg_innen kann zudem anstrengend sein. Manchmal führt individuelles Handeln scheinbar schneller zum Erfolg. Aber im Kontext von Kindeswohlgefährdung ist gemeinsames Arbeiten unerlässlich. Die hohe Verantwortlichkeit, die Helfer_innen im Kinderschutz tragen, sollte nicht alleine geschultert werden – zum einen, weil Belastungen gemeinsam besser getragen werden können, zum anderen aber auch, weil jede_r allein nur in den eigenen Konstruktionen denken und handeln kann. Mitarbeiter_innen brauchen Feedback von außen, um sich selbst zu reflektieren, Beobachtungen zu überprüfen und gute Entscheidungen zu treffen. Die Lotsenstelle, Erfahrene Fachkräfte Kinderschutz, die Leitung und Kolleg_innen müssen rechtzeitig mit ins Boot geholt werden.

Schritte zu hilfreichen Handlungsstrategien

Wir merken in der Regel nicht, wenn wir auf Altbekanntes zurückgreifen. Grundlegend für einen reflexiven Umgang damit ist in unseren Augen, den Rückgriff auf bekannte Denk- und Handlungsstrategien als Teil sozialer und psychischer Systeme zu begreifen. Es handelt sich um eine grundlegende Struktur, die uns hilft, unsere erfolgreichen Konstruktionen und Ressourcen zu nutzen. Sie kann aber, wie an den obigen Beispielen gezeigt, auch nicht hilfreich sein, blockieren oder sogar gefährden. Gerade, wenn es in der Arbeit in Fällen oder im Team nicht weitergeht, kann das etwas mit nicht hilfreichen Konstruktionen oder Handlungen zu tun haben. Der Eindruck »Wir treten auf der Stelle« sollte hellhörig machen!

Dann ist es zunächst sinnvoll, die bisherige Arbeit und Kommunikationsweise zu erforschen:

- Wie wurde bisher gearbeitet, wie gestalten wir das Miteinander?
- Wie ist die Idee entstanden, dass das erfolgreich sein könnte?
- Was davon ist hilfreich, was kontraproduktiv oder sogar schädlich? (Sind z.B. Mitarbeiter_innen dauerhaft überlastet, ist das keine erfolgreiche Strategie, auch wenn es finanziell dem Träger dadurch gut geht.)
- Was müssen wir verändern?

Eine Möglichkeit, nicht (mehr) hilfreiche Handlungen zu unterbrechen, ist die Erprobung neuer, anderer Strategien. Diese Fragen können dabei unterstützen:

- Welche Lösungen wären auch denkbar?
- Welche verrückte Idee fällt uns ein?

Hilfreich ist auch, nach Strategien von Dritten oder sogar Unbeteiligten zu forschen:

- Was würden das Nachbarteam empfehlen und was die Oma, die vor dreißig Jahren aus Nigeria gekommen ist?
- Was würde die Kinder und Jugendlichen dem Team empfehlen?

Methode: Schiffbruch als Ressource (Die Verschlimmerungsfrage)

Die Verschlimmerungsfrage ist eine Möglichkeit, eine andere Annäherung an neue Lösungen zu finden. Die Frage »Was können wir tun, damit es noch schlimmer wird und es auf jeden Fall schief geht?« eröffnet einen neuen Blickwinkel und wird häufig humorvoll aufgenommen und bearbeitet. Die Möglichkeiten des Verschlimmerns werden gesammelt und visualisiert. Dazu gehören auch scheinbar absurde und verrückte Strategien. Dadurch wird schnell deutlich, was konkret getan werden kann, um die Verschlimmerung zu vermeiden beziehungsweise eine Verbesserung zu erreichen.

Ein Beispiel: Eine Mitarbeiterin einer Kindertagesstätte wusste von einem Vater, dass die Mutter regelmäßig ihren Rausch ausschlief und der Vater deshalb gern die Betreuungszeiten ausweiten wollte. Die Mitarbeiterin versuchte die Mutter zu einem Termin in einer Suchtberatungsstelle zu bewegen. Bei dem Gespräch war die Mitarbeiterin sehr verständnisvoll, hörte sich empathisch die Probleme an, und die Mutter sah ein, dass sie Hilfe brauchte. Der Besuch in der Beratungsstelle erfolgte aber nicht. In der Reflexion wurde deutlich, dass die Mitarbeiterin bislang mit der Strategie »Ich habe ein offenes Ohr für die Probleme, und ich gebe nichts weiter« gut klargekommen war. Dementsprechend war sie auch in der aktuellen Situation keinen Konflikt mit der Mutter eingegangen. Allerdings machte sie sich jetzt große Sorgen, da sich in der Familie offensichtlich nichts verändert hatte. Auf die Frage »Was müssten Sie tun, damit dem Kind auf jeden Fall nicht geholfen wird?« lautete die Antwort: »Der Mutter anbieten, dass sie mit allen ihren Problemen zu mir kommen kann«. Dadurch wurde klar, dass es für die Familie hilfreicher wäre, wenn die Mitarbeiterin weitere Fachkräfte einschalten würde. Die Strategie, nichts weiterzugeben, konnte sich als fatal erweisen. Allerdings brauchte es hier auch noch die Entscheidung der Mitarbeiterin, einen Konflikt mit der Mutter zu riskieren und sich damit unbeliebt zu machen. Diese Entscheidung konnte die Mitarbeiterin treffen, da sie vom Team und der Leitung gut unterstützt wurde.

Methode: Auf zu unbekannten Ufern

Diese Methode haben wir im Rahmen des ProChange-Ansatzes[32] entwickelt. Sie ermöglicht es, freie, kreative Denkräume zu schaffen, um neue Ideen zu entwickeln und in die Praxis umzusetzen. Damit alle Teammitglieder gleichermaßen mitarbeiten können, bietet es sich an, diese Methode von der Lotsenstelle moderieren zu lassen.

Am Anfang wird das Thema benannt, zu dem etwas Neues entwickelt werden soll. Dazu wird methodisch ein neues Denken über das Thema initiiert.

Zuerst wird ein Aspekt aufgeschrieben, der bislang gehindert hat, unsere Strategie zu verändern – z.B. die Idee »Kinder wachsen am besten in Familien auf« oder ein Gefühl wie Wut, Müdigkeit oder Enttäuschung. Wird diese Übung in Teams durchgeführt, schreibt jede_r seine_ihre eigene Karte. Wenn gewünscht, wird nach dem Aufschreiben jeder Aspekt einmal vorgelesen. Die Karten werden gefaltet, sodass der Text nicht mehr lesbar ist. Jetzt sucht sich jede_r einen Ort, an dem die Idee für den weiteren Prozess gelassen werden kann. Was bisher gehindert hat, soll an dem Ort bleiben und für eine Zeitlang ausgeblendet werden, um frei und kreativ neue Ideen entwickeln zu können. Manche wählen einen Platz außerhalb des Raums, andere packen die Karte in die Tasche oder in eine Schublade. Diese Entscheidung wird ganz individuell getroffen.

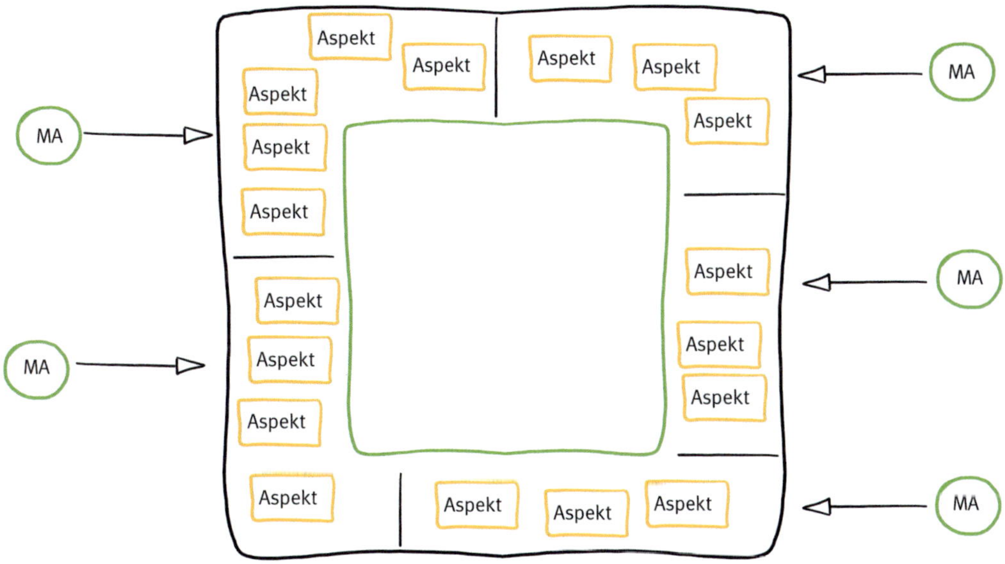

32 Grundlage für den ProChange-Ansatz ist, dass Veränderungen aus zwei verschiedenen Quellen heraus entwickelt werden können – zum einen aus bereits bekannten Strategien und zum anderen aus neuen, unbekannten Strategien.

Im nächsten Schritt sammelt jede_r für sich Aspekte, die ihm_ihr für die Fragestellung wichtig sind. Diese Aspekte sprudeln dann oft wie von selbst. Es entsteht ein neuer »Thinktank« (Denkfabrik), der bislang Undenkbares denkbar macht. Diese Ideen werden visualisiert, z.B. auf Karten oder an der Flipchart.

Die Ideen werden miteinander diskutiert, verhandelt und es werden Entscheidungen getroffen, welche der Aspekte von allen mitgetragen und umgesetzt werden können. Diese Aspekte kommen in die Mitte. Die Aspekte, die von Einzelnen, aber nicht von allen getragen werden können, werden noch einmal auf Ihre Bedeutung überprüft und bleiben gegebenenfalls individualisiert bestehen, gehören aber nicht zur gemeinsam erarbeiteten Haltung zur Frage.

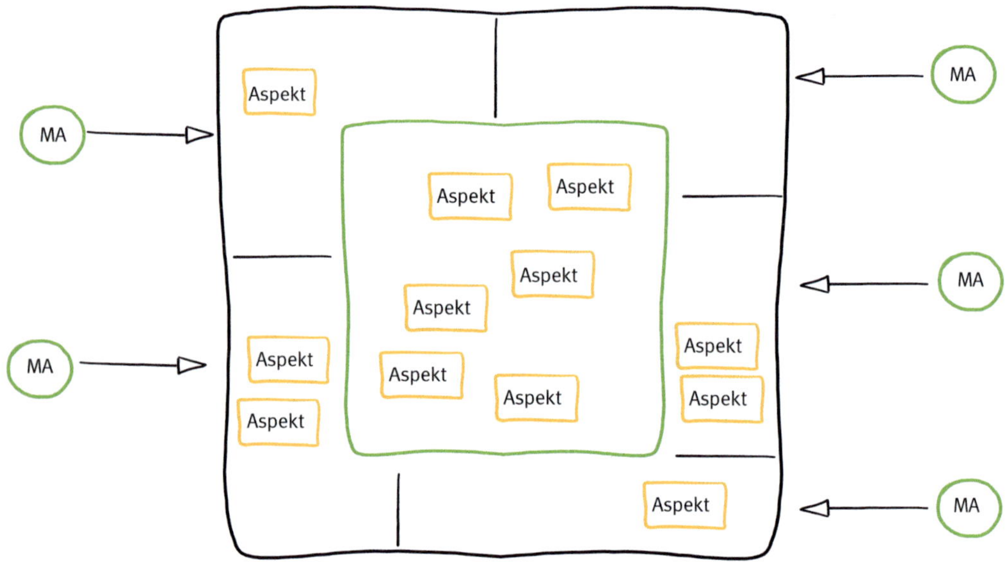

Die Erarbeitung konkreter nächster Schritte und die Gestaltung des Prozesses sind dabei von immenser Bedeutung. Hierzu gehört es auch, Zuständigkeiten zu klären und eine Zeitplanung (auch hinsichtlich Evaluation und Controlling) zu verabreden.

Zum Abschluss wenden wir uns noch einmal der ursprünglichen Karte mit dem Aspekt, der uns an Veränderung gehindert hat, zu. Braucht jemand seinen Aspekt, also seine Karte noch? Will sie jemand für sich aufbewahren? Oder kann sie ganz weg? Wo kommt sie hin? Wird sie z.B. im Büro geschreddert? Diese Entscheidung trifft jede_r für sich und führt sie dann entsprechend durch.

Denkbar ist auch die Nutzung von Gegenständen wie Steinen oder Bilderkarten, die im Raum ausgelegt werden. Jede_r sucht sich ein Symbol. Zur Sammlung und Ausformulierung neuer Ideen und Schritte können auch andere Methoden mit eingebaut werden, z.B. die Zeitlinie.[33]

Nicht (mehr) hilfreiche Handlungsstrategien können sich hartnäckig immer wieder einschleichen – schließlich waren sie einst überlebensnotwendig. Oft reicht es nicht aus, einmal eine andere Strategie zu entwickeln: Veränderung braucht Zeit. Deshalb empfehlen wir, regelmäßig miteinander in kollegialer Beratung oder Supervision zu überprüfen, wie die Umsetzung der Lösungen funktioniert hat.

- Was hat alles schon gut geklappt?
- Hat sich die nicht (mehr) hilfreiche Handlung, Strategie oder Haltung noch einmal gezeigt?
- Gibt es noch etwas, was ebenfalls verändert werden soll?

Alle brauchen auch Wertschätzung und die Wahrnehmung von Erfolgen. Es ist gut, einen Blick für die geschafften Veränderungen zu entwickeln und kleine und große Erfolge zu feiern.

Bei allen Schritten ist immer wieder darauf zu achten, dass die gefährdeten Kinder und Jugendlichen im Fokus der Aufmerksamkeit bleiben und dass die Gefährdung kompromisslos und zeitnah beendet werden muss. Nur wenn dieser Schutz im Kinderschutzprogramm funktioniert und damit das gemeinsame Arbeitsziel umgesetzt wird, können sich alle sicher fühlen und Anspannung, Ängste und Vermeidungsstrategien abbauen. Würdigung und Wertschätzung des eigenen professionellen Handelns nehmen zu. Darin sind der Schutz und die Regeneration der Mitarbeiter_innen selbstverständlich inbegriffen.

33 Siehe ausführlich in Kapitel »Die Selbstreflexion zu Gefährdungen«.

Umsetzung des Schutzprogramms innerhalb einer Organisation

In diesem Kapitel wollen wir die Art und Weise des Miteinanders besprechen. Wie geht der Einzelne mit der Frage um: »Wer bin ich in diesem Schutzprogramm, wie funktioniere ich und was hilft mir, mich selbstbestimmt zu steuern?«

Auf der anderen Seite fragen wir uns, wie die vielen unterschiedlichen beteiligten Personen zusammenarbeiten. Wie stimmen sie sich gut aufeinander ab und wie kommunizieren sie dabei? Drittens fragen wir: »Welche Kommunikationsinstrumente mit welchen Regelwerken gibt es, um dieses rekursiv organisierte System zu unterstützen?«

Erkennen und Entscheiden

Erkenne dich selbst und triff Endscheidungen! Als Systemiker_innen des PPSB-Hamburg gehen wir davon aus, dass es der Selbstreflexion dient, sich einerseits selbst zu erforschen, indem wir unsere eigene Lebensgeschichte reflektieren, und andererseits, einen Blick in die Historie der eigenen Familie zu wagen, auf deren Hintergrund wir unsere persönliche Narration entwickelt haben. Beide Betrachtungsgegenstände – meine Geschichte und mein familiärer Hintergrund – sind sehr komplexe Narrationen, die zudem nicht, wenn sie einmal erkannt sind, stabil bleiben, sondern durch jede Betrachtung auch wieder in Bewegung geraten, woraus sich neue Narrationen ergeben. Wir wissen, dass wir uns entwickeln und damit auch unsere Fähigkeiten und Möglichkeiten, uns neu, anders, differenzierter und mit verändertem Blick zu beobachten. Dieser Komplexität begegnen wir in der Praxis, indem wir die Fragen an uns selbst auf einen konkreten Anlass beziehen und sie so klein wie möglich machen. Wir engen die Spielräume des kreativen Denkens bewusst durch einen engeren Fokus ein. Die Frage »Was genau möchte ich reflektieren, wie bin ich darauf gekommen und zu welchem Anlass?« kann als Leitlinie genutzt werden. Das kostet Disziplin und oft Hilfe von außen – darauf kommen wir weiter unten im Text.

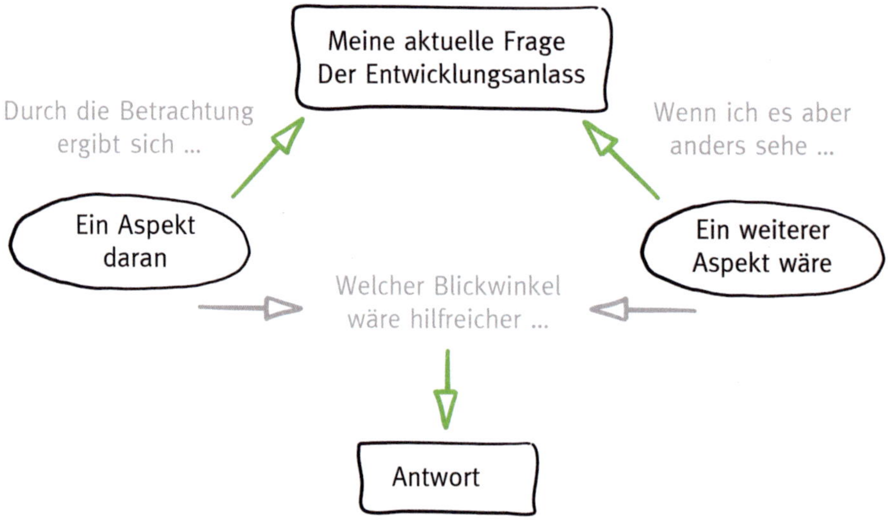

In diesem Prozess werden andere Sichtweisen und Blickwinkel denkbar, die neue Bilder über uns selbst möglich machen. Bei jeder Selbstbetrachtung können ein neues Selbstbildnis und eine neue Geschichte über uns entstehen.

Auch unsere Umwelt können wir nur mit unseren eigenen Augen und abgeglichen mit unseren Erfahrungen betrachten. Dabei entstehen eigene, nur für uns geltende Bilder. Wir folgen der Annahme Heinz von Foersters und Ernst von Glaserfelds, dass so viele Welten – oder, besser gesagt, Bilder von unserer Welt – existieren, wie es Betrachter_innen dieser Welt gibt. Diese konstruktivistische Sicht beschreibt den Menschen als in sich geschlossenes System, das keinen direkten Zugang zu der Welt hat und alle Wahrnehmung in sich konstruiert und entscheidet.

Folgen wir dieser Annahme, können wir davon ausgehen, dass jeder Mensch sich ändern kann, wenn er nur will und ihr_ihm die nötigen Ressourcen zur Verfügung stehen. Daher leiten wir ein Hauptinteresse unserer Arbeit ab, nämlich die Anzahl der möglichen Handlungsstrategien und Ressourcen zu erhöhen.

Unsere Werte und Handlungsstrategien ändern sich im Laufe der uns zur Verfügung stehenden Lebenszeit. In dieser Sichtweise steckt eine große Ressource. Wir kommen automatisch immer wieder in neue Situationen. Wie wir uns dabei entwickeln, entscheiden wir selbstgesteuert. Wir als PPSB-Hamburg denken uns diesen Prozess von Entscheidungen wie folgt:

Menschen treffen für sich allein und in den sozialen Systemen, deren Mitglied sie sind, Entscheidungen. Entscheidungen bieten Orientierung und Handlungsfähigkeit. Menschen treffen ihre Entscheidungen individuell und sind dabei stets eigenverantwortlich. Sie tun das im Kontext eines fortwährenden Bewusstseinsprozesses, indem sie ihre Erfahrungen immer wieder miteinander abgleichen und abwägen. Jede neue Information wird – nachdem die Entscheidung getroffen wurde, die jeweilige Information aufzunehmen – in das neuronale Netz integriert, indem sie mit allen anderen Informationen abgeglichen und verbunden wird. Dabei ist das Bewusstsein mehr als die Summe aller Einzelinformationen. Haben wir uns also entschieden, etwas wahrzunehmen, wird diese Entscheidung auch in uns Veränderung auslösen. Das Risiko in diesem Prozess ist die nicht Vorhersagbarkeit des Ergebnisses. Es ist wahrhaft ein bewegendes Ereignis, wenn wir uns zu etwas entscheiden. Wir werden danach einen Veränderungsprozess durchlaufen. Manchmal ist er so gering, dass wir ihn kaum bemerken, manchmal ist er so gigantisch, dass kein Stein auf dem anderen bleibt. Da alle Menschen in diesem Prozess der fortwährenden Bewusstseinsentwicklung jeweils unterschiedliche Erfahrungen sammeln und als Informationen in den Prozess einbringen, wird auch das Ergebnis einmalig und unvergleichbar sein. Es entsteht ein Individuum.

Für Kinder, die einer Gefährdung ausgesetzt sind oder waren, kann das einerseits heißen, dass sich ihr gesamtes System auf die Gefährdung ausrichtet. Sie bauen Abwehr- und Schutzstrategien auf, die oft ein Leben lang aufrechterhalten werden. In ihrem späteren Leben können sie sich deswegen in vielen Situationen so verhalten, als wären sie immer noch in der Gefährdungssituation. Ihr Verhalten ist unpassend und sie bekommen immer wieder Probleme. Andererseits können sie auch besonders stark aus dieser Bedrohung hervorgehen.

Für die Fachkräfte kann es heißen, dass sie besonders auf Veränderungen der Betroffenen achten müssen, um neue und hoffentlich hilfreiche Lebensstrategien der betroffenen Kinder zu erkennen und durch Wertschätzung zu stabilisieren. Dieses wichtige Feedback brauchen Kinder sehr zeitnah nach ihrer Weiterentwicklung. Erfahrungsgemäß reagieren die Kontexte von Kindern auf die positive Entwicklung eines Kindes erst zeitverzögert. Unsere Erklärung dafür ist, dass die Beobachter_innen die Kinder weiter so sehen, wie sie es gewohnt sind. Die Kinder in ihrer Veränderung wahrzunehmen heißt, besonders detailliert zu beobachten, und das macht Mühe.

Mit den externen und sozialen Entscheidungsprozessen verhält es sich etwas anders. Hier bringen sich mindestens zwei Menschen in einen kooperativen Konstruktionsprozess ein. Sie stehen in einem rekursiv organisierten Kommunikationsprozess und sind sich deshalb gegenseitig Anlass zur Anpassung, z.B. in solchen Gesprächssituationen: »Ich möchte mit dir über meine Ideen reden und wissen, wie du das siehst« oder »Genau, ich sehe das aber etwas anders.«

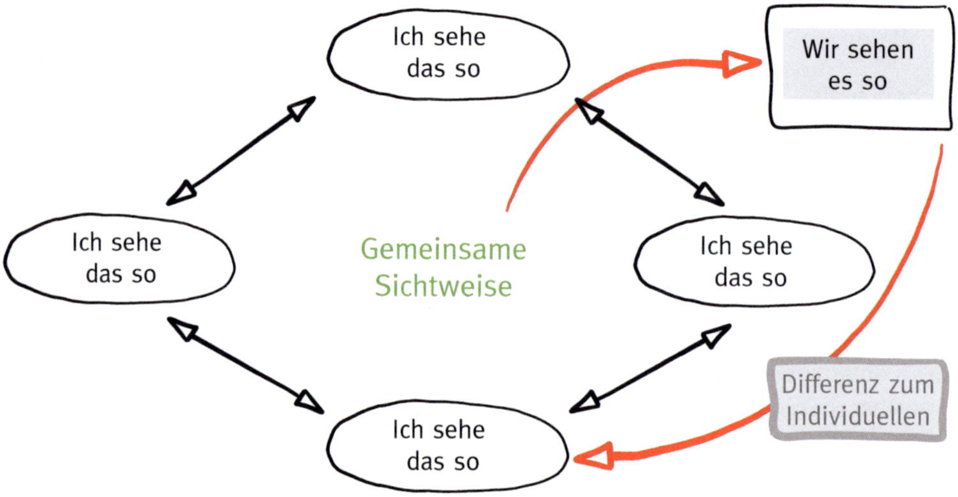

Menschen stehen in Verhandlungsprozessen mit anderen Menschen, um ihre Entscheidungen mit anderen Entscheider_innen abzugleichen. Niklas Luhmann sagt dazu sinngemäß, dass sie einerseits in Kommunikation das soziale System sinnhaft gestalten und aus sich selbst heraus in Kommunikation entwickeln. Andererseits bildet jedes Mitglied eine Differenz zum gemeinsamen Ganzen, dem Kommunikationsergebnis, und ist deshalb auch fortwährend Anlass für das soziale System, diesen Kommunikationsprozess aufrecht zu erhalten.[34] Das erleben Menschen in Gruppen kontinuierlich und werden in ihrer Meinung bestärkt: »Ich weiß, dass alle das gemeinsam Diskutierte anders verstehen und ich sehe es schließlich auch an-

34 PPSB-Hamburg (2015): Kooperative Konstruktion im Dialog. Ulm: Klemm und Oehlschläger.

ders als meine Mitdiskutant_innen.« Diese Tatsache macht es nötig, weiter zu diskutieren. Das Phänomen nennt Luhmann die doppelte Kontingenz. Es ist einerseits verunsichernd zu erkennen, das deckungsgleiches Verständnis nicht möglich ist, andererseits bindet es uns aneinander, weil wir in unserem Bemühen, die anderen zu überzeugen, nicht zu einem Ende gelangen.

Wie diese Verhandlungsprozesse in Teams und Institutionen organisiert werden können, haben wir im Kapitel »Systemisches Organisationskonzept zur Erstellung eines Schutzprogramms« beschrieben. In der Arbeit mit dem Schutzprogramm ist es besonders wichtig, die nötigen Abgleiche und Annäherungsversuche in den individuellen Sichtweisen immer wieder vorzunehmen. Das Programm soll sicher und klar gestaltet und gelebt werden, um den höchstmöglichen Schutz zu bieten und das geht am besten, wenn die individuellen Sichtweisen einander sehr nahe sind und gemeinsame Strategien verlässlich umgesetzt werden. Wir möchten mit Verträgen als Standardinstrument arbeiten.[35] Dabei ist ein hohes Maß an Gemeinsamkeit im Verständnis der Vertragsinhalte besonders wichtig. Niemand möchte einen Roller bestellt haben, wenn ein gelieferter LKW plötzlich vor der Tür steht und der Lieferant sagt: »Wieso, Sie wollten doch ein Fahrzeug haben?«

35 Siehe ausführlich in Kapitel »Der Schutzvertrag«.

Die Selbstreflexion zu Gefährdungen

Wenn wir mit dem Thema Gefahr arbeiten, sollten zuerst die eigenen Erfahrungen überprüft werden:

- Welche Erfahrungen habe ich im Laufe meines bisherigen Lebens mit diesem Thema gemacht?
- Gibt es besondere Ressourcen (Stärken, Fähigkeiten, Ideen, soziale Kontakte usw.), die ich in diesen Situationen entwickelt habe?
- Leiten mich Glaubenssätze zu diesem Thema, die ich auf meine Familiengeschichte beziehen kann?
- Welche Ressourcen erkenne ich in meiner Familiengeschichte, die der Familie in solchen oder vergleichbaren Situationen Sicherheit gegeben haben?

Wir können das für uns allein bearbeiten oder im Gespräch mit einer Berater_in, Supervisor_in oder Therapeut_in, wenn wir auf schwierigere Erfahrungen treffen, die plötzlich aktiv werden. Wir können aber auch im Team eine Übung dazu machen und uns dabei mit unseren Ressourcen und Lösungsstrategien, die wir uns im Gefährdungserleben erarbeitet haben, kennenlernen. Hilfreich ist z.B. ein Zeitstrahl, mit dem wir unsere Erfahrungen und dabei erkannte oder entwickelte Ressourcen innerhalb unseres Entwicklungsprozesses visualisieren. Dabei erarbeiten wir eine weitere Narration über uns selbst, die zur eigenen Weiterentwicklung beiträgt, sobald wir sie erzählen.

Selbstreflexion: Lebenslinie

Materialien

- ein 3 bis 5 m langes Seil/Band aus dem Baumarkt
- Karteikarten oder Haftzettel in mindestens drei unterschiedlichen Farben
- dicke Stifte

Vorbereitung

Das Band wird auf den Boden gelegt und stellt den Verlauf des Lebens von Geburt bis zum aktuellen Zeitpunkt dar: die Lebenslinie. Dann wird eine Frage zum eigenen Umgang mit einem bestimmten Thema formuliert. Eine allgemeine Frage wäre z.B.: Welche Ressourcen und Lösungsstrategien habe ich selbst im Umgang mit Gefährdungserleben?

Ablauf

1. Gehen Sie langsam den Faden ab, beginnend bei der Geburt, und bleiben Sie stehen, sobald Sie an einen Punkt kommen, an dem Sie eine Erfahrung gemacht haben, die es ermöglicht hat, eine Ressource zu der Frage zu entwickeln. Schreiben Sie eine Karte (z.B. eine blaue Karte) und legen Sie sie an die jeweilige Stelle der Lebenslinie. Wiederholen Sie das an jeder Stelle der Lebenslinie, die es erfordert, das Entstehen einer Ressource zu beschreiben. Wichtig ist, dass die Karten so beschriftet werden, dass es möglich ist, sie in aufrecht stehender Position zu lesen.
2. Danach gehen Sie zurück zum Anfang und die Lebenslinie noch einmal ab. Schreiben Sie jetzt Zettel (z.B. grüne Karten) zu Problemen, die Ihnen in Ihrer Entwicklung begegnet sind, und legen Sie sie auf die andere Seite der Lebenslinie.
3. Nun gehen Sie noch einmal in aller Ruhe die Linie bis zum heutigen Tag ab und überprüfen Sie, ob alles so passend ist.
4. Jetzt kommt die neue Entwicklungsfrage: Ich stelle mir vor, es ist mir möglich, jetzt aktuell an einer Stelle auf meiner Lebenslinie eine Karte zu verrücken, zu entfernen oder zu ergänzen, um eine Verbesserung meiner aktuellen Situation herzustellen. Wie würde ich vorgehen? Bitte ausführen!
5. Fragen Sie sich: Wenn ich diese Veränderung gemacht habe und mir das Gesamtbild erneut ansehe: Was ist jetzt anders?

Diese Übung hilft, sich zu reflektieren und eine kleine Entwicklung anzustoßen. Sie können sie natürlich auch mit Kolleg_innen oder mit Hilfesuchenden machen. Sie ermöglicht, über das Selbstbild in Kommunikation zu treten und andere, vielleicht hilfreiche Bilder können entstehen. Welche Informationen bei dieser Übung bearbeitet werden, bestimmt immer derjenige, dessen Bild bearbeitet wird. Wir müssen darauf achten, dass wir nicht die Lösung zu vielleicht angesprochenen Problemen oder die Entwicklungsfrage mit unserer Lösung versehen. Wir können als Begleiter_innen einer solchen Übung immer nur fragend unterstützen.

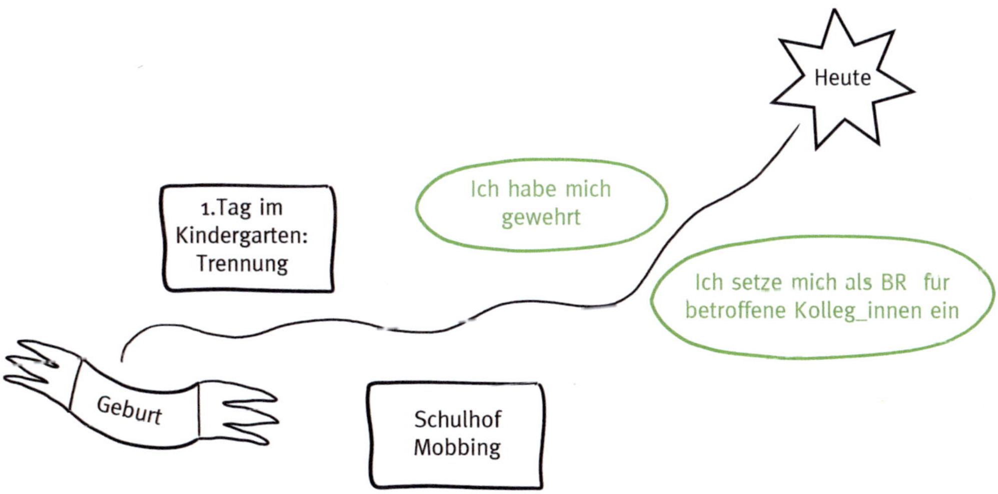

Gruppenreflexion: Skulptur von Gefährdungssystemen

Gefährdungssysteme sind komplex und deshalb für Fachleute mit der Herausforderung verbunden, den Überblick zu behalten und die geeignete Strategie zum Schutz des Kindes zu erarbeiten. Sehr häufig sind Gefährdungssysteme eben nicht mit einer Täter_in und ausschließlich einem Opfer verbunden – auf dem Campingplatz von Lüdge waren es mindestens 23 Kinder, die von mehreren Täter_innen[36] vielfach sexuell ausgebeutet und schwer seelisch und körperlich verletzt wurden. In anderen Fällen wurden zuerst nur einige Kinder als Opfer gesehen, und erst, als die Fachleute bereit waren, den Täter als Mehrfachtäter ins Auge zu fassen, konnten sie mehr als 100 weitere Fälle desselben Täters erfassen. Die erweiterte Beobachtung der Fachmenschen und die Vernetzung im Stadtteil oder einer Region trägt zu einer neuen Sichtweise und nachfolgend auch zu anderen Interpretationen und Beobachtungsergebnissen bei. Visualisierungstechniken sind dabei sehr hilfreich. Die Netzwerkkarte ist eine dieser Methoden, die besonders für sehr große Systeme geeignet ist.[37] Die andere ist die Skulptur von Gefährdungssystemen. Diese Arbeit wird häufig von einer Supervisor_in oder erfahrenen Kolleg_in aus dem entsprechenden Team oder der Erfahrenen Fachkraft Kinderschutz (EFK) geleitet.

Materialien

- Metaplan-Karten
- Flipchart/White Board
- Stifte in unterschiedlichen Farben
- Stühle oder andere Platzhalter, falls nicht genügend Menschen in der reflektierenden Gruppe sind, um das gesamte Gefährdungssystem aufzustellen

Ablauf

Zuerst wird eine Fragestellung, eine Zielformulierung erarbeitet: »Mit welchem Anliegen stellen wir das System auf?« Diese wird auf eine Flipchart geschrieben. Auf diese Flipchart werden alle interessanten Aspekte, die während der Aufstellung zu Tage treten, notiert, um am Ende in eine Prioritätenliste übertragen zu werden.

Die fallführende Fachkraft oder das fallbegleitende Team stellt die Personen im Raum mithilfe von Darsteller_innen auf. Damit die Darsteller_innen sich in ihre Rolle versetzen können, bekommen sie von den fallführenden Kolleg_innen Informationen über die entsprechende Rolle. Sind nicht genügend Darsteller_innen dabei, kann die fallführende Fachkraft die Rolle auf eine Karte schreiben und dazu einige Stichworte, die verdeutlichen, welche Rolle diese Person in der Fragestellung spielt. Die Rollenkarte wird auf einen Stuhl gelegt, der entsprechend gestellt werden kann.

---

36 Bekannt sind bisher nur männliche Täter, jedoch schließt das weibliche Täterinnen nicht aus. Frauen sind häufig als Mittäterinnen beteiligt, treten als solche aber wenig in den Fokus und bleiben möglicherweise juristisch straffrei; dennoch haben sie die Taten nicht verhindert. Aus unserer Sicht lohnt es sich daher, über die gegenderte Form »Täter_innen« zu stolpern.

37 Siehe ausführlich in Kapitel »Transparenz und Beschwerdemanagement«.

Die Reihenfolge, in der die Personen gestellt werden, bleibt den fallführenden Kolleg_innen überlassen. Manchmal wird hier schon interessant, wer zuerst und wer zuletzt gestellt wird.

Die erste Aufstellung:
Die an diesem System beteiligten Personen sollen so aufgestellt werden, wie sie aktuell zueinander stehen.

Als letzte Person stellt sich die fallführende Kolleg_in in die Skulptur. Sie wird als erstes gefragt, wie es ihr in dieser Position geht. Sie kann auch eine Person oder einen Stuhl an diese Stelle stellen, um das Gesamtsystem aus anderen Perspektiven betrachten zu können, indem sie sich durch den Raum bewegt. Danach soll jede Darsteller_in sagen, wie es ihr in ihrer Position geht – bitte dabei kurz fassen!

Der zweite Schritt:
Die Personen sollen so aufgestellt werden, wie sie im für das betroffene Kind schlimmsten Fall zueinander stehen würden.

In dieser Stellung werden Risiken deutlich und die Bedrohung wird spürbar. Personen, die helfen könnten, aber aus unterschiedlichen Gründen nichts tun, können sich erklären. Das Bild wird durch die Möglichkeit, über die Wahrnehmung der Darsteller_innen zu reden, für die Fachleute transparent, und es klärt sich die Dynamik im System. Eine Strategie lässt sich sicherer entscheiden und klarer strukturieren.

Im dritten Schritt:
Die Darsteller_innen sollen sich so stellen, wie sie ihrer Meinung nach die günstigste Position einnehmen, damit die Gefährdung nicht mehr aufrechterhalten werden kann.

So werden die Darsteller_innen selbst aufgefordert und die_der Fallführende sieht zu, stellt Fragen und fordert vielleicht zu weiteren Versuchen auf. Aus dieser Aufstellung entwickeln sich einzelne Lösungsideen, die auf der Flipchart notiert werden. Sie können dann unter derFrage »Wie ist dein nächster konkreter Schritt?« bearbeitet werden.

Die Skulptur wird beendet, indem sich die_der Fallführende bei jeder Darstellerin für die Arbeit in dieser schwierigen Aufgabe bedankt und jede_n aus ihrer/seiner Rolle wieder entlässt. Das ist wichtig, um die Darsteller_innen aus ihrer hohen Identifikation mit teils schuldbeladenen Rollen wieder zu entlasten.

Der systemische Dreiklang und das Reflecting Team

Das PPSB-Hamburg hat sich entschieden, einen Dreiklang als Feedback-Struktur zu nutzen. Unser Vorbild für dieses Modell war das Reflecting Team von Tom Anderson.[38]

Methode: Systemischer Dreiklang

Die drei Klänge, als drei unterschiedliche, aufeinander folgende Bestandteile der Kommunikation, sind folgende:

Das wertschätzende Lob

Wir beschreiben, was wir im Gespräch mit der Kommunikationspartner_in oder der mit uns kommunizierenden Gruppe als besonders hilfreich erlebt haben. Das können Haltungsaspekte sein, z.B.: »Bemerkenswert war es, wie mutig Sie in den Konflikt gegangen sind und dabei klar Ihre Grenzen aufgezeigt haben.« Auch beobachtete Stärken, Ressourcen und Lösungsstrategien können benannt werden: »Mir scheint, es waren schon einige sehr hilfreiche Aspekte in Ihrer Aufzählung, die sich in eine künftige Strategie einbauen lassen.«

Durch ein Lob versuchen wir derjenigen Person, die sich vielleicht noch schwach und hilflos fühlt, zu zeigen, dass auch sie Ressourcen in sich trägt, die sie stark machen und die sie zur Lösung ihrer aktuellen Frage nutzen kann. Dieses Feedback, begleitet durch unsere respektgeleitete Haltung ihrer Lebensleistung gegenüber, bringt in der Regel neue Motivation und lässt das Licht am Ende des Tunnels wieder aufflackern. Da es für viele Menschen angenehm ist zu hören, was wir an ihnen schätzen, setzen sie gern ein weiteres Mal alle Kräfte ein, um einen Schritt weiterzukommen. Wir empfinden diesen ersten Schritt im Dreiklang unserer Kommentierungen als sehr effektiv. Manche Menschen können die innere Freude über eine Wertschätzung dieser Qualität nicht direkt zeigen. Wir wissen aber aus vielen Erzählungen Betroffener, dass sie in einer späteren, etwas zeitversetzten Situation gemerkt haben, dass ihnen die Wertschätzung gutgetan hat. Im Übrigen steigert es auch ein langsam keimendes Vertrauen zwischen Fachkraft und Hilfesuchenden.

38 Andersen, Tom (1990): Das reflektierende Team. Dialoge und Dialoge über Dialoge. Dortmund: modernes lernen.

Reformulierung des Problems

Nach der Wertschätzung möchten wir rückmelden, welche Aufgaben wir erkannt haben. Was ist das Hauptproblem, an dem wir arbeiten sollen? Womit hat unsere Gesprächspartner_in Schwierigkeiten? Welches Ziel verfolgt er_sie in unserer Kooperation und welche Fragen vermuten wir, die uns noch nicht so ganz deutlich geworden sind? Das Problem sollte möglichst klar herausgearbeitet, kann aber nicht immer deutlich beschrieben werden. Dadurch, dass wir auch unsere vagen Impulse zur Verfügung stellen, kann unser Gegenüber klarstellen, ob sie_er sie als richtig empfindet. Im Rahmen einer Risikoeinschätzung geht es auch darum, die gesellschaftlich oder auch trägerintern festgelegten Grenzen zu benennen und damit einen Orientierungsrahmen für die Arbeit zu bilden. Es geht also um einen Klärungsprozess, daher sollten wir eindeutig sein und einfache kurze Formulierungen benutzen. Dennoch können wir nicht immer erwarten, dass die betroffene Person auch sofort mit Klarheit entgegnen kann. Trotzdem sollten wir mit unserer Klarheit Orientierung in einem komplizierten Kooperationsprozess anbieten.

Empfehlung/Auftragsklärung

Im dritten Teil des Dreiklangs wird eine Aussage konstruiert, die eine Lösung anstrebt. Ein nächster Schritt soll durch eine konkrete Absprache zwischen zwei Kooperationspartner_innen eingeleitet werden. Inhalt dieser Absprache sollte sein: Was ist die empfohlene Strategie für einen nächsten Schritt, um die Gefährdung zu beenden und das Kindeswohl wiederherzustellen?

Am Ende wird festgelegt, für wie lange diese Absprache gelten soll und wann das nächste Treffen stattfindet. Bitte nichts versprechen, was nicht verlässlich eingehalten werden kann! Enttäuschungen führen schnell dazu, Verlässlichkeit und Vertrauen zu unterminieren.

Diesen Dreiklang versuchen wir immer einzusetzen, wenn wir das Besprochene noch mal zusammenfassen und uns vergewissern wollen, ob die Kooperation noch funktioniert. Zu jedem der drei Klänge versuchen wir, nicht mehr als zwei bis drei Sätze zu formulieren. In der Kürze liegt bekanntlich die Würze! Die Kommentierung sollte zielgenau sein. Wenn wir trotzdem viele Erklärungen benötigen und der Kommentar droht, immer länger zu werden, ist das für uns meist ein Zeichen für unsere eigene Unsicherheit.

Methode: Das Reflecting Team

Eine weitere Methode für Reflexionsprozesse ist das Reflecting Team, das von Tom Anderson und seinem Team entwickelt wurde. Das Reflecting Team verfolgt die Idee der räumlichen Trennung zwischen beobachtenden Kolleg_innen und Beratungsgespräch, die zu einer Unterbrechung der rückbezüglichen Kommunikationsschleifen zwischen beiden Gruppen dienen soll. Wir haben die Methode den unterschiedlichen Reflexionssettings angepasst. Kombiniert mit dem systemischen Dreiklang ergibt sie selbst ein hocheffektives Reflexionssetting.

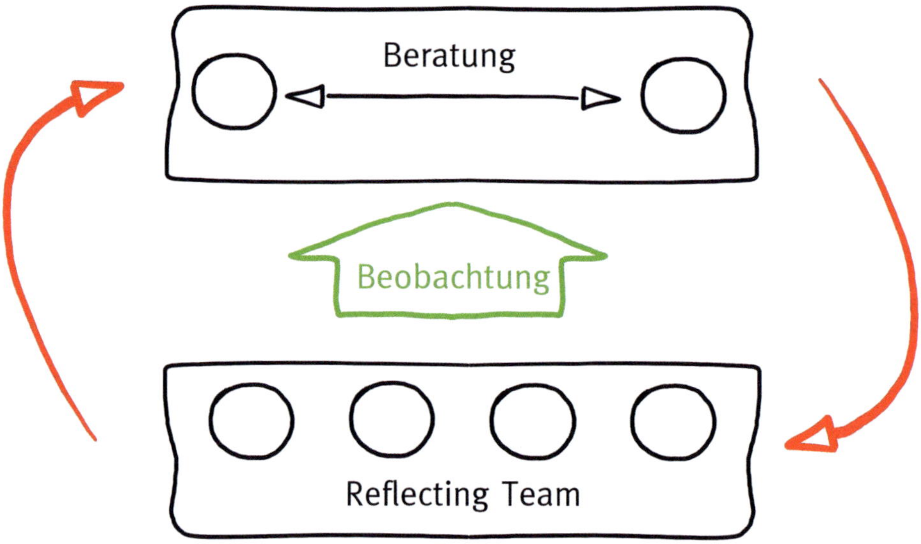

Im Rahmen des Schutzprogramms kann diese Methode in verschiedenen Kommunikationssituationen eingesetzt werden, z.B. in

- Teamkonfliktgesprächen,
- Teamreflexionen (z.B. Fallplanungsgesprächen),
- Familiengesprächen,
- Konzeptentwicklungsgesprächen.

Ablauf

Der Ablauf ist immer gleich. Zuerst werden das Problem, die aktuelle Fragestellung oder der Konflikt ermittelt. Dazu sitzen die Rat suchende Kolleg_in mit ihrer_seiner Frage und die beratende oder begleitende Kolleg_in räumlich entfernt von den Reflektierenden und führen das Gespräch. Die Fragestellung wird herausgearbeitet und eingegrenzt. Danach versuchen die beiden, eine Lösung zu erarbeiten. Am Ende des Gespräches wird die Reflexionsgruppe eingeladen, ihre Beobachtungen des Beratungsgesprächs im systemischen Dreiklang zur Verfügung zu stellen. Alle Mitglieder dieser Reflexionsgruppe nennen jeweils wertschätzende Anteile, dann ein Problem, an dem gearbeitet werden kann, und danach eine Idee, was als Nächstes passieren könnte. Im Anschluss daran wird das Gespräch wieder von der beratenden Kolleg_in übernommen: Welche Ideen der Beobachter_innen sind für die Rat suchende Person interessant und hilfreich? Den Abschluss dieser Methode bildet die Frage an die Rat Suchende_n: Was ist der nächste konkrete Schritt, der zur Lösung des Problems beitragen kann?

Danach wird die Runde aufgelöst und an einem vereinbarten Termin wird ein Controlling mit der Frage angesetzt: Was hat gut geklappt von dem, was wir beim letzten Mal besprochen haben, und an welcher Frage sollen wir heute weiterarbeiten?

Die Fallreflexion im Standard

In Gefährdungssituationen müssen von den fallführenden Fachkräften viele Entscheidungen getroffen werden. Die Teams, die Lotsenstelle und die Erfahrene Fachkraft Kinderschutz bieten den anderen Fachkräften ihre Unterstützung an, um sie in diesen schweren Situationen zu stärken. Eine Kombination aus den oben vorgestellten Methoden und theoretischen Überlegungen haben wir zu folgendem Standard in der Fallvorstellung, -diskussion und -planung entwickelt. Ein solcher Standard bringt Orientierung und hilft, so schnell wie möglich in routinierte Abläufe zu finden.

Vorbereitung einer Falldiskussion

Die Fallmanager_in bereitet sich auf die Fallvorstellung vor, indem sie_er eine Fall- oder Familienskizze anfertigt. Diese Skizze eines Systems, in dem ein Kind oder mehrere Kinder leben[39], hilft uns als unterstützende Teammitglieder oder als Erfahrene Fachkraft Kindeswohlgefährdung (EFK), den Überblick zu behalten: Wer gehört zum System und steht in welcher Beziehung zu dem zu schützenden Kind? Diese Skizze ist die visualisierte innere Landkarte der Helfer_innen und bietet schnelle Orientierung für alle Beteiligten.

Setting

Die Rollen sind wie folgt in einer Teamsitzung verteilt. Es gibt eine_n Fallmanager_in, eine_n Interviewer_in und drei bis vier Teamkolleg_innen. Die Fallmanager_in stellt mithilfe der Skizze das System unter einer aktuellen Frage vor. Das kann z.B. die Frage nach einer Kindeswohlgefährdung sein oder die Fragen »Wie kann welche Person in ein Schutzkonzept als verlässliche Größe einbezogen werden?« und »Wie wollen wir in der nächsten Zeit sicherstellen, dass das Kind regelmäßig in den Kindergarten gebracht wird?« Die Fallmanager_in wird dabei von einer Interviewer_in unterstützt und nutzt in ihrer Vorstellung drei Schritte:

39 Ein Beispiel finden Sie in Kapitel »Kooperation als Ausgangspunkt«.

1. Erfolge herausstellen, Wertschätzung

Die Fallmanager_in stellt in der Konferenz den Fall mithilfe der Skizze vor. Welche Ziele sind in der letzten Konferenz gesetzt worden? Was hat sich in der laufenden Maßnahme bereits entwickelt? Welche Ressourcen beim Kind, den Erziehungsverantwortlichen, anderen Systemmitgliedern waren dabei besonders deutlich zu erkennen?

2. Die aktuelle Baustelle

An welchem Thema wird aktuell gearbeitet? Wie lautet also die Frage hier im Fallgespräch? Bei Mehrfachnennung fragt die Interviewer_in nach den Prioritäten. Gibt es unumstößliche Begrenzungen oder Rahmenbedingungen?

3. Was möchte ich erreichen?

Welches Ziel wird bis zum nächsten Fallgespräch gesetzt?
Was kann ich tun, um das Ziel zu erreichen?
Was kann der_die Hilfesuchende tun, um erfolgreich zu sein?
Woran kann die Fallmanager_in Erfolge erkennen?

Die Interviewer_in führt durch das Gespräch und unterstützt die Fallmanager_in mit Zusammenfassungen und weiterführenden Fragen. Drei bis vier weitere Teamkolleg_innen bilden nach der Fallvorstellung ein Reflecting Team. Das Team reflektiert mit folgender Regel:

- Jede_r nennt zwei Dinge, die an der Arbeit der Kolleg_in besonders bemerkenswert und wertzuschätzen sind.
- Jede_r nennt eine Sache, die ihr_ihm besonders problematisch erscheint, oder eine noch offene Frage.
- Jede_r nennt eine Empfehlung für die weitere Arbeit der Fallmanager_in.

Am Ende des Gespräches fragt die Interviewer_in nach einem Ergebnis und dem daraus abgeleiteten nächsten, konkreten Schritt in der Arbeit mit dem Gefährdungssystem.

Alle weiteren Kolleg_innen bekommen den Auftrag, den Prozess nicht zu stören und gut zu beobachten. Wenn diese Methode neu eingeführt wird, ist es sinnvoll, den aktiven Kolleg_innen am Ende der Falldiskussion ein Feedback zu geben, wie sie mit der Methode, den Standardabläufen und Regeln umgegangen sind. Das stützt die Einführung der Methode, und sie kann somit schneller zur Routine werden.

Die Umsetzung erfordert Disziplin, vor allem das Schweigen der unbeteiligten Zuhörer_innen. Weil wir in kurzer Zeit meist große Effektivität im Reflexionsprozess erreichen, lohnt sich die Mühe!

Zeitlicher Ablaufplan

Vorstellung des Falls durch die Fallmanager_in	15 Minuten
Reflecting Team	10 Minuten
Formulierung des nächsten Schritts	5 Minuten

Regeln

- Disziplin durch strukturierte Kommunikation
- Keine Doppelung in den Wortbeiträgen
- Kein Fachsimpeln über die besten Ideen während des Reflecting Teams

Mit dieser Art Fallgespräche zu führen, können in einer zweistündigen Konferenz zwei bis maximal drei Fallgespräche durchgeführt werden. Mehr sollte nicht als Zielsetzung vereinbart werden, da die erforderliche Konzentration sehr hoch ist. Sollten akut noch mehr Fälle besprochen werden müssen, kann das Team sich aufteilen oder nach einer angemessenen Pause weitermachen.

Das Kinderschutzgespräch

Zum Schutz von Kindern ist es unumgänglich, Gespräche zu führen, in denen der Kinderschutz im Mittelpunkt steht. Wenn diese Gespräche nicht geführt werden, haben die Fachleute eine Mitverantwortung dafür, dass Kinder nicht geschützt werden. In zahlreichen missglückten Kinderschutzprozessen hat dieser Aspekt zum fehlenden Schutz beigetragen. Zu argumentieren, dass eigentlich andere diese Gespräche führen müssten, ist eine gängige, aber unzulässige und schädliche Abwehrreaktion. Nach unserer Ansicht sind alle Fachleute aufgerufen, ihre Sorgen oder Anhaltspunkte ernst zu nehmen und eigenverantwortlich für eine Klärung einzutreten.

Gespräche, in denen gegenüber den Erziehungsverantwortlichen eine beobachtete Kindeswohlgefährdung oder eine Sorge angesprochen werden muss, sind häufig eine Herausforderung für die Fachleute. Vor einem solchen Gespräch gibt es viele Fragen:

- Werden die Erziehungsverantwortlichen kooperieren?
- Werden sie das Gesagte nachvollziehen können?
- Werden sie aggressiv, beschämt oder verletzt sein? Formulieren sie Drohungen? Legen sie Beschwerde ein?
- Wird das Gespräch das Ende der Zusammenarbeit bedeuten?

Diese berechtigten Fragen können bei den Fachleuten Unsicherheiten auslösen. Generell ist ein solches Gespräch für die professionellen Kräfte immer auch ein Drahtseilakt. Einerseits sollen sie behilflich sein, die Erziehungsverantwortlichen in ihrer Erziehungsfähigkeit zu fördern und sich persönlich weiterzuentwickeln. Andererseits sollen sie klare Grenzen im Hinblick auf kindeswohlgefährdendes Verhalten setzen. In dieser Dynamik kann schnell der roten Faden verloren gehen oder wichtige Aspekte werden vergessen. Möglicherweise benennen Fachleute das Thema zu vorsichtig oder sie lenken von den schwierigen Stellen zu schnell auf angenehmere Gesprächsinhalte um.

Aus unserer Sicht ist es sinnvoll, dass es in der Organisation einen eigenen Gesprächsleitfaden zum Thema Kindeswohlgefährdung gibt, der Orientierung im Kinderschutzgespräch bietet. In unserem Modell wäre die Lotsenstelle für diesen Leitfaden zuständig. Sie sollte an seiner Entwicklung die gesamte Organisation beteiligen und mit Interesse den Einsatz und die Weiterentwicklung im Blick haben.[40] Gibt es keine Lotsenstelle, liegt die

40 Siehe ausführlich in Kapitel »Die Lotsenstelle Kinderschutz« und »Entscheidungswege«.

Verantwortung bei den zuständigen Leitungskräften. Des Weiteren arbeiten wir in unserem Konzept mit einem Schutzvertrag als Standardinstrument.[41]

Kinderschutzgespräche sollten mit einer wertschätzenden und lösungsorientierten Haltung geführt werden. Die Fachleute machen sich Sorgen um ein Kind und sind an einer Klärung oder Veränderung interessiert. Auch den Erziehungsverantwortlichen unterstellen wir, dass sie an dem Wohl ihrer Kinder oder Jugendlichen interessiert sind – so lange, bis wir das Gegenteil annehmen müssen. Dieses Interesse kann die gemeinsame Klammer sein, um einen wertschätzenden Rahmen zu setzen. Gleichzeitig gehen wir davon aus, dass Menschen immer die Entscheidungsmöglichkeit haben, sich zu verändern, auch in herausfordernden Situationen. Dazu brauchen sie mal mehr, mal weniger Unterstützung. Die Gesellschaft ist verpflichtet, die notwendige Unterstützung anzubieten.

Im Zentrum eines solchen Gesprächs stehen die Anlässe zur Sorge und das Ziel, eine Verabredung zum Schutz des Kindes zu erarbeiten. Diese Verabredung ermöglicht es den Fachleuten, weiter mit dem System zu arbeiten. Wir gehen davon aus, dass Fachleute, die sich Sorgen machen, ihre Sorgen auch ernst nehmen sollten, und dass es für die Kinder eine gute Klärung geben muss. Alle Inhalte in einem derart bedeutenden Gespräch müssen für die Erziehungsverantwortlichen verständlich formuliert werden. Um das zu überprüfen, ist es hilfreich, ab und zu Aspekte durch die Erziehungsverantwortlichen reformulieren zu lassen.

In den folgenden Abschnitten haben wir Aspekte zusammengestellt, die aus unserer Sicht wichtig bei der Vorbereitung eines Kinderschutzgesprächs und im Gespräch selbst sind.

Das Gesprächssetting

Bereits vor dem Gespräch ist es wichtig, sich Gedanken zum Setting zu machen. Wie genau es gestaltet wird, sollte von der Lotsenstelle beschrieben, in jedem Fall aber grundsätzlich geklärt sein, damit es bei Bedarf schnell einzurichten ist.

Das Setting trägt dazu bei, dass sich die Fachleute sicher fühlen. Das kann bedeuten, dass das Gespräch in den eigenen Räumlichkeiten oder an einem neutralen anderen Ort geführt wird. Weiterhin könnte es bedeuten, dass sich noch weitere Kolleg_innen in der Nähe aufhalten, die bei Eskalation unterstützen können.

Gespräche, in denen es um die Formulierung einer beobachteten Kindeswohlgefährdung oder einer Sorge geht, empfehlen wir, immer zu zweit zu führen. Die Anwesenheit einer zweiten Fachkraft hat viele weitere Vorteile. Die gemeinsame Vorbereitung auf das Gespräch ermöglicht es, Beobachtungsaufgaben gezielt zu verteilen: Wie reagieren die Erzie-

41 Siehe ausführlich in Kapitel »Der Schutzvertrag«.

hungsverantwortlichen auf die vorgebrachte Kritik, auf Hilfevorschläge, Grenzsetzungen? Zeigen sie Einsicht, sind sie gesprächsbereit, selbstreflexiv, nehmen sie Hilfe und Controlling an? Sind sie überfordert, abwesend, nicht erreichbar, nicht im Kontakt und zeigen wenig Empathie? Das Arbeiten zu zweit bietet eine größere psychische Sicherheit, da immer noch jemand da ist, die oder der in das Gespräch eingreifen kann. Wichtige Aspekte, die angesprochen werden müssen, werden von beiden Fachkräften im Blick behalten. Eine zweite Fachkraft ist außerdem eine emotionale Verstärkung. Wenn zum Beispiel eine_r zögert, kann die andere Person einspringen, sodass es besser gelingt, auch emotional fordernde Gesprächsanteile zu gestalten. Zu guter Letzt ermöglicht die Anwesenheit einer Kolleg_in, sich nach dem Gespräch auszutauschen und die Eindrücke und Wahrnehmungen zu den Beobachtungsaufgaben zu ergänzen. Beide Fachleute können Gesprächsinhalte und Verabredungen bezeugen und die Verantwortung für den weiteren Prozess teilen.

Beteiligung der Kinder am Gespräch

Ein weiterer Aspekt, um die Qualität der Prozesse insgesamt und großflächig zu verbessern, ist der Grundsatz, dass die Stimmen aller Beteiligten gehört werden müssen. Das heißt, an einem Kinderschutzgespräch müssen alle Erziehungsverantwortlichen teilnehmen und auch alle Kinder müssen gehört werden. Mit Kindern werden Gespräche geführt, Säuglinge müssen in Augenschein genommen werden, da ihre Kommunikationsformen noch nicht verbalisiert sind. Das heißt, dass bei einer Sorge um eine mögliche Kindeswohlgefährdung oder bei Beobachtung einer Kindeswohlgefährdung auch die Kinder eingeladen werden müssen. Das gilt auch für Institutionen, die im Allgemeinen nicht mit Kindern arbeiten, sondern nur mit den Erziehungsverantwortlichen, z.B. Schuldnerberatungsstellen, Sportvereine oder Paarberatungsstellen. Wir sehen es als gesellschaftliche Aufgabe, für entsprechende Fachstellen oder Kooperationssysteme die Ressourcen bereitzustellen.

Auch für die Gespräche mit Kindern ist es hilfreich, wenn das Setting sowie das methodische und inhaltliche Vorgehen im Grundsatz geklärt und im Verfahren so gesichert sind, dass alle Mitarbeiter_innen darauf zugreifen können. Dem Gespräch könnten je nach Wunsch des Kindes und fachlicher Einschätzung der Mitarbeitenden die Erziehungsverantwortlichen mit einer professionellen Kraft als Begleitung zuhören. Auch hier wäre wieder die Lotsenstelle dafür zuständig, Entwicklung und Einsatz von Instrumenten und Personal im Blick zu haben. Die Lotsenstelle führt außerdem das Interview und moderiert den Prozess.

Im Interview soll das Kind nicht verhört werden. Es geht vielmehr darum, einen Eindruck zu gewinnen, ob das Kind unsicher ist, verängstigt oder entspannt. Das Kind bekommt Platz und Aufmerksamkeit, um eine eigene Geschichte zu erzählen. Ob diese den erlebten Vorgängen entspricht oder vielmehr eine für das Kind passende Geschichte ist, werden die Fachleute nicht erfahren. Es ist auch nicht die Aufgabe der Fachleute, die Wahrheit in beweisbarer Form zu ermitteln. Widersprüche können angesprochen werden, wenn das Kind dadurch nicht in die Ecke gedrängt oder als Lügner_in diffamiert wird.

An welchen Gesprächsteilen die Kinder teilnehmen, muss genau erwogen und im Einzelfall entschieden werden. Unsere Leitorientierung ist: »So viel wie möglich gemeinsam.« Das sorgt für Transparenz, niemand kann sich ausgeschlossen oder übergangen fühlen, alle wissen um die Einschätzungen, Sorgen und Nöte, die von den anderen preisgegeben werden. An gemeinsamen Absprachen sind alle beteiligt und auf dem gleichen Stand. Es gibt keine Veränderungen durch die Weitergabe von Ergebnissen.

Doch trotz der Vorteile, die es hat, das Gespräch gemeinsam mit allen Beteiligten zu führen, muss genau geprüft werden, ob die Kinder bei allen Gesprächsteilen, die mit den Erziehungsverantwortlichen geführt werden, dabei sein sollten. Wenn es beispielsweise Aspekte gibt, die in Anwesenheit der Kinder nicht in der notwendigen Deutlichkeit besprochen werden können, ist das ein Grund, Gesprächsteile mit den Erziehungsverantwortlichen ohne die Kinder zu führen. Diese Aspekte müssen mit den Erziehungsverantwortlichen allein besprochen werden – möglicherweise, während die Kinder im Nachbarraum spielen. Die Anwesenheit der Kinder darf nicht dafür sorgen, dass die Erziehungsverantwortlichen »geschont« werden. Dazu würde gehören, dass Erkrankungen der Erziehungsverantwortlichen, Konsummittelmissbrauch oder Paarkonflikte ausgespart werden. Inhalt dieser Gesprächsteile muss aber auch sein, wie diese Themen im Anschluss altersgerecht mit den Kindern kommuniziert werden können. Am besten ist es, wenn die Kinder direkt im Anschluss über Inhalte und Ergebnisse altersangemessen informiert werden.

Wenn der Eindruck entsteht, dass die Kinder als Resultat eines Gespräches mit den Erziehungsverantwortlichen derart gefährdet sind, dass es notwendig wird, sie in Sicherheit zu bringen, dann kann ein solches Gespräch nicht geführt werden, bevor die Sicherheit der Kinder nicht geklärt ist. In einem solchen Fall muss das Jugendamt sofort – unter Missachtung der Einbeziehung der Sorgeberechtigten bzw. Erziehungsverantwortlichen – eingeschaltet werden. Hier steht der Schutz der Kinder vor dem Datenschutz und dem Recht der Erziehungsverantwortlichen auf Transparenz.

Die Dringlichkeit und Bedeutung des Gesprächs sollten bereits in der Einladung deutlich formuliert sein. Wenn es notwendig erscheint, können an dieser Stelle auch schon Konsequenzen für den Fall benannt werden, in dem die Erziehungsverantwortlichen das Gespräch verweigern bzw. nicht alle zu dem Gespräch erscheinen. In manchen Fällen ist auch zu klären, ob die Erziehungsverantwortlichen identisch mit den Sorgeberechtigten sind und ob es notwendig ist, an dieser Stelle alle Sorgeberechtigten zusätzlich oder auch ausschließlich einzuladen. Wenn Kinder nicht an dem Gespräch teilnehmen möchten, führt das nicht zur Gesprächsabsage. Allerdings müssen die Fachleute den Eindruck haben, dass wirklich die Kinder diese Entscheidung getroffen haben und nicht die Erziehungsverantwortlichen. Das Gespräch mit den Kindern muss dann nachgeholt werden.

Methode: Kinder-Interview

Mögliche Inhalte des Interviews sind Beschreibungen des üblichen Tagesablaufs: Wenn du morgens aufwachst, wer hat dich geweckt? Wie genau? Was ist dann passiert ...?

Frühstück, Mittag- und Abendessen werden als Tagesstruktur durchgearbeitet und die Zeiten dazwischen abgefragt: Schule, Kindergarten bzw. Hausaufgaben, Hobby, Spielzeiten bzw. Schlafenszeiten mit entsprechenden, altersangemessenen Fragen. Wer schmiert dein Pausenbrot? Wer bringt dich ins Bett? Und immer wieder die Frage: Und was passiert dann? Was machst du, was machen andere, wer macht was genau? Wie geht es dir dabei? Wer hilft dir? Was hilft dir?

Während des Interviews wird die psychische und physische Versorgung der Kinder erfragt und beobachtet. Aus ihren Antworten werden Rückschlüsse über den Umgang der Erziehungsverantwortlichen mit Grenzen gezogen, über deren Resonanzfähigkeit und Empathie den Kindern gegenüber und ob sie ihnen einen kindgerechten Tagesrhythmus und angemessene Entwicklungsmöglichkeiten anbieten.

Ein erster Notfallkoffer für die Kinder sollte in jedem Fall gepackt werden. Folgende Fragen helfen dabei:

- An wen kannst du dich wenden, wenn es für dich wichtig ist?
- Wie erreichst du die Person? Hast du die Telefonnummer bei dir? Hast du ein Telefon?
- Gibt es noch eine zweite Person, wenn die erste nicht verfügbar ist?

Wenn die Erziehungsverantwortlichen beim Interview dabei sind, hat das viele Vorteile. Sie hören, was ihre Kinder erleben, fühlen, vermissen und wie es ihnen mit ihrem Kontext geht. Schon in diesem Schritt geht es um die Entwicklung von Kooperation und kooperativem Vorgehen. Auch Grenzsetzungen, Hilfsschritte und Notfallinterventionen sind hier möglich.

Methode: Schutzvertrag mithilfe des systemischen Dreiklangs für eine Risikoeinschätzung

Die Fachleute sollten sich gut auf den Inhalt des Gespräches vorbereiten. Aus systemischer Sicht gibt es in jeder Krise auch etwas, was gut läuft, eine Kompetenz oder eine Fähigkeit, die hilfreich ist. Es ist gut, das Gespräch mit diesen Aspekten zu beginnen. Als strukturierendes Instrument empfehlen wir an dieser Stelle wieder den systemischen Dreiklang.

Der systemische Dreiklang in der Risikoeinschätzung besteht aus:

- Loben (Ressourcen, Fähigkeiten, Kompetenzen, Erfolge)
- Reformulieren (Sorgen, bereits gemachte Erfahrungen in der Kooperation)
- Nächste Schritte (Voraussetzungen für die weitere gemeinsame Arbeit aus Sicht der Fachleute, Verabredungen zu Veränderungen: Was ist zu tun?)

Loben

Wie beschrieben, fallen in den Bereich des Lobens die Ressourcen und Kompetenzen in Bezug auf die Kinder oder Jugendlichen und in Bezug auf die Erziehungsverantwortlichen. Auch Dinge, die sich bereits gut entwickelt haben, können benannt werden. Besonders hilfreich ist es, wenn auch Aspekte darunter sind, die von den Erziehungsverantwortlichen oder Kindern selbst bereits benannt wurden. Die Fachleute signalisieren damit, dass sie auch positive Aspekte erkennen, dass sie zuhören und dass sie in der Lage sind, Fortschritte und Veränderungen wahrzunehmen.

Reformulieren

Anschließend geht es darum, die Sorgen zu formulieren. Im Mittelpunkt sollten die Beobachtungen der Fachleute stehen. Zum Beispiel hilft es in einem Fall wenig, in dem die Fachleute ungewöhnliche blaue Flecke am Körper des Kindes entdeckt haben, zu sagen: »Ich glaube, dass Sie Ihr Kind schlagen.« Nützlicher ist eine Beschreibung des Beobachteten und die Frage: »Haben Sie die Flecken auch schon bemerkt? Haben Sie eine Idee, woher die blauen Flecken kommen?« In dieser ersten Formulierung der sorgenvollen Aspekte geht es darum, einen Eindruck von den Erziehungsverantwortlichen zu gewinnen: Sind sie besorgt oder haben sie sich bisher keine Gedanken gemacht? Sind sie verwundert? Oder reagieren sie bereits jetzt mit Abwehr? Genauso wichtig ist es, die Reaktionen der Kinder im Blick zu haben.

Die Formulierung der Beobachtungen kann für die Fachleute eine große Herausforderung sein, denn im Allgemeinen bilden Menschen sofort Hypothesen und vergessen die Beobachtungen unter Umständen schnell wieder. Wenn die Fachleute das Gespräch mit der These »Sie schlagen ihr Kind« anfangen würden, wären die Erziehungsverantwortlichen sofort in der Verteidigungshaltung und würden die Sorge der Fachleute als solche nicht mehr wahrnehmen. Auch für die Kinder wäre es sofort ein großer Schreck. Wenn es stimmt, würden sie sich schuldig fühlen, wenn es nicht stimmt, wären sie ebenfalls extrem verunsichert. Eine andere Situation ist gegeben, wenn die Erziehungsverantwortlichen bereits eingeräumt haben, die Kinder zu schlagen. Dann ist die Aussage der Erziehungsverantwortlichen die Beobachtung, z.B.: »Ich habe mein Kind am Wochenende auf den Po geschlagen.« Für die Konzentration auf die Beobachtungen ist eine gute Dokumentation wichtig. Die Aussage »Das Kind hat immer ungewöhnliche blaue Flecken« ist viel zu ungenau. Was heißt immer – jeden Tag, jeden Montag, einmal im Monat? Was ist ungewöhnlich – die Form, die Stellen, die Häufung? Je genauer eine Beobachtung ist, desto gezielter können die Beobachtungen in einem Gespräch auch zu den wichtigen Punkten führen. Wenn die Fachleute im Beispiel weiter oben fragen: »Uns ist aufgefallen, dass ihr Kind immer am Montag blaue Flecken auf der Innenseite der Oberschenkel hat«, dann müssen die Erziehungsverantwortlichen und auch die Kinder entsprechend genauer antworten. Aus diesen Antworten entstehen vielleicht neue Fragen, Sorgen oder auch Entlastung.

»Mein Kind reitet immer am Sonntag« oder »Das habe ich ja noch gar nicht bemerkt, mein Kind ist am Wochenende immer woanders« oder »So ein Quatsch, alle Kinder haben blaue Flecken« usw. Jede Antwort eröffnet einen anderen Blickwinkel. Wenn es bereits negative Erfahrungen aus der gemeinsamen Geschichte gibt, ist es wichtig, diese anzusprechen. Das können z.B. gescheiterte Verabredungen oder Beziehungsabbrüche sein. Diese Erfahrungen sollten ernst genommen werden und sich auf die Einschätzung der Fachleute auswirken.

Nächste Schritte

Damit Fachleute nicht zu schnell Verständnis haben und ihre Sorge, die ja auch für sie unbequem und belastend ist, weglegen, ist es wichtig, bereits vor dem Gespräch zu überlegen, was ein Gesprächsergebnis sein könnte, mit dem weiter gearbeitet werden kann. Wenn in dem Gespräch über die blauen Flecken die Antwort der Erziehungsverantwortlichen lautet »Mein Kind reitet immer am Sonntag, da muss ich drauf achten und werde eine Rückmeldung geben, ob das nicht auch zu vermeiden ist«, können die Fachleute nicht wissen, ob es genauso ist oder doch anders. Wenn sie die Erfahrung gemacht haben, dass die Erziehungsverantwortlichen Verabredungen nicht immer einhalten, sinkt die Zuversicht, dass es auch klappen kann. Wenn sich die Fachleute vorher überlegt haben, dass sie am Ende des Gesprächs eine Verabredung mit den Erziehungsverantwortlichen brauchen, die geeignet ist, damit ihre Sorge kleiner wird, dann reicht eine solche Aussage meist nicht aus. Die Fachleute müssen für sich entscheiden, inwieweit sie den Aussagen der Erziehungsverantwortlichen Glauben schenken oder ob es hilfreicher ist, Aussagen zu überprüfen. Wenn es um gewichtige Sorgen geht, ist es aus unserer Sicht immer notwendig, die Aussagen der Erziehungsverantwortlichen zu überprüfen.[42] Dafür gibt es verschiedene Möglichkeiten. Eine Variante ist, sich eine Schweigepflichtentbindung geben zu lassen und sich mit Fachleuten, die die Betroffenen kennen, über die Beobachtungen auszutauschen. Eine andere Möglichkeit ist, mit den Erziehungsverantwortlichen eine Verabredung zu treffen, an der schnell erkennbar wird, dass etwas anders geworden ist.[43] Möglicherweise können die Fachleute die Aussagen der Erziehungsverantwortlichen auch gar nicht einordnen, da ihnen das entsprechende Fachwissen fehlt – dann ist es wichtig, externe Fachleute zu befragen. In unserem Beispiel könnte am Ende folgende Verabredung stehen: Die Erziehungsverantwortlichen klären die blauen Flecken mit den Verantwortlichen für das Reiten und geben den Fachleuten bis zu einem bestimmten Datum eine Rückmeldung. Die Fachleute erkundigen sich, ob es zu solchen blauen Flecken beim Reiten überhaupt kommen kann. Die Fachleute beobachten das Kind weiter, und die blauen Flecken sollten nicht mehr vorkommen. Mit dem Kind wird über das Reiten als neues Hobby gesprochen, von dem die Fachleute bisher nichts wussten, das aber ein guter Anknüpfungspunkt für die Arbeit mit dem Kind ist.

---

42 Siehe ausführlich in Kapitel »Controlling«.
43 Siehe ausführlich in Kapitel »Kooperation als Ausgangspunkt« und »Der Schutzvertrag«.

Eine andere Verabredung könnte sein, dass den Fachleuten die Aussage der Erziehungsverantwortlichen nicht ausreicht und sie darauf bestehen, dass diese mit dem Kind einen Arzt aufsuchen, um die blauen Flecken untersuchen zu lassen. Die Untersuchungsergebnisse werden der Lotsenstelle oder den fallzuständigen Kolleg_innen vom Arzt mitgeteilt und weitergegeben. Es gibt selbstverständlich eine Schweigepflichtentbindung hierfür. Die Rolle der Lotsenstelle an dieser Stelle ist es, eine unzweifelhafte Feststellung und Sicherung des Kindeswohls zu verfolgen, an der alle Beteiligten, ob professionell oder erziehungsverantwortlich bzw. sorgeberechtigt, interessiert sein müssen. Die Lotsenstelle sorgt für die Verantwortungsfokussierung.

Bei diesem Beispiel wird auch schnell deutlich, dass es pauschale Verabredungen nicht geben kann. Sinnvolle Verabredungen, um eine Kindeswohlgefährdung zu beenden oder eine Sorge um eine Kindeswohlgefährdung zu überprüfen, hängen stets von vielen Faktoren ab. Meist geht es nicht nur um eine einzelne Beobachtung, sondern um multiple Sorgen. Hier ist es wichtig, vor dem Gespräch zu überlegen, welche Sorge in den Mittelpunkt gestellt wird. Wenn im ersten Gespräch kein Erklärungsmodell entsteht, das nachvollziehbar und überprüfbar ist, muss aus unserer Sicht die Lotsenstelle informiert und die weitere Klärung im Blick behalten werden.

Am Ende des Gesprächs fließen alle Verabredungen in den Schutzvertrag. Dafür sollte die Organisationen Vordrucke zur Verfügung stellen.[44] Im Schutzvertrag muss vermerkt werden, welche Schritte bis wann und von wem zu erledigen sind. Der Schutzvertrag ist noch während des gemeinsamen Treffens von allen Anwesenden zu unterschreiben. Eine ausführliche Dokumentation kann später erfolgen. Spätestens an dieser Stelle muss deutlich und klar formuliert werden, was passiert, wenn einzelne Punkte der Verabredung nicht eingehalten werden. Die Konsequenzen im Schutzvertrag können von einem weiteren Gespräch bis hin zu einer Meldung an das zuständige Jugendamt reichen – je nach Fall und Dringlichkeit. Wichtig ist es auch zu verabreden, dass die Erziehungsverantwortlichen die Verantwortung haben, sich zu melden, wenn eine der Verabredungen nicht klappt.

Wenn kein Schutzvertrag zu Stande kommt, ist eine Meldung an das zuständige Jugendamt unumgänglich.

44 Siehe dazu Kapitel »Der Schutzvertrag«.

Institutionelle Kindeswohlgefährdung

Kindeswohlgefährdungsfälle innerhalb von Organisationen sind für die betroffenen Institutionen zumeist ein »Super-GAU«, der gemeinsame Haltungsgrundsätze in Frage stellt. Dabei bleibt die Verantwortung für das Geschehen und für die weiteren Handlungen bei der Organisation selbst, es gibt keine Möglichkeit, mit dem Finger auf andere zu zeigen. Ein »Weiter so!« ist ausgeschlossen.

Der Umgang mit einer solchen Kindeswohlgefährdung ist eine große Herausforderung. Die Verantwortung liegt im eigenen System, die Kolleg_innen müssen die Komfortzone verlassen und berufliche Existenzen stehen auf dem Spiel. Vertrauen in den erarbeiten Fahrplan ist gefragt, gleichzeitig ist es eine Zeit größten Misstrauens. Die Organisation steckt in einer Krise, deren Bewältigung noch nicht sichergestellt ist.

Systemisch betrachtet wollen in einer Krise alle erst einmal überleben. Entsprechend versuchen viele Organisationen oder einzelne Mitarbeiter_innen immer wieder, die Gefährdungen herunterzuspielen, zu ignorieren, zu verschweigen oder sich »freizukaufen«. Das steht dem Schutz der Kinder entgegen.

In Organisationen kann es an unterschiedlichen Stellen zu kindeswohlgefährdenden Handlungen kommen. Entweder von Einzelnen, von einer Gruppe Mitarbeitender oder von der Organisation selbst. Zusätzlich gibt es noch Formen struktureller Kindeswohlgefährdung: Personalmangel, Mangel an Ausstattung oder Verschleppung meldepflichtiger Ereignisse können Ursachen dafür sein.

Eine besondere Brisanz bekommt das Thema dadurch, dass gerade der Schutz, die Begleitung, die Unterstützung und die Beaufsichtigung von Kindern der gesellschaftliche Auftrag an die Organisation ist. Bei kindeswohlgefährdenden Handlungen wird dieser gesellschaftliche Auftrag missbraucht, um einen eigenen Vorteil zu erlangen. Einzelne Mitarbeiter_innen missbrauchen ihre Position und das Vertrauen der Betroffenen, um beispielsweise Gefühle von Macht auszuleben oder sich nicht mit eigenen blinden Flecken auseinandersetzen zu müssen. Im Extremfall arbeiten Täter_innen in pädagogischen Einrichtungen, um für ihre eigenen Bedürfnisse Zugriff auf Kinder zu haben – dann wird pädagogisches Arbeiten völlig ad absurdum geführt. Organisationen missbrauchen ebenfalls ihre Position und das Vertrauen der Betroffenen zum eigenen Vorteil, z.B. um mehr Geld zu verdienen oder eigene moralische Standpunkte gegen den Konsens der Gesellschaft durchzusetzen.

Gerade in der Arbeit mit Menschen, die Hilfe brauchen, ist Vertrauen wichtig. Der Verlass darauf, dass Kinder gut aufgehoben sind, ist die Basis für eine wirkungsvolle Arbeit, ob in einer Kinderbetreuungseinrichtung oder in einem Jugendclub. Entsprechend heftig, möglicherweise auch existenzgefährdend sind die Reaktionen, wenn Kindeswohlgefährdung an die Öffentlichkeit gelangt.

Eine sehr große Herausforderung liegt darin, eine Teamkultur zu entwickeln, in der es möglich ist, dass sich Kolleg_innen gegenseitig in Frage stellen: Durch die offenen Augen aller kann unpassendes Verhalten thematisiert und beendet werden. Im Vergleich dazu ist die Entwicklung eines geeigneten Verfahrensablaufs die kleinere Aufgabe. Dennoch ist es aus unserer Sicht wichtig, dass es verlässliche Abläufe für solche Fälle gibt.

Fahrplan für den Fall einer institutionellen Kindeswohlgefährdung

Eine passgenaue Entwicklung eines Verfahrens verstehen wir entsprechend den Ausführungen im Kapitel »Systemisches Organisationskonzept zur Erstellung eines Schutzprogramms« als Zuständigkeit der Lotsenstelle. Die Lotsenstelle hat die Aufgabe, die rechtlichen und moralischen Eckpunkte zu setzen, die dann innerhalb der Organisation kommuniziert und etabliert werden.

An dieser Stelle wollen wir einen konkreten Fahrplan für Organisationen entwerfen, in denen Kindeswohl und Kindeswohlgefährdung klar definiert sind und in denen es Diskurse über die Nachhaltigkeit und Verankerung der Leitlinien gegeben hat. Im Fahrplan wird Schritt für Schritt festgehalten, wie ein Fall von Kindeswohlgefährdung im eigenen System abgearbeitet werden kann.

Wenn es einen Fahrplan gibt, sollten alle, d.h. Mitarbeiter_innen, Erziehungsverantwortliche, Kinder und Kooperationspartner_innen, Kenntnis darüber haben, welche Schritte im Fall einer Sorge um eine Kindeswohlgefährdung innerhalb der Einrichtung gegangen werden. In einem engen Zusammenhang steht hier auch das Beschwerdemanagement.[45]

Im Fahrplan muss der Umgang mit den betroffenen Kindern, ihren Erziehungsverantwortlichen und mit den Mitarbeiter_innen genau beschrieben werden. In einem Verfahren, in dem Vorwürfe nicht eindeutig geklärt sind, ist die Organisation außerdem verpflichtet, die Fürsorgepflicht gegenüber den eigenen Mitarbeiter_innen im Blick zu behalten.

Wichtig ist auch die Frage: Wann wird der Fahrplan gestartet? Aus unserer Sicht ist das genau der Moment, in dem eine Sorge um eine mögliche Kindeswohlgefährdung, unabhängig von wem, geäußert wurde.

---

45 Siehe ausführlich in Kapitel »Transparenz und Beschwerdemanagement«.

Hilfreiche Fragen für die Entwicklung eines Fahrplans

- Wer muss bei einer Sorge um eine mögliche Kindeswohlgefährdung innerhalb der Organisation als Erstes benachrichtigt werden?
- Gibt es jemanden, der außerhalb der Organisation benachrichtigt werden muss?
- Wer darf nicht benachrichtigt werden?
- Wie kann das Kind geschützt werden?
- Wie wird die Organisation ihrer Fürsorgepflicht gegenüber der beschuldigten Mitarbeiter_in gerecht?
- Welche Schritte sind notwendig im Umgang mit der Mitarbeiter_in?
- Wann und wie wird das Team informiert? Welche Schritte sind des Weiteren erforderlich?
- Ob, wann und wie werden nicht betroffene Kinder informiert? Mit welchem Ziel?
- Ob, wann und wie werden nicht betroffene Erziehungsverantwortliche informiert? Mit welchem Ziel?
- Wie wird die Kommunikation nach außen organisiert?
- Woran erkennen die Organisation und alle anderen Betroffenen, dass das Thema zu Ende bearbeitet ist?

Unsere Empfehlungen für den Fahrplan

Eine Sorge von außen oder auch eine Beschwerde durch Betroffene erfährt die Organisation im Allgemeinen über eine Mitarbeiter_in. Diese sollte verpflichtet sein, die Sorge als erstes an die zuständige Lotsenstelle weiterzugeben. Die besorgte Person sollte gebeten werden, die Sorge noch einmal schriftlich als Beschwerde zu formulieren und direkt an die zuständige Stelle zu adressieren. Wir finden es hilfreich, wenn die eingeweihte Mitarbeiter_in über das Gehörte zunächst mit niemand anderem spricht – damit Beschuldigungen nicht ungesteuert durch die Organisation getragen werden. Solche Beschuldigungen führen dazu, dass sich das Handeln jedes Einzelnen sofort verändert. Wenn die Beschuldigung dann noch nach außen dringt, sind die Folgen für die Organisation nicht absehbar. Wenn z.B. eine Mutter beim Abholen ihres Kindes aus der Kita gesehen hat, dass eine Erzieherin in einer versteckten Ecke ein Kind geschlagen hat, hilft es wenig, wenn zuerst alle anderen Eltern und alle Kolleg_innen davon hören und die Situation drei Tage lang hinter vorgehaltener Hand besprochen wird, bevor die Leitung in Kenntnis gesetzt wird und sich die betroffene Erzieherin dazu äußern kann. Durch dieses Kommunikationsverhalten kann die Situation nicht bearbeitet und nicht aufgelöst werden. Stattdessen werden immer mehr Leute involviert, die wiederum immer mehr Leute involvieren. Aussagen zu kindeswohlgefährdenden Handlungen haben einen großen Kommunikationswert und können sich schnell verbreiten. Das Problem in solchen Situationen ist zumeist, dass es sich um die Mitteilung einer Beobachtung handelt, d.h., niemand kann sicher sein, ob die Situation so war, wie die ins Vertrauen gezogene Erzieherin die Mutter verstanden hat, oder ob es vielleicht doch anders war. Je nach Ruf und Stellung der betroffenen Erzieherin werden Einige versuchen, die Beobachtung kleinzureden, während sich andere in ihrer Skepsis bestätigt fühlen und die Beobachtung als wahr annehmen. Das bedeutet nicht, dass geschwiegen und gedeckelt werden soll – im Gegenteil: Eine Aufklärung der Situation muss möglichst sofort beginnen und zwar von Menschen, die die entsprechenden Handlungskompetenzen haben.

Nach dem Faktencheck, der Beweisaufnahme und Gesprächen mit der beschuldigten Mitarbeiter_in wie mit den Beobachter_innen des Vorfalls wird das weitere Vorgehen abgestimmt und festgelegt. Zur prozessgestaltenden Gruppe gehören in jedem Fall Leitungspersonen und eine Erfahrene Fachkraft Kinderschutz (EFK). Die Lotsenstelle übernimmt die Führung des Prozesses. Nach der Abstimmung werden die betroffenen Personen über das weitere Vorgehen informiert. Das trägt zu einer ersten Beruhigung bei.

Zuerst müssen die Kinder geschützt, die Erziehungsverantwortlichen informiert und der Schutz der beschuldigten Mitarbeiter_in muss beachtet werden. Ein Schritt könnte die mögliche Freistellung der Mitarbeiter_in sein. Selbst wenn die Beweislage erdrückend ist, muss die_der Beschuldigte von den Vorwürfen erfahren und die Möglichkeit haben, sich dazu zu äußern. In manchen Fällen ist eine vorherige Beweissicherung notwendig.

Wenn in diesem Fahrplan festgelegt wird, dass die Mitarbeiter_in, die als erste von der Kindeswohlgefährdung Kenntnis erlangt hat, nicht mit anderen darüber reden darf, sondern nur mit den bereits informierten Personen und nur im Rahmen des Verfahrens, dann braucht diese Mitarbeiter_in Informationen, wie es weitergeht und wann welche Schritte erfolgen. Ein Zustand der Schweigeverpflichtung darf nicht zu lange dauern, denn für die einzelne Mitarbeiter_in gilt ebenfalls, dass ihr Wissen ihr Handeln verändern wird.

Für die Lotsenstelle muss klar sein, wen sie ihrerseits zu beteiligen hat. In vielen Organisationen gibt es verschiedene Leitungsebenen, und bei Vorfällen, die die Existenz der Einrichtung gefährden können, muss geklärt sein, welche Ebenen informiert werden müssen. Auch hier gilt, dass die Anzahl der Informierten im ersten Schritt klein gehalten werden sollte.

Ein anderes Beispiel: Eine ehemalige Bewohnerin einer stationären Einrichtung erzählt einer noch tätigen Mitarbeiterin, dass sie von einem Angestellten sexuell genötigt wurde. Eine solche Information sorgt für eine Menge emotionaler Aufregung und hat eine entsprechend große Sprengkraft. Auch hier ist nicht gesichert, dass der Vorwurf, so wie er beschrieben wurde, der Wahrheit entspricht. Im Mittelpunkt muss aber in jedem Fall stehen, dass alles unternommen wird, um andere Jugendliche aus der betroffenen Wohngruppe und auch den Angestellten zu schützen. Ein erster Schritt ist, dass der Angestellte bis zur weiteren Klärung nicht mehr in der Wohngruppe arbeitet. Dadurch sind die Jugendlichen geschützt und auch der beschuldigte Angestellte ist vor dem Vorwurf erneuter Übergriffe geschützt. Das ist wichtig, falls die Beschuldigung unbegründet war und das Problem in der Dynamik zwischen den Beteiligten lag. Zusätzlich sehen wir hier die Organisation in der Verantwortung, die Ex-Bewohnerin zu unterstützen. Ziel der Arbeit sollte immer die Suche nach hilfreichen Lösungen sein, die aktuell und auch künftig schützende Wirkungen haben können.

In den Beispielen wird deutlich, dass die nächsten Schritte nur von Personen veranlasst werden können, die die entsprechenden Entscheidungs- und Handlungskompetenzen haben. Die Lotsenstelle kann den Prozess gestalten und behält den Überblick über alle notwendigen Schritte. Das entlastet die Leitungskraft und lässt ihr Zeit und Energie, sich um die teaminternen Herausforderungen und die Umsetzung der Schritte, die mithilfe der Lotsenstelle entwickelt werden, zu kümmern. Die Lotsenstelle ist außerdem Ansprechstelle für alle Anfragen von außen. Sie übernimmt die Öffentlichkeitsarbeit und hält damit auch den Mitarbeiter_innen den Rücken frei. Die Lotsenstelle sorgt für ausreichend Ressourcen, die notwendig sind, um in dieser Krisensituation den Betrieb weiter führen zu können. Die Verantwortung zu teilen mit der Gewissheit, dass sie verlässlich angenommen wird, ist in dieser Situation extrem wichtig, denn wenn eine solche Beschuldigung nicht gut bearbeitet wird, gefährdet sie die gesamte Organisation.

Innerhalb der Hierarchie müssen die Personen, die an der Gefährdungssituation beteiligt sind, möglichst schnell und handlungssicher einbezogen werden. Das sind der Mitarbeiter_in oder die Gruppe von Mitarbeiter_innen, das sind die Erziehungsverantwortlichen bzw. Sorgeberechtigten und die Kinder. Nachdem der Schutz des Kindes gesichert ist, ist es wichtig, zu überlegen, wie das Kind altersangemessen und im Interesse des Kindeswohls einbezogen werden kann. Bei den Erziehungsverantwortlichen ist es aus unserer Sicht ebenfalls wichtig, individuell zu prüfen, welche Schritte hilfreich und notwendig sind. Beispielsweise haben Erziehungsverantwortliche in jedem Fall ein Recht darauf, zu erfahren, was ihrem Kind zugestoßen ist oder zugestoßen sein könnte.

Die Lotsenstelle sollte die betroffene_n Mitarbeiter_in möglichst schnell zu einem Gespräch bitten – wenn möglich in Anwesenheit einer dritten Person. Die erste Überlegung, sollte sein, ob eine sofortige Freistellung vom Dienst erfolgen muss oder nicht. Über eine Freistellung oder eine sofortige Kündigung muss, wenn vorhanden, auch der Betriebsrat bzw. der Personalrat in Kenntnis gesetzt werden.[46] Der_die Beschuldigte sollte in diesem Gespräch Gelegenheit haben, die Sachlage aus eigener Sicht darzulegen. Je nach Inhalt des Vorwurfs und Gesprächsverlauf wird die Reihenfolge der weiteren Schritte festgelegt. In vielen Fällen wird die Lage nicht eindeutig bewertbar sein. Um mehr Klarheit zu gewinnen, sollten die Zuständigen überlegen, wer hilfreiche Informationen beitragen kann oder welche anderen Erfahrungen es mit den Beteiligten gegeben hat. Die Einbeziehung weiterer Gruppen hängt von der Organisationsform und von der Art der Gefährdung ab.

In einem Fahrplan sollte auch ein Ende markiert sein, das für alle Beteiligten deutlich ist. Das Minimum ist ein Abschlussgespräch mit betroffenen Kindern, Erziehungsverantwortlichen und Mitarbeiter_innen (MA), das Maximum eine Abschlusspräsentation mit einem Resümee in der Öffentlichkeit.

---

46 Es ist sinnvoll, eine gründliche Klärung vorzunehmen, um alle Stellen, die laut Betriebsordnung einbezogen werden müssen, auch tatsächlich einzubeziehen. Ein Merkblatt »Was ist zu tun bei einer Suspendierung/sofortigen Kündigung« bietet zusätzliche Klarheit.

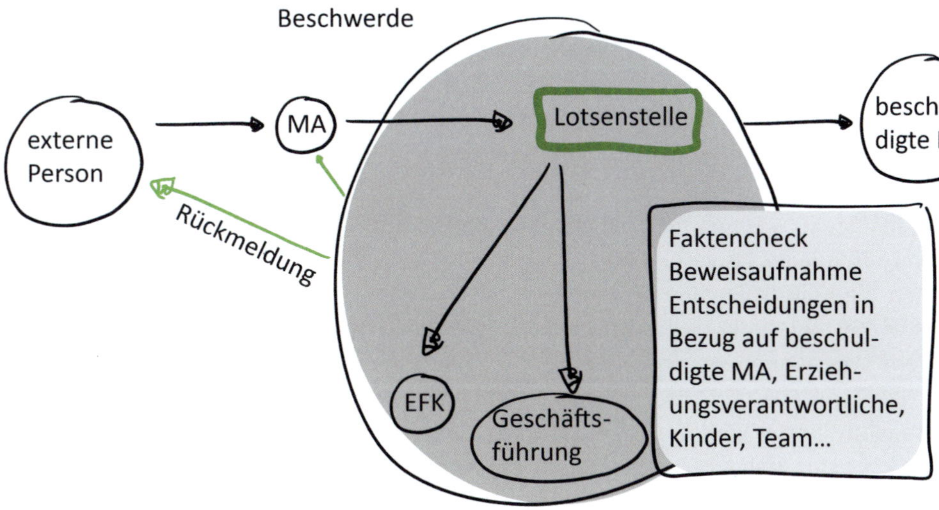

In einer nicht klärbaren Lage gilt es, die einander widersprechenden Aussagen konstruktiv weiter zu bearbeiten. Auch hier müssen zuerst Kinder und Mitarbeitende geschützt werden. Wenn die Beschuldigungen unbegründet sind, sollten auch die Mitarbeiter_innen ein Interesse daran haben, dass sich ein vertrauensvolles Verhältnis zu den Kolleg_innen und den Leitungskräften wiederherstellen lässt. Das kann geschehen, indem zunächst nicht alleine gearbeitet wird oder indem in weiteren Gesprächen Haltung und Verlässlichkeit auf den Prüfstand kommen. Auch eine Kultur der gegenseitigen Reflexion ist in solchen Situationen hilfreich. Alle Mitarbeiter_innen bekommen die Aufgabe, einander zu beobachten und transparente Rückmeldungen zu geben. Hier kann die Lotsenstelle oder eine Erfahrende Fachkraft Kindeswohlgefährdung (EFK) beratende Reflexionsgespräche anbieten. Die Lotsenstelle organisiert außerdem entsprechende Fortbildungen und Supervisionen zur Unterstützung.

Manchmal ist es die einzige Möglichkeit, eine Versetzung der betroffenen Kolleg_in anzuregen. In diesem Fall sollte es verpflichtend sein, dass die neue Arbeitsstelle über das Geschehene in Kenntnis gesetzt wird.

Wenn sich die Vorwürfe als unbegründet erweisen, ist es dennoch von Bedeutung, das Geschehene weiterzuverfolgen. Wir gehen davon aus, dass jede Handlung einen Sinn hat. Es gab also einen Anlass, der dazu geführt hat, dass jemand dachte, die Anschuldigungen würden ein Problem lösen. Es muss also der Frage nachgegangen werden: Was ist zwischen der anklagenden Person und der beschuldigten Person bzw. Organisation vorgefallen? Auch diese Klärung hilft der Organisation und ihren Mitarbeiter_innen, sich weiterzuentwickeln und die entstandenen Handlungsunsicherheiten aufzulösen. Voraussetzung ist, dass die Organisation bereit ist, sich mit dem Thema zu beschäftigen, und auch kritische Auseinandersetzungen nicht scheut.

Wichtig ist es, den Fahrplan verlässlich im Unternehmen zu verankern. Eine Plattform für Nachfragen unterstützt die Lotsenstelle darin, die Ängste und Sorgen der Mitarbeitenden aufzugreifen. Auch sollte der Fahrplan theoretisch im Team erprobt werden.

Wenn der aktuelle Anlass für die Betroffenen so weit wie möglich aufgeklärt ist, wird es aus unserer Sicht notwendig, in einem Teamprozess die Geschehnisse aufzuarbeiten und zu überprüfen:

- An welcher Stelle wäre es möglich gewesen, anders zu handeln, um die kindeswohlgefährdende Handlung zu verhindern?
- Wie kann die Klärung verbessert werden?
- Gab es vorher bereits kritische Beobachtungen? Wenn ja, warum wurden sie nicht kommuniziert? Wie können wir das ändern?

Noch herausfordernder wird die Lage, wenn es Gruppen oder sogar ganze Organisationen sind, die sich gefährdend verhalten. Wenn die Kindeswohlgefährdung bereits ein Teil des Systems ist, gibt es unter Umständen aus der Organisation heraus weder eine Notwendigkeit noch eine Möglichkeit, sich zu verändern. Als Beispiel hierfür dienen stationäre Einrichtungen, die erst Jahrzehnte später in die Kritik geraten sind, oder die Geschehnisse in der Odenwaldschule. Um zu verhindern, dass sich kindeswohlgefährdende Handlungen als systemimmanent etablieren, ist es von großer Bedeutung, dass das Verfahren im Fall einer Kindeswohlgefährdung transparent ist und dass darin Stellen benannt sind, die zuständig für die Gestaltung und Begleitung des Prozesses sind. Außerdem brauchen Organisationen ein öffentlich bekanntes Beschwerdesystem, Klarheit über Arbeitsabläufe, Stimmungen, Kritik und Leerstellen und die Aufforderung an alle, sich aktiv am Kinderschutz zu beteiligen.

Methode zur Einführung des Fahrplans

1. Vorstellung des Fahrplans innerhalb einer Teambesprechung, sodass alle Mitarbeitenden den theoretischen Ablauf einmal gehört haben.
2. Sammeln von möglichen kindeswohlgefährdenden Handlungen in einer Organisation wie der eigenen. Diese werden auf Kärtchen geschrieben.
3. Verteilung von Aufgabenkärtchen an die Teilnehmenden. Auf allen Kärtchen steht: »Sie haben eine Kindeswohlgefährdung beobachtet« und einer der gesammelten Aspekte. Dazu gibt es Fragen zur Selbstreflexion:
   - Welche Emotionen entstehen in Ihnen, welche Ängste und welche Befürchtungen?
   - Was würden Sie jetzt gerne tun?
   - Was müssten Sie tun, um nach dem Fahrplan zu handeln? Wie geht es Ihnen damit?
   - Was brauchen Sie, um die Situation aushalten zu können?

   Jede_r schreibt Stichworte auf Moderationskarten.
4. Die Moderationskarten werden an vier Metaplan-Wände oder ähnliches angepinnt, ausgewertet und diskutiert.

Gruppenreflexion: Reflexion über eine vergangene Kindeswohlgefährdung

Zunächst wird gemeinsam darüber nachgedacht, welche Aspekte bei der Kindeswohlgefährdung eine Rolle spielten. Dabei sollen sowohl persönliche als auch strukturelle Aspekte berücksichtigt werden. Die Ergebnisse werden notiert. Im Anschluss tauschen sich die Kolleg_innen in Kleingruppen darüber aus:

- Wie wäre es mir selbst ergangen?
- Welche alternativen Umgangsweisen kann ich in einem ähnlichen Fall ausprobieren?
- Wer könnte mich dabei unterstützen?
- Wie können wir aufeinander achten?
- Wer hat ebenfalls das Gefühl, sich schon einmal unangemessen oder übergriffig verhalten zu haben?
- Was kann jede_r persönlich und was kann die Organisation strukturell aus den Geschehnissen lernen?
- Was muss sich in der Organisation verändern?

Transparenz und Beschwerdemanagement

Wie bereits festgehalten, sind Transparenz und ein Beschwerdemanagement wichtige Bestandteile, um Kindeswohlgefährdung innerhalb einer Organisation zu verhindern bzw. frühzeitig zu bemerken.

Transparenz

Kindeswohlgefährdende Handlungen innerhalb von Organisationen sind meist nur möglich, weil sich um sie eine Aura der Intransparenz gewebt hat. In dieser Aura fällt es Kolleg_innen schwer, Dinge, die ihnen seltsam oder unklar vorkommen, anzusprechen. Aussagen wie »Die macht das schon« oder »Das ist doch ein erfahrender Kollege«, aber auch »Darüber weiß ich nichts« sollten nachdenklich stimmen und eine Anregung sein, die Transparenz im Team zu erhöhen. Hilfreich ist es, regelmäßige Fallvorstellungen nach dem von uns vorgeschlagenen Ampelsystem einzuführen, bei denen jede_r Mitarbeitende einmal an der Reihe ist. Der Fokus muss nicht immer auf einer schwierigen Situation liegen. Es ist auch möglich, einen Fall zur Vergewisserung vorzustellen oder eine positive Entwicklung zu skizzieren. Auch ein strukturierter Wechsel der Kooperationen im Team – z.B. durch wechselnde Zuordnung der Vertretungen oder durch die variable Bildung von Zweierteams in der Hilfe – trägt dazu bei, dass das Team mit den Arbeitsweisen aller Kolleg_innen vertraut wird. Das geht auch gut in teamübergreifenden Fallbesprechungen und Supervisionen, in denen andere Kolleg_innen, mit denen nicht direkt zusammengearbeitet wird, ganz andere Fragen stellen. Das erhöht nicht nur die Transparenz, sondern erweitert auch den Blickwinkel. Transparenz ist auch wichtig im Umgang mit den Hilfeempfangenden. Weder gegenüber Kindern noch Erwachsenen sollten Fachleute Geheimnisse installieren. Dabei geht es uns weniger um das Recht der Hilfesuchenden auf Privatsphäre als darum, dass Geheimnisse Abhängigkeiten und Allianzen hervorzubringen, die vergiftend sein können. Das gilt vor allem, wenn Fachleute Dinge exklusiv mitteilen: »Ich verrate dir mal ein Geheimnis« oder »Das bleibt aber unter uns«. In solchen Fällen ist höchste Aufmerksamkeit geboten! Alle Aspekte, die auf eine Kindeswohlgefährdung hinweisen, müssen aus unserer Sicht transparent mit den Erziehungsverantwortlichen, den Kindern und in kollegialer Beratung mit den Kolleg_innen und der Leitung kommuniziert werden.[47]

47 Siehe ausführlich in Kapitel »Umgang mit Geheimnissen«.

In den Fällen sollte die Arbeit gut dokumentiert werden. Neben den inhaltlichen Aspekten empfiehlt es sich, ebenfalls alle Termine (entsprechend den Vorgaben des eigenen Verfahrensplans und der Anforderungen von außen) in einem Kalendarium festzuhalten. Die Aufzeichnungen sollten möglichst transparent für alle Beteiligten sein. Nur so haben auch die Erziehungsverantwortlichen und die Kinder die Möglichkeit, zu erkennen, was geplant ist, was erwartet wird und was sie selbst tun können.

Beschwerdemanagement

Die Möglichkeit, sich zu beschweren, ist allein noch kein Beschwerdemanagement. Beschwerdebriefkästen oder der Hinweis »Informieren Sie die Leitung« können nur funktionieren, wenn sich die Menschen tatsächlich eingeladen fühlen – wenn sie den Eindruck haben, dass ihre Beschwerde ernst genommen wird, dass sie damit etwas Gutes tun und nicht das Gefühl haben, dass sie mit ihrer Beschwerde »die Stimmung verderben« oder jemanden »in die Pfanne hauen«.

Anonyme Beschwerdemöglichkeiten senken zwar die Hemmschwelle, führen jedoch meist in die Leere, da die Beschwerden dann häufig nicht nachvollziehbar oder überprüfbar sind. Anonymität ist also keine gute Option im Beschwerdemanagement.

Die Sorge ist nicht grundlos, dass ein transparentes Beschwerdewesen dazu führt, dass Menschen sich über Dinge beschweren, die aus Sicht der Organisation keine Beschwerde rechtfertigen. Auch Beschwerden sind eben subjektiv. Menschen kommen durch Beobachtungen von Situationen oder durch eigenes Erleben auf die Idee, sich darüber zu beschweren. Beobachtungen und Erleben erkennen wir im systemischen Konzept als individuelle Leistungen an, d.h. hier, dass die Impulse, sich zu beschweren, an unterschiedlichen Stellen auftauchen können:

- Worüber darf oder soll ich mich beschweren?
- Welche Beschwerde ist unangemessen?
- Wer entscheidet das?

Aus unserer Sicht ist es sinnvoll, über diese Fragen ins Gespräch zu kommen. Es macht deutlich, wer unzufrieden ist, und bildet die Stimmung im Team ab. Die Organisation kann entsprechend gegensteuern – auf der individuellen Ebene oder in breiterem Rahmen. Vielleicht gelingt es sogar, notorische »Nörgler_innen« einzufangen und damit zu verhindern, dass die allgemeine Stimmung belastet wird. Bei einem funktionierenden Beschwerdewesen kann jede_r darauf hinweisen, dass die Unzufriedenheit doch als Beschwerde niedergelegt und dann bearbeitet werden könnte. Damit wird ein Teil der Verantwortung an diejenigen gegeben, die unzufrieden sind – und, im Fall einer Kindeswohlgefährdung, an die Mitarbeiter_innen, die etwas Kindeswohlgefährdendes beobachtet haben. Verbesserungs- oder Veränderungsvorschläge zum Beschwerdewesen können auch in die Richtung gehen, zu neuen Anregungen statt einfach nur zu Beschwerden einzuladen.

Für jede_n in der Organisation und für jede_n, der in Kontakt mit der Organisation steht, sollte leicht erkennbar sein, welche Möglichkeiten zur Beschwerde es gibt und was mit einer Beschwerde passiert. Das Ernstnehmen einer Beschwerde heißt in jedem Fall, eine Rückmeldung zu geben – entweder direkt zum Beschwerdegrund oder über die weiteren Schritte des Beschwerdeverfahrens. Für alle Aspekte, die sich um eine mögliche Kindeswohlgefährdung oder das Kindeswohl drehen, sollte die Lotsenstelle Anlaufstelle für Beschwerden sein. Für alle anderen Beschwerden wird ebenfalls eine Anlaufstelle benötigt. Auch Beschwerdemöglichkeiten außerhalb der Organisation sollten aufgezeigt werden.

Dass eine Beschwerde dem sich Beschwerenden nicht zum Nachteil gereicht, sollte die Organisation ganz deutlich machen. Möglicherweise ist der Inhalt einer Beschwerde nicht gerechtfertigt – dass jemand zum Mittel der Beschwerde gegriffen hat, macht aber möglicherweise auf eine Not aufmerksam, die es zu beachten gilt.

Eine große Herausforderung sind Beschwerden von Hilfesuchenden über andere Organisationen im Netzwerk. Solche Beschwerden, wenn sie einen kindeswohlgefährdenden Inhalt haben, müssen an die zuständigen Behörden weitergegeben werden. Gut wäre es, wenn der_die Beschwerdeführende sich selbst an das Jugendamt wendet oder an die zuständige Beschwerdestelle in der anderen Organisation. Wir empfehlen, dort nach einer verabredeten Zeit noch einmal nachzufragen. Wenn sich dabei herausstellt, dass es keine Bearbeitung der Beschwerde gab, ist die eigene Organisation dazu aufgefordert, selbst eine Meldung an die entsprechende Fachstelle zu machen. Wenn von vornherein der Eindruck besteht, dass die_der Beschwerdeführende dazu nicht in der Lage ist, oder die Sorge besteht, dass die Beschwerde in der anderen Organisation nicht ernst genommen wird, muss die Lotsenstelle, die Kenntnis erhalten hat, selbst die potenzielle Gefährdung an die in der anderen Organisation zuständige Stelle (Leitung, Lotsenstelle, Qualitätszirkel) melden.

Ein Beispiel dazu: Eine Mutter erzählt einer Mitarbeiterin einer Tagesgruppe der ambulanten Jugendhilfe, dass eine Mitarbeiterin der aufsuchenden Familienhilfe das verhaltensherausfordernde Kind der Familie anschreit, ins Kinderzimmer zerrt und einsperrt. Die Mutter traut sich nicht, mit der Mitarbeiterin zu sprechen, ihr Vertrauen zu der Organisation ist ebenfalls verloren gegangen, da ihre vorsichtig formulierten Fragen bisher kein Gehör gefunden haben. Die Mitarbeiterin der Tagesgruppe kann nun versuchen, die Mutter zu stärken. Wenn sie jedoch zur Überzeugung kommt, dass die Mutter mit einer Beschwerde überfordert wäre, kann sie auch direkt das Jugendamt von den Berichten der Mutter in Kenntnis setzen. Dieses Vorgehen erfordert Transparenz. Die Mutter muss wissen, dass ihre Veröffentlichung Konsequenzen hat und warum.

Beschwerden weisen nicht immer einen direkten Weg in die Problemstelle. Manchmal machen sie auf das Vorhandensein eines Problems an ganz anderer Stelle aufmerksam, weil ihre Urheber_innen testen, wie Fachleute mit einer Beschwerde umgehen. Das Herumzerren und Einsperren des Kindes im Beispiel könnte auch von der erzählenden Mutter selbst praktiziert werden. Wenn alle Beschwerden ernst genommen werden und zu

Konsequenzen führen, stoßen Fachleuchte manchmal auf solche Dinge, die hinter Beschwerden verborgen liegen.

Selbstreflexion: Fragen für Teams

- Was brauche ich, um kritische Fragen zur gegenseitigen Arbeit im Team zu stellen?
- Wie würde ich selbst gerne angesprochen werden?
- Wenn ich bei einer Kolleg_in kindeswohlgefährdendes Verhalten beobachtet hätte, was würde mir helfen, die Beobachtung zu veröffentlichen?
- Was ist nötig, um auf diesem Gebiet Ergebnisse oder Veränderungen zu erreichen?
- Welchen Umgang würde ich mir mit meiner Beschwerde wünschen?

Arbeiten im Netzwerk

Viele Hilfesysteme umfassen mehr als eine Organisation, z.B. eine Kinderbetreuungseinrichtung, eine Schule, eine Tagespflege, eine Tagesgruppe, eine ambulante sozialpädagogische Familienhilfe (SPFH), Ärzt_innen, Arbeitgeber_innen der Erziehungsverantwortlichen, Ergotherapeut_innen, Logopäd_innen oder Physiotherapeut_innen, ein Jugendclub, ein Sportverein, die Kinder- und Jugendpsychiatrie, das Jugendamt und anderes mehr. Manche Organisationen spielen in der eigenen Arbeit für das Netzwerk eine größere Rolle, andere vielleicht keine.

Erwartungen

An all diese Organisationen oder Angebote werden aus der eigenen Organisation heraus Erwartungen gestellt – genau wie umgekehrt. Oft ist es herausfordernd, sich im Erwartungskarussell zu orientieren. Dabei ist an Erwartungen letztendlich die Frage der Verantwortungsübernahme gekoppelt. Wenn ich von einer Organisation erwarte, dass sie eingreift, dann gebe ich die Verantwortung an diese Organisation. Wenn sie meine Erwartung nicht kennt, kann sie sich auch nicht dazu verhalten. Im schlimmsten Fall eines Missverständnisses erwartet sie dasselbe von mir.

Ein Beispiel: Es fällt den Erzieher_innen in einer Kindertageseinrichtung auf, dass ein Kind sich auffällig verhält, dass es aggressiv ist und selbst immer wieder sagt: »Du musst nur ordentlich verdroschen werden.« Die Kinderbetreuungseinrichtung weiß, dass in der Familie eine ambulante Jugendhilfemaßnahme in Form einer sozialpädagogischen Familienhilfe installiert ist. Ein Austausch zwischen den beiden Angeboten findet nicht statt. Die Kindertagesbetreuung erwartet von der SPFH, dass das Thema Gewalt in der Familie bearbeitet wird. Die SPFH erlebt im häuslichen Umfeld diverse Probleme, doch einen Anhaltspunkt in Bezug auf Gewalt hatte sie in ihren Beobachtungen bisher nicht. Zu Hause ist das Kind ruhig und unauffällig, auch die Erziehungsverantwortlichen haben nie über aggressives oder gewalttätiges Verhalten gesprochen. Die Familienhilfe kann dementsprechend der Erwartung der Kinderbetreuungseinrichtung nicht entsprechen.

Es liegt also immer in der Verantwortung aller Beteiligten, einen Umgang mit den eigenen Beobachtungen zu entwickeln. Wenn sich die Situation mit den eigenen Mitteln nicht verändern lässt, wäre eine Mitteilung an das Jugendamt und oder die Anregung einer

Schweigepflichtentbindung möglich. Sobald eine Schweigepflichtentbindung vorliegt, könnte mit den Fachleuten der sozialpädagogischen Familienhilfe auch direkt Kontakt aufgenommen werden.

Hinsichtlich des Themas Kindeswohlgefährdung sollte sich eine Organisation mit ihren Erwartungen auseinandersetzen – allgemein oder auch in Bezug auf einen konkreten Fall.

Methode: Das Erwartungskarussell in der Fallreflexion

In der Mitte des Raums liegt eine Moderationskarte, die für die Mitarbeiter_in steht, die direkt mit dem Fall arbeitet. Die Mitarbeiter_in wird gefragt, welche Organisationen in dem Fall eine Rolle spielen. Diese Organisationen bekommen ebenfalls Moderationskarten als Platzhalter. Dann kommen die wichtigen Personen aus der eigenen Organisation dazu, möglicherweise die Leitung, die Lotsenstelle, andere Entscheidungsträger_innen oder Kolleg_innen. Es wird ein Kreis um die Karte der Mitarbeiter_in gelegt. Mit in diesen Kreis gehören auch die wichtigsten Personen aus dem Fall: die Erziehungsverantwortlichen, die Kinder und so weiter. Alle diese Karten haben dieselbe Farbe (in unserer Grafik sind sie blau).

Im zweiten Schritt kann die Mitarbeiter_in sich aussuchen, mit welcher Person oder Organisation begonnen wird. Sie_er soll aussagen oder vermuten, welche Erwartung(en) von dieser blauen Karte an sie_ihn gerichtet werden. Die Erwartungen werden ebenfalls auf Karten geschrieben, die alle dieselbe Farbe haben, in unserem Beispiel Gelb. So wird eine blaue Karte nach der anderen bearbeitet.

Im dritten Schritt soll die Mitarbeiter_in formulieren, welche Erwartungen er_sie selbst an die blauen Karten hat. Auch diese Erwartungen werden auf Karten in einer bestimmten Farbe geschrieben, in unsreem Beispiel haben sie eine grüne Farbe.

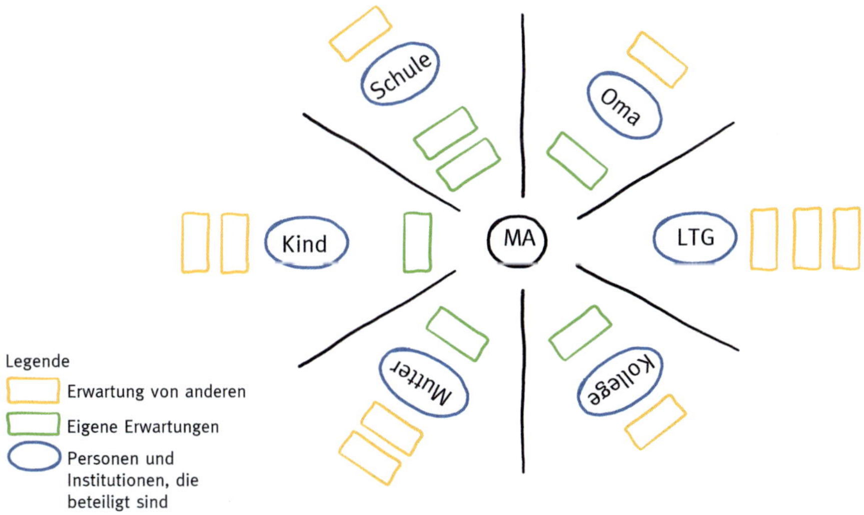

Anschließend wird die Mitarbeiter_in aufgefordert zu sortieren, welche Erwartungen der anderen er_sie annehmen möchte und welche er_sie ablehnt: Ist es möglich oder sinnvoll, diese Erwartung zu erfüllen? Die Erwartungen, die er_sie ablehnt, werden außerhalb des Kreises hinter die entsprechende blaue Karte gelegt.

Zuletzt soll geklärt werden, wie das entstandene Erwartungskarussell transparent für die anderen Beteiligten hinter den blauen Karten wird:

- Wann wird die Ablehnung der Erwartungskarten, die aus dem Kreis gelegt wurden, den entsprechenden Organisationen oder Personen kommuniziert? An dieser Stelle geht es darum, dass sich die Mitarbeiter_in von Erwartungen abgrenzt, die sie_er nicht erfüllen kann oder die nicht zu ihrem_seinem Aufgabenbereich gehören.
- Wann werden die Erwartungen, die die Mitarbeiter_in erfüllen möchte, den anderen gegenüber formuliert und die entsprechenden Verantwortungsbereiche und Handlungsziele festgelegt?
- Sind die Erwartungen der Mitarbeiter_in an die anderen ausreichend deutlich kommuniziert? Wenn nicht, lautet hier ebenfalls die Frage: Wann geschieht das?

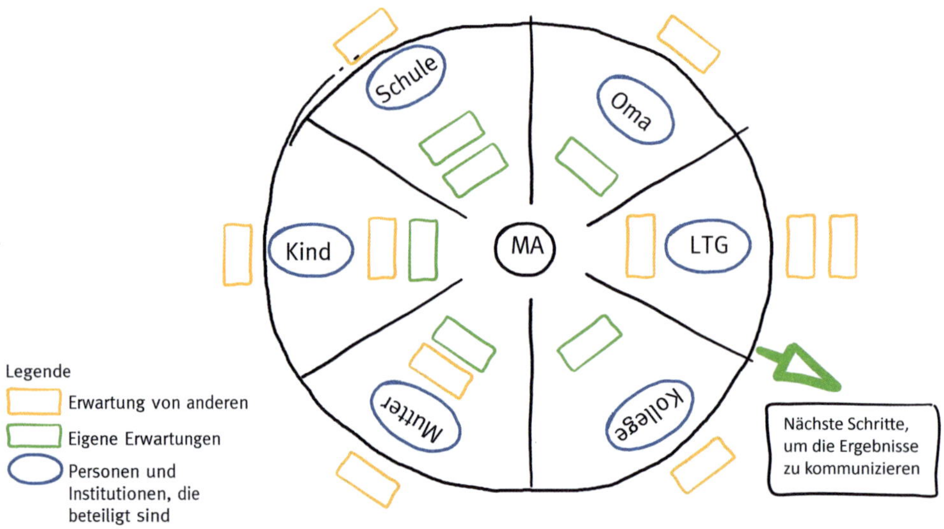

Ziel der Methode ist eine Klärung der Erwartungen für die Mitarbeiter_in und Klarheit in Bezug auf Grenzen und Aufgaben in der Hilfe. Zudem dient die Methode dazu, festzulegen, mit wem wann und wie über die Erwartungen kommuniziert wird, wenn dies nicht bereits geschehen sein sollte.

Wichtig ist die Reflexion, dass in den Erwartungen immer auch Verantwortungen stecken, sodass über die Klärung der Erwartungen auch eine Klärung in Bezug auf Verantwortungsübernahme und -ablehnung erfolgt ist. Das sollte am Ende als Ergebnis noch einmal deutlich formuliert werden.

Methode: Das Erwartungskarussell zur Reflexion des Netzwerks

Das Erwartungskarussell kann eine gute Reflexionsmethode für ein Team sein, weil damit unterschiedliche Erwartungen abgeglichen und auf Nutzen und Sinnhaftigkeit hin überprüft werden können.

Im Prinzip funktioniert das Erwartungskarussell hier genauso wie in der Fallreflexion. Wieder werden die Akteur_innen im Kreis gelegt. Der gesamte Prozess ist hier aber ein Diskussionsprozess im Sinne eines gemeinsamen Verständnisses der Konstellationen im Hilfesystem.

Am Ende steht auch hier die Frage, ob das Ergebnis den Netzwerkpartner_innen bereits transparent kommuniziert wurde.

Kommunikation, Verantwortung und Kooperation im Netzwerk

In Netzwerken entstehen häufig hierarchische Dynamiken, obwohl die Akteur_innen untereinander gleichberechtigt sind. Jede Akteur_in ist aufgrund der eigenen Kompetenz und Expertise am Netzwerk beteiligt, dennoch folgen die Teilnehmenden oft einer Hierarchie der Berufsausbildungen oder der vermeintlichen Macht von Akteur_innen. Solche Hierarchien schaden dem konstruktiven Nutzen von Netzwerken. Wie heißt es so schön: »Die Party ist nur so gut wie ihre Gäste.« Ein Netzwerk nützt nur dann, wenn sich alle Beteiligten mit ihren Positionen einbringen.

Um Hierarchisierungen entgegen zu wirken, hilft es, immer wieder auf die unterschiedlichen Kompetenzbereiche hinzuweisen. Die Regeln »Jede_r kommt zu Wort« und »Jede_r Beitrag ist wichtig« könnten ebenso eine gute Basis sein. Je akademischer die Ausbildung, desto wahrscheinlicher wird es, dass Menschen andere mithilfe von Redegewandtheit und vielen Fremdwörtern verstummen lassen. Alles Gesagte soll von jede_m verstanden werden können, und nicht Verstandenes kann jederzeit nachgefragt werden – das wäre dazu eine gute Regel.

Weiterhin sollte in einem Netzwerk immer klar sein, wer wofür die Verantwortung hat und wie die Kooperation gestaltet wird.

Vernetzung als Sicherungssystem in der Region

Gut funktionierende Netzwerke können in einer Region als Sicherungssysteme dienen. Dabei geht es uns nicht nur um Fallbetrachtungen, sondern auch um strukturelle Fragen:

- Welche Angebote gibt es in der Region, welche Fachkompetenzen weisen die unterschiedlichen Träger auf?
- Welche Kooperationen sind möglich?
- Welche Lücken werden entdeckt und wie können sie gefüllt werden?

All das sind interessante Fragen für ein Netzwerk, das dazu beiträgt, das Kindeswohl zu sichern.

Netzwerke sind nicht nur Orte für fachlichen Austausch, sondern für Klatsch und Tratsch. Uns stellt sich die Frage: An welchen Stellen ist Austausch sinnvoll, gerechtfertigt und hilfreich, und wann geht es in erster Linie um das Kommunikationsbedürfnis der Akteur_innen? Der Satz »Kindeswohl geht vor Datenschutz« bezieht sich nur auf die Kommunikation mit dem öffentlichen Jugendhilfeträger, also dem Jugendamt. Er bedeutet nicht, dass sich jede_r mit jede_m über eine Sorge austauschen kann. Ein Austausch über eine konkrete Sorge bedarf immer der Einwilligung der Erziehungsverantwortlichen oder einer Aufforderung durch das Jugendamt. Wenn eine Organisation erkennt, dass mehrere Netzwerkpartner_innen an einem Fall beteiligt sind, wird es erforderlich, Schweigepflichtentbindungen zu organisieren, um die Hilfsangebote miteinander abstimmen zu können. Die Erziehungsverantwortlichen und die Kinder müssen über diese Absprachen informiert werden.

Eine besondere Rolle könnte dem Netzwerk zukommen, wenn sich ein Kinderschutzfall nicht auf einen überschaubaren Kreis von Betroffenen eingrenzen lässt. Dies könnte der Fall sein, wenn es sich um Übergriffe in offenen Angeboten der Jugendhilfe handelt oder um organisierte Kindeswohlgefährdung, beispielsweise im Bereich der sexualisierten Gewalt oder der Kriminalität. Um in einem solchen Fall zu vermeiden, dass Kinder, die eine Kindeswohlgefährdung erlebt haben, übersehen werden, ist es aus unserer Sicht wichtig, so weit wie notwendig Transparenz im Netzwerk zu schaffen. Das muss vom Jugendamt gerahmt werden – die anderen Akteur_innen sind in der Pflicht, auf einen transparenten Umgang hinzuwirken.

Ein Beispiel: Es wird bekannt, dass Kinder auf dem Spielplatz angesprochen wurden und ihnen gegen Geld aufgetragen wurde, zu stehlen. Aufgefallen ist das Geschehen, als ein Kind sich an seine Eltern wandte. Nach Aussage des Kindes waren andere Kinder beteiligt, auch Kinder, die das Kind nicht kennt. Es wird vermutet, dass auch mehrere Erwachsene involviert waren.

Um die Kinder, die noch nicht bekannt sind, zu schützen, könnte das Netzwerk eine wichtige Rolle einnehmen. Dabei soll das Netzwerk nicht die Rolle der Polizei übernehmen, sondern vielmehr ein offenes Auge und Ohr für Kinder haben, deren Verhalten sich vielleicht verändert hat oder die über Geld oder Geschenke verfügen. Ziel ist es, die Kinder davor zu schützen, für kriminelle Handlungen missbraucht zu werden. Darüber hinaus müssen die Kinder gestärkt und die Situation muss ihnen verdeutlicht werden. Gleichzeitig dürfen solche Veröffentlichungen nicht dazu führen, dass Kinder und Erziehungsverantwortliche in Generalverdacht geraten. Hier könnte eine Akteur_in, die mit dem Fall beschäftigt ist, das Jugendamt auffordern, dass das Netzwerk aus Sorge um mögliche Kindeswohlgefährdungen einbezogen wird. Auch könnte das Jugendamt von sich aus die Information weitergeben und einen Austausch im Netzwerk initiieren.

In einem anderen Beispiel wurde bekannt, dass ein Täter in der Region sexualisierte Gewalt ausgeübt hat. Durch die Veröffentlichung im Netzwerk wurde es möglich, auf weitere betroffene Kinder und auch auf weitere Täter_innen aufmerksam zu werden.

In Systemen von Fachleuten, die nur mangelhaft oder gar nicht kooperiert haben, sind bereits Kinder verstorben. Die Verantwortung der einzelnen Akteur_innen wurde bereits hinlänglich analysiert.[48] Auf einzelne Fälle möchten wir an dieser Stelle nicht eingehen, dennoch sollten sie allen, die in Netzwerken zu Kindeswohlgefährdung arbeiten, mahnend im Kopf sein. Jede_r hat nur einen beschränkten Überblick, und manche Verknüpfungen fallen den Fachleuten in ihrer Konzentration auf die eigenen Handlungsfelder nicht ein. Daher braucht es gut funktionierende Netzwerke, um das Kindeswohl zu sichern.

Gruppenreflexion: Konstitution eines Netzwerkes

Hier sollen in aller Kürze zwei Ansätze zur Konstitution und Reflexion von Netzwerken vorgestellt werden.

Haltung – Grenzen – Möglichkeiten

Die Netzwerkpartner_innen klären miteinander die Fragen: Welche Aspekte im Netzwerk sind jeder Netzwerkpartner_in wichtig, wenn das Kindeswohl im Mittelpunkt stehen soll?

Die Teilnehmer_innen setzen sich außerdem mit folgender Frage auseinander: Was könnte eine andere Organisation im Netzwerk tun, um mich in meiner Rolle/Organisation zutiefst zu verletzen? Wie kann ich mich und wie können wir uns im Netzwerk gegenseitig davor schützen – oder müssen wir mit diesem Risiko leben?

Gemeinsame Fallarbeit

Die Netzwerkpartner_innen klären miteinander die Fragen: Welche Themen werden von wem angesprochen und verfolgt? Wer übernimmt welche Kontrollaufgaben? Wie wird die Kommunikation im Netzwerk organisiert? Wie werden alle diese Vorgänge den Hilfesuchenden transparent gemacht?

48 Siehe etwa Biesel, Kay/Wolff, Reinhart (2014): Aus Kinderschutzfehlern lernen. Eine dialogisch-systemische Rekonstruktion des Falles Lea-Sophie. Bielefeld: Transkript.

Weitere Themen des Kinderschutzdiskurses: Partizipation – Grenzen – Kontinuität und Verlässlichkeit – Macht – Sexualität

Für den trägerinternen Schutz von Kindern und allen anderen Hilfesuchenden gibt es unter Fachleuten mittlerweile einen großen Konsens darüber, dass die Themen Partizipation, Grenzen, Verlässlichkeit, Macht und Sexualität von großer Bedeutung sind. Neben guten Ansätzen klaffen jedoch auch Lücken, vor allem hinsichtlich praxisbezogener und nachhaltiger Konzepte. Manchmal wird die Auseinandersetzung mit diesen Themen als zusätzliche Belastung im ohnehin eng getakteten beruflichen Alltag erlebt und sorgt schon deshalb für Abwehr. Aus unserer Sicht stellt sich jedoch Entlastung ein, sobald die Themen bearbeitet und passende Konzepte entwickelt wurden. Sowohl in Krisensituationen als auch im alltäglichen Handeln geben solche Konzepte Orientierung und Sicherheit im Handeln.

Neben den oben genannten Themen können zusätzlich noch andere Fragestellungen für eine Organisation im Rahmen des Kinderschutzes wichtig sein, beispielsweise Behinderung, psychische Erkrankung oder Delinquenz. Ihre Bedeutung hängt vom Schwerpunkt der Organisation und von ihren Anforderungen ab. Themen, die für die Organisation relevant sind, sollten auf jeden Fall auf der Agenda der Lotsenstelle stehen. Die Lotsenstelle kann Diskurse anregen, Fortbildungen organisieren oder auch Instrumente entwickeln, um diese Themen gut in den Arbeitsalltag zu integrieren.

Partizipation

Keine Organisation, die mit Menschen arbeitet, kommt mehr um einen Umgang mit Partizipation herum. Die Beteiligung der Hilfesuchenden ergibt sich schon aus den Menschen- und Kinderrechten. Jeder Mensch hat ein Recht darauf, beteiligt zu werden. Aus systemischer Sicht gehen wir außerdem davon aus, dass jede_r, unabhängig vom Alter, Expert_in für sich selbst ist. Nicht die Fachleute entwickeln die Lösungen, sondern die Hilfesuchenden nehmen Angebote oder Unterstützung an und suchen sich etwas Passendes für ihre aktuelle Situation heraus, oder sie entwickeln aus den Anregungen eine weiterführende Lösung. Beteiligung ist unumgänglich. Selbst in der Medizin, die ja weitgehend auf Expertentum und monokausalen Handlungssträngen basiert, setzt sich immer stärker durch, dass es förderlich und fair ist, Patient_innen in die Behandlungsüberlegungen einzubinden. Zu den guten Ideen hinsichtlich Partizipation gehören auch die Verhandlungen im Morgenkreis der Kita oder der Familienrat, in dem die Beteiligten Problemlösungen entwickeln, die von allen getragen werden können.

Die Herausforderung im Umgang mit Partizipation ist aus unserer Sicht, dass eindeutig formuliert sein muss, in welchem Rahmen jemand beteiligt ist. Sich zu beteiligen und zu erleben, dass am Ende die eigenen Ideen nicht berücksichtigt werden, ist extrem frustrierend. Wenn beispielsweise die Hausordnung einer Wohngemeinschaft überarbeitet werden soll, dann müssen die dort lebenden Jugendlichen wissen, welche Regeln veränderbar sind und welche nicht. Auch die Kinder im Morgenkreis brauchen eine klare Aussage darüber, wozu sie Ideen entwickeln sollen. Wenn vorher für die Erzieher_innen schon klar ist, dass die Fahrzeuge heute auf keinen Fall genutzt werden, ist es unfair, das bei der Frage nach der Gestaltung des Tagesablaufes nicht zu erwähnen. Die Definition des Spektrums, in dem Mitbestimmung möglich ist, bietet Orientierung für alle Akteur_innen. Vor allem, wenn es um Themen geht, die in den Bereich einer Gefährdung fallen, muss deutlich sein, wo die Grenzen sind: Was darf auf keinen Fall mehr passieren? Dann erst kann die Diskussion eröffnet werden, in der alle gemeinsam überlegen, wie das umsetzbar ist.

Partizipation ermöglicht Weiterentwicklung – gerade für Menschen, die Unterstützung oder Begleitung brauchen. Durch Mitbestimmung machen sie die Erfahrung, dass sie selbst ihr Leben mitbestimmen können. Viele Kinder, Jugendliche und auch Erwachsene im Hilfesystem haben dagegen den Eindruck, dass sie ohnmächtig, ungeschützt, ja ausgeliefert sind. Viele haben die Erfahrung gemacht, dass wichtige Dinge über ihren Kopf hinweg entschieden wurden. In diesen Fällen ist es besonders wichtig, dass der Rahmen von Beteiligung immer wieder definiert und in zeitlichen Abständen reformuliert wird, um zu verhindern, dass sich Ohnmachtserfahrungen wiederholen.

Das gemeinsame Verhandeln von Grenzen ist ein wichtiger Aspekt im Kinderschutz. Die Grenzen der anderen zu kennen, schützt vor Grenzverletzungen und schafft einen sicheren Umgang miteinander. »Was würde dir jetzt, da du traurig bist, helfen?« ist ein partizipatives Angebot an Trost. »Ich muss dich jetzt mal umarmen« ist dagegen das Bedürfnis einer Seite, und die Überzeugung »Menschen, die traurig sind, müssen umarmt werden« ist ein Expertenansatz. In den beiden letzten Varianten spielen die Grenzen des Gegenübers keine Rolle. Partizipativ mit Menschen umzugehen ist eine Frage der Haltung, keine Frage der Technik oder des Regelwerks. Jeder Tag bringt tausende Situationen, in denen überlegt werden kann: »Beteilige ich die anderen an der Entscheidung oder setze ich sie von meiner Entscheidung in Kenntnis?«

Partizipation braucht Zeit. Fachleute müssen einen Rahmen definieren, ihn erklären und um Mitwirkung werben.[49] Dann müssen unterschiedliche Ideen gegeneinander abgewogen und daraus Entscheidungen abgeleitet werden. All das braucht zunächst mehr Zeit als Verbote, Anordnungen oder das Verkünden einer Regel. Unserer Überzeugung nach sind jedoch am Ende die Ergebnisse nachhaltiger und passender, sodass über eine längere Distanz gesehen Zeit und Ressourcen gespart und stabile, tragfähige Ergebnisse erzielt werden können. Auch kann nur im Rahmen partizipativer Prozesse gut eingeschätzt wer-

49 Siehe ausführlich Kapitel »Kooperation als Ausgangspunkt«.

den, inwieweit die Erziehungsverantwortlichen selbst in der Lage sind, gute Lösungen zu entwickeln. Auf lange Sicht schützen sie davor, immer wieder unterstützen zu müssen, weil ein neues Problem entstanden ist. Hilfe zur Selbsthilfe gelingt also besser mithilfe eines partizipativen Ansatzes. Im Sinne des Kinderschutzes ist die Einschätzung, ob die Erziehungsverantwortlichen künftig in der Lage sein werden, Entscheidungen zum Wohl ihres Kindes zu treffen, von außerordentlicher Bedeutung.

Selbstreflexion: Fragen zum Thema Partizipation

- Wie könnte in dieser Situation Partizipation aussehen?
- In welchem Rahmen ist Partizipation sinnvoll und möglich?
- Wie können die Ressourcen für partizipative Vorgehensweisen sichergestellt werden?
- An welchen Stellen fordere ich Partizipation und an welchen Stellen stelle ich Regeln auf?

Grenzen

In diesem Unterkapitel soll es um die Grenzen der Menschen gehen, die das Hilfesystem in Anspruch nehmen.

Grenzen werden nicht immer eindeutig formuliert. Manchmal lassen sie sich auch daran erkennen, dass etwas verweigert wird: Wenn für eine Familie eine große Anzahl an Hilfen installiert worden ist, kann es passieren, dass sie an bestimmten Tagen oder für bestimmte Hilfen die Termine absagt. Gerade Familiensysteme mit mehreren Kindern, mit Kindern mit erhöhtem Fürsorgeaufwand oder Alleinerziehende haben häufig so viele Termine, dass sie möglicherweise nicht mehr verarbeitet werden können. Hier stellt sich die Frage, ob die Hilfen nicht komprimiert oder reduziert werden können. Die Brille, mit der auf die Hilfsangebote geblickt wird, muss die des Schutzes der Kinder sein, insbesondere, wenn bereits Kindeswohlgefährdungen eingetreten sind.

Eine Schwierigkeit, die im Umgang mit Grenzen entstehen kann, ist die Abwägung unterschiedlicher Ansprüche und Bedürfnisse. Ein Beispiel, das in der Praxis häufig Kopfzerbrechen bereitet, ist das Umgangsrecht. In Fällen, in denen ein Kind den Kontakt zu einer_ einem Sorgeberechtigten bzw. Erziehungsverantwortlichen verweigert, zieht das Kind eine Grenze. Gleichzeitig gibt es ein Recht der (Ex-)Bezugspersonen auf Kontakt mit dem eigenen Kind. Hier müssen das Bedürfnis auf Grenzziehung und das Bedürfnis nach Kontakt gegeneinander abgewogen werden. Auch muss gefragt werden: Ist die Grenzziehung das Bedürfnis des Kindes – oder denkt das Kind, dass es so handeln müsse, um beispielsweise jemand anderen nicht zu verletzen? In jedem Fall sollte mit dem Kind daran gearbeitet werden, wie es dem eigenen Bedürfnis Ausdruck geben kann und welche Grenze gerade passt. Grenzziehungen auf einer Seite können Grenzverletzungen auf einer anderen Seite bedeuten. Diese Wechselwirkungen müssen Fachleute im Blick behalten und sich entsprechend positionieren.

Die Grenzen von Menschen, die im Hilfesystem oder in Betreuungsangeboten angebunden sind, werden vielfach nicht wahr- oder nicht ernst genommen. Wenn etwa Erziehungsverantwortliche darauf hinweisen, dass sie nicht mehr können, dass ihre Grenze der Belastbarkeit erreicht ist, müssen diese Aussagen ernst genommen und nicht reflexartig beschwichtigt werden.

- Was bedeutet das für die Hilfesuchende selbst?
- Was bedeutet das für ihr Kind?
- Wie lange hält sie die Situation noch durch?
- Was passiert, wenn sie über die Grenze geht?
- Welche Unterstützung kann passend sein?
- Welche Konsequenzen hat es, wenn sie beschreibt, dass sie an ihre Grenze gekommen ist?

Solche Fragen helfen, um einen Eindruck zu gewinnen, ob ein Kind durch die Belastung der Erziehungsverantwortlichen aktuell gefährdet ist oder in naher Zukunft gefährdet sein wird; oder ob das Kind dadurch gefährdet ist, dass die Erziehungsverantwortliche ausfallen könnte.

Eine andere Grenzziehung, die auch nicht immer als solche wahrgenommen wird, ist eine mangelnde oder gar keine Entwicklung in die verabredete Richtung. Wenn es Zielvereinbarungen gibt, die im Schutzvertrag von allen gemeinsam entwickelt wurden, dann ist das die beste Basis für eine gelingende Umsetzung. In manchen Fällen klappt es trotz aller Beteuerungen nicht. Hier werden die Fachleute besonders gefordert und müssen kreativ nach Möglichkeiten der Unterstützung suchen. Bleiben die Ziele trotz tragfähiger Hilfsangebote unerreicht, drohen lediglich wiederkehrendes Misslingen und Frustration.

Selbstreflexion: Fragen zum Thema Grenzen

- Erkenne ich Grenzen, die von den Menschen, mit denen ich arbeite, gezogen werden?
- Woran erkenne ich, dass Menschen Grenzen ziehen?
- Wie und wem kommuniziere ich Grenzbeobachtungen?
- Wie kann ich erkunden, ob es sich um Grenzen handelt oder ob es andere Gründe sind, die ein bestimmtes Verhalten ausgelöst haben?
- Was sind die Konsequenzen, wenn ich diese Grenzen ernst nehme?
- Bin ich in der Lage, diese Konsequenzen umzusetzen?

Kontinuität und Verlässlichkeit

In Fällen von (beobachteter oder vermuteter) Kindeswohlgefährdung geraten mit dem Zeitpunkt der Veröffentlichung die Beteiligten häufig in eine ausgesprochen unsichere Lage. Die Hilfesuchenden wissen nicht, was als nächstes passiert, welche Folgen die Veröffentlichung nach sich zieht und was genau sie tun können, um etwas zu verändern, und ob sie das schaffen werden. Sie erleben Sorgen, Scham, aber auch Wut, Angst und Hoffnung.

In Krisenzeiten hat es sich bewährt, Struktur und Kontinuität herzustellen. Die Fachleute sind hier als Hilfe und gutes Vorbild gefragt. Leider sprechen die oft vorkommenden Wechsel von Ansprechpartner_innen oder auch unterschiedliche Auskünfte von verschiedenen Fachleute eine andere Sprache. Die Folgen sind nicht nur Verwirrung und Irritationen, sondern auch Lücken und blinde Flecken in der Fallarbeit. In der Analyse missglückter Kinderschutzfälle sind mangelnde Kontinuität in der Bearbeitung eines Falles ein maßgebliches Kriterium für das Scheitern. Umso wichtiger ist es, in Kinderschutzfällen besonders großen Wert auf Absprachen und klare Strukturvorgaben zu legen.[50]

Organisationen stehen vor der großen Herausforderung, Kontinuität und Verlässlichkeit herzustellen, auch wenn damit zu rechnen ist, dass Mitarbeiter_innen wechseln. Ein nützliches Instrument dafür ist die Dokumentation. Eine gute Dokumentation ermöglicht es, sich schnell in einen Fall einzudenken und zu erfassen, welche Schritte als nächstes zu gehen sind. Die beste Dokumentation nützt aber nur dann, wenn neue Fallzuständige in der Fallarbeit nicht wieder »bei Null« anfangen. Sie müssen sich darauf verlassen können, dass ihre Vorgänger_innen nach dem Konzept und den Verfahrensweisen der Organisation gearbeitet haben. Gleichzeitig müssen sie die Idee, dass sie selbst es besser machen könnten, hintenanstellen. Es gibt leider viel zu viele Fälle, in denen mit jedem Mitarbeiter_innenwechsel der Fall neu aufgerollt wurde. Aus systemischer Sicht gibt es immer verschiedene Wege, die gangbar sind – aber es hilft nicht, wenn jeder Weg nur bis zur ersten Kurve gegangen und dann ein neuer eingeschlagen wird. Die Folge davon sind Fallverläufe, in denen über lange Zeit kein konkretes Ergebnis erzielt wird. In Fällen, in denen es um die Sorge um eine Kindeswohlgefährdung geht, kann es passieren, dass neue Mitarbeitende sich erst einmal selbst davon überzeugen wollen, dass die Sorge berechtigt ist. Wenn es für eine solche Skepsis keine signifikanten Anhaltspunkte gibt, ist es aus unserer Sicht wichtiger, dass der einmal eingeschlagene Weg zu einem Ergebnis gebracht und dann erst ein neuer Weg denkbar wird. Die Lotsenstelle sollte in diesen Fällen eine Klammer bilden und Kontinuität erzeugen, um es neuen Kolleg_innen zu erleichtern, die begonnene Arbeit mit hoher Qualität und eigener Rückendeckung fortzusetzen. Die Expertise wird dann nicht einzelnen Personen zugeordnet, sondern in kollektiver, partizipativer Verantwortung dem gemeinsam installierten Schutzprogramm.

Ein weiterer wichtiger Punkt für ein kontinuierliches und verlässliches Handeln ist das Wissen darum, wie in der Organisation an verschiedene Herausforderungen und Fragestel-

50 Siehe ausführlich in Kapitel »Die Lotsenstelle Kinderschutz«.

lungen herangegangen wird. Alle müssen sich darauf verlassen können, dass es eine große Überstimmung im Umgang mit bestimmten Themen gibt. Beispielsweise sollten die Fragen nach Konsequenzen in der Erziehung, nach der Aufsichtspflicht oder nach dem Umgang mit Autonomie nicht zu divers beantwortet werden – alle sollten wissen, wie die Linie in der Organisation ist. Was sind die No-Gos, wo sind die Verhandlungskorridore? Wenn sie das wissen, können Fachleute mit größerer Überzeugung kommunizieren. Gleichzeitig sind sie weniger verunsichert und können Rückmeldungen von Hilfesuchenden besser einordnen – auch Aussagen wie »Das habe ich von XY aber ganz anders gehört!«

Zum Thema Kontinuität und Verlässlichkeit gehört auch, dass Konsequenzen nicht nur formuliert, sondern auch umgesetzt werden. Wenn im Schutzvertrag festgelegt ist, dass bei einer bestimmten Handlung das Jugendamt informiert wird, dann ist es im Sinne der Verlässlichkeit wichtig, dass das genau so passiert. Insbesondere freie Träger der sozialen Arbeit haben die Möglichkeit, ihre Verfahrensweisen in den Verträgen mit den zuständigen Jugendämtern zu formulieren. Wann wird das Jugendamt informiert, wenn Erziehungsverantwortliche nicht kooperieren? In welchen zeitlichen Abständen finden runde Tische oder Hilfeplankonferenzen statt? Wann gibt es eine Meldung nach § 8a SGB VIII? Die Verhandlungen für die Verträge mit dem Jugendamt dienen einer gemeinsamen Vergewisserung über die Vorgehensweisen. Oft gibt es hier noch die Möglichkeit, genauer und gründlicher zu entscheiden und zu formulieren. Es gibt immer wieder Hilfesuchende, die häufiger erlebt haben, dass Konsequenzen nicht umgesetzt wurden oder dass aus der Umsetzung nichts resultierte. Wenn das Schlagen eines Kindes eine Meldung an das Jugendamt nach sich zieht, dann ist außerdem die Frage, was dann genau passiert:

- Folgt vonseiten des Jugendamts etwas, was die Hilfesuchenden bemerken – eine Einladung zum Gespräch, eine Meldung an das Familiengericht oder etwas anderes?
- Folgt etwas auf der meldenden Seite?
- Ist die Kooperation dann beendet? Ist die Kooperation beim nächsten Mal beendet?
- Treffen wir uns ab jetzt häufiger?

Eine nicht umsetzbare Androhung oder eine nicht spürbare Konsequenz bestärkt die Hilfesuchenden eher in ihrem kindeswohlgefährdenden Handeln. Wenn die Fachleute, die die Konsequenz formulieren, nicht die Möglichkeiten haben, diese auch umzusetzen, ist eine enge Zusammenarbeit mit der Stelle, die diese Befugnis hat, notwendig. Außerdem ist es wichtig, immer auch eigene Möglichkeiten für Konsequenzen zu Verfügung zu haben. Eine Situation, in der die Fachleute auf die Reaktion anderer warten, während diese aber tatenlos bleiben, führt dazu, dass die Erziehungsverantwortlichen sie für ohnmächtig halten. Wenn die aufgeforderte Seite, beispielsweise das Jugendamt, nicht handelt, so wie es nach Ansicht der Fachleute wichtig wäre, dann kann das bedeuten, die Arbeit mit den Kindern und Erziehungsverantwortlichen zu beenden. Jede Akteur_in muss für sich selbst und in Abstimmung mit der Lotsenstelle bestimmen können, wo das Ende der Kooperation ist. Nur so kann verhindert werden, dass Gefährdungssysteme damit aufrechterhalten werden, dass die Stabilisierung der Situation im Fokus steht, aber nicht mehr die Veränderung. Mit eigenen Handlungsoptionen im Kopf können Fachleute verlässlich und konsequent handeln.

Selbstreflexion: Fragen zu Kontinuität und Verlässlichkeit

- Kann jederzeit eine Kolleg_in den Fall übernehmen und fortführen?
- Bin ich mir sicher, dass alle an dem Fall Beteiligten die gleichen Kriterien, Verabredungen und »roten Linien« befolgen?
- Sind die genannten Konsequenzen umsetzbar und kommen die Auswirkungen bei den Erziehungsverantwortlichen an?

Macht

Macht ist in pädagogischen Kontexten ein stark diskutiertes Thema. Zwischen negativen Assoziationen, beispielsweise Machtmissbrauch oder Übermacht, sind auch positive Gedanken wie konstruktiver Machtgebrauch und Schutznotwendigkeit im Diskurs. Wenn Pädagog_innen gefragt werden, ob sie Macht haben und diese auch gebrauchen, geben sie ganz unterschiedliche Antworten – von Ablehnung bis hin zu Selbstverständlichkeit. Eine kleine Diskussionsrunde im Team zu dem Thema ist spannend und wirft bedeutsame Fragen für die Zusammenarbeit auf. Wir empfehlen, Macht in Verbindung und im Hinblick auf das Ziel zu diskutieren:

- Wozu will ich die mir gegebene Macht nutzen?
- Für welches Ziel setze ich meine Macht ein?
- Geht es um die eigene Eitelkeit, Geld, Geltungsbedürfnis, Stärkedemonstration, blinde Hierarchie, sinnentleerte Autorität – oder um Gerechtigkeit, Kinderschutz, Einhaltung und Umsetzung von Menschenrechten, die faire Verteilung von Ressourcen, gute Lebensverhältnisse für alle, sozialen Ausgleich, Zugang zu Bildung, Nachhaltigkeit ...?

Fachleute haben nach unserem Verständnis immer Macht. Oft besitzen sie Definitionsmacht und die Macht, Dinge zu bewerten und zu entscheiden, die das Leben anderer Menschen nachhaltig beeinflussen können. Auch wird ihnen häufig von Hilfesuchenden Macht übergeben bzw. erwarten diese sogar eine machtvolle Haltung. Fachleute haben die Strukturmacht. Sie bestimmen, wie Kontakte aussehen, und sie setzen den Rahmen, in dem sie gestaltet werden. Sie haben auch die Macht, den Rahmen und die Inhalte einer Hilfe zu definieren.

Aus unserer Sicht sind die anderen Akteur_innen aber keineswegs machtlos. Auch Kinder, Jugendliche und Erwachsene haben Macht und können sie für sich oder auch gegen die Fachleute nutzen.

Eine Position zur Macht ist wichtig für eine klare Haltung in der Arbeit. Wenn Fachleute Regeln für Dinge aufstellen, die nicht passieren dürfen, weil dadurch ein Kind gefährdet wird, dann müssen diese Regeln, wenn nötig, mit Machtmitteln durchgesetzt werden. Aber auch in jeder Form von Erziehung steckt Macht: die Macht, etwas zu bestimmen und nur aufgrund von Alter oder Stellung durchzusetzen.

Doch Macht alleine nützt nichts – das erfahren viele Pädagog_innen am eigenen Leib. Wenn das Gegenüber die machtvolle Stellung nicht anerkennt, gelingt es nicht, es zu zwingen. Es ist dann nicht möglich, zu instruieren, auch nicht mit Macht. Das ist ein wichtiger systemischer Leitsatz. Die Menschen müssen sich selbst für eine Veränderung entscheiden. Allerdings können mit Macht die Konsequenzen, die diese Entscheidungen nach sich ziehen, verstärkt werden.

Mit Macht geht Verantwortung einher. Daher ist es wichtig, dass Fachleute entscheiden, welche Macht sie annehmen möchten, da sie dann auch die damit verbundene Verantwortung tragen müssen – und welche Macht sie ablehnen bzw. abgeben und damit auch die dazugehörige Verantwortung. Macht ist verführerisch und damit einhergehend auch das Gefühl von Verantwortung, dass Fachleuten suggeriert, etwas bewegen zu können. »Nur Sie können uns helfen«, »Sie machen das schon«, »Sie müssen doch wissen, was los ist« – das können Aussagen von Hilfesuchenden sein, die schmeichelhaft, aber auch verführerisch sind, weil sie eine Falle hinsichtlich der Verantwortungsübernahme darstellen. Der Wunsch, mit Macht Dinge zum Guten zu bringen, wirkt in vielen pädagogisch arbeitenden Menschen. Daher müssen Fachleute bescheiden bleiben. »Nicht der Fachmensch kennt die Lösung, sondern nur der_die Hilfesuchende« oder »Ich bin nicht einzigartig, was ich kann, können andere auch« sind Sätze, die ein Gegengewicht herstellen.

Dennoch bleibt beim Kinderschutz keine Wahl: Macht einzusetzen und Verantwortung zu übernehmen sind unverzichtbar. Das Risiko, dass ein anderer Weg, eine andere Entscheidung vielleicht günstiger gewesen wäre, gehört dazu. Die eigene Position, die mitunter nur mit Macht haltbar ist, kann sich im Laufe der Zeit als falsch erweisen. Der einzig gangbare Weg ist, auf der Grundlage der aktuellen Beobachtungen und Erlebnisse die eigene Macht zu nutzen, um Entscheidungen zu treffen und die Verantwortung für die Inhalte dieser Entscheidungen zu übernehmen.

Selbstreflexion: Fragen zum Thema Macht

- Welche Macht brauche ich für die Ausübung meines Berufes?
- Für welche Ziele setze ich Macht ein?
- Für welche Ziele nutzt mein professioneller Kontext seine Macht?
- Worin unterscheiden sich Macht und Autorität?
- Wie drückt sich meine Macht als Fachmensch in diesem Arbeitsbereich aus?
- Gebrauche ich diese Macht und zu welchem Zweck?
- Bin ich bereit, die Verantwortung zu übernehmen, die mit der Macht verbunden ist?
- Welche Verantwortung ist das?
- Welche Macht haben die Menschen, mit denen ich arbeite?
- Tragen sie die Verantwortung, die entsteht, wenn sie ihre Macht einsetzen?

Sexualität

Sexualität ist immer noch eines der großen Tabuthemen in unserer Gesellschaft. Trotz Aufklärung, Unterricht und allgemein zugänglichen Informationen bleibt Sexualität ein Thema, dass die meisten, wenn überhaupt, nur mit ausgewählten anderen besprechen möchten. Manche Bereiche sind besonders herausfordernd: Sexualität im Alter, Sexualität von Menschen mit körperlichen oder geistigen Besonderheiten, sexuelle Praktiken jenseits des Koitus und vieles mehr. Vermutlich fallen allen sofort eigene sexuelle Bereiche an, die bei der Aufforderung, darüber zu sprechen, Unbehagen bereiten würden. Auch deutlich wird die Tabuisierung bei Themen wie Pornographie oder Prostitution im In- und Ausland. Der Kund_innenkreis ist derart groß, die Arbeitsbedingungen sind meist menschenunwürdig, Menschenhandel, Gewalt und Frauenfeindlichkeit sind an der Tagesordnung und dennoch ist die Relevanz der Themen in der Öffentlichkeit erschreckend klein.

Auch für Fachleute ist es eine Herausforderung untereinander über Haltungsfragen in Bezug auf Sexualität zu diskutieren. Deshalb halten wir es für wichtig, dass Sexualität ähnlich wie Macht ein Thema ist, dass im Rahmen eines Schutzprogrammes in der Organisation verhandelt wird. Um die Sprachlosigkeit zu überwinden, ist es hilfreich, dass regelmäßig Anlässe geschaffen werden, um sich mit Fragen rund um Sexualität und Körperlichkeit zu beschäftigen. Fachleute müssen in ihrer Arbeit möglicherweise eigene Grenzen ziehen, indem sie Körperkontakt verwehren oder auf bestimmte Fragen nicht antworten. Gleichzeitig sind sie in der Rolle, reglementierend einzugreifen oder Sexualität selbst zu thematisieren.

In unserer Gesellschaft ist es nicht möglich, sich nicht zu Sexualität zu verhalten. Die Bilder von Sexualität haben sich in unserer Gesellschaft stark verändert, dennoch werden traditionelle Muster immer wieder aufgerufen. Für die Entwicklung einer selbstbestimmten Sexualität brauchen Menschen Kenntnis von der möglichen Vielfalt. Auch das kann ein herausforderndes Thema sein, denn in vielen Hilfesystemen ist Sexualität ein wichtiges Entwicklungsthema: angefangen von der Kinderbetreuungseinrichtung bis hin zur stationären Wohngruppe. An diesen Orten entwickeln die Betreuten eine eigene Körperlichkeit und Sexualität und brauchen dabei Freiraum, Unterstützung, Begleitung und vor allem Schutz. Eng verbunden mit dem Thema Sexualität sind Selbstbestimmung und Privatsphäre. Je nach Altersgruppe unterscheiden sich die Anforderungen. Fachleute sind stets gefordert, einen Umgang mit den dazugehörigen Fragen zu entwickeln.

Eine weitere wichtige Frage ist: Wie offen sollten oder dürfen Fachleute mit der eigenen Sexualität gegenüber Kindern, Jugendlichen und Erwachsene umgehen? Sie sind – in ihrer beruflichen Rolle – Vorbilder, aber auch Privatpersonen.

Neben den zwischenmenschlichen Herausforderungen und den pädagogischen Fragen spielt der Umgang mit Sexualität auch hinsichtlich sexualisierter Gewalt eine Rolle. Uns ist es wichtig zu betonen, dass sexualisierte Gewalt nichts mit Sexualität zu tun hat – vielmehr geht es um Machtmissbrauch, um Demütigung, finanziellen Gewinn, um Gewalt und so weiter. Dennoch trifft das Thema auf das Tabu, dass im Umgang mit Sexualität so eine große Rolle spielt. Von sexualisierter Gewalt Betroffene müssen häufig – neben der Bearbeitung des Erlebten – mit dem scheinbaren Makel der Mitschuld und des Schmutzigen kämpfen. Das vermeintlich Unaussprechbare führt immer wieder zu einer solchen Dynamik. Gerade Fachleute brauchen eine eindeutige Haltung und müssen in der Lage sein, sie auch gegenüber anderen zu vertreten. Stattdessen löst das Thema sexualisierte Gewalt oft aus, dass Fachleute sich hilflos und gefangen in den eigenen Fantasien und Emotionen fühlen. Bei der hohen Zahl an Menschen, vor allem an Frauen, die sexualisierte Gewalt erlebt haben, ist die Wahrscheinlichkeit enorm hoch, dass es in allen Organisationen Betroffene unter den Fachleuten gibt. Und trotz dieser hohen Anzahl ist es unvergleichbar schwerer, darüber ins Gespräch zu kommen, als über die Erfahrung, aus einer »Scheidungsfamilie« zu stammen oder darüber, selbst als Kind Gewalt erlebt zu haben. Sexualität ist immer noch im ganz tiefen, intimen Privatraum verortet.

Ein Faktor, der die Auseinandersetzung weiter verkompliziert, ist die Vermischung von Sexualität mit Vorstellungen von Eigentum und mit Besitzansprüchen: »Die Kinder gehören mir«, »Meine Frau, mein Mann, X ist mein_e Partner_in, mein Eigentum, und mit meinem Eigentum kann ich machen, was ich will«. Dabei wird unterstellt, dass sich das angebliche Eigentum seinerseits entschieden hätte, mein Eigentum zu sein – eine Entscheidung, die nicht mehr kritisch infrage gestellt wird.

Aus unserer Sicht ist der Austausch über Sexualität und sexualisierte Gewalt sehr wichtig. Scham und Unsicherheit, womit diese Themen häufig verbunden sind, bieten für die Arbeit in Kinderschutzfällen keine guten Voraussetzungen. Das Thema Sexualität kann in diesen Fällen in unterschiedlichster Art auftauchen. Es kann sein, dass Erziehungsverantwortliche in einer Art und Weise über ihre eigene Sexualität berichten, die den Fachleuten peinlich ist bzw. deren Grenze überschreitet. Es kann sein, dass Fachleute sich zu allen möglichen Themen rund um das Thema Sexualität positionieren müssen. Es kann sein, dass Fachleute entscheiden müssen, welche körperliche oder sexuelle Erfahrung in welchem Alter angemessen ist. Es kann sein, dass Menschen die Überzeugung vertreten, dass jedes Mittel recht ist, um Menschen für sexuelle Handlungen gefügig zu machen. Hierzu gehört beispielsweise das Verabreichen von K.o.-Tropfen, das gezielte »Betrunken-Machen« oder die Überzeugung, dass Menschen innerhalb von Beziehungen für sexuelle Handlung zur Verfügung stehen müssen – eine Überzeugung, nach der auch heute noch viele Frauen handeln müssen und behandelt werden.

Es kann vorkommen, dass sexuelle Wünsche an Fachleute herangetragen werden oder dass Hilfesuchende ihre eigenen Erfahrungen mit sexualisierter Gewalt erzählen und Fachleute sich ohnmächtig fühlen. Es kann sein, dass Fachleute von aktuellen sexualisierten Gewalthandlungen Kenntnis erlangen. Je nach Arbeitsplatz kann das Alltag oder Ausnahme darstellen. In jedem Fall halten wir es für wichtig, dass Fachleute dazu über Handwerkszeug verfügen. Dazu gehört eine eigene Position und auch die Position der Organisation.

Selbstreflexion: Fragen zum Thema Sexualität

- Wieviel sexuelle Freiheit soll ein Mensch im Alter von ... Jahren haben?
- Welche Grenzen habe ich beim Thema Sexualität in meiner professionellen Arbeit?
- Wie und wann setze ich diese Grenzen?
- Wie betrachte und thematisiere ich im Arbeitskontext Haltungen zu sexueller Selbstbestimmung, Intimität und Eigentum bzw. Besitz?
- Gibt es in meiner Einrichtung ein sexualpädagogisches Konzept?
- Welche Materialien habe ich zur Verfügung?
- Sind diese Materialien divers, d.h., gehen sie über die tradierten Vorstellungen von Heterosexualität, Ehe und fortpflanzungszentrierter Sexualität hinaus?
- Fühle ich mich selbst mit diesen Arbeitsmitteln sicher?
- Beantworte ich Fragen zu meiner eigenen Sexualität?
- Gibt es toxische Sexualität bzw. was könnte das sein?
- Gibt es eine gemeinsame Definition von sexualisierter Gewalt?
- Wie stehe ich zu Pornografie und Prostitution?

Arbeiten mit Familien und ihrem sozialen Umfeld im Kontext von Kindeswohlgefährdung

Dieser Teil des Buches fokussiert die pädagogische Arbeit mit Kindern und Jugendlichen, die von Kindeswohlgefährdung betroffen sind, sowie mit ihren Familien- und anderen Bezugssystemen. Geht es um eine Kindeswohlgefährdung und die Maßnahmen, sie abzuwenden, finden wir Beteiligte auf unterschiedlichen Ebenen. Neben der Arbeit mit den betroffenen Kindern und Jugendlichen steht besonders die Arbeit mit deren Erziehungsverantwortlichen im Vordergrund.[51]

Das vorrangige Ziel der Arbeit ist es, eine kindeswohlgerechte Situation wiederherzustellen, in der die Kinder und Jugendlichen verbesserte Entwicklungsmöglichkeiten haben. Dazu müssen die kindeswohlgefährdenden Handlungen beendet und positive Veränderungen für das Kind oder den Jugendlichen erkennbar werden. Das PPSB-Hamburg verfolgt in Kindeswohlgefährdungssituationen das Modell eines kooperativen Konzepts.[52] Wir gehen davon aus, dass wir auch in kindeswohlgefährdenden Settings Ressourcen entdecken können, mit denen an Veränderung gearbeitet werden kann. Auf der anderen Seite ist eine klare, an Grenzen orientierte Kommunikation mit Konsequenzen bis hin zur Inobhutnahme durch das Jugendamt notwendig, um gefährdeten Kindern und Jugendlichen Schutz zu bieten und Erwachsene vor weiteren Straftaten zu schützen. Dazu bieten wir unterschiedliche Impulse und Methoden für die praktische Arbeit an. Ebenso wollen wir über den Tellerrand des primären Bezugssystems hinausschauen und diskutieren, wie andere Personen des sozialen Kontextes hilfreich sein können: Was passiert, wenn innerfamiliär nichts mehr geht?

51 Zur Arbeit im Netzwerk professionellen Helfer_innen und auf der Ebene der Organisation siehe ausführlich die Kapitel »Systemisches Organisationskonzept zur Erstellung eines Schutzprogramms«, »Schutzprogramm für die Mitarbeiter_innen« und »Umsetzung des Schutzprogramms innerhalb einer Organisation«.

52 Hierzu haben die Lehrtherapeut_innen des PPSB-Hamburg das Fortbildungskonzept »Systemisch-pädagogische Kinderschutzfachkraft – KWG II« entwickelt. Mehr Informationen unter: https://ppsb-hamburg.de/lernen/Kinderschutzfachkraft_KWG_II.html.

Kooperation

Unter Kooperation verstehen wir die Kommunikation von mindestens zwei unterschiedlichen Akteur_innen und deren verhandelte Zusammenarbeit zu einem bestimmten Thema oder einer bestimmten Fragestellung mit einem festgelegten Ziel. Eine Kooperationsvereinbarung – als Merkmal von Kooperation – wird durch die Verhandlung unterschiedlicher Erwartungen und die Einigung auf das Thema konstruiert. Unsere systemische Haltung besagt, dass alle beteiligten Akteur_innen unterschiedliche Erwartungen an ein Thema mitbringen. Identisches Denken und identische Erwartungen sind eine Illusion. Daher ist es wichtig zu wissen, was die anderen Beteiligten erwarten, um zu entscheiden, ob die unterschiedlichen Erwartungen zu einer Kooperationsvereinbarung im Sinne eines kleinsten gemeinsamen Nenners verhandelt werden können. Wenn das nicht so ist, folgen wir der Aussage Niklas Luhmanns[53], der sagt, dass ein kooperatives soziales System nur dann entstehen bzw. bestehen kann, wenn die Differenz zum gemeinsamen Ganzen nicht zu groß wird.

Im Kontext von Kindeswohlgefährdung ist es notwendig, einen Unterschied zur Struktur »klassischer« Beratungssettings herauszustellen. Von Bedeutung ist zunächst, von wem der Anlass zur Arbeit ausgeht. Wir gehen von zwei unterschiedlichen Ausgangssituationen aus:

1. Erziehungsverantwortliche, die erkennen, dass sie Hilfe brauchen und aus eigener Motivation aktiv handeln, werden. Hier ist mit einem bereits bestehenden Interesse und der Einsicht zu Veränderung zu rechnen. Die Erziehungsverantwortlichen sind kooperationsbereit. Auch wenn die Kooperationsinhalte gründlich geklärt werden müssen, ist der erste Schritt zur gemeinsamen Arbeit damit getan.
2. Eine kindeswohlgefährdende Situation wird von außen – beispielsweise von einer pädagogischen Fachkraft, einer Erzieher_in in der Kita oder einer Helfer_in, die in dem System eingesetzt ist – beobachtet. Hier bedarf es zunächst einer Klärung der Sichtweisen: Welche gemeinsamen Einschätzungen gibt es und wo bestehen Unterschiede? Nicht selten muss zunächst die Einsichtsbereitschaft oder -möglichkeit der Erziehungsverantwortlichen geklärt und gegebenenfalls daran gearbeitet werden.

Auftakt für die notwendige Klärung der Kooperation in beiden Situationen ist: Eine kindeswohlgefährdende Situation ist durch Fachleute beobachtet, reflektiert und festgestellt worden und damit für sie ein verbindlicher Fakt. Als erstes muss geklärt werden, dass die

53 Luhmann, Niklas (1987): Soziale Systeme. Grundriß einer allgemeinen Theorie. Frankfurt am Main: Suhrkamp.

Gefährdung sofort aufhören muss. Diese Grundbedingung ist nicht verhandelbar – unabhängig davon, ob die Erziehungsverantwortlichen das zu diesem Zeitpunkt bereits einsahen oder nicht. Sie müssen sich bereit erklären, die Handlungen zu unterlassen, ansonsten gibt es keine Kooperation und der Fall wird durch das Gericht entschieden. Wie anschließend die neue, gefährdungsfreie Welt aufgebaut wird und wer aus dem Gefährdungssystem was dazu beiträgt, kann in der Kooperation zwischen Gefährdungssystem und Fachkraft entwickelt werden.

Wenn es sich um eine Sorge um eine mögliche Kindeswohlgefährdung handelt, sind die Fachkräfte verpflichtet, ihre Sorge zu kommunizieren. Verabredungen, die mit den Gefährdungssystemen getroffen werden, müssen ausreichend sein, um die Sorge bearbeiten zu können oder sie aufzulösen. Dabei ist es grundsätzlich hilfreich, in der pädagogischen Arbeit drei Ebenen zu unterscheiden:

- die Kooperation mit den Erziehungsverantwortlichen,
- Umgang mit komplexen Gefährdungssystemen,
- die Kooperation mit Kindern und Jugendlichen.

Die Kooperation mit den Erziehungsverantwortlichen

Fachkräfte beobachten mithilfe ihrer eigenen Strukturen familiäre Wirklichkeit und sorgen sich, dass Erziehungsverantwortliche kindeswohlgefährdend handeln könnten. Abgesichert durch die trägerinternen Verfahrensweisen zur Risikoeinschätzung bei Kindeswohlgefährdung[54] reflektieren sie sich dazu. Kommen sie zu der Einschätzung, dass es sich um Kindeswohlgefährdung handelt, geht es nicht mehr um die Frage »Was ist denn das Problem?«, sondern um die klare Aussage »Das ist das Problem!«. Die Sorge um das Kindeswohl wird von den Fachkräften als dringlichstes Thema definiert. Für Kooperationen zu anderen Themen muss zunächst diese Sorge ausgeräumt werden. Die Beobachtung der Fachkräfte steht an dieser Stelle nicht zur Verhandlung, sie darf nicht abgeschwächt oder bagatellisiert werden. Veränderung, die auf eine dem Kindeswohl entsprechende Situation ausgerichtet ist, muss unverzüglich eintreten. Das sinnstiftende Element der angestrebten Kooperation, nämlich die Abwendung der Gefährdung und somit die Herstellung einer dem Kindeswohl entsprechenden Situation, ist klar gesetzt.

Geklärt werden muss jedoch, ob eine kooperative Zusammenarbeit zwischen Fachkraft und Erziehungsverantwortlichen überhaupt zustande kommt. Dazu müssen die Beobachtungen und Themen konkret und transparent angesprochen werden. Die Erziehungsverantwortlichen müssen sich bezüglich der Kooperationsfrage entscheiden können. Möglicherweise entscheiden sie sich gegen eine Kooperation, vielleicht schon gegen gemeinsame Über-

54 Vgl. Schader, Heike (Hrsg.) (2013): Risikoabschätzung bei Kindeswohlgefährdung. Ein systemisches Handbuch. Weinheim und Basel: Beltz Juventa. Das PPSB-Hamburg bietet zudem Fortbildungen zur Erfahrenen Fachkraft Kinderschutz (EFK) nach SGB VIII, § 8a/b an.

legungen zum Thema Kooperation. Sollten sie sich aufgrund fehlenden Wissens, aus Angst oder in Ermangelung eigener Möglichkeiten nicht entscheiden können, ist es wichtig zu erarbeiten, welche Art der Unterstützung hilfreich wäre bzw. was zu tun wäre, um eine (andere) Entscheidung treffen zu können.[55] Es kann auch weitere Gründe geben, die zu einer Verweigerung von Kooperation führen können: kulturell bedingte Vorstellungen, z.B. Zwangsheirat, die Billigung von Gewalt gegen Kinder, klare Vorstellungen von geschlechts- oder altersspezifischen Rechten und Pflichten. Diese können, genau wie Traumatisierungen und aus Abspaltung resultierende blinde Flecken, Gründe für eine Entscheidung zur Nicht-Kooperation sein. Auch sie sollten von der Fachkraft thematisiert und, wenn möglich, als Kooperationshindernisse abgebaut werden.

Bleibt es bei der Verweigerung der Kooperation, heißt das konkret, dass die Sicherung des Kindeswohls nicht durch die aktuell installierte Hilfe gewährleistet werden kann. Es muss eine Meldung an das Jugendamt erfolgen, das seinerseits entscheidet, wie das Kindeswohl gesichert werden kann: durch Hilfen zur Erziehung, Mutter/Vater-Kind-Einrichtungen, Anstreben eines familiengerichtlichen Verfahrens mit Inobhutnahme oder anderes. Auch diese Reaktion auf die Verweigerung der Kooperation durch die Erziehungsverantwortlichen ist nicht verhandelbar und sollte zu Beginn der Hilfe glasklar kommuniziert werden. Das professionelle Handeln wird dadurch einschätzbar und eine möglicherweise notwendig werdende Inobhutnahme wäre keine Überraschung mehr. Es gilt die Handlungsleitlinie: Ohne Kooperationsbereitschaft der Erziehungsverantwortlichen zur Sicherung des Kindeswohls ist aus pädagogischer Sicht der Verbleib des Kindes im Erziehungssystem nicht möglich. Das Familiengericht muss über den Aufenthaltsort des Kindes entscheiden – auch im Fall, dass die Klärung der Kooperationsbereitschaft und die Entwicklung passender nächster Schritte zu viel Zeit in Anspruch nehmen und das Kind vorübergehend an einem sicheren Ort untergebracht werden muss.

Eine solche klare Haltung stellt in der Praxis eine hohe Hürde für viele Fachkräfte dar. Oft wird sie von den Fachkräften selbst als unangenehm und »böse« gegenüber den Erziehungsverantwortlichen wahrgenommen – der Blick auf das Kind und die Sicherung des Kindeswohls treten dabei in den Hintergrund. Hier hilft die Rückendeckung durch die Lotsenstelle und eine pädagogische Reflexion, die das Kind immer wieder in den Fokus der Betrachtung rückt.

Bevor weitergehende Interventionen bis hin zu einer Inobhutnahme notwendig werden, gibt es Möglichkeiten, Angebote zur Kooperationsklärung zu machen und ein gemeinsames Handeln mit den Erziehungsverantwortlichen zu entwickeln. Bezugnehmend auf das in Kapitel »Die Lotsenstelle Kinderschutz« entwickelte Ampelsystem befinden wir uns hier in den Kategorien eins (grün) und zwei (orange). Sollte eine akute Gefährdung des Kindes vorliegen (rot), muss das Kind gesichert werden, bevor über Kooperation nachgedacht werden kann.

---

55 Siehe ausführlich in Kapitel »Transparenz und Beschwerdewesen«.

Wir verstehen Kooperation immer als einen rekursiven, d.h. wechselseitigen und wechselwirksamen Prozess. Damit ist gemeint, dass auch die Fachkräfte in kindeswohlgefährdenden Situationen entscheiden müssen, ob sie die Arbeit an diesem Fall mit allen Schwierigkeiten und Konsequenzen übernehmen können. Selbstreflexion und die Klärung der eigenen Ressourcen, Stolpersteine und der eigenen Kooperationsbereitschaft ist immens wichtig, um qualitativ hochwertige Arbeit inklusive Auseinandersetzungsfähigkeit und klarer Positionierung leisten zu können. Die Entscheidung für eine Kooperation muss immer von allen Beteiligten getroffen werden!

Die Chancen auf eine stabile und zielgerichtete Kooperationsbereitschaft seitens der Erziehungsverantwortlichen steigen mit dem Grad der Kongruenz von Problemeinsicht. Systemisch betrachtet sind Menschen hinsichtlich ihrer Handlungen und ihrer Veränderungsbereitschaft nicht gezielt von außen instruierbar, sondern treffen autonome Entscheidungen auf der Grundlage ihrer eigenen inneren Organisation und ihrer internen Strukturen. Erziehungsverantwortliche, die das Wohl ihrer Kinder gefährden, werden sich genau dann verändern, wenn sie einen Anlass oder eine Notwendigkeit zur Veränderung erkennen können. Daher muss es in der Arbeit mit ihnen um Problemeinsicht und somit um die Motivation zur Veränderung und das Erkennen von Sinnhaftigkeit der Kooperation gehen. Davon ausgehend kann an der Entwicklung bzw. Stärkung von Ressourcen zur Abwendung der Kindeswohlgefährdung mithilfe alternativer Handlungsmöglichkeiten gearbeitet werden.

Aus unserer Sicht ist es von enormer Bedeutung, mit Erziehungsverantwortlichen über die eigene Kindheit und die am eigenen Leib erfahrenen Erziehungsstile ins Gespräch zu gehen, um Einsicht zu erzeugen und daraus resultierend die Motivation, etwas anders zu machen. Selbstreflexion in Form von Biografiearbeit, dem Nachdenken über die eigene Kindheitsgeschichte, können Erkenntnisse, neue Ideen und Kooperationsbereitschaft entstehen lassen.

Dabei können folgende Fragen hilfreich sein:

- Welche Erinnerungen haben Sie an Ihre eigene Kindheit?
- Was hat Sie in Ihrer Entwicklung gefördert? Was hat Sie gehindert oder blockiert?
- Was haben Sie als leidvoll erlebt?
- Was hätten Sie sich anders gewünscht? Was hätten Sie sich zusätzlich gewünscht?
- Welche Resilienzfaktoren gab es, die Ihnen geholfen oder Ihr Überleben ermöglicht haben?
- Wie können Sie die Erziehungsstrategien, die Sie selbst erlebt haben, heute durch andere Strategien ersetzen? Was klappt schon gut? Woran muss dringend gearbeitet werden? Wie und mit wem arbeiten Sie daran (Elternkurse oder -coaching, Beratung, Therapie, ...)?

Vor dem Hintergrund, dass wir Erziehungsverantwortliche auch als Expert_innen ihrer Welt anerkennen wollen, lohnt sich der Blick in die Vergangenheit, um Erklärungs-, aber möglicherweise auch schon alternative Handlungsmodelle erkennen zu können.

Wenn wir davon ausgehen, dass individuelle Systeme ein grundlegendes Interesse am Überleben haben, kann ein weiterer Schritt, der Motivation erzeugt, die Erkenntnis sein, dass Kooperation den Schutz vor eigener Bestrafung ermöglicht. Das Gefühl von Selbststeuerung (»Ich kann etwas für mich und mein Wohl tun«) lässt Motivation zur Veränderung des Verhaltens und zur Entwicklung neuer Handlungsalternativen entstehen. Gerade für Menschen, die sich Veränderung wünschen, ohne zu wissen, wie diese Veränderung funktionieren kann, ist es wichtig, dass die Fachkraft ihnen stärkend und motivierend zur Seite steht und Handlungsalternativen deutlich benennt.

Kooperation im Kinderschutz beschreibt den Umgang mit Möglichkeiten und Grenzen. Innerhalb des feststehenden Themas und Ziels – der Sicherung und Wiederherstellung des Kindeswohls – kann es durchaus unterschiedliche Optionen geben, wie dieses Ziel erreicht werden kann, welche Schritte gegangen und welche Alternativen erarbeitet werden können. Die Grenze im Sinne von Konsequenzen des Nicht-Handelns ist transparent benannt. Innerhalb der gemeinsamen Gestaltungs- und Verhandlungsspielräume sollten die Ideen und Lösungsansätze der beteiligten Akteur_innen respektvoll anerkannt werden. Je nach Struktur des Systems bieten sich unterschiedliche Methoden an.[56]

Selbstreflexion: Eigene Kooperationsbereitschaft[57]

- Welche Ressourcen habe ich, um das Thema Kindeswohlgefährdung anzusprechen?
- Was sind meine Befürchtungen, wenn es um das Besprechen von kindeswohlgefährdenden Aspekten mit Erziehungsverantwortlichen geht? Wovor habe ich Angst? Was haben diese Befürchtungen und Ängste mit mir und meiner Biografie zu tun? Welche Konsequenzen hat es für betroffene Kinder oder Jugendliche, wenn ich diese Ängste nicht bewältigen kann?
- Wie gelingt es mir, auch in sehr schwierigen Situationen noch den Ressourcenblick zu behalten?
- Wie gelingt es mir, Grenzen zu benennen?
- Wie gelingt es mir, die Konsequenzen, die ich ankündigen muss, auch einzuhalten?
- Welchen Rückhalt erlebe ich von meiner Leitung bzw. vom Träger?
- Wo erlebe ich Grenzen bezüglich meiner Offenheit gegenüber Ideen, die Erziehungsverantwortliche mitbringen? Wie gehe ich dann vor?

56 Siehe ausführlich in Kapitel »Setting und Strukturfragen«.
57 Siehe dazu auch in Kapitel »Umgang mit nicht (mehr) hilfreichen Handlungsmustern und Konstruktionen«.

Methode: Gemeinsam in See stechen: Die Vier-Perspektiven-Methode

Die Methode dient der Konstruktion einer Kooperationsvereinbarung mit den Erziehungsverantwortlichen. Wenn diese Kooperationsbereitschaft zeigen, ist es an der Zeit, die Kooperation inhaltlich auszugestalten.

Das Ziel der gemeinsamen Arbeit ist klar: Wenn der Verbleib des Kindes oder des_der Jugendlichen im Erziehungssystem gewährleistet werden soll, muss dort eine dem Kindeswohl entsprechende Situation hergestellt werden. Wichtig ist, dass alle Beteiligten ihre Erwartungen an den Prozess deutlich formulieren können. Die Gespräche werden von der Fachkraft moderiert und sollen allen Beteiligten ermöglichen, von Beginn an transparent über die aktuelle Situation zu sprechen. Vier Perspektiven werden besprochen:

- Was läuft gerade gut im Erziehungssystem?
- Welche Sorgen haben Sie?
- Welche Wünsche und Träume gibt es?
- Was denken Sie, welche Veränderungen geschehen müssen?

Zunächst beantwortet jede_r die vier Fragen in einem Interview mit der Fachkraft. Die Ergebnisse werden jeweils auf ein eigenes DIN-A4-Blatt notiert. Wir empfehlen, von Anfang an in einem Fachkräftetandem zu arbeiten. Je eine Fachkraft kann eine_n Erziehungsverantwortlichen interviewen. Danach stellen die Erziehungsverantwortlichen einander ihre Ergebnisse vor und vergleichen sie. Mit dem Ziel, eine Kooperationsvereinbarung zu formulieren, werden Schnittmengen überprüft und Unterschiede diskutiert. Dabei sollten die Fachkräfte nicht außer Acht lassen, dass sie selbst klar formulierte Erwartungen und Bedingungen in die Kooperation einbringen. Die Leitfrage in diesem Prozess lautet: Es ist, wie es ist – wir müssen einen anderen Umgang damit finden!

Die Vier-Perspektiven-Methode mit Familie X

Wir wollen die Vier-Perspektiven-Methode anhand eines bespielhaften Familiensystems verdeutlichen. Bei Familie X handelt es sich um eine fiktive Familie, mit der im Rahmen von sozialpädagogischer Familienhilfe gearbeitet wird. Das Beispiel stammt aus dem Kontext der Hilfen zur Erziehung, ist aber ebenso für alle anderen Organisationen geeignet, die mit Menschen arbeiten.

Aus Beobachtungen der Fachkraft ist deutlich geworden, dass innerhalb der Familie aufgrund von Suchttendenzen und häuslicher Gewalt eine kindeswohlgefährdende Situation besteht. Die Beobachtungen sind von der Familienhelferin im trägereigenen Verfahren reflektiert und mit dem Jugendamt und der Familie im Rahmen einer Meldung nach § 8a, SGB VIII besprochen worden. Die familiäre Situation kann anhand einer Familienskizze wie folgt dargestellt werden:

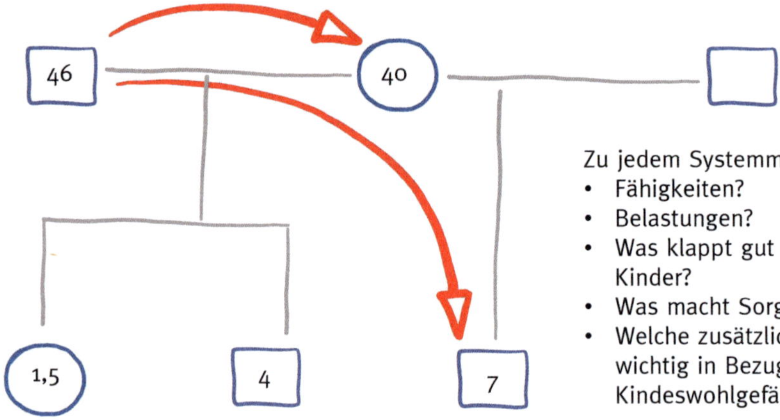

Zu jedem Systemmitglied:

- Fähigkeiten?
- Belastungen?
- Was klappt gut in Bezug auf die Kinder?
- Was macht Sorgen?
- Welche zusätzlichen Aspekte sind wichtig in Bezug auf eine (mögliche) Kindeswohlgefährdung?

Nach der Feststellung der kindeswohlgefährdenden Situation wurden zwei Fachkräfte in der Familie eingesetzt. Den ersten Schritt der Zusammenarbeit bildete ein Gespräch mit den Erziehungsverantwortlichen, dessen Verlauf und Ergebnisse im Folgenden skizziert werden. Das Gespräch fand im Büro des Jugendhilfeträgers statt. Hilfreich war, dass beide Eltern den Termin eingehalten haben. So entstand ein direkter Anlass zur Wertschätzung, der motivierend auf die weitere gemeinsame Arbeit wirken konnte.

Beide Erziehungsverantwortliche wurden von jeweils einer Fachkraft zu den vier oben genannten Fragen interviewt. Die Ergebnisse wurden während des Interviews auf DIN-A4-Blättern visualisiert.

Sichtweise der Mutter

Was funktioniert aus Ihrer Sicht gerade problemlos in Ihrer Familie?

Die Kindesmutter S. berichtet im Gespräch, dass es gut funktioniere, wenn sie mit den Kindern allein sei, was auch sehr oft der Fall sei, da der Kindesvater tagsüber arbeiten gehe und sich an mindestens drei Tagen in der Woche nach der Arbeit noch mit Kollegen treffe. Sonst schlafe er viel, da er nachts meist am Computer spiele. An dieser Stelle im Gespräch weist die Familienhelferin darauf hin, dass es gut wäre, zunächst bei den positiven Dingen zu bleiben, und dass Schwierigkeiten gleich noch thematisiert werden können. S. erklärt, sie schaffe es, die Kinder morgens gut in Schule und Kita zu bringen und dann mit der Kleinen zur Eingewöhnung zu gehen. Die Eingewöhnung laufe auch sehr gut – die Bezugserzieherin gebe eine gute Rückmeldung und M. habe schon eine fröhliche Beziehung zur Bezugserzieherin aufgebaut.

Die Zeiten, die die Kindesmutter mit ihrer Freundin N. verbringt, seien sehr schön und entlastend für sie. Sie helfe ihr auch beim Einkauf und mit den Kindern.

In der Familie sei es dann schön, wenn der Vater Zeit mit den Jungs verbringe. Das sei meist an den Wochenenden so – da lese er ihnen abends meist eine Geschichte vor; ab und an machten sie auch einen Ausflug als Familie. Solange alle zufrieden sind, sei das auch schön. Und mit seiner kleinen Tochter habe er einen engen Draht und würde viel mit ihr lachen.

An welchen Stellen entsteht bei Ihnen Sorge?

Große Sorgen bereitet der Mutter die Gewalt, die vom Vater ausgehe – vor allem gegen ihren Sohn aus erster Ehe, J., den der Vater des Öfteren schlage, wenn er nicht auf ihn höre. Sie finde das oft ungerecht, da er eigentlich ein toller Junge sei und glaube, dass der Vater das nur tue, weil er den Vater von J. schrecklich finde. Hier sei sie oft sehr hilflos und sage aus Angst vor ihrem Mann lieber nichts. Auch sie habe er schon geschlagen.

Zudem mache sie sich Sorgen um L.s Situation in der Kita. In einem Gespräch beim Abholen sei ihr mitgeteilt worden, dass L. sich oft in die Hose macht, und das verstehe sie gar nicht, da er ja schon trocken sei. Die Erzieher_innen in der Kita seien auch sehr erstaunt. Sie sei oft, vor allem wenn die kleine M. nachts viel wach sei, am Tag sehr erschöpft.

Welche Wünsche und Träume haben Sie in der momentanen Situation?

Sie wünsche sich, dass der Vater nicht mehr schlägt und alle als tolle Familie zusammenleben. Sie wünsche sich, keine Angst mehr haben zu müssen, wenn sie ihre Meinung sage. Die Mutter beschreibt weiterhin den Wunsch nach einer größeren Wohnung mit einem eigenen Schlafzimmer.

Was muss sich verändern und was möchten Sie dazu beitragen?

T. solle nicht mehr aggressiv sein und schlagen. Das müsse sich auf jeden Fall verändern. Auf Nachfrage, woran die Mutter Veränderung beim Vater erkennen würde, sagt sie: Die Stimmung wäre wesentlich entspannter, alle wären fröhlicher und sie würden mehr als Familie miteinander machen. Jede_r könne mal sagen, wozu sie_er Lust habe, und dann könnten sie das auch machen. Es würde nicht immer nur nach seiner Vorstellung laufen. Der Vater würde mehr auf die Kinder zugehen und mit ihnen spielen. Außerdem hätten sie dann auch mal stressfreie Zeit als Ehepaar, wenn die Kinder abends schlafen.

Die Fachkraft fragt nach: Stellen Sie sich einmal vor, Sie haben einen entspannten Abend mit Ihrem Mann verbracht – was haben Sie dazu beigetragen, dass das möglich geworden ist? Auf diese Frage antwortet die Mutter, dass sie als Erziehungsverantwortliche mehr ins Gespräch miteinander kommen müssen. Das müsse sie einfordern, denn sie wisse gar nicht, ob er bis jetzt ihre Wünsche kenne. Dafür wären gemeinsame Gespräche mit den Familienhelfer_innen als Moderator_innen gut, da sie nicht immer einschätzen könne, wie der Vater reagiert. Auch den Wunsch, dass T. ihr mal die kleine Tochter abnehmen und mit ihr auf den Spielplatz gehen könne, damit sie etwas mit ihren Jungs machen könne, wolle sie formulieren. Das würde sie aber erst mal gemeinsam machen wollen, damit der Vater auch wisse, was da alles wichtig sei.

Sichtweise des Vaters

Was funktioniert aus Ihrer Sicht gerade problemlos in ihrer Familie?

Gerade funktioniere gar nichts! Der Vater T. berichtet, dass er total genervt sei und gar nicht wisse, was das alles überhaupt solle. Er sei ja auch nicht anders großgeworden. Die Familienhelferin unterbricht hier das Gespräch und weist sehr deutlich darauf hin, dass die eigenen Erfahrungen aus der Kindheit keinerlei Legitimation für Gewalt gegen die eigenen Kinder ist und sofort beendet werden muss, wenn es nicht zu einer Inobhutnahme kommen soll. Sie könne eine gemeinsame Arbeit an neuen Möglichkeiten, mit den Kindern umzugehen, anbieten, es gebe jedoch ganz klare und verbindliche Regeln und Grenzen.

Die Frage, ob der Vater bereit sei, an Veränderungen zu arbeiten, kann er bejahen. Nach dieser ersten Klärung und klaren Benennung der Grenzen fragt die Familienhelferin nochmals danach, was gerade aus Sicht des Vaters positiv läuft. Er kann nach einem Moment des Nachdenkens benennen, dass sein Kontakt zu seiner Tochter M. gut ist. Er habe sie sehr ins Herz geschlossen. Zudem sagt er, dass es an den Wochenenden meist besser sei als in der Woche – dann sei er nicht so gestresst von der Arbeit. Dann gäbe es auch schöne, ruhige Momente mit allen.

Gibt es etwas, was Ihnen aktuell Sorgen bereitet?

Die Jungs machten, was sie wollten, seien ihm gegenüber frech und hörten nicht auf das, was er ihnen sage. Vor allem mit J. sei das so – das habe J. bestimmt von seinem Vater gesagt bekommen, dass er sich an nichts halten brauche. Das mache ihn wütend und dann rutsche ihm auch schon mal die Hand aus. Er wisse gerade nicht, was er verändern solle, der Junge müsse sich verändern.

Welche Wünsche und Träume für das Familienleben können Sie formulieren?

Er wünsche sich endlich mal Ruhe zu Hause, damit er sich ausruhen kann. Zudem nerve die Arbeit und der Stress dort. Die würden alle zu viel verlangen. Er könne nicht gleichzeitig mit dem »Stapler« überall sein. Da müsse er sich schon ordentlich durchsetzen.

Was muss sich aus Ihrer Sicht verändern und wie möchten Sie dazu beitragen?

T. wolle nicht, dass ihnen die Kinder weggenommen werden. Er müsse wohl aufhören, gewalttätig zu sein, wisse aber nicht wie.

Auch an dieser Stelle bezieht die Familienhelferin deutlich Stellung: Das Ausüben von Gewalt muss sofort beendet werden. Weitere Ausübung von Gewalt führt zu einem Ende der Kooperation und der Sicherung der Kinder durch eine Inobhutahme. Daher muss sofort an Handlungsalternativen in Überforderungsmomenten gearbeitet werden.

Auf die Frage, was T. helfen könnte und welchen ersten Schritt er sich vorstellt, weiß er zunächst keine Antwort. Seitens der Familienhelferin werden verschiedene Handlungsalternativen für Krisensituationen benannt: aus der Situation rausgehen, indem er der Raum verlässt; die Ehefrau rufen, damit sie unterstützen und übernehmen kann. Diese Ideen findet der Vater gut und versichert, dass er bei den nächsten Situationen die Mutter informiert und sich erst mal aus der Situation rauszieht. Auf die Frage, ob er sich vorstellen könne, z.B. Gruppenangebote im Bereich Antiaggressionstraining mitzumachen, gibt er an, dass er das ja mal versuchen könne. Gemeinsame Gespräche mit seiner Frau im Rahmen von Erziehungsberatung könne er sich auch vorstellen, wenn es denn nütze.

Ergebnis der Vier-Perspektiven-Methode

Durch eine klare Moderation und klare Gesprächsregeln gelingt es, dass beide ihre Themen benennen können. Besonders bei der Mutter ist das ein großer Erfolg, da sie sich getraut hat, ihre Meinung zu sagen.

Durch die eindeutige Position der Familienhelferinnen ist den Eltern der Ernst der Lage bewusst geworden. Vor allem der Vater sagt, dass er sich kontrolliert fühlt. Das ist für die Fachkräfte nachvollziehbar und auch ein Teil der momentanen Realität. Kinderschutz habe auch mit Überprüfung von klaren Verabredungen und Vorgaben zu tun, damit die Kinder gesichert leben können, wird ihm noch einmal deutlich gemacht. Den Fachkräften gelingt es gut, den Fokus auf der Veränderungsnotwendigkeit zu halten.

Um in der Kooperation einen konkreten Handlungsplan festlegen zu können, sollte als Standardinstrument die Arbeit mit einem Schutzvertrag eingeführt werden. Das Ziel der Kooperationsklärung ist das Erstellen und Unterzeichnen dieses Schutzvertrages, der transparent und überprüfbar die gemeinsame Arbeit regelt. Daher ist er nach den ersten Gesprächen der nächste Schritt.[58] Das parallele Vorgehen in einem anderen Kontext, z.B. in der Schule oder der Kita, wäre adäquat. Die Organisation würde die Erziehungsverantwortlichen einladen und das Gespräch mit ihnen führen. Bei den Verabredungen muss beachtet werden, dass diese für die Organisation überprüfbar sind.

58 Siehe ausführlich in Kapitel »Der Schutzvertrag«.

Entlastung der Fachkräfte durch Kooperation

Kindeswohlgefährdung geht in den meisten Fällen von den Erziehungsverantwortlichen der betroffenen Kinder und Jugendlichen aus. Daneben kommt es vor, dass Erziehungsverantwortliche das Wohl ihres Kindes gefährden, indem sie Gefährdungen, die von anderer Seite auf das Kind einwirken, nicht beenden und nichts dagegen unternehmen. Aus unserer Sicht ist es wichtig, dass Fachkräfte zunächst überprüfen, wer welche Rolle im Gefährdungssystem innehat. Im Fokus der Arbeit sollte dabei immer das Kind stehen. Gefährder_innen können unterschiedliche Gründe haben, so zu handeln, wie sie handeln: aus Unwissenheit um Handlungsalternativen, um Macht zu missbrauchen, um altbekannte Erziehungsmethoden anzuwenden und anderes mehr. In jedem Fall müssen die gefährdenden Handlungen sofort beendet werden, um einen Verbleib des Kindes im Erziehungssystem zu ermöglichen. Die Fachkräfte sind für die Sicherung des Kindes zuständig. Bei weitergehenden Bedarfen an Erziehungsberatung, Therapie, Gruppenangeboten für Eltern oder ähnlichem sollte die Fachkraft motivierend, vermittelnd und unterstützend arbeiten – aber weiterhin klar Stellung beziehen und einfordern, was aus fachlicher, systemexterner Sicht angezeigt ist, um das Kindeswohl wiederherzustellen.

Eine pädagogische Fachkraft kann nicht allein alle Bedarfe bedienen, die in einer komplexen Kindeswohlgefährdungssituation bearbeitet werden müssen. Um den Fokus auf das Kind und dessen Wohl nicht zu verlieren, sollten die einzelnen Themen inhaltlich und personell durch die Bildung von Tandems und die Kooperation im Hilfenetzwerk getrennt bearbeitet werden. Dadurch wird Komplexität reduziert, die schwierigen Aufgaben können getrennt voneinander betrachtet werden, und die Rollen und Aufgaben, die von den einzelnen Personen bearbeitet werden, sind klar. Zudem schützt eine solche Aufgabenteilung die Fachkräfte vor Überforderung. Daher empfehlen wir eine gute Vernetzung mit unterschiedlichen Anlaufstellen. Kooperationsbereitschaft seitens der Kolleg_innen ist ein elementar wichtiger Faktor.[59] Zur Klärung und Herstellung einer stabilen Kooperation sollte die Lotsenstelle einbezogen werden.

Kooperation im Fall einer Gefährdung von Kindern durch Dritte

Wenn die Gefährdung von anderen Personen ausgeht, z.B. einer Erzieher_in oder Sporttrainer_in, haben Fachkräfte, die mit den Familien arbeiten, oft nur indirekt mit den Gefährder_innen zu tun. Hier sollte klar sein, dass der Umstand, dass eine Kindeswohlgefährdung außerhalb der Familie stattfindet, die Erziehungsverantwortlichen nicht von ihrer Verantwortung entbindet, für die Sicherung des Kindeswohls zu sorgen. Auch hier besteht ein Handlungsgebot! Wenn die Erziehungsverantwortlichen ihr Kind nicht schützen, handeln sie kindeswohlgefährdend.

---

59 Siehe ausführlich in Kapitel » Arbeiten im Netzwerk« und »Der Sozialraum als Chance«.

In solchen Fällen ist die Unterstützungsmöglichkeit durch Fachleute anders gelagert, als wenn die Erziehungsverantwortlichen selbst die Täter_innen sind. Das Gespräch mit der Einrichtung muss gesucht werden oder Kinder müssen aus einer Sportgruppe herausgenommen werden. Die Gefährdung muss mit den Verantwortlichen besprochen und zu einer Klärung geführt werden. Die Erziehungsverantwortlichen bedürfen einer Beratung hinsichtlich einer strafrechtlichen Verfolgung und müssen vielleicht dazu ermutigt werden, ihr Kind ernst zu nehmen.

Aber auch hier gilt, dass die mitwissenden Fachleute sich zu der Kindeswohlgefährdung klar positionieren müssen. Kinderschutz geht alle Menschen in der Gesellschaft etwas an. Daher gehört es zu unseren pädagogischen Handlungsfeldern, weiterhin aufzuklären, zu ermutigen und Möglichkeiten aufzuzeigen, durch die Kinder, Jugendliche und Erwachsene Hilfe bekommen können. In Organisationen kann diese Aufgabe des aufklärenden, aktiven Kinderschutzes von der Lotsenstelle übernommen oder von ihr delegiert und kontrolliert werden.[60]

Die Kooperation mit Kindern und Jugendlichen

Wenn Kindeswohlgefährdung in Erziehungssystemen ein Thema ist, sind immer alle Kinder und Jugendlichen betroffen. Es ist von enormer Bedeutung, betroffene Kinder und Jugendliche einzubeziehen, ihre Bedarfe zu klären und sie in die Kooperation einzubinden. Auf der einen Seite liegt das bereits in der Formulierung von § 8a, SGB VIII begründet, der besagt, dass Kinder und Jugendliche bereits in den Prozess der Risikoabschätzung in einem ihrem Alter angemessenen Rahmen einbezogen werden sollen. Auf der anderen Seite ist ihr Mittun inhaltlich von großer Bedeutung, da ...

- ... Kinder und Jugendliche ihre Sorgen und Ängste formulieren können. Das trägt oft schon zur Entlastung bei.
- ... es das Empfinden von Selbstwirksamkeit ermöglicht. Kinder und Jugendliche erleben: »Ich kann mitgestalten und -entscheiden!« Das erleichtert den Umgang mit der Ohnmacht, mit der sie in der Gefährdungswelt oftmals konfrontiert sind, und sie fühlen sich gesehen, gleichwertig behandelt und somit respektiert.
- ... wir davon ausgehen, dass Kinder und Jugendliche Expert_innen für sich selbst sind. Sie haben mit großer Sicherheit Ideen, was ihnen helfen würde. Danach gefragt zu werden, Dinge benennen und zu merken, dass sie gehört werden, hilft Kindern und Jugendlichen, die in Not sind.
- ... alle Beteiligten die Chance erhalten, die Sichtweisen der jeweils anderen zu erfahren.
- ... es hilft, die Unsicherheit der Kinder und Jugendlichen über das, was passiert, und über das, was nicht mehr passiert, aufzulösen. Nach Watzlawik[61] können wir »nicht nicht kommunizieren«, und die kindliche Wahrnehmung ist mit sehr feinen Antennen versehen.

60 Siehe ausführlich in Kapitel »Die Lotsenstelle Kinderschutz«.
61 Watzlawick, Paul (1985): Die erfundene Wirklichkeit. München/Zürich: Piper.

Daher ist wichtig, Transparenz über das, was verabredet wird, herzustellen, damit Kinder und Jugendliche einschätzen können, warum Veränderung passiert. Dadurch erhalten sie auch die Möglichkeit, sich auf Verabredungen zu berufen.
- ... Kinder und Jugendliche sich oft selbst die Schuld an der Situation geben. Fachkräfte können Position beziehen und erklären, dass Erwachsene die Verantwortung für ihr Handeln vollumfänglich tragen. So kann zwischen den Anteilen der Kinder und denen der Erziehungsverantwortlichen unterschieden werden.
- ... eine kooperative, an Transparenz und Anerkennung orientierte Haltung gegenüber Kindern auch als positives Modell für Erziehungsverantwortliche dient.

Fragen, die Fachkräfte klären sollten, um betroffenen Kindern zu helfen zu können, sind daher:
- Wissen die Kinder und Jugendlichen, worum es geht?
- Wie gelingt es, die konkreten Themen, um die es bei der Kindeswohlgefährdung geht, mit allen Beteiligten zu bearbeiten?
- Wissen die Kinder und Jugendlichen, dass sie Unterstützung erhalten?
- Wie können Kinder und Jugendliche dabei unterstützt werden, ihre Meinung zu sagen, ihre Wünsche zu äußern?
- Wissen die Kinder und Jugendlichen, an wen sie sich wenden können, wenn sie sich in Not, unwohl oder verängstigt fühlen?

Methode: Gemeinsam in See stechen: Die Vier-Häuser-Methode

Die Methode dient der Kooperationsvereinbarung mit den Kindern. Nach den ersten Gesprächen mit den Erziehungsverantwortlichen ist das Gespräch mit ihnen an der Reihe. Die Methode entspricht der Vier-Perspektiven-Methode, wird aber für die Kinder ein wenig anders verpackt. Die Fachkräfte gehen mit ihnen auf Reisen
- zur Wohlfühloase,
- zum Kummerturm,
- zum Zauberzelt,
- zum Zukunftsschloss.

Erfahrungen aus der Arbeit mit Kindern zeigen, dass analoge Bilderwelten und Fantasiereisen sich sehr gut eignen, um mit Kindern ins Gespräch zu kommen. Je nach Alter (besonders bei Jugendlichen) können die Orte durch andere, passendere Orte ersetzt werden.

Anzustreben wäre aus unserer Sicht, dass Kinder und Jugendliche die Ergebnisse den Erziehungsverantwortlichen vorstellen. Das geht aber nur, wenn eine weitere Gefährdung auszuschließen ist. Wenn dadurch eine zusätzliche und gewichtige Gefährdung des Kindes angenommen werden muss, gibt es zwei Möglichkeiten: Entweder geht es darum, mit dem Kind eine Idee zu entwickeln, was passieren müsste, damit es seine Sorgen den Erziehungsverantwortlichen gegenüber doch noch äußern kann. Oder die bisherigen Möglichkeiten

Die Wohlfühloase	Der Kummerturm	Das Zauberzelt	Das Zukunftsschloss
Was läuft gerade gut bei euch in der Familie? Was gelingt dir gerade ganz besonders gut?	Welche Sorgen hast du? Was ist gerade so richtig blöd zu Hause?	Welche Wünsche oder Träume hast du, wenn du dir vorstellst, dass du zaubern könntest?	Was glaubst du, müsste anders sein, damit es dir besser geht? Welche Ideen hast du, was anders sein müsste?

Ergebnisse aus der Arbeit mit L. (4)

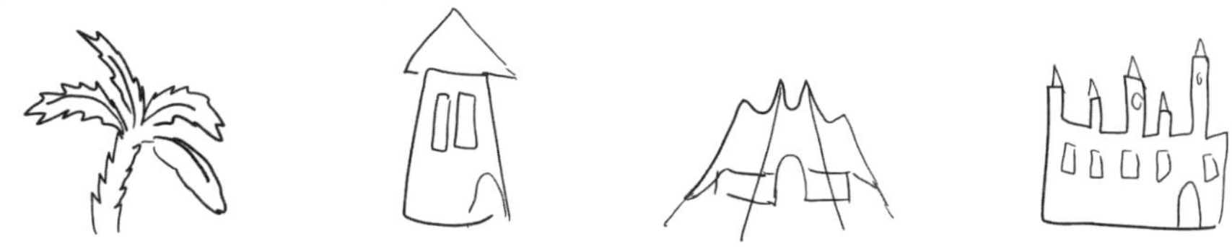

Die Wohlfühloase	Der Kummerturm	Das Zauberzelt	Das Zukunftsschloss
- mit Mama spielen - mit Papa ein Buch angucken - auf den Spielplatz gehen	- Streit mit J., wenn er mich ärgert - die Pipiunfälle in der Kita sind blöd	- mit Papa spielen - Papa wäre immer lustig und nett - ich hätte mein eigenes Zimmer	- Papa soll J. nicht mehr hauen - ich will nicht mehr Pipi in die Hose machen - ich muss dann schneller Ute (Erzieherin in der Kita) Bescheid sagen

Ergebnisse aus der Arbeit mit J. (7)

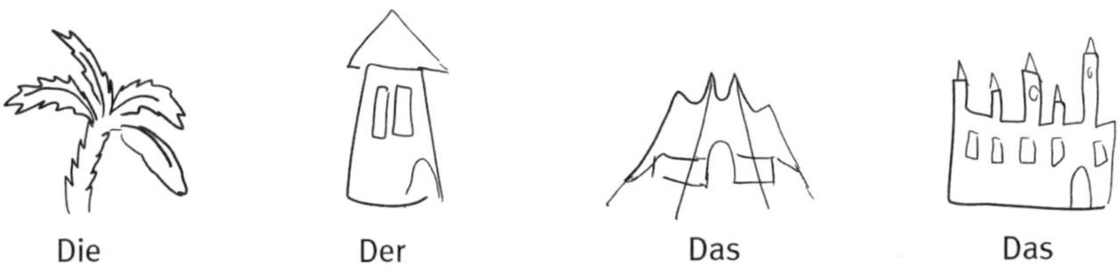

Die Wohlfühloase	Der Kummerturm	Das Zauberzelt	Das Zukunftsschloss
- Schule ist toll - am besten finde ich Malen und Sport	- zu Hause ist es total doof - T. haut mich oft, ich habe Angst - mein Bruder nervt mich – mit dem habe ich auch oft Streit	- ich werde nicht mehr geschlagen - Mama unterstützt mich - ich kann mit meinem echten Papa reden - ich kann zum Fußball	- T. soll aufhören, mich zu schlagen und mich anzuschreien

der Unterstützung sind nicht ausreichend und das Jugendamt muss über den Schutz des Kindes entscheiden. Auf keinen Fall dürfen sich Fachleute in ein Geheimnis mit dem Kind verstricken lassen.[62] Nahziel muss die Auflösung der kindeswohlgefährdenden Situation sein.

Möglicherweise entstehen bei den Kindern und Jugendlichen auch Bedarfe an weitergehender Kooperation mit der Fachkraft. Manchmal tut es schon gut, ein Eis zu essen, auf den Spielplatz zu gehen oder auf anderem Weg eine schöne Zeit mit der Fachkraft zu verbringen. Auch das sollte möglich gemacht werden, da Stabilität und eine stützende Atmosphäre für Kinder und Jugendliche in der Bearbeitung von kindeswohlgefährdenden Situationen von großer Relevanz sind. Sie sollten möglichst durch eine stabile Beziehungsperson, also ohne viele Wechsel der Zuständigkeiten, abgesichert werden. Die schönen Auszeiten können die Arbeit am Thema Kindeswohlgefährdung begleiten, ersetzen sie aber in keinem Fall.

Zusammenführung zu einer Kooperationsvereinbarung

Im nächsten Schritt werden die Ergebnisse aus den Gesprächen in einem von den Fachkräften moderierten Gespräch mit den Erziehungsverantwortlichen sowie den Kindern und Jugendlichen zusammengeführt. Für die Moderation dieses Gesprächs ist es von besonderer Bedeutung, Regeln zu vereinbaren, das bereits Geschaffte anerkennend wertzuschätzen und weiterhin konsequent und klar an Veränderung und Entwicklung zu arbeiten. Wenn die Wünsche, Sorgen und Ideen transparent und im wahrsten Sinne des Wortes visualisiert auf dem Tisch liegen, kann die gemeinsame Kooperationsvereinbarung erarbeitet werden. Diese Struktur sollte im Standardinstrument des Schutzvertrages festgehalten werden, der im folgenden Kapitel erläutert wird.

Grenzen der Kooperation

Wie bereits beschrieben, gibt es zwei Szenarien, die zum Ende einer Kooperation führen:

1. Die Erziehungsverantwortliche sind nicht kooperationsbereit.
2. Durch den transparenten Umgang mit der Gefährdung droht nach Einschätzung der Fachkräfte eine nicht zu verantwortende weitere Gefährdung des Kindes.

An dieser Stelle müssen Fachkräfte eine Meldung ans Jugendamt nach § 8a oder § 8b, SGB VIII über eine akute Gefährdungssituation machen. Die Kooperation im Sinne einer Sicherung des Kindeswohls ist nicht mehr möglich. Die Fachkräfte sind an dieser Stelle allerdings noch lange nicht aus ihrer professionellen Position entlassen. Das sind sie erst, wenn sichergestellt ist, dass das Wohl des Kindes durch Entscheidungen, die auf der Ebene des Jugendamts und des Familiengerichts getroffen werden, gesichert ist. Darauf haben Fachkräfte in ihrer jeweiligen Position hinzuwirken.

---

62 Siehe ausführlich in Kapitel »Umgang mit Geheimnissen«.

Der Schutzvertrag

Der Schutzvertrag zwischen den Fachkräften und den Erziehungssystemen zur Wiederherstellung einer dem Kindeswohl entsprechenden Situation ist ein Standardverfahren im Kinderschutzprogramm des PPSB-Hamburg. Wir empfehlen, den Schutzvertrag im Kinderschutzprogramm der Organisation als Standardinstrument fest zu verankern, mit dem in jedem Kinderschutzfall gearbeitet wird. Verbindliche und verlässliche Abläufe, Instrumente und Verfahren ermöglichen den Fachkräften eine in diesem schwierigen Arbeitsfeld stabilisierende Orientierung und ein strukturiertes Vorgehen.

Juristisch betrachtet, ist ein Vertrag eine zwischen mindestens zwei Rechtssubjekten vereinbarte Einigung zur Herbeiführung einer Rechtsfolge. Bedingung für das Zustandekommen eines Vertrags sind sogenannte Willenserklärungen: »Ja, ich bin einverstanden und will mich an die vereinbarten Regelungen halten und meine Pflichten erfüllen!« Verträge dienen dazu, Absprachen und Regelungen zwischen mindestens zwei Parteien verlässlicher, verbindlicher und überprüfbarer zu machen.

Einen wesentlichen Unterschied zu vielen anderen Verträgen gibt es jedoch: Der vom PPSB-Hamburg entwickelte Schutzvertrag ist nicht als etwas zu verstehen, was, einmal verfasst, in der Schublade verschwinden kann. Er stellt ein dynamisches Instrument dar, das von Termin zu Termin mit dem Erziehungssystem überprüft, bearbeitet und weiterentwickelt wird.

Einen weiteren Unterschied spielt in Fällen von Kindeswohlgefährdung das Spannungsfeld zwischen nötigem Vertrauen in die Ressourcen und ebenso nötigem Misstrauen, der dringenden Notwendigkeit von Kontrolle. Um allen Beteiligten zu ermöglichen, dem Prozess zu vertrauen, bedarf es gemeinsamer positiver Erfahrungen. Wir nutzen den Schutzvertrag, um einerseits Verlässlichkeit durch verbindliche Absprachen zu erzeugen und andererseits den Prozess zu kontrollieren. Der Schutzvertrag schafft Transparenz zwischen den Vertragspartner_innen, indem er Regelungen festsetzt und die Konsequenzen ihrer Nichteinhaltung benennt. Durch die Arbeit mit dem Schutzvertrag wird für das betroffene Kind ein hohes Maß an Sicherheit und Verbindlichkeit hergestellt. Der Schutzvertrag ermöglicht,

- getroffene Verabredungen zur Kooperation schriftlich festzuhalten,
- Ziele und Entwicklungen zu überprüfen,
- Weiterentwicklung in einem stabilen und bekannten Rahmen zu besprechen,
- Erfolge zu erkennen und wertzuschätzen,
- Geschafftes zu würdigen.

Der Vertrag regelt verbindlich die Zusammenarbeit an der Verbesserung des Kindeswohls. Besonders die Verschriftlichung mit der anschließenden Unterschrift erzeugt erfahrungsgemäß Verbindlichkeit.

Im Schutzvertrag[63] werden folgende Aspekte konkret geregelt:

- Zu welchen Handlungen darf es ab sofort nicht mehr kommen?
- Überprüfungszeitraum von ... Tagen durch ...
- Wie wird an der Stabilisierung des Kindes gearbeitet? Was wird dazu ab sofort getan und eingehalten?
- Wie wird das Kind eingebunden?
- Was ist der nächste Schritt bzw. das nächste Ziel in der Erziehung des Kindes?
- Wer macht was, um dieses Ziel zu erreichen (Erziehungsverantwortliche, Kind, Fachkraft)?
- Werden andere Bezugspersonen hinzugezogen oder informiert? Wenn ja, wer und wie?
- Was ist zu tun, wenn sich Verstöße gegen den Vertrag ankündigen oder bemerkt werden? Was tun die Erziehungsverantwortlichen? Was kann das Kind tun?
- Welche Rituale, um erfolgreiche und positive Entwicklungen abzusichern, werden eingeführt?

Methode: Den Schutzvertrag erstellen

Der Schutzvertrag wird gemeinsam mit den Erziehungsverantwortlichen und den Kindern oder Jugendlichen erarbeitet. Die Fachkraft übernimmt die Prozesssteuerung und Moderation, bringt sich mit ihrer klar am Kindeswohl orientierten Position ein und dokumentiert die Ergebnisse. Die Kinder oder Jugendlichen müssen bei der Erstellung des Schutzvertrags altersangemessen beteiligt werden. Wenn sie nicht im häuslichen Umfeld leben, sollte überprüft werden, ob es Aspekte gibt, die gegen eine Beteiligung der Kinder und Jugendlichen sprechen. Das könnte z.B. der Fall sein, wenn sie durch den Kontakt mit den Erziehungsverantwortlichen emotional überfordert oder gequält werden oder wenn sie äußern, dass sie keine Beteiligung wollen. Die Einschätzung möglicher Folgen durch einen mit den Kindern und Jugendlichen gemeinsam erarbeiteten Schutzvertrag sollte innerhalb der Organisation von der Fachkraft zusammen mit der Lotsenstelle getroffen werden. Wir empfehlen, für die Klärung dieser Frage ebenfalls eine Erfahrende Fachkraft Kindeswohl (EFK) hinzuzuziehen, um im Rahmen einer Risikoabschätzung die eigene Position zu reflektieren.

Bei der altersangemessenen Beteiligung von Kindern, die sich sprachlich nicht hinreichend mitteilen können, ist es dringend notwendig, die Beobachtungen der Fachkraft zu reflektieren, um daraus ein stabiles Handlungskonzept zu entwickeln.[64]

---

63 Siehe dazu Kapitel »Der Schutzvertrag«.

64 Beobachtungskriterien für betroffene Kinder sind im Buch des Autorenkollektivs des PPSB-Hamburg zu finden: Schader, Heike (Hrsg.) (2013): Risikoabschätzung bei Kindeswohlgefährdung. Ein systemisches Handbuch. Weinheim und Basel: Beltz Juventa, S. 54-66.

Anhand der Vorlage werden die einzelnen Punkte nach und nach abgearbeitet und zu konkreten Verabredungen formuliert. Um diesem Prozess die angemessene Bedeutung zuzuweisen, ist es hilfreich, die Ergebnisse auf einer Flipchart zu visualisieren und dann in den Vertrag zu übertragen. Wir gehen davon aus, dass Wiederholung und Mehrfachvisualisierung den Verinnerlichungsprozess bei den beteiligten Personen fördern.

Zuletzt unterschreiben alle Akteur_innen den Vertrag und erzeugen somit ein für alle Seiten bindendes Dokument. Dieser Umstand sollte sehr klar und deutlich formuliert werden – um die Verbindlichkeit nochmals zu unterstreichen.

Wenn der Vertrag erfolgreich geschlossen ist, ist es Zeit, diesen Erfolg anzuerkennen und zu feiern. Er ist wesentlicher Bestandteil der gemeinsamen Arbeit am Kindeswohl und dient im folgenden Prozess als Kontroll- und Weiterentwicklungsinstrument.

Der Schutzvertrag mit Familie X

Vertrag zum Schutz des Kindeswohles

von J. (7 Jahre alt), L. (4) und M. (1,5)

Dieser Vertrag soll die Zusammenarbeit an einer Verbesserung des Kindeswohles verlässlich regeln. Sollten sich die Erziehungsverantwortlichen nicht an diese Vereinbarung halten und sich nicht sofort Besserung für die Situation des Kindes/der Kinder einstellen, sehen wir das als eine Kündigung des Vertrages an. Wir werden Meldung an das Jugendamt machen und eine Herausnahme des Kindes anstreben, um das Kind/die Kinder zu schützen und um die Erziehungsverantwortlichen vor weiteren, strafbaren Handlungen zu schützen.

Ab sofort darf es nicht mehr zu folgenden Handlungen kommen:

Gemeinsam wird verbindlich verabredet, dass die ersten und wichtigsten Schritte sind:

- **Ab sofort gibt es keine körperliche oder verbale Gewalt durch T., weder gegen J., eines der anderen Kinder, noch gegen S.**

Der nächste konkrete Schritt in der Kindeserziehung:

- **Es gibt Qualitätsspielzeit im 1:1-Kontakt – mindestens eine halbe Stunde pro Tag und pro Kind, mit mindestens einem Erziehungsverantwortlichen.**
- **Die Einhaltung dieser Verabredung wird in jedem Treffen gemeinsam überprüft.**

Um diesen Schritt zu ermöglichen, machen

- die Erziehungsverantwortlichen:
- **Bei steigender Emotion zieht sich der Vater in einen anderen Raum der Wohnung zurück, bis er sich beruhigt hat.**
- **Zum Stressabbau wird eine Atemübung zur Beruhigung trainiert.**

- das Kind/die Kinder:
- J. benutzt keine Schimpfwörter mehr gegen Mutter, Vater und Geschwister.

- die Fachkraft:
- Die Fachkraft kommt jeden Montag, Mittwoch und Freitag zu einem Hausbesuch, bei dem beide Erziehungsverantwortlichen anwesend sind. In der Zeit von 9.00 bis 17.00 Uhr ist sie täglich für jeden aus der Familie zu erreichen, wenn es Fragen oder Krisen gibt.

- Andere Bezugspersonen werden mit Zustimmung der Erziehungsverantwortlichen (Schweigepflichtentbindungen werden erteilt) informiert und um Mitwirkung gebeten:
- Kita durch die Fachkraft
- Schule durch die Fachkraft
- Die Mutter bezieht ihre Freundin N. mit ein und lädt sie zum nächsten Gespräch ein. Dann wird und geklärt, inwieweit sie mithelfen kann.

Notfallplan: Was ist zu tun, wenn die Erziehungsverantwortlichen merken, dass ein Verstoß gegen den Vertrag bevorsteht?

- Wenn die Maßnahmen zur Beruhigung nicht ausreichen, verlässt diejenige Person, die aufgebracht ist, die Wohnung, bis Beruhigung eingetreten ist.
- Es ist eine Netzwerkkarte erarbeitet worden, auf der Telefonnummern von wichtigen und hilfreichen Personen stehen, die in schwierigen Situationen kontaktiert werden können.
- Die Eltern sind in der Verantwortung, beim Bevorstehen eines Verstoßes (bemerkbar durch: Es wird lauter und aggressiver) sofort die Familienhelferin zu informieren. In einer akuten Krise wird die Polizei gerufen.

Was soll das Kind/was sollen die Kinder in einem solchen Fall tun?

- Auch die Kinder können die Familienhelferin oder den Polizeinotruf anrufen.
- Auf der Netzwerkkarte sind Zufluchtsorte für die Kinder verzeichnet. Die Freundin der Mutter ist dabei die erste Anlaufstelle.
- Eine Stopp-Regel wird vereinbart, die die Kinder nutzen können. Wird sie eingesetzt, muss sofort Ruhe einkehren.

Der Vertrag gilt für 10 Tage und wird dann neu geschlossen, bis der Schutz des Kindes/der Kinder sichergestellt ist.

Ab dem 2. Vertrag werden zuerst die Erfolge erarbeitet und mit einem Ritual abgesichert. Immer wenn etwas geklappt hat, wird Folgendes gemacht (mit den Familienmitgliedern in einer Konferenz erarbeiten):

- Die ganze Familie geht am Samstag gemeinsam zum Spielplatz und macht dort ein Familienpicknick. Jede_r darf sich etwas für den Picknickkorb wünschen.

Ziel ist es, dass sich die Fachleute so schnell wie möglich wieder aus der Familie zurückzuziehen.

Bei Vertragsbruch erfolgt sofort eine Meldung an das zuständige Jugendamt, mit der Empfehlung eine Herausnahme des Kindes einzuleiten, um die gesamte Familie vor strafbaren Handlungen zu schützen.

__________________________ _________________

Erziehungsverantwortliche Fachleute

Ort/Datum

Soweit der erste Vertrag. Nachdem Veränderungen erkennbar waren und stabil erschienen, wurden mit Familie X weitere Themen und Schritte geplant, die nach und nach im Vertrag aufgenommen und bearbeitet wurden. So konnte die Familien einen Schritt nach dem anderen gehen und nach jedem geschafften Zwischenziel auch die Erfolge feiern.

Für die Kinder wurden folgende nächste Schritte gegangen:
- Mit den beiden größeren Kindern gibt es einen Termin mit der Familienhelferin, in dem der Fokus auf gemeinsamem Spiel liegt.
- J. wird an ein Gruppenangebot angebunden, das sich inhaltlich mit der Stärkung von Kindern beschäftigt.
- Es wird sichergestellt, dass J. wieder regelmäßig das Fußballtraining besuchen kann.
- Mit J. wird ein Notfallkoffer erarbeitet.

Die Einbindung der Kinder in Form transparenter Kommunikationsstrukturen wurde erreicht über:
- Bei jedem Termin spricht die Fachkraft auch mit den Kindern und fragt, wie es Ihnen geht und was sich verändert hat. Insbesondere wird gefragt, ob die Kinder angeschrien oder erneut geschlagen worden sind. Des Weiteren wird danach gefragt, wann sich die Kinder in den letzten Tagen in der Familie richtig wohlgefühlt haben und woran sie das bemerkt haben? Wer hat in diesen Situationen was genau gemacht? Wann haben sie sich nicht wohlgefühlt und was war in diesen Situationen los?
- Alle Entscheidungen und Veränderungen werden den Kindern erklärt.
- Es gibt kurze gemeinsame Gespräche mit der ganzen Familie, zu Beginn der Hilfe bei jedem Termin.

Die nächsten konkreten Schritte in der Kindeserziehung:
- Sicherheit für J. herstellen,
- Herstellung einer stabilen, vertrauensvollen Beziehung zwischen Vater und Kindern,
- Selbstwertgefühl der beiden Jungen stärken.

Um diesen Schritt zu ermöglichen, machten ...

... die Eltern:

- Die Eltern loben die Kinder für ihre Erfolge.
- Der Vater liest den Kindern, wenn er zu Hause ist, abends ein Buch vor.
- Es gibt eine gemeinsame Mahlzeit am Tag (Abendessen), in dem alle sagen, wie es ihnen heute geht.
- Die Eltern reflektieren mit Unterstützung der Fachkraft ihre eigene Biografie.
- Die Eltern erarbeiten mit Unterstützung der Fachkraft eine Timeline mit unterschiedlichen Zwischenzielen für eine positive Perspektive.
- Der Vater meldet sich bei einem Antiaggressionstraining an und weist dies durch eine Anmeldebescheinigung und Teilnahmebestätigungen nach.
- Die Eltern nehmen gemeinsam Erziehungsberatung in Anspruch. Auch das wird durch eine Bestätigung der Erziehungsberatungsstelle nachgewiesen.

... das Kind/die Kinder:

- J. nimmt an einem Gruppenangebot teil.
- Die Jungen überlegen zusammen mit der Familienhelferin, wie sie ihre Konflikte miteinander anders regeln können.

... die Fachkraft:

- hält engen Kontakt zur Familie – dreimal in der Woche durch Termine, an den anderen Tagen durch Telefonkontakt.
- arbeitet mit den Erziehungsverantwortlichen inhaltlich an der Entwicklung ihrer Erziehungskompetenzen: mithilfe von Biografiearbeit, der Entwicklung alternativer Handlungsstrategien, der Entwicklung von Zwischenzielen und Meilensteinen und über Tipps zum Umgang mit Stress und Stresspräventionsübungen.
- überprüft Erfolge und gibt Feedback.
- moderiert die Familiengespräche.
- hält Kontakt zu den Einrichtungen, in denen die Kinder betreut werden (Schule, Kita, Krippe). Dazu findet einmal pro Woche eine Abstimmung zur aktuellen Lage statt.
- klärt mit dem Jugendamt die Möglichkeit, ein Gruppenangebot für J. bereitzustellen, und unterstützt bei der Kontaktaufnahme zur sozialen Gruppenarbeit.

Andere Bezugspersonen wurden mit Zustimmung der Erziehungsverantwortlichen durch eine Schweigepflichtentbindung von der Fachkraft informiert und um Mitwirkung gebeten:[65]

- soziale Gruppenarbeit im Stadtteil, sobald J. dorthin geht.

Anmerkung: Das Thema PC-Spielen wurde am Anfang bewusst ausgeklammert, um einen Schritt nach dem anderen zu gehen. Im Laufe der Hilfe ist es in den Fokus genommen und bearbeitet worden – vor allem hinsichtlich einer Begrenzung der Spieldauer und an Schritten, die das Spielen für die anderen Familienmitglieder nachts nicht störend macht.

---

65 Siehe ausführlich in Kapitel »Vielfalt von Ideen als Ressource – Kooperation im sozialen System« und »Der Sozialraum als Chance«.

Bei jedem folgenden Termin wurde der Vertrag zur Hand genommen – Veränderungen und Entwicklungen wurden überprüft und dokumentiert.

Grundsätzlich werden im Schutzvertrag, wenn nötig, neue Vereinbarungen und Regelungen ergänzt. Solange die Gefährdung noch droht oder die Veränderung, die zur Besserung geführt hat, noch zu instabil ist, werden alle Veränderungen nur im Beisein der Fachkraft verabredet, um die Verbindlichkeit zu erhöhen. Die Fachkraft sollte besonders verlässlich alle Absprachen einhalten. Sie hat eine Vorbildfunktion für das Einhalten von Strukturen und Vereinbarungen und damit für die Wirksamkeit des Vertrags.

Wenn die Kindeswohlgefährdung abgewendet ist, bleiben möglicherweise Themen bestehen, die in der weitergehenden Unterstützung mit der Familie bearbeitet werden können. Aus unserer Sicht ist es aber wichtig, die Familie zum Thema Kindeswohlgefährdung zu entlasten, sobald dies möglich ist, und dazu ein verstärkendes Ritual zu entwickeln. Das könnte eine Urkunde oder ein Auswertungsgespräch sein, in dem die Erfolge gesammelt und visualisiert werden.

Methode: Erfolge mithilfe von Ritualen feiern

Wenn das Kindeswohl gefährdet ist, handelt es sich zumeist um besonders schwierige und belastende Situationen, in denen es nicht einfach ist, den Blick auf das, was gut läuft, nicht zu verlieren. Dabei sind das Erkennen und Stärken von Ressourcen und positiven Entwicklungen wichtige Grundhaltungen. Der Blick auf das Positive ermöglicht das Durchhalten von Vereinbarungen und motiviert zu weiteren Veränderungen.

Rituale eignen sich besonders gut, um Erfolge zu feiern und abzusichern, damit sie nicht nur für den Moment, sondern auch zukünftig in Erinnerung bleiben und zur Grundlage für weitere Entwicklungen und Erfolge werden. Besonders in Übergangssituationen, in denen Unsicherheit allgegenwärtig sein kann, helfen sie.

Rituale zeichnen sich durch einen im Vorfeld verabredeten Ablauf aus, ein festgelegtes Setting, eine bestimmte Personenkonstellation und durch Wiederholung, die Sicherheit gibt. In unserem systemischen Verständnis sind sie besonders hilfreich, wenn sie gemeinsam konstruiert, also gestaltet werden. Daher ist es wichtig, während der Erstellung des Schutzvertrags auch darüber nachzudenken, welches Ritual sich eignet, um die Erfolge zu feiern.

Folgende Fragen helfen, gemeinsam ein Erfolgsritual zu konstruieren:
- Wer soll beteiligt sein?
- Wo soll das Ritual stattfinden?
- Wann soll das Ritual stattfinden? Wie erkennen wir, dass es stattfinden kann?
- Gibt es eine spezielle Handlung? Gibt es einen speziellen Ablauf?
- Wird zur Durchführung des Rituals irgendetwas benötigt (Gegenstände, ...)?

Ein passendes Ritual könnte beispielsweise sein, dass sich das Erziehungssystem gemeinsam mit der Fachkraft von dem, was überwunden wurde, verabschiedet – es auf einen Zettel schreibt und es vergräbt, verbrennt oder symbolisch in einen Fluss wirft. Bei der Verabschiedung kann eine kleine Rede gehalten werden, wie genau der Erfolg zustande gekommen ist, was dabei geholfen hat und was jede_r Einzelne gelernt hat. Dabei kann man mit einem Glas Saft als Zaubertrunk auf viele weitere Erfolge anstoßen. Auch ein »feierlicher« Rahmen kann einem Ritual zugutekommen. Die Fachkraft sollte immer durch Lob und Wertschätzung zur Absicherung beitragen. Auch kann sie bei besonders beachtlichen Leistungen Urkunden schreiben oder Orden verleihen. Das in ein Ritual einzubauen, stärkt den Erfolg und die positiven Gedanken der beteiligten Personen.

Ein weiteres Ritual könnte sein, dass das Erziehungssystem zusammen einen Ausflug zu einem schönen Ort macht und Zeit miteinander verbringt. Rituale sind oftmals besonders tragfähig, wenn alle beteiligten Personen etwas dazu beitragen können, sich miteinander beschäftigen und einander wahrnehmen: durch gemeinsames Spiel, ein gemeinsam zubereitetes Essen, eine gemeinsame Bastelei oder ein gemaltes Erfolgsbild. Die Fachkraft sollte hier ebenfalls den Erfolg kommentieren und wertschätzen.

Auch eine allabendliche Runde beim Abendessen, in der jede_r einmal sagen darf, was am Tag besonders toll und was nicht so gut war, kann ein passendes Ritual sein. Dazu kann überlegt werden, was sich jede_r für den nächsten Tag vornimmt.

Das Erfolgsritual bei Familie X

Mit Familie X wurde folgendes Ritual entwickelt: Die beiden älteren Kinder hatten zunächst die Idee, dass sie zusammen mit dem Bus in einen Park fahren wollten, um dort Eis zu essen. Das war den Eltern zu aufwändig und auch zu teuer. Im Laufe eines Gesprächs, das von der Fachkraft moderiert wurde, wurde eine Lösung gefunden: Die Familie verabredete, gemeinsam in einen nahegelegenen Park zu gehen und an einem dort fest stehenden Tisch ein Familienpicknick mit leckeren, mitgebrachten Speisen zu veranstalten. Jede_r darf zu Hause etwas einpacken, was sie_er zum Essen mitnehmen möchte. Auch die Fachkraft wird in dieses Ritual eingebunden. Überdies haben die Familienmitglieder verabredet, dass sich, auf dem Spielplatz angekommen, jede_r einen Gegenstand sucht, der den Erfolg symbolisiert, und dazu seine_ihre Gedanken erzählt.

Erfolgreich in der Arbeit waren an dieser Stelle zwei Dinge:

- Das konstruierte Ritual war umsetzbar.
- Die zunächst unterschiedlichen Meinungen konnten von den Beteiligten in einem angemessenen Rahmen verhandelt werden. Eltern und Kindern gelang es, einander zuzuhören und ausreden zu lassen und auch Kompromisse einzugehen.

Das Spannungsfeld von Entwicklungsgebot und Nicht-Veränderung

Veränderung führt zu Entwicklung – Entwicklung führt zu Veränderung! Im Kontext von Kindeswohlgefährdung muss stets mit diesem rekursiven Zusammenhang gearbeitet werden. In der systemischen Theorie gehen wir davon aus, dass der Entwicklungsaspekt ein wesentliches Merkmal menschlichen Lebens darstellt: Leben bedeutet Entwicklung. In der systemischen Arbeit streben wir generell Veränderungsprozesse an. Wir wollen die Systeme, mit denen wir arbeiten, anregen, Entwicklungsmöglichkeiten zu entwerfen, und gehen davon aus, dass Menschen, die Rat suchen, an persönlicher Veränderung und Weiterentwicklung arbeiten wollen. In offenen, frei gewählten und freiwillig aufgesuchten systemischen Beratungssettings erarbeiten wir mit den Ratsuchenden konkrete Fragestellungen und Lösungen. Wir formulieren mit dem, was wir tun, ein Entwicklungsangebot. Ein solches Angebot, für oder gegen das sich Menschen entscheiden können, finden wir auch im Kontext von Kindeswohlgefährdung. Hier kommt allerdings noch ein weiterer Aspekt hinzu: ein von den Fachkräfte formuliertes und gefordertes Entwicklungsgebot. Das Wohl eines Kindes zu gefährden ist nicht legitim und eine Straftat. Veränderung hin zu einem dem Kindeswohl entsprechenden Zustand ist Vorschrift. Ohne Veränderung und Entwicklung kann das Wohl des Kindes im Erziehungssystem nicht wiederhergestellt und sichergestellt werden. Wir kommen wieder zur Erkenntnis: Es ist, wie es ist – aber es kann nicht so bleiben! Wenn sich Erziehungsverantwortliche gegen eine Kooperation entscheiden, muss das klar formulierte Konsequenzen im Sinne einer Meldung an das Jugendamt und das Familiengericht nach sich ziehen. Diese Bedingung für die gemeinsame Arbeit muss von Beginn an transparent und sehr deutlich allen Beteiligten gegenüber kommuniziert werden.

Auch betroffene Kinder und Jugendliche sollten über dieses Entwicklungsgebot Bescheid wissen, sofern sie aufgrund ihres Entwicklungsstands in der Lage sind, es zu verstehen. Die wichtigste Botschaft an Kinder und Jugendliche ist das Wissen, dass Erziehungsverantwortliche ihnen nichts antun dürfen, was sie gefährdet. Vielmehr ist es deren Aufgabe und Verantwortung, sie zu schützen und ihnen bestmögliche Entwicklungsbedingungen zu bieten. Sollte das im Erziehungssystem nicht gelingen, entsteht ein Gefährdungssystem, und es ist die Pflicht und das Recht des Staates, einzugreifen und das Wohl des Kindes auf andere Art und Weise zu schützen.

Der staatliche Eingriff ist in § 8a, SGB VIII und in § 1 Abs. 3 des Gesetzes zur Kooperation und Information im Kinderschutz (KKG) festgeschrieben. Er muss erfolgen, wenn Erziehungsverantwortliche nicht alles Nötige dazu beitragen, dass die Gefährdung des Kindes abgewendet wird. Das heißt, wenn Nicht-Veränderung zu beobachten ist und Entwicklung mit oder ohne Hilfe von Fachkräften und unterschiedlichen Hilfeformen nicht erreicht werden kann, muss der Staat in Form des Jugendamtes und gegebenenfalls des Familiengerichtes intervenieren, um das Wohl des Kindes zu sichern.

Dankenswerterweise hat Bundesjustizministerin Christine Lambrecht am 18.06.2020 in der Talkshow von Marcus Lanz mit der gesellschaftlich weit verbreiteten Annahme aufgeräumt, dass Kinder und Jugendliche immer in der Familie zu halten seien, weil sie dort sicher und gut aufgehoben wären. Vielmehr wies Lambrecht darauf hin, dass die Familie in Fällen von Kindeswohlgefährdung der gefährlichste Ort für Kinder und Jugendliche sein kann. In diesen Fällen dürfen die herausnehmenden Fachkräfte, Richter_innen und Pädagog_innen, nicht fälschlich beschuldigt werden, das Glück des Kindes oder der Familie zu zerstören. Weiterhin betonte sie, dass Kinder und Jugendliche nicht die Dummys in Erziehungsmaßnahmen für die Erziehungsverantwortlichen sein dürfen und endlich damit Schluss sein muss, dass die Fachkräfte von »Missbrauch« an Kindern reden, weil es nach dem Grundgesetz der Selbstbestimmung keinen Gebrauch geben darf. Diese Debatte ist sehr wichtig, weil sie die gesellschaftliche Haltung hoffentlich in die richtige, weil an Selbstbestimmungsrecht und Autonomie der Kinder orientierte Richtung verändert.

Den Fachkräften, die in Gefährdungssystemen tätig sind, kommt dabei eine wichtige Funktion zu: Sie sind zumeist die direkten Beobachter_innen der Erziehungswirklichkeit und des Geschehens im Erziehungssystem. Sie machen Angebote, um Erziehungssystemen Hilfe und Entwicklung zu ermöglichen, müssen aber genauso die roten Linien ziehen können, in denen sie an die Grenze zu einer Meldung ans Jugendamt kommen. Hier ist wieder Transparenz wichtig, wenn dadurch kein höheres Gefährdungsrisiko für das Kind entsteht. Wenn wir davon ausgehen, dass alles mit allem zusammenhängt, sind auch Fachkräfte handelnde Personen in Gefährdungssystemen. Daher befinden auch sie sich im Spannungsfeld von Entwicklungsgebot und Nicht-Veränderung.

Selbstreflexion: Fragen zum Spannungsfeld von Entwicklungsgebot und Nicht-Veränderung

- Wie stehe ich persönlich zu den Themen Entwicklung und Nicht-Veränderung: Bin ich in meinem Leben eher an Entwicklung und Veränderung oder eher an Nicht-Veränderung orientiert?
- Welche Ressourcen habe ich, um bei Entwicklung und Veränderung zu unterstützen?
- Wo sind meine roten Linien? Woran würde ich erkennen, dass ich auf jeden Fall und umgehend Meldung beim Jugendamt machen muss?
- Wie kommuniziere ich dem Gefährdungssystem meine Grenzen?
- Wie gehe ich mit Kontaktabbrüchen um?
- Welche Handlungsspielräume und Verfahrensweisen stehen mir zur Verfügung, wenn ich keinen Kontakt mehr zum Gefährdungssystem bekomme?
- Wo und von wem bekomme ich Hilfe?

Loyalität zum Kind als zentraler Leitgedanke

Loyalität ist die Basis für stabile Beziehungen – im privaten wie auch im beruflichen Kontext. In unserem Verständnis bedeutet Loyalität eine intensive Verbundenheit zu Personen oder Organisationen, die anhand einer verlässlichen Unterstützung auf der Handlungsebene zu erkennen ist. Loyalität ist Zusammenhalt und Kitt für ein soziales System und bringt Schutz und Sicherheit hervor. Durch Loyalität entsteht Zusammengehörigkeit, weil ein offener, transparenter Austausch und Diskurs möglich sind. Dabei wird ein hoher Grad an Übereinstimmung in der Art und Weise des Umgangs mit einer gemeinsamen Welt deutlich. Auf einen loyalen Menschen kann man sich verlassen und ihm vertrauen. Loyalität zeigt sich, wenn Menschen anderen Menschen freiwillig und aus Überzeugung zur Seite stehen, weil sie sich selbst dafür entschieden haben.

Loyalität ist aber kein in sich stabiler Zustand, sondern sollte ständiger Überprüfung unterliegen. Loyalität ist somit nicht bedingungslos, sondern Ergebnis von Kommunikation und Reflexion. Damit bedeutet Loyalität für uns ausdrücklich nicht, allein aufgrund von Zugehörigkeit zu einem System ein bestimmtes Verhalten bzw. bestimmte Meinungen gutzuheißen oder nach außen zu verteidigen, was einzelne Systemmitglieder sagen und vertreten, wenn man sich selbst dem nicht vollumfänglich anschließen kann.

Im Kontext von Kindeswohlgefährdung sind Fachkräfte an unterschiedlicher Stelle mit dem Thema Loyalität konfrontiert:

- Loyalität der Kindern und Jugendlichen zu ihrem primären Bezugssystem,
- Loyalität der Fachkräfte zu betroffenen Kindern und Jugendlichen,
- Loyalität der Fachkräfte zu Erziehungsverantwortlichen,
- Loyalität der Fachkräfte zu Teamkolleg_innen und der Organisation,
- Loyalität der Fachkräfte zu anderen Beteiligten (Jugendamt, Familiengericht, ...),
- Loyalität der Fachkräfte zum eigenen, persönlichen System.

Loyalität der Kinder und Jugendlichen zu ihrem primären Erziehungssystem

Soziale Systeme sind durch ein Loyalitätsprinzip gekennzeichnet. Die Systemmitglieder sind untereinander loyal und leisten ihren Beitrag zum Überleben des sozialen Systems. Das gilt auch für Kinder. Kinder sind existenziell abhängig von den Erziehungsverantwortlichen, gerade auch emotional. Ein Teil des Systems Familie zu sein und zu bleiben, erscheint unabdingbar. Die Bewertung »Es ist falsch, was die mit mir machen« bedroht die eigene Existenz und Zugehörigkeit. Auch wenn das Gefühl »Das ist schlecht und darf nicht sein« im kindlichen Verständnis vorhanden ist, nehmen Kinder meist die Loyalitätsverpflichtung wichtiger. Wir müssen davon ausgehen, dass Kinder sich auch dann mit ihren Bezugssystemen verbunden fühlen, wenn sie darin Schrecken und Gewalt erleben und gefährdet werden. In diesem Fall verschiebt sich die Wahrnehmung des »Normalen«. Kinder integrieren das Erleben in ihre Wirklichkeit, um überleben zu können. Daher ist oftmals zu beobachten, dass Kinder, wenn sie über lange Zeiträume hinweg in Gefährdungssituationen leben müssen, gar kein Wissen davon haben, dass das, was mit ihnen gemacht wird, nicht sein darf.

Die Vorstellung eines gemeinsamen Ursprungs scheint Treibstoff für ein starkes Loyalitätsprinzip zu sein. Dazu kommt, dass Kinder, bedingt durch ihre Abhängigkeit von den Erziehungsverantwortlichen, deren Willkür und Macht ausgeliefert sind, was dazu führen kann, dass sie sich die Frage nach »richtig oder falsch« manchmal gar nicht stellen.

Gefördert wird Loyalität durch stabilisierend wirkende Gebote, Möglichkeiten und Regeln. Verbote und Strafen sorgen zwar auch für Zusammenhalt, werden aber von uns nicht als Loyalität verstanden. In diesem Zusammenhang sind auch die Überlegungen von Niklas Luhmann zur Sinnfrage hilfreich. Sinn ist etwas, das nach Luhmann in Familien und anderen sozialen Systemen verhandelt wird und sie zusammenhält. Der gemeinsame Sinn definiert auch die Grenzen des Systems – danach, wie weit die Mitglieder vom scheinbar Gemeinsamen abweichen dürfen. »Wie groß kann die Differenz zum gemeinsamen Ganzen sein?« ist dann eine wichtige Frage. Für Kinder bedeutet das, auf einem schmalen Grat zu wandeln: Wie viel können sie externen Personen, beispielsweise Fachkräften, erzählen, ohne Konsequenzen fürchten zu müssen?

Wir gehen davon aus, dass Kinder, Jugendliche und Erziehungsverantwortliche im Rahmen von Hilfekontexten die Loyalität und Vertrauenswürdigkeit der Fachkräfte einschätzen und abhängig davon entscheiden, was sie erzählen und was nicht. Kommunikation ist demnach auch Selektion. Das Gefühl von Loyalität ist stärkend und erhöht die Wahrscheinlichkeit, dass auch schwierige Themen offen besprochen werden können. Wenn Kinder, Jugendliche, Erziehungsverantwortliche oder sonstige Beteiligte Illoyalität ihnen gegenüber verspüren, hat das vermutlich zur Folge, dass das Nichterzählte ein Übergewicht gewinnt. Das bedeutet gleichzeitig, dass auf Seiten der Fachkräfte der Raum für Spekulationen und Hypothesen größer wird.

Wenn das Gefühl entsteht, das Loyalität durch Selektion, also das Zurückhalten von Informationen, gestört ist, kann das Thema Verrat eine Rolle spielen. Ein Kind beispielsweise, das der Mitarbeiter_in in der Kita erzählt, dass der Vater die Mutter schlägt, übt aus der Sicht eines oder beider Erziehungsverantwortlichen Verrat an der Familienloyalität. Die Sanktion für diesen Verrat kann für das Kind gefährlich werden. Wenn solche oder ähnliche Befürchtungen eine Rolle spielen, ist es wichtig, das Kind für seinen Mut zu loben, über diese

Dinge zu sprechen. Dann müssen Handlungen folgen, die das Kind sichern, notwendigerweise unter Einbezug des Jugendamts. Es kann auch hilfreich sein, das Gehörte zunächst für sich zu behalten, um Zeit für Reflexion, die Planung der nächsten Schritte und das transparente Arbeiten an dem Thema zu organisieren.[66]

Wir empfehlen, die Loyalität der Kinder und Jugendlichen zu ihren Bezugssystemen zu respektieren und anzuerkennen. Gleichzeitig sollten die Fachkräfte versuchen, eine vertrauensvolle Beziehung zum Kind aufzubauen, die es ermöglicht, eine andere Weltsicht zur Verfügung zu stellen: »Niemand darf dir wehtun.« Mit bedacht werden sollte, dass ein Kind in einen Konflikt zwischen seiner Loyalität zu den Erziehungsverantwortlichen und der zur Fachkraft kommen kann. Das geschieht, wenn das Kind das Gefühl bekommt, dass es sich zwischen Fachkraft und Erziehungsverantwortlichen entscheiden muss. Idealerweise lernen Kinder und Jugendliche an dieser Stelle, dass es nicht erforderlich ist, sich nach einem »Entweder-Oder-Prinzip« entscheiden zu müssen. Fachkräfte bieten einen professionellen Kontext an, der zwar von Beziehung lebt, aber nicht in Konkurrenz zum Erziehungssystem gesehen werden sollte. Daher ist seitens der Fachkräfte eine Haltung gefragt, die von Vertrauen, Nähe und Verlässlichkeit, aber auch von deutlichen Grenzen geprägt ist. Fachkräfte sind keine Freund_innen, Geschwister oder Erziehungsverantwortliche, sondern diejenigen, die das Wohl des Kindes genau im Auge haben.

Loyalität der Fachkräfte zu betroffenen Kindern und Jugendlichen

Im Kinderschutz sollte die grundlegende Loyalität unserer Meinung nach klar verteilt sein: Als systemisch denkende und handelnde Menschen und professionelle Fachkräfte sind wir immer loyal gegenüber den Kindern und Jugendlichen! Wir handeln vor dem ethischen Grundsatz, dass Kinder und Jugendliche, die gefährdet sind, Schutz brauchen, und dass wir als Fachkräfte dafür zuständig sind, diesen Schutz mit zu organisieren, wenn er im Erziehungssystem nicht gewährleistet werden kann. Die Loyalität den Kindern gegenüber steht an allererster Stelle, alles andere ist ihr untergeordnet. Damit leisten wir einen wichtigen Beitrag zum gelebten Kinderschutz.

Kinder und Jugendliche, die von Kindeswohlgefährdung betroffen sind, befinden sich in Not. Sie brauchen die Unterstützung und Loyalität von Fachkräften. Deren Unterstützung sollte bedingungslos und unabhängig von deren Verhalten sein. Auch ablehnendes, unfreundliches oder aggressives Verhalten den Fachkräften gegenüber darf kein Grund sein, die grundlegende Loyalität gegenüber Kindern und Jugendlichen in Not aufzugeben. Die Schaffung einer verlässlichen Beziehung ist von enormer Bedeutung. Dazu gehört eine Haltung, die betroffene Kinder und Jugendliche ernst nimmt und ihnen glaubt, dass sie in Not sind. Dadurch erleben sie Verlässlichkeit und können Vertrauen entwickeln. Auch wenn wir nicht immer mit Sicherheit klären können, was genau passiert ist, gehen wir davon aus, dass

66 Siehe ausführlich in Kapitel »Umgang mit Geheimnissen«.

Kinder und Jugendliche, die sich uns anvertrauen, einen guten Grund haben, das zu tun. Aktives Zuhören und erkundendes Nachfragen sind wichtige Haltungen, die Kindern und Jugendlichen ein Gefühl von Loyalität vermitteln können, genauso wie gemeinsame Überlegungen, was helfen kann und welche Unterstützung gewünscht ist bzw. erwartet werden kann. Kinder und Jugendliche, die Erziehungsverantwortlichen oder anderen Personen möglicherweise »eins auswischen« wollen und Geschichten erfinden, können, wenn wir sie ernst nehmen, lernen, welche Konsequenzen ihr Handeln hat. Diese loyale Haltung sollte den Kindern, Jugendlichen und auch den Erziehungsverantwortlichen gegenüber klar kommuniziert werden, um die Position der Fachkraft zu verdeutlichen und betroffenen Kindern und Jugendlichen Stabilität und Sicherheit zu vermitteln.

Loyalität der Fachkräfte zu Erziehungsverantwortlichen

Gegenüber den Erziehungsverantwortlichen kann Loyalität gelebt werden, wenn sie über Ressourcen zur Abwendung der Kindeswohlgefährdung verfügen und sich einsichtig und kooperativ zeigen.[67] Das Angebot zur gemeinsamen Arbeit an Veränderung und Entwicklung, das Fachkräfte in kindeswohlgefährdenden Situationen machen können, kann auf der einen Seite immer als ein Angebot an Loyalität verstanden werden. Auf der anderen Seite ist diese Loyalität – anders als die Loyalität den Kindern und Jugendlichen gegenüber – kein stabiler Zustand und keine selbstverständliche Haltung. Sie erfordert intensive Arbeit von allen Beteiligten. Loyalität den Erziehungsverantwortlichen gegenüber gelingt in erster Linie über gemeinsame Erfahrungen, vor allem Mitwirkung, Veränderungsbereitschaft und Umsetzung verabredeter Zielen.

Für Fachkräfte ist es meist sehr schwierig, die Loyalität zu betroffenen Kindern und Jugendlichen und die Loyalität zu ihren Erziehungsverantwortlichen als Gefährder_innen zu vereinbaren. Eine Position »zwischen den Stühlen« ist dabei alles andere als hilfreich – die Arbeit in einem professionellen Tandem kann hier zu klaren Zuständigkeiten verhelfen.[68] Die Grenze der Loyalität zu den Erziehungsverantwortlichen ist sofort erreicht, wenn diese die Kooperation aufkündigen oder wenn es erneut zu Gefährdungssituationen kommt und somit der Schutzvertrag gebrochen wird.

In der praktischen Arbeit sollte die Loyalitätsfrage transparent thematisiert werden. Wenn ich als Fachkraft in meiner Position geklärt bin, kann ich diese dem hilfesuchenden System zur Verfügung stellen. Hilfesuchende erfahren, was sie bezüglich Loyalität erwarten können und was sie tun können, um Loyalität und Vertrauen zu erzeugen. Dazu hilft eine klare Struktur in der Zuständigkeit der Helfenden. Anna-Maria Sorrentino[69] hat belegt,

---

67 Siehe ausführlich in Kapitel »Kooperation als Ausgangspunkt«.

68 Siehe ausführlich in Kapitel »Setting und Strukturfragen«.

69 Vgl. Sorrentino, Anna Maria (1988): Behinderung und Rehabilitation – ein systemischer Ansatz. Dortmund: modernes lernen.

dass in Familiensystemen, in denen ein Kind mit Beeinträchtigung lebt, bis zu 15 Helfer_innen arbeiten – und das häufig mit völlig gegenläufigen Interessen, Hilfestellungen und Loyalitätsvorstellungen. Wir wissen auch, dass Klarheit, Einfachheit und Transparenz der Hilfeaufträge enorm wichtig sind, um den Überblick zu behalten und die Kontrolle nicht zu verlieren. Was Kinder und Jugendliche in Bedrohungssituationen am wenigsten gebrauchen können, ist der Verlust von Kontrolle über ihr ureigenes System.

Methode: Die Loyalitätsskala

Gemeinsam mit den hilfesuchenden Menschen kann an einer Loyalitätsskala gearbeitet werden.

- Wie sehr glaube ich aktuell an Loyalität?
- Wann gab es weniger Loyalität? Was war in dieser Situation anders? Was war das Problem? Was ging aber auch trotz der geringen Loyalität noch?
- Wann gab es ein Mehr an Loyalität? Wodurch hat sich diese Situation ausgezeichnet?
- Was wäre der Wunschwert an Loyalität? Was wäre bei diesem Wert möglich?
- Welchen Wert an Loyalität brauchen wir mindestens für eine erfolgsversprechende gemeinsame Arbeit? Was können wir tun, um ihn zu erreichen? Welche Ressourcen gibt es, um diesen Wert zu erreichen?

Wenn die Fragen bearbeitet sind, kann die Skala, die am besten auf einem Flipchart-Bogen oder Blatt Papier visualisiert wird, als Qualitätssicherungsinstrument regelmäßig gemeinsam angeschaut werden, um aktuelle Entwicklungen zu besprechen.

Im Rahmen der Arbeit kann es entstehen, dass Fachkräfte an sich selbst beobachten, dass sie Loyalität im Hilfesystem unterschiedlich verteilen. Es kann beispielsweise so sein, dass die Fachkraft einer erziehungsverantwortlichen Person mehr glaubt als einer anderen, weil sie diese Person als sympathischer erlebt, in der Vergangenheit bessere Erfahrungen in der Arbeit mit der Mutter gemacht hat oder ähnliches. Menschen begegnen anderen Menschen immer als Individuen und bringen nicht allen das gleiche Ausmaß an Loyalität entgegen. Um konstruktiv mit allen Akteur_innen arbeiten zu können, sollten sich Fachkräfte innerhalb von Fallverläufen regelmäßig reflektieren und überprüfen, wie es um ihre Loyalität bestellt ist. Dazu eignen sich reflektierende Gespräche in der kollegialen Beratung und vor allem in der Supervision.

Fragen zur Reflexion der eigenen Loyalität können sein:

- Inwieweit gehe ich unterschiedlich mit den einzelnen Erziehungsverantwortlichen um?
- Woran erkenne ich das?
- Woran könnten die hilfesuchenden Menschen das erkennen?
- Was bedeutet das für die Loyalität zum Kind?
- Wie sollte ich mit unterschiedlichen Verteilungen von Loyalität umgehen?
- Was sollte ich keinesfalls tun?

Loyalität von Fachkräften gegenüber Teamkolleg_innen und der Organisation

Wie in allen sozialen Systemen spielt auch die Loyalität zu Teamkolleg_innen und der eigenen Organisation als Arbeitgeber eine Rolle. Im Umgang mit dem Thema Kindeswohlgefährdung können Mitarbeitende beobachten, wie Kolleg_innen mit dem Thema umgehen. Es kann vorkommen, dass Fachkräfte sich selbst in Sicherheit bringen wollen. Vielleicht gehen sie einer möglichen Kindeswohlgefährdung nicht konsequent nach, um sich nicht selber zu gefährden, um nicht als »böse Sozialarbeiter_in« zu gelten oder um sich zu schonen. Solche Herangehensweisen müssen unbedingt thematisiert werden – das erfordert die grundsätzliche Loyalität zu gefährdeten Kindern und Jugendlichen. Die Bereitschaft und Fähigkeit, sich mit solchen Beobachtungen im Team auseinanderzusetzen, gehört zur professionellen Grundhaltung in Organisationen, die mit dem Thema Kinderschutz arbeiten.

Schädliche Loyalitäten entstehen dann, wenn sich Mitarbeiter_innen loyaler zu den Kollege_innen oder der Organisation fühlen als mit den Kindern und Jugendlichen. Für viele bedeutet bereits das Hinterfragen von Entscheidungen oder Arbeitsweisen eine Entloyalisierung. Um Ärger auf der kollegialen Ebene zu vermeiden, werden im schlimmsten Fall wichtige Fragen hinsichtlich der Kindeswohlgefährdung nicht bearbeitet. Um solche Konflikte konstruktiv zu klären, empfehlen wir Supervision als ein team- bzw. organisationsexternes Instrument. Auch Teamentwicklungstage oder ganze Organisationsberatungen zum Thema Kinderschutz innerhalb der Organisation sind hilfreich, damit die Mitarbeitenden und die Leitung ein konsensualisiertes Vorgehen und eine aufeinander abgestimmte Haltung entwickeln können, die verlässlich angewendet werden kann und auf die sich jede_r Mitarbeitende berufen kann. Dazu gehört ganz grundsätzlich, dass Organisationen ein eigenes, differenziertes Schutzkonzept erarbeiten. Darüber hinaus sind im Idealfall die Zuständigkeiten transparent geklärt und gut verteilt, und die Kooperation zwischen den Fachleuten funktioniert.

Ungünstig für die Loyalitäten im Team ist es, wenn alle Beteiligten – obwohl sicherlich mit guter Absicht – alles machen und somit Unübersichtlichkeit, Doppelungen und Chaos erzeugen – im Hilfesystem wie auch im Umgang mit Ratsuchenden. Dann ist es dringend angezeigt, sich zu sortieren und Zuständigkeiten zu klären, um in einer klaren Struktur weiterzuarbeiten. Organisationsintern sollten hierzu die Lotsenstelle Kinderschutz oder Supervision genutzt werden. Betrifft das Problem ein organisationsübergreifendes Fachkräftesystem, sollte ein extern moderiertes Kooperationsgespräch stattfinden.

Auch ein deutliches Auftreten im Jugendamt erfordert Mut und Durchsetzungsvermögen. Einerseits sind Jugendhilfeeinrichtungen finanziell abhängig von den Belegungsanfragen der Jugendämter, weshalb Mitarbeitende in den Hilfen oft unsicher sind, welche Loyalitätssignale das Jugendamt erwartet. Andererseits haben Fachkräfte ein Anrecht auf Klarheit und Transparenz der Aufträge und Rollenverteilungen im Trägersystem, damit sie den Rücken frei haben, um ihre Beobachtungen zum Schutz von Kindern und Jugendlichen konsequent zu verfolgen.

Loyalität der Fachkräfte zu anderen Beteiligten (Jugendamt, Familiengericht, …)

Im Kontext von Kindeswohlgefährdung sind nicht selten mehrere Institutionen aktiv. Die fallzuständige Fachkraft im Jugendamt ist zuständig für die Hilfeplanung. Die Fachkraft der Jugendhilfe zu zuständig für das Arbeiten mit den Hilfesuchenden und vielleicht sind noch mehr Fachkräfte involviert. Damit das Kindeswohl gesichert werden kann, ist es von Bedeutung, dass Fachkräfte kooperativ und loyal mit den Fachkräften im Jugendamt zusammenarbeiten. Loyalität heißt an dieser Stelle nicht, dass alle Aufträge, die von der Jugendamtsmitarbeiter_in kommen, unreflektiert ausgeführt werden, um ihr möglicherweise zu gefallen. Vielmehr ist es wichtig, dass gemeinsam zum Wohle des Kindes gearbeitet wird – die Loyalität zum Kind ist der gemeinsame Ausgangspunkt. Gerade in der Bearbeitung von kindeswohlgefährdenden Situationen ist eine enge Kommunikation wichtig, damit alle immer auf dem aktuellen Stand sind. Das ist für eventuelle Inobhutnahmen hilfreich; außerdem sollten die Fachkräfte dem ratsuchenden System gegenüber ein Vorbild an Transparenz bieten. Wenn Kinder und Jugendliche beobachten, dass Fachkräfte zu ihrem Wohl zusammenarbeiten, kann das ein Gefühl von Sicherheit erzeugen. Erziehungsverantwortliche können bemerken, dass sie eng begleitet, aber auch kontrolliert werden, sodass es nicht möglich ist, sich unbemerkt davonzuschleichen und nicht mitzuarbeiten. Auch der Umgang mit unterschiedlichen Meinungen innerhalb des professionellen Systems, die mit dem Ziel verhandelt werden, ein gemeinsames Ergebnis zu erzeugen, kann als Modell von Klärung dienen.

Auch das Familiengericht ist in vielen Fällen ein beteiligter Akteur. Familienrichter_innen treffen Entscheidungen auf Grundlage der Gesetzeslage, dem Auftreten und den Aussagen der Erziehungsverantwortlichen sowie der Kinder und Jugendlichen, aber auch auf Grundlage von fachlichen Einschätzungen der Fachkräfte, die mit den Erziehungssystemen arbeiten. Die Rolle der Fachkräfte ist daher von großer Bedeutung. Bei all der Macht, die Gerichte und Behörden haben, sollte der Blick auf das Wohl des Kindes immer im Vordergrund stehen, er ist dasjenige, wofür es sich zu kämpfen lohnt. Die wichtige Botschaft sollte auch hier lauten: Loyalität bedeutet nicht, dass Fachkräfte alles tun, von dem sie denken, dass sie es aus Sicht anderer tun sollten. Stattdessen sollten sie die Haltung haben, Kinder und Jugendliche mit allem, was ihnen zur Verfügung steht, zu schützen – auch entgegen den Meinungen anderer Fachkräfte. Aus dieser Position heraus zu verhandeln, zeigt Loyalität den Kindern und Jugendlichen gegenüber, aber auch Anerkennung anderer Fachkräfte.

Schwierig wird es, wenn Vorgesetzte oder Kontrollbehörden dem Loyalitätsprinzip entgegenstehende Aufträge formulieren, wenn z.B. Mitarbeiter_Innen des Jugendamts Fachkräfte beauftragen, Erziehungsverantwortliche zu kontrollieren, ohne das diesen gegenüber transparent zu machen. Hier sollte sich die Fachkraft deutlich positionieren, um nicht zum Spion zu werden.[70]

---

70 Siehe ausführlich in Kapitel »Umgang mit Geheimnissen«.

Empfehlenswert wäre aus unserer Sicht, dass Organisationen einmal im Jahr ihre Kooperationspartner_innen einladen, um einen Fachaustausch, vor allem aber auch die persönliche Begegnung zu ermöglichen. Interessante Fachtage zum Thema Kindeswohlgefährdung stärken das Kooperations- und somit auch Loyalitätsgefühl: Alle mit dem Thema Kindeswohlgefährdung beschäftigten Fachleute treten in ihrer täglichen Arbeit dafür an, dass es Kindern und Jugendlichen in unserer Gesellschaft besser geht und sie den Schutz bekommen, den sie brauchen. Die Organisation dieser Begegnungsveranstaltungen sollte von der Lotsenstelle oder dem Qualitätszirkel übernommen werden.

Loyalität der Fachkräfte zum eigenen, persönlichen System

Zuletzt wollen wir einen Blick auf das eigene, ganz persönliche System der Fachkräfte mit seinen Werten, Leitsätzen und Tabus werfen. Auch hier ist davon auszugehen, dass Menschen generell loyal mit den eigenen, individuellen Überzeugungen und Strukturen sind. Fachkräfte entwickeln sich, genau wie alle anderen Menschen auch, auf der Grundlage der sozialen Erfahrungen, die sie in ihrem Leben machen. Fachkräfte haben eine eigene Geschichte mit Erziehungsverantwortlichen, die sie unweigerlich in ihre Arbeit hineintragen. Daher ist es interessant, sich selbst zu befragen, aus welchen Gründen der Beruf der Sozialpädagog_in, Psycholog_in, Erzieher_in oder einer anderen professionellen Helfer_in gewählt wurde. Fachkräfte, die früher einmal selbst gefährdet waren, handeln in Kindeswohlgefährdungssituationen möglicherweise anders als Fachkräfte, die als Kind nicht gefährdet waren. Aus unserer Sicht ist es wichtig, dass Fachkräfte sich ihrer eigenen Geschichte bewusst sind, sie immer wieder reflektieren und sich in ihrem Tun in Beziehung zur eigenen Geschichte setzen. Die Fähigkeit, die eigene Geschichte von der Geschichte, die man in einem Fall erlebt, zu trennen, ist unabdingbar. Genauso hilfreich ist es aber, die eigene Geschichte als Ressource für die Arbeit zu verstehen und nutzen zu können.[71]

Selbstreflexion: Loyalität der Fachkräfte zum eigenen System

- Was hat das Thema Loyalität mit mir als Fachkraft und als Mensch zu tun? Auf welche Erfahrungen greife ich zurück?
- Kann ich mich der Haltung, dass jegliches Handeln von der Loyalität zum Kind ausgehen soll, anschließen?
- Wovon hängt es ab, dass ich loyal bin? Was können Menschen tun, um sich meine Loyalität zu erarbeiten?
- Was muss passieren, dass meine Loyalität bestehen bleibt?
- Wann hat jemand meine Loyalität verspielt?
- Welche Grenzen gibt es? Wo endet meine Loyalität sofort? Was tue ich dann?
- Welchen Einfluss und welche Auswirkungen hat das auf meine praktische Arbeit?
- Welche Ressourcen und Fähigkeiten helfen mir, konstruktiv zu arbeiten, wenn Loyalitäten unterschiedlich verteilt sind?

---

71 Siehe ausführlich in Kapitel »Selbstverständnis von Fachleuten im Kinderschutz.«

Umgang mit Geheimnissen

Verlässlichkeit und Vertrauen in der Beziehung zu hilfesuchenden Menschen sind wichtige Kriterien für die Arbeit mit Kindeswohlgefährdung. Einen deutlichen Widerspruch dazu bildet der Versuch, mit Geheimnissen zu arbeiten.

Bei der Konstruktion von Geheimnissen verhandeln die beteiligten Akteur_innen den Grad an Schweigeverpflichtungen. Es ist möglich, über jedwedes Thema ein Geheimnis zu konstruieren, da nur die Beteiligten entscheiden, ob sie ein Thema zu einem Geheimnis machen oder nicht. Daher müssen auch sie allein entscheiden, ob sie der Konstruktion eines Geheimnisses zustimmen, es aufrechterhalten oder an der Dekonstruktion arbeiten. Außer ihnen weiß niemand, dass es überhaupt ein Geheimnis gibt.

Geheimnisse blockieren an wichtigen Stellen die Kooperation und machen somit eine Weiterentwicklung unmöglich. Sie können vertrauensvolle Beziehungen angreifen und sie zerstören. Meist haben sie die Funktion, zu verschleiern, Ausschluss und Nichtbeteiligung zu organisieren und Intransparenz herzustellen. Die so wichtige Berechenbarkeit und Verlässlichkeit von Haltung und Handlung ist nicht mehr gegeben – Unsicherheit ist die Folge. In einer ersten Einteilung können wir unterscheiden:

- Geheimnisse, die an Fachkräfte herangetragen werden oder
- Geheimnisse, die von Fachkräften installiert werden.

Um eine etwas differenziertere Sicht zu erzeugen, unterscheiden wir:
- Geheimnisse, die von Kindern und Jugendlichen eingebracht werden,
- Geheimnisse, die von Erziehungsverantwortlichen eingebracht werden,
- Geheimnisse, die von anderen Akteur_innen im Hilfesystem, beispielsweise der fallführenden Fachkraft im Jugendamt, eingebracht werden,
- Geheimnisse, die von den Fachkräften in der Hilfe eingebracht werden.

In kindeswohlgefährdenden Situationen nutzen Gefährder_innen Geheimnisse als Strategie, um Druck auszuüben oder mögliche Veröffentlichungen unter Sanktionen zu stellen. Damit sind sie für Kinder und Jugendliche potenziell lebensgefährlich. Auch kann mit der Konstruktion eines Geheimnisses eine vermeintlich besonders exklusive Verbindung kommuniziert werden, die es gerade von Kindeswohlgefährdung betroffenen Kindern und Jugendlichen schwer macht, das Geheimnis aufzulösen: »Nur mit dir kann ich dieses Geheimnis teilen, also enttäusche mich nicht.« Offene, an Transparenz orientierte verbale Kommunikation wird unmöglich. Kinder und Jugendliche geraten nicht selten unter starken Sanktionsdruck und werden durch die Androhung erneuter Gewalt eingeschüchtert. Sätze wie diese sind dabei nicht selten: »Wenn du das erzählst, muss der Papa ins Gefängnis und du kommst ins Heim«, »Wenn du das erzählst, dann hab ich dich nicht mehr lieb«, »Wenn das jemand von dir erfährt, werde ich dich dafür mit Prügeln bestrafen«. Bereits bekannte Misshandlungsformen werden als Sanktion angedroht: »Wenn du das erzählst, sperre ich dich wieder die ganze Nacht im Keller ein. Das willst du doch nicht, oder? Daher dürfen wir davon keinem erzählen.« Solche Aussagen lassen die Not des betroffenen Kindes oder Jugendlichen noch größer werden.

Transparenz als Leitgedanke im Umgang mit Geheimnissen

Aus unserer Sicht sind Geheimnisse auf keiner der oben beschriebenen Beziehungsebenen hilfreich. In der Arbeit in Kindeswohlgefährdungsfällen gilt, dass Geheimnisse nicht dauerhaft aufrechterhalten werden dürfen. Fachkräfte, die mit Geheimnissen konfrontiert werden, sollten sich verpflichtet fühlen, an Transparenz orientiert auf die Veröffentlichung zurückgehaltener Informationen hinzuarbeiten. Fachkräfte dürfen keine Geheimnisträger_innen mit oder Geheimagent_innen eines Systemmitglieds sein. Geheimnisse müssen daher schnellstmöglich aufgelöst werden, gegebenenfalls auch gegen den Willen der_desjenigen, die_der das Geheimnis konstruiert hat. Transparenz ist elementar erforderlich, um die kindeswohlgefährdende Situation oder eine Sorge um eine Kindeswohlgefährdung bearbeiten und auflösen zu können. Das sollten die Fachkräfte allen Beteiligten gegenüber unmissverständlich und von Beginn des Prozesses an kommunizierten.

Nicht nur Ärzt_innen oder Geistliche sind zur Verschwiegenheit verpflichtet, auch für Sozialpädagog_innen und Sozialarbeiter_innen gilt die Verpflichtung, ihnen Anvertrautes nicht unbefugt an Dritte weiterzugeben – es sei denn, es handelt sich um Informationen zu einer Selbst- oder Fremdgefährdung. Es liegt schon im Begriff, dass es Fachkräfte bei einer Kindeswohlgefährdung immer mit Gefährdung zu tun haben. Aus unserer Sicht kann es Themen geben, die zunächst unter die Schweigepflicht fallen.

In manchen Situationen wird Fachkräften etwas mit dem Wunsch anvertraut, es nicht zu veröffentlichen. Beispielsweise kann ein Kind, das einer Fachkraft seine Angst anvertraut, zu Hause erneut geschlagen zu werden, sich auf der einen Seite entlasten. Auf der anderen Seite versucht es sich durch seine Bitte, auf keinen Fall Mama und Papa von dieser Angst zu erzählen, abzusichern. Hier gilt es, die Handlungsfähigkeit der Fachkraft aufrechtzuerhalten und nicht zu blockieren. Die Bedeutung des Geheimnisses muss dazu genutzt werden, an der Kindeswohlgefährdung weiterzuarbeiten. Das heißt, den Kindern und Jugendlichen wird deutlich kommuniziert, dass es nicht in Ordnung ist, dass sie geschlagen werden, und dass das sofort aufhören muss. Die Gefährdung des Kindes steht im Vordergrund, Verschwiegenheit hat hier nichts mehr zu suchen. Mithilfe der Lotsenstelle, gegebenenfalls auch unter Hinzuziehung einer Erfahrenen Fachkraft Kindeswohl schätzt die Fachkraft die Situation ein und klärt dabei folgende Fragen:

- Ist das Kind durch die Veröffentlichung dieser Sorge akut gefährdet?
- Ist eine weitere Bearbeitung im Angebot der Organisation möglich?
- Müssen anderweitige Schritte zur Sicherung des Kindes gegangen werden?
- Können die Erziehungsverantwortlichen im Rahmen der bestehenden Hilfe in eine Kooperation zu dieser Grenzverletzung gebracht werden?

Wenn das Ergebnis lautet, dass anderweitige Schritte notwendig sind, wird das Jugendamt eingeschaltet. Die Fachkraft muss das Geheimnis veröffentlichen, auch wenn das Kind oder die Erziehungsverantwortlichen damit nicht einverstanden sind. In allen diesen Situationen hilft es Fachkräften, genaue Informationen und damit Sicherheit im Umgang mit dem Thema Schweigepflicht zu haben. Das kann durch interne Fortbildungen und Veranstaltungen von der Lotsenstelle unterstützt werden. Fachkräfte, die einen konstruktiven und vor allem klaren Umgang mit Geheimnissen entwickeln, erfüllen einen wichtigen Aspekt der Arbeit, Vertrauen und Sicherheit zu erzeugen. Im Umgang mit Geheimnissen werden ihre fachliche Transparenz und Berechenbarkeit deutlich.

Zentrale Fragen zur kurzzeitigen Verschwiegenheit im Umgang mit Geheimnissen sind:

- Gibt es Themen zwischen der Fachkraft und anderen Beteiligten, die kurzzeitig vor anderen verschwiegen werden können? Welche sind das?
- Wie lange kann das so sein?
- Wie wird an der Auflösung und der Transparenz gearbeitet?

Ein weiterer Aspekt im Umgang mit Geheimnissen kann sein, die Beziehung zum Kind nicht verlieren zu wollen. Um weiterhin in Beziehung zu bleiben, können mit dem Kind folgende Fragen besprochen werden:

- Gibt es noch andere Menschen, denen sich das Kind anvertraut hat?
- Wer könnte noch mit einbezogen werden?
- Welches Setting hilft, um das Thema zum Thema zu machen?[72]
- Was befürchtet das Kind, wenn es zu einer Veröffentlichung kommt?
- Was könnte ein positiver Effekt sein? Was müsste passieren, damit dieser positive Effekt wahrscheinlicher wird?
- Welche Unterstützung wünscht sich das Kind?

Ebenso ist es wichtig, dem Kind transparent zu machen, welche Dinge Fachkräfte nicht für sich behalten dürfen und wo es Grenzen gibt, die zu sofortigem Handeln führen. Wenn dem Kind z.B. für den kommenden Abend körperliche Gewalt angedroht wurden, besteht akute Gefahr und es muss gehandelt werden, um das Kind zu schützen. Ist das durch die Organisation nicht zu gewährleisten, muss auch an dieser Stelle das Jugendamt eingeschaltet werden.

72 Eine hilfreiche Methode ist das Kinderinterview in Kapitel »Das Kinderschutzgespräch«.

Wenn es die Erziehungsverantwortlichen sind, die Fachkräfte mit Informationen konfrontieren, die nicht veröffentlicht werden sollen, ist aus unserer Sicht dasselbe Vorgehen angebracht. Auch hier ist eine klare Haltung wichtig: Geheimnisse sollten nicht mitgetragen werden. Alles, was erzählt wird, muss veröffentlicht und besprochen werden können. Mögliche Versuche, andere Systemmitglieder – z.B. Erziehungsverantwortliche oder Institutionen – schlechtzumachen und somit Fachkräfte in eine Situation zu bringen, die vermutlich große Auswirkungen auf Vertrauen und Kooperationsbereitschaft hätte, können so vermieden werden. Sollte es sich um Informationen handeln, in denen Angst der Antrieb eines Wunsches nach Nicht-Veröffentlichung ist, ist davon auszugehen, dass diese Sorge auch eine Gefahr für die Kinder und Jugendlichen darstellt und sicherndes Handeln geboten ist. Berichtet z.B. eine Mutter, dass sie Sorgen hat, von ihrem Partner geschlagen zu werden, und dass dies erst recht passiert, wenn er weiß, dass sie sich damit der Fachkraft anvertraut hat, sollte sofort daran gearbeitet werden, wie Sicherheit für die Mutter und damit auch für die Kinder hergestellt werden kann. Das kann ein klärendes Gespräch sein, in dem die Angst benannt wird, aber auch das Aufsuchen externer Sicherungsorte, etwa einer Beratungsstelle oder eines Frauenhauses.

Methode: Regeln aufstellen

Um eine transparente Position im Umgang mit Geheimnissen und Verschwiegenheit zu beziehen, sollte die Fachkraft zu Beginn eines Kooperationsprozesses Regeln für die gemeinsame Arbeit festlegen. Die Fachkraft sollte sie mithilfe der Lotsenstelle ihrer Organisation erarbeiten. Der Wert solcher Regeln liegt in der Verlässlichkeit und der Orientierung in unsicheren Situationen. Die Regeln sollten dabei so klar sein, dass es der Fachkraft immer möglich ist, sie durchzusetzen. Daher sollte sie sich auf wesentliche Punkte beschränken.

Empfehlenswerte Regeln für den Umgang mit Geheimnissen

Die Fachkraft steht nicht als Akteur_in von Geheimhaltungssystemen zur Verfügung. Alle Informationen, die auf der Ebene der Erziehungsverantwortlichen mit den Fachkräften ausgetauscht werden, werden konstruktiv und vor dem Hintergrund der Sicherung der Kinder und Jugendlichen bearbeitet. Dabei wird auf Transparenz geachtet. Kinderschutz ist die erste Aufgabe der Fachkraft! Wenn sie wichtige Informationen veröffentlicht, dient das dem Schutz und der Sicherung der Kindes und Jugendlichen. Werden Intransparenz zum Schutz und der Sicherung oder Hilfe über das bestehende Angebot der Organisation hinaus nötig, wendet sich die Fachkraft an das Jugendamt, die Polizei oder das Familiengericht. Dafür sucht sie sich entsprechende Beratung durch eine Erfahrene Fachkraft Kinderschutz (EFK) und Absicherung durch die Lotsenstelle. Alles andere wäre eine zusätzliche Gefährdung des betroffenen Kindes unter der strafbaren Mitwisserschaft einer Fachkraft!

Wie in Kapitel »Transparenz und Beschwerdemanagement« beschrieben, sollten Fachkräfte von sich aus keine Geheimnisse konstruieren – weder gegenüber Kindern und Jugendlichen noch gegenüber Erwachsenen. Damit einhergehend würden Abhängigkeiten entstehen, die für die gemeinsame Arbeit eine große Gefahr darstellen können. Informationen sollten stets für alle zugänglich gemacht werden, andernfalls gefährdet die Fachkraft die Kooperationsbereitschaft.

In unserer Arbeit erfahren wir des Öfteren aus der pädagogischen Praxis, dass Geheimnisse zwischen Fachkräften eine Rolle spielen. Ein Beispiel: Einer Kollegin, die als sozialpädagogische Familienhilfe in einer Familie tätig ist, wird von der fallzuständigen Fachkraft des Jugendamtes mitgeteilt, dass die Kinder im häuslichen Kontext wahrscheinlich Gewalt erfahren. Am Telefon wird ihr untersagt, den Verdacht der Familie gegenüber zu thematisieren, gleichzeitig wird sie beauftragt, ihn zu prüfen und Bericht zu erstatten. Mit diesem geheimen, intransparenten Auftrag wird die Kollegin in eine schwierige Situation gebracht. Wie in solchen Fällen zu verfahren ist, muss die Organisation mit dem Jugendamt vor Auftragsübernahme exakt verhandeln, damit Handlungsklarheit und -sicherheit auf Seiten aller Beteiligten entstehen kann. Die Organisation sollte deutlich machen: »Wir übernehmen keine verdeckten Kontroll- oder Ermittlungsaufträge. Alle Themen im Zusammenhang mit einer Kindeswohlgefährdung werden transparent und sofort sichernd für die betreffenden Kinder bearbeitet.« Aufträge werden im Rahmen der gemeinsamen, transparenten Hilfeplanung formuliert.

In einem anderen Beispiel soll ein Geschwisterpaar, das in Obhut genommen wurde, die Einrichtung wechseln, da sie in der bisherigen Wohngruppe nicht sicher sind. Der leibliche Vater, der keinen Kontakt zu den Kindern haben darf, hat herausgefunden, wo sich die Kinder aufhalten, und angekündigt, sie zurückzuholen. Ein Kollege, der das Erziehungssystem in der Übergangsphase noch als sozialpädagogische Familienhilfe betreut hat, bekommt vom Jugendamt den Auftrag, die Kinder unter dem Vorwand »Wir machen jetzt einen Ausflug« abzuholen und sie – ohne mit ihnen darüber zu reden – in die neue Einrichtung zu bringen. Mit der Übernahme dieses intransparenten Auftrags riskiert der Kollege Frontenbildungen und einen Ausschluss der Kinder aus dem Prozess. Wenn die Sorge besteht, dass ein schneller Ortswechsel für die Kinder oder auch anderen Personen mit den Kindern notwendig ist, dann muss im Vorhinein in einem Fachgespräch besprochen werden, welche Schritte erfolgen, wenn der Aufenthalt des Kindes den Gefährder_innen bekannt wird. Dann gäbe es Handlungssicherheit und die Möglichkeit die Kinder und andere betroffene Personen in den Prozess mit einzubinden. Es ist wichtig dem Kind gegenüber ehrlich und authentisch zu sein. Bei jüngeren Kindern kann gesagt werden, wohin die Fahrt geht und warum. Mit älteren Kindern muss ein Gespräch stattfinden. Es kann hilfreich sein, die Umsiedlung als eine Auflage des Jugendamtes darzustellen, die im Rahmen eines Schutzprogrammes akut ausgeführt werden muss, und dass deshalb keine Verhandlung möglich ist.

Beide Beispiele zeigen, in welche schwierigen Situationen Fachkräfte kommen können, wenn geheime Aufträge und intransparente Absprachen entstehen. Daher ist eine klare Positionierung hinsichtlich des Spannungsfeldes Geheimnisse und Transparenz im Fachkräftesystem wichtig. Wir empfehlen, das Thema immer mit auf die erste Hilfeplankonferenz zu nehmen, damit alle Informationen zum Umgang mit Geheimnissen, Transparenz und den damit verbundenen Erwartungen, Notwendigkeiten und Konsequenzen an zentraler Stelle verhandelt werden.

Setting und Strukturfragen

Unter den Begriffen Setting und Struktur verstehen wir den Aufbau einer Hilfemaßnahme, also die Frage: Wie wird gearbeitet? Im Kontext von Kindeswohlgefährdung fragen sich Fachkräfte häufig: Welches Setting und welche Struktur brauchen wir, um gut arbeiten zu können? Unter »gute Arbeit« fassen wir hier fünf Aspekte:

- effektiv
  Veränderungen, die zu einer besseren Situation des Kindes oder Jugendlichen führen, werden umgehend erreichbar.
- kooperativ
  Fachkräfte und hilfesuchende Menschen arbeiten zusammen.
- effizient
  Kontingente werden von Kostenträgern bewilligt und können eingehalten werden.
- qualitativ hochwertig
  Fachkräfte können sich und ihre Expertise bestmöglich einbringen, entwickeln sich kontinuierlich durch geeignete Fort- und Weiterbildung weiter und reflektieren sich durch Supervision.
- fordernd, aber nicht überfordernd
  Erziehungsverantwortliche werden motivierend und in einem angemessenen Rahmen in die Pflicht genommen, an Veränderung mitzuwirken und erarbeitete Maßnahmen umgehend umzusetzen.

Gelingt keine gute Arbeit, ist die Grenze des Angebotes, das Fachkraft und Organisation im Rahmen ihres Arbeitssettings machen können, erreicht. Die Kooperation zum Thema Kindeswohlgefährdung kann nicht aufrechterhalten werden, das Jugendamt muss weitere Schritte einleiten. Die Fachkraft muss an dieser Stelle dafür sorgen, dass sie alles ihr Mögliche tut, damit nächste Schritte erfolgen.

Da es unumgänglich ist, dass die Erziehungsverantwortlichen am Prozess mitwirken und auch die Kinder und Jugendlichen einbezogen werden, ist es wichtig, ein Arbeitssetting zu konstruieren, das Kooperation ermöglicht, aber auch genau umgrenzt. »Was ist verhandelbar?« und »Was ist nicht verhandelbar?« – diese wichtigen Fragen sollten sich Fachkräfte zu Beginn eines Prozesses stellen, damit sie mit einem klaren Standing in den Prozess einsteigen können. Die unumstößlichen Grundbedingungen für die Kooperation sind gesetzt: Alle Erziehungsverantwortlichen müssen mitwirken und an Veränderungen arbeiten. Jegliche Handlungen, die das Kindeswohl akut gefährden, werden sofort unterlassen. Dazu gehören die Ausübung physischer oder psychischer Gewalt, Verwahrlosung und körperliche oder seelische Vernachlässigung und sexualisierte Gewalt. Zu Beginn der Hilfe muss ein Gespräch stattfinden, was das für die aktuelle Situation des Systems genau bedeutet und woran gearbeitet werden muss. Wenn diese Bedingungen nicht klar sind, droht die Hilfe ein Feigenblatt und Deckmantel der Nicht-Veränderung zu werden.

Es empfiehlt sich sehr, die Entscheidungen zu Setting und Struktur gemeinsam mit dem hilfesuchenden System zu thematisieren und ihm transparent mitzuteilen, welche Fragen verhandelbar sind und welche nicht. In den folgenden Unterpunkten werden dazu Ideen angeboten.

Kooperation und Vertrag

Zu Beginn der Arbeit wird die Kooperation mit den Erziehungsverantwortlichen geklärt.[73] Ausgehend von der Kooperationsentscheidung und -klärung organisiert sich der weitere Prozess. Entscheiden sich die Erziehungsverantwortlichen für die Kooperation, wird der Vertrag zum Schutz des Kindes entwickelt, der ab diesem Moment für alle gilt. Oft ist zu beobachten, dass nur eine erziehungsverantwortliche Person aktiv an der Hilfe mitarbeitet. Um zuverlässige Ergebnisse und positive Veränderungen erreichen zu können, ist es wichtig, dass alle Erziehungsverantwortlichen des Systems der Kooperation und dem Vertrag zustimmen. Das Wohl des Kindes erfordert die vollumfängliche Bereitschaft zur Mitarbeit aller. Der Vertrag ist zum einen ein flexibles Instrument, das an die Bedarfe der Hilfe angepasst werden kann. Zum anderen hat er eine Kontrollfunktion den Erziehungsverantwortlichen, aber auch den Fachkräften gegenüber.[74]

Beide Instrumente – Kooperationsklärung und Schutzvertrag – sehen wir als Standard in der Arbeit am Thema Kindeswohlgefährdung an. Verhandelbar ist jedoch die Ausgestaltung der Kooperation und des Vertrages. Hier kann es unterschiedliche Ideen, Bedarfe und Bedürfnisse von Kindern und Jugendlichen, Erziehungsverantwortlichen und Fachkräften geben, die miteinander geklärt werden können. Nicht verhandelbar hingegen sind die Tatsachen, dass ohne Kooperation nichts geht und dass der Bruch des Schutzvertrags, etwa durch Nicht-Kooperation, konsequentes Handeln seitens der Fachkraft nach sich zieht. Diese Tatsachen sind unveräußerlicher Teil des Settings.

Der Weg der kleinen Schritte

Ein Bestandteil des Vertrags ist die Entwicklung konkreter und verbindlicher Schritte. Dieses Strukturelement bringt eine verlässliche Größe in die gemeinsame Arbeit, an der der Erfolg abzulesen ist. Um diese Erfolge auch zu erreichen, ist es unserer Meinung nach

73 Siehe ausführlich in Kapitel »Kooperation als Ausgangspunkt«.
74 Siehe ausführlich in Kapitel »Der Schutzvertrag«.

hilfreich, die Komplexität des Themas zu reduzieren und darauf zu achten, dass die Schritte klein und an die Lebenswelt der Vertragspartner_innen angepasst sind. Handhabbare Ziele sind leichter zu erreichen und führen zu einem höheren Maß an Motivation und Zufriedenheit.

Die Ziele können im Schutzvertrag nicht konkret genug benannt werden. Es braucht keine akademischen Abhandlungen oder kompliziert formulierten Ziele – je einfacher, umso besser. Ein Beispiel könnte sein: »Herr und Frau X vereinbaren bis zum nächsten Treffen den Termin zur U4-Vorsorgeuntersuchung« oder »Bis morgen ist der Kita-Rucksack aufgeräumt und gesäubert.«

Persönliche Kontakte sind wichtig

Bei Kindeswohlgefährdung ist es von immenser Bedeutung, dass die Fachkräfte in der Lebensumwelt der betroffenen Kinder und Jugendlichen Beobachtungen zur aktuellen Situation machen können. Face-to-Face-Kontakte sind wichtig, um eine differenzierte Einschätzung zu machen, passende Hilfen anzubieten und gegebenenfalls sofortige Schritte zur Sicherung einzuleiten. Da es in den letzten Jahren vermehrt zu finanziellen Einschnitten im Bereich der Hilfen gekommen ist, müssen wir diese Selbstverständlichkeit in der sozialen Arbeit besonders betonen. Fachkräfte und Organisationen sollten sich hier klar positionieren, dass Einsparvorgaben keinesfalls zulasten persönlicher Kontakte gehen dürfen. Es reicht nicht aus, telefonisch oder sporadisch in Kontakt zu sein. Das Motto »Warten wir erst mal ab« ist im Kontext von Kindeswohlgefährdung keine Handlungsoption – es ist grob fahrlässig und gesetzeswidrig! Persönliche Termine sind nicht verhandelbar. Wiederholte Terminabsagen oder versäumte Treffen dürfen nicht konsequenzlos akzeptiert werden. Das gilt für alle Beteiligten – auch die Fachkräfte tragen die Verantwortung, die Termine verbindlich einzuhalten. Hilfesuchende sollten die Möglichkeit haben, sich gegebenenfalls darüber zu beschweren.[75]

Struktur des Hilfeangebotes

Kindeswohlgefährdungen passieren an unterschiedlichen Orten und in allen Situationen, in denen Menschen in Kontakt miteinander sind: in der Kita, der Schule, in Beratungsstellen, bei der Arbeitsagentur oder in Arztpraxen. Die Bearbeitung einer Gefährdungssituation obliegt dabei nicht exklusiv der Jugendhilfe, sondern ist gesellschaftliche Aufgabe. Mitarbeitende aller explizit in den Gesetzen genannter Bereiche sind nach § 8a und § 8b, SGB VIII besonders dazu verpflichtet, verantwortungsvoll im Sinne des Kinderschutzes zu handeln.

75 Siehe ausführlich in Kapitel »Transparenz und Beschwerdemanagement«.

Wenn die Fachkraft einer Organisation bemerkt, dass im gegebenen Arbeitssettings nicht alles geleistet werden kann, was zur Abwendung der Gefährdungssituation und der Wiederherstellung des Kindeswohls nötig ist, muss das Jugendamt als staatliches Wächterorgan Hilfen installieren und Wege entwickeln, die diesem Ziel dienen. Wenn das Jugendamt bis dato noch nicht involviert ist, ist das der Moment, an dem es eingeschaltet werden muss.

Dauer und Frequenz von Terminen

Dauer und Frequenz der Termine, in denen an der Kindeswohlgefährdung gearbeitet wird, sind abhängig vom Bedarf. Organisation und Fachkraft müssen im Blick behalten, ob sie dem Bedarf nachkommen können und ob ihre Möglichkeiten ausreichend sind.

Die persönlichen Termine sollten – je nach Gefährdungssituation – regelmäßig stattfinden, vielleicht sogar täglich, bis die Gefährdung beendet und das Neue stabil ist. Nur so sind eine enge Begleitung und Arbeit an den Zielen möglich. Je notwendiger eine engmaschige Kontrolle und Begleitung in den Gefährdungssystemen ist, desto häufiger sollten die Termine stattfinden. Fachkräfte sollen das Gefährdungssystem begleiten, unterstützen, kontrollieren und ihm Entwicklungsmöglichkeiten anbieten. Im Kontext der Jugendhilfe oder anderen aufsuchender Angebote heißt das beispielsweise, dass Hausbesuche mehrmals in der Woche angezeigt sind. Im Kontext von Kindertagesbetreuung oder Schule bedeutet es, dass regelmäßige Gespräche mit allen Beteiligten geführt werden müssen.

Bei der Dauer der Kontakte sollte immer bedacht werden, mit wem die Kontakte stattfinden. Sind Kinder anwesend, muss geprüft und besprochen werden, mit welcher Aufmerksamkeits- und Konzentrationsspanne des Kindes zu rechnen ist. Je nach Alter des Kindes kann es sein, dass bereits Termine von 10 bis 30 Minuten, in denen das Kind aktiv mit eingebunden wird, herausfordernd genug sind. Auch hier ist weniger oft mehr. Ältere Kinder und Jugendliche können bei Terminen von einer Stunde meist gut mitarbeiten. Wenn mit den Erziehungsverantwortlichen noch weitergearbeitet wird, kann das Kind im selben Zimmer spielen oder sich in eine Spielecke zurückziehen. Wenn etwa ein fünfjähriges Kind seine Aufmerksamkeit lieber auf ein Spiel richtet als auf die Fachkraft, kann das ein Zeichen dafür sein, dass das Gespräch in für das Kind passenden Bahnen verläuft. Wenn die Gesprächsinhalte das Kind beunruhigen, wird seine Reaktion anders aussehen. Für die Fachkraft kann das spielende Kind so zu einer Feedback-Instanz werden. Selbstverständlich gibt es auch Themen, die nicht in Anwesenheit der Kinder besprochen werden können. Hierfür sind Termine wichtig, bei denen die Erziehungsverantwortlichen die Möglichkeit für eine externe Betreuung der Kinder haben.

Entlastend für Kinder ist, wenn eine Spieleinheit oder andere, schöne Momente zu Beginn und/oder zum Ende eingebaut werden. Das stärkt auch die Beziehung zwischen Fachkraft und Kind. Ebenfalls sehr hilfreich ist es, zu Beginn eines Prozesses häufige Kontakte zu den Kindern zu haben – das kann ein größeres Sicherheitsgefühl bewirken.

Nicht verhandelbar ist in dieser Strukturfrage, dass die Termine von allen verbindlich einzuhalten sind. Auch dass innerhalb der Termine überprüft wird, was vertraglich festgelegt wurde, ist keine Verhandlungssache. Andere Aspekte, beispielsweise Spielzeiten mit dem Kind, Gesprächszeiten nur für das Kind oder nur für die Erziehungsverantwortlichen, können hingegen Gegenstand von Verhandlung sein.

Anzahl der Fachkräfte in einem System

Wir empfehlen, in Kinderschutzfällen ein Tandem als Standard zu etablieren, sodass immer mindestens zwei Fachkräfte im Gefährdungssystem arbeiten. Idealerweise gilt das Vier-Augen-Prinzip, das zur Beurteilung von Kindeswohlgefährdung im Rahmen von Hausbesuchen seitens des Jugendamtes auch standardisiert angewendet wird. Dieses Vorgehen schützt und entlastet die Fachkräfte in ihrer herausfordernden Arbeit, indem es die Gefahr von Fehleinschätzungen reduziert und Vertretungssituationen handhabbarer macht. Es schützt auch die Kinder und Jugendlichen, da vier Augen meist mehr sehen als nur zwei. Auch für die Erziehungsverantwortlichen bringt es Vorteile mit sich, z.B. ist im Fall von Krankheit oder Urlaubsvertretung immer noch eine Fachkraft da, die gut informiert ist. Es entstehen weniger Lücken, die Hilfesuchenden müssen nicht alles immer wieder neu erzählen.

Tandemarbeit bedeutet in unseren Augen, dass zwei Fachkräfte einen Fall zusammen bearbeiten. Jede_r weiß, was die_der andere macht; wenn es unterschiedliche Zuständigkeiten gibt, sollten sie für alle transparent sein. Das kann der Fall sein, wenn ein_e Kolleg_in für die Kinder, ein_e andere_r für die Erziehungsverantwortlichen zuständig ist. Auch die Art des kollegialen Austauschs sollte transparent gemacht werden. Es ist sehr hilfreich, wenn in regelmäßigen Abständen Termine mit gemeinsamen Gesprächen zwischen den beteiligten Fachkräften und dem Erziehungssystem abgehalten werden, damit man sich gegenseitig auf den aktuellen Stand bringen kann. Tandems sollten stabil sein und verlässlich miteinander arbeiten. Das bringt den Fachkräften Sicherheit in herausfordernden Situationen und sichert eine qualitativ hochwertige Arbeit. Die Besetzung der Kindeswohlgefährdungstandems sollte von der Lotsenstelle koordiniert werden. Außerdem empfehlen wir regelmäßige Mitarbeiter_innengespräche sowie kollegiale Reflexion und Supervision, um die Zusammenarbeit weiterzuentwickeln. Wenn diese Arbeitsweise Standard im Träger wird, ist sie als Arbeitssetting nicht verhandelbar.

Netzwerk

Um umfassende Einschätzungen zur aktuellen Situation des Kindes zu bekommen, ist ein engmaschiger Kontakt im Netzwerk ebenfalls von großer Bedeutung. Ausgehend von einer Schweigepflichtentbindung für jede einzelne Netzwerkakteur_in durch die Erziehungsverantwortlichen, sollten die Akteur_innen miteinander in Kontakt stehen, um sich über aktuelle Beobachtungen und Entwicklungen auf dem Laufenden zu halten. Das kann in Form von Netzwerkkonferenzen oder ähnlichen Gesprächskreisen passieren. Die Transparenz über die Inhalte gegenüber den Ratsuchenden sollte gewährleistet sein.[76]

Um ein Gefährdungssystem nicht zu überfordern, sollten nicht zu viele Fachkräfte zeitgleich im System arbeiten. Viel wichtiger ist, die Zuständigkeiten sorgfältig zu klären, um sich nicht durch einen immensen Organisationsaufwand in einem zu großen Netzwerk die Arbeit zu erschweren. Der notwendige Austausch im Netzwerk ist nach unsrem Verständnis ebenfallsebenfalls kein verhandelbarer Aspekt in der Arbeit.

Regelmäßige Berichte an das Jugendamt

Wenn das Jugendamt in die Bearbeitung der Kindeswohlgefährdung involviert ist, sollten die Fachkräfte ihm regelmäßige Kurzberichte schicken:

- Was wurde der letzten Zeit erreicht?
- Wo gibt es weiterhin Probleme, welche Probleme sind neu entstanden?
- Wie werden sie angegangen?

An der hier vorgestellten Struktur ist der systemische Dreiklang zu erkennen, der sich sehr gut als Kommunikationsstruktur eignet.[77] Wenn die Abständen zwischen den Berichten nicht zu groß sind, ist es auch der Aufwand, sie zu schreiben, nicht.

Die Berichte sichern die Kommunikation mit dem Kostenträger und dem verantwortlichen Organ der öffentlichen Jugendhilfe ab. Die Berichte sollten gegenüber dem Gefährdungssystem transparent sein und auch die Erziehungsverantwortlichen sowie die Kinder und Jugendlichen sollten in den Berichten zu Wort kommen.

Folgenden Berichtsaufbau schlagen wir vor:

1. Einschätzung der Fachkräfte zum Hilfeverlauf
   - Wie sieht die Situation aktuell aus?
   - Was hat sich seit dem letzten Bericht positiv entwickelt?
   - Welche Probleme gibt es? Sind neue Probleme entstanden?
   - Welche nächsten Schritte müssen gegangen werden?
2. Einschätzung der Erziehungsverantwortlichen zum Hilfeverlauf
3. Einschätzung des Kindes zum Hilfeverlauf
4. Eventuell Anpassungen im Vertrag zum Schutz des Kindes (wenn ja, Vertrag anhängen)
5. Eventuell Bedarfe für ein Hilfeplangespräch
6. Nächster Berichtszeitpunkt

---

76 Siehe ausführlich in Kapitel »Arbeiten im Netzwerk«.

77 Siehe ausführlich in Kapitel »Der systemische Dreiklang und das Reflecting Team«.

Neben diesen regelmäßigen Berichten ist jede Mitarbeiter_in verpflichtet, bei gravierenden Veränderungen das Jugendamt sofort zu informieren und einzubeziehen. Diese Handlungsverpflichtung ist nicht verhandelbar. Die Inhalte der Fachleute in den Berichten an das Jugendamt sind ebenfalls nicht verhandelbar. Erziehungsverantwortliche haben das Recht, alles zu erfahren, was dem Jugendamt übermittelt wird, und sie müssen nach ihrer Meinung dazu gefragt werden. Werden Wiedersprüche oder andere Meinungen deutlich, sind sie aufgefordert, ihre Sicht der Dinge darzustellen, damit eine konstruktive Auseinandersetzung über die unterschiedlichen Einschätzungen möglich wird.

Auch in Fällen, in denen das Jugendamt nicht involviert ist, empfiehlt sich eine passende Dokumentation der Arbeitsschritte, um für mögliche weitere Verläufe gut aufgestellt zu sein.

Umgang mit der Betroffenheit aller Kinder im Gefährdungssystem

Blicken wir über den systemischen Tellerrand hinaus in andere Schulen, sind Begriffe wie Indexpatient_in oder Symptomträger_in, die Probleme personalisieren, häufig zu finden. Unsere systemische Grundhaltung gibt uns eine andere Sichtweise und Haltung mit auf den Weg. Systeme sind Netzwerke, in denen jede_r auf jede_n reagiert. Fachkräfte, die ein Hilfenetzwerk beobachten, sind gleichzeitig Mitglied des Netzwerks und kommunizieren ihre individuelle Sicht innerhalb des Netzwerks. Sie sorgen mit ihrer Beobachtung dafür, dass jedes Mitglied des Systems ein Feedback bekommt. Die Fachkräfte reagieren immer subjektiv und nutzen ihre eigene Struktur und ihre eigenen Erfahrungen, um daraus ein Feedback zu konstruieren. Lösungen, aber auch Schwierigkeiten mit dem hilfesuchenden System werden in Kommunikation erzeugt. Das bedeutet, dass es nicht möglich ist, ein Problem nur an einer Person festzumachen, sondern dass Probleme immer in Wechselwirkung einer Person mit ihrem Kontext entsteht und insofern Auswirkungen auf sämtliche Systemakteur_innen haben. Auch im Kontext von Kindeswohlgefährdung bedeutet das, dass alle im System betroffen sind.

Jede Person geht anders mit der Situation um. Gerade bei betroffenen Kindern ist das oft zu beobachten. Manche Kinder werden laut, andere ganz still. Manche agieren Aggressivität im Außen aus, andere wenden sich gegen sich selbst und (re-)agieren autoaggressiv. Manche Jugendliche erleben aufgrund ihrer Not einen Leistungsabfall in der Schule. Andere passen sich so an, dass sie, um nicht aufzufallen, besonders leistungsstark werden. Es gibt keine allgemein gültigen Zeichen, mit denen von Kindeswohlgefährdung betroffene Kinder und Jugendliche auf sich aufmerksam machen. Eine große Stolperfalle ist, dass sich die Aufmerksamkeit oftmals auf das »laute«, im Außen vielleicht leichter zu beobachtende Verhalten von Kindern fokussiert, wobei andere, mehr nach innen gerichtete Verhaltensweisen aus dem Blick geraten können. Auch wenn sie ganz unterschiedlich auf Erlebtes reagieren, heißt das nicht, dass Kinder und Jugendliche, die unauffällig sind, im System nicht genauso gefährdet sind.

Mit Homöostase bezeichnen wir den Prozess, in dem Systeme versuchen, ein Gleichgewicht zu erzeugen: Wenn auf der einen Seite Leid sehr laut und kraftvoll deutlich gemacht wird, kann es auf der anderen Seite leise geschehen. Damit wird der Versuch unternommen, einen Ausgleich zwischen Laut und Leise zu erzeugen, der zunächst keine Rückschlüsse auf die Gefährdungslage und die Situation des Kindes zulässt. Im Gegenteil: Genaues Beobachten und Erkunden sollten die Folge sein.

Kinder und Jugendliche sind nie gleichermaßen von Gefährdung betroffen. Gleichzeitig sind aber immer alle Kinder und Jugendlichen von der Gefährdung in einer Familie betroffen. Beispielsweise wird in einem System körperliche Gewalt aktiv nur gegen ein Kind ausgeübt – wenn ein Kind jedoch miterleben muss, wie sein Geschwisterkind Gewalt erfährt, ist dieses beobachtende Kind ebenfalls gefährdet: Es ist in ständiger Sorge um das Geschwisterkind, aber auch um die eigene Sicherheit. Je nach Alter fällt es Kindern schwer bzw. es ist ihnen unmöglich, die Not, die andere erleben, von ihrem eigenen Erleben zu trennen. Das Kind lernt außerdem, dass es okay ist, wenn Kinder Gewalt erfahren, es lernt vermutlich auch, dass Kinder nicht viel wert sein können.

Hilfreiche Fragen zur Betroffenheit aller Kinder und Jugendlichen im System

- Was genau ist auffällig?
- Was erleben Geschwisterkinder, die zunächst unauffällig erscheinen?
- Wie gelingt es Kindern und Jugendlichen, sich in Gefährdungssystemen anzupassen, um sich zu schützen oder nicht auf sich aufmerksam zu machen? Welche Ressourcen werden dabei sichtbar?
- Wie kann es professionellen Helfer_innen gelingen, einen differenzierten Beobachtungsblick auf alle Kinder und Jugendlichen im System zu richten?

Wenn wir davon ausgehen, dass es in Gefährdungssystemen keine Nicht-Betroffenen gibt, wird es notwendig, dass auch mit allen gearbeitet wird. Gerade die Arbeit mit allen im System lebenden Kindern und Jugendlichen ist wichtig, um deren Not individuell erkunden und bearbeiten zu können. Erfahrungswerte zeigen, dass Geschwister und andere im System lebende Kinder und Jugendliche oftmals mit folgenden Themen Fragen zu tun haben:

- Uneinschätzbarkeit der Situation: Bin ich die_der Nächste? Was kann ich tun, um es nicht zu werden? Was kann ich tun, wenn ich es doch werde?
- Schuld: Warum trifft es meine Schwester oder meinen Bruder und nicht mich? Bin ich durch mein Verhalten mitverantwortlich dafür, dass es sie_ihn trifft? Schützt mein Geschwisterkind mich vor dem_der Täter_in, in dem es sich opfert? Wir kann ich damit umgehen? Wie kann ich das wiedergutmachen?
- Loyalität: Wie komme ich mit der Zerrissenheit der Loyalität klar? Auf der einen Seite steht meine Mutter oder mein Vater, auf der anderen Seite mein Geschwisterkind.
- Scham: Kinder und Jugendliche schämen sich gegenüber externen Personen oft für das, was in ihrer Familie abläuft.
- Fokus: Geschwisterkinder leiden oft darunter, wenn ein Kind so sehr im Mittelpunkt steht und versuchen dann, ihre erlebte Nicht-Bedeutung zu kompensieren – etwa über die Konstruktion anderer Auffälligkeiten.
- Auswirkungen von Konsequenzen: Kommt es durch die kindeswohlgefährdende Situation eines Kindes oder Jugendlichen zu einer Inobhutnahme und stationären Unterbringung, während die anderen Kinder und Jugendlichen im System verbleiben, stellt dies eine riesengroße Herausforderung für letztere dar. Die Frage stellt sich, welche Signale die

Herausnahme des Geschwisterkindes für die anderen Kinder und Jugendlichen beinhaltet und welche Auswirkungen sie auf ihre Entwicklung hat. Halten die Kinder und Jugendliche lieber »still«, um weiterhin in der Familie bleiben zu können? Ein hohes Maß an Anpassung aus Angst kann die Folge sein, die höchstwahrscheinlich zu keiner gesunden Entwicklung führt.

Der Blick auf alle im System lebenden Kinder hat einen wichtigen Platz in der Arbeit mit einem von Kindeswohlgefährdung betroffenen System:

- Fachkräfte erfahren von allen, wie sie die Situation einschätzen, was den einzelnen Personen Sorgen bereitet oder worunter sie leiden. Damit erreicht werden, dass sich alle gesehen und beteiligt fühlen, und Vertrauen und Sicherheit entstehen.
- Unterschiedliche Lösungsideen tauchen auf. Kinder haben meist sehr gute Ideen und Fantasien, was passieren müsste, damit es wieder besser werden kann. Diese Ressource sollte genutzt werden!

Um in Gesprächen strukturiert vorgehen zu können, bietet sich der systemische Dreiklang[78] an. In unserem Verfahren werden Interviews mit allen Kindern auf der Basis der Vier-Perspektiven-Methode durchgeführt.

Je nach Größe des Systems kann es notwendig werden, dass sich mehrere Fachkräfte an der Arbeit beteiligen und ein Team bilden. Wenn zwei oder mehr Fachkräfte in einem System tätig sind, kommt der Kooperation unter ihnen eine wichtige Funktion zu, damit sie nicht nebeneinander her oder sogar in unterschiedliche Richtungen, sondern miteinander arbeiten können. Absprachen zu Zielen, Erfolgen, Schwierigkeiten und aktuellen Entwicklungen sind wichtig, um gemeinsam zu arbeiten und sich konstruktiv zu ergänzen. Auch gemeinsame Gespräche mit allen Beteiligten in den Gefährdungssystemen gehören zum pädagogischen, an Transparenz interessierten Handeln.

Methode: Land- und Seekarten der Befindlichkeiten

Genau wie alle anderen Menschen beobachten Kinder und Jugendliche ihre Welt und konstruieren aus den Beobachtungen ihre eigene innere Welt. Dabei entstehen sehr aussagekräftige Bilder. Gerade in schwierigen Lebenssituationen kann es sehr entlastend sein, in einer analogen Bilderwelt mit Kindern ins Gespräch zu kommen. Befindlichkeitskarten sind hierfür ein gutes Mittel. Im Fachhandel kann man unterschiedliche Variationen (Berglandschaften, Meer und Strand oder ähnliches) als Arbeitsmaterial kaufen, auf dem viele verschiedene Orte farbig abgebildet werden. Wir empfehlen, diese Methode gemeinsam mit allen im System lebenden Kindern altersentsprechend anzuwenden, damit die Geschwister um die Gedanken der anderen wissen können. Jede_r bekommt eine Figur – z.B. ein Spielpüppchen oder eine Systembrett-Figur. Die Fachkraft übernimmt die Moderation. In

78 Siehe ausführlich in Kapitel »Der systemische Dreiklang und das Reflecting Team«.

einem ersten Schritt fragen wir nach der aktuellen Situation: »Wie geht's dir gerade?« Alle stellen ihr Püppchen an eine für sie passende Stelle der Befindlichkeitslandkarte und erzählen der Reihe nach etwas dazu. In einem zweiten Schritt fragen wir: »Als es dir das letzte Mal so richtig gut ging, welche Stelle passte dazu?« Auch dazu darf jede_r etwas sagen. Im nächsten Schritt: »Als es dir das letzte Mal gar nicht gut ging, welche Stelle wäre dafür die passende?« Die nächste Frage wäre: »Stell dich doch mal an die Stelle, an der du gerne wärst und an der es dir richtig gut geht!« Hier wird zusätzlich gefragt: »Was müsste passieren, damit du dort stehen kannst? Gibt es was, was du dafür tun könntest, um dorthin zu kommen? Wer könnte sonst noch etwas dafür tun? Was müssten andere tun?« Klasse ist es, zusammen mit Kindern und Jugendlichen Befindlichkeitslandkarten zu gestalten.

Begleitend sollten Fachkräfte besonders darauf achten, die Kinder und Jugendlichen durch Lob zu stärken. Dabei kann das Erzählen (Offenheit, Vertrauen) genauso gelobt werden, wie das Nicht-Erzählen (Mut, Grenzen zu setzen). Auch Lösungsideen sollten wertschätzend als Leistung der Kinder und Jugendlichen kommentiert werden.

Selbstreflexion: Umgang mit der Betroffenheit aller Kinder und Jugendlichen im Gefährdungssystem

- Welche Geschwisterkonstellationen kenne ich selbst? Welche Erfahrung habe ich mit Geschwisterbeziehungen gemacht?
- Auf welche Faktoren achte ich besonders, wenn es darum geht, mögliche Mitbetroffene zu beobachten?
- Zu welchen Anlässen habe ich die Beobachtungsfaktoren, die ich nutze, entwickelt?
- Wofür ist die Art und Weise, wie ich beobachte, besonders hilfreich?
- An welchen Stellen erkenne ich Grenzen in meinen Beobachtungsmöglichkeiten?
- Mit welchen Strategien habe ich als Kind oder Jugendliche_r in Notsituationen reagiert – eher im Inneren (Rückzug) oder im Außen?
- Welches Verhalten fällt mir bei Kindern und Jugendlichen besonders schnell auf?
- Welches Verhalten fällt mir bei Kindern und Jugendliche eher nicht auf?
- Mache ich einen Unterschied in der Beobachtung von Kindern und Jugendlichen?
- Leiden meiner Ansicht nach nur Kinder, deren Leid deutlich beobachte, oder gehe ich davon aus, dass alle Kinder und Jugendliche in einem Gefährdungssystem leiden?
- Welche Haltung nehme ich zum Thema Resilienz ein?
- Wie schaffe ich es, Wechselwirkungen unter (Geschwister-)Kindern zu beobachten? Wie gehe ich mit diesen Beobachtungen um?
- Welchen nächsten Entwicklungsschritt kann ich gehen, um mich in meiner Beobachtungsweise weiterzuentwickeln?

Selbsthilfe, Selbststeuerung und Stabilisierung

Ein wichtiges Ziel in unserer Arbeit mit Menschen liegt darin, sie in ihrer Autonomie zu stärken. Wir wollen daran arbeiten, dass sie sich selbst steuern und eigene Entscheidungen treffen, die es ihnen möglich machen, mit ihren eigenen Lebensstrategien die Welt zu bewältigen. Je bewusster sie selbst entscheiden, wo es langgehen soll, desto sicherer werden sie der Welt entgegentreten können.[79]

Bei von Kindeswohlgefährdung betroffenen Kindern ist auch die Entwicklung von Autonomie gefährdet oder sogar unterbrochen. Diese Kinder oftmals nicht ausreichend Energie zur Verfügung haben, um sich selbstgesteuert entwickeln zu können. Sie brauchen alle Ressourcen und Energien, die sie haben, um mit der Belastungssituation umzugehen. Im Extremfall ist die Unterbrechung so stark, dass sie auf der Entwicklungsstufe stehen bleiben, in der sie Gefährdung und Übergriff erlebt haben, und es ist eine schwere Arbeit, diese Entwicklung in späterer Beratung und Therapie nachzuholen.

Die Unsicherheit gegenüber den eigenen Fähigkeiten ist bei Kindern, die nicht geschützt sind, häufig zu beobachten. Ziel der Arbeit sollte es sein, sie zu stabilisieren, damit sie gestärkt und konstruktiv an Lösungen arbeiten können. Wir gehen davon aus, dass sich in jedem Menschen unterschiedliche Handlungsmöglichkeiten und Lösungsideen befinden. Wenn ein positiver, entwicklungsfreundlicher Kontext erlebbar ist, können sie besonders gut abgerufen werden. In einem solchen Kontext können Menschen Resilienzen ausbilden, die ihnen auch in schwierigen Lebenslagen helfen, schnell Problemlösungen zu entwickeln.

Optimal ist es, wenn Kinder die Anzahl ihrer Lösungsmöglichkeiten schon möglichst früh erhöhen können. Das ist in kindeswohlgefährdenden Kontexten kaum der Fall. Daher sollten Fachkräfte mit Kindern und Jugendlichen daran arbeiten, die Vielfalt der eigenen Möglichkeiten und damit die Handlungsfähigkeit in schwierigen Situationen zu vergrößern. Fachkräfte stärken gefährdeten Kindern vor allem dann, wenn sie sich ihrer eigenen Stärken bewusst sind und sie zur Selbststeuerung nutzen. Sie können ein gutes Modell sein, um einen positiv stärkenden Blick auf sich selbst und die eigenen Möglichkeiten zu erzeugen und Stabilität zu vermitteln.

---

79 Über Selbsthilfe, Selbststeuerung und Stabilisierung vgl. unsere Ausführungen und Methoden in: Ott-Hackmann, Harald, Käsgen, Rainer (Hrsg.) (2009): Lasst uns die Welt erfinden! Systemische Therapie mit Kindern und Jugendlichen. Weimar: verlag das netz.

Selbstreflexion: Selbsthilfe, Selbststeuerung, Stabilisierung

- An welchen Stellen in meiner Kindheit und Jugend habe ich mich stabil gefühlt?
- Woran habe ich das erkannt?
- Was waren stabilisierende Faktoren?
- Was hat zu Instabilität geführt?
- Wie bin ich mit instabilen Situationen umgegangen? Was hat mir geholfen? Welche Ressourcen konnte ich entwickeln?
- Was verbinde ich als erwachsener Mensch mit dem Thema?
- Welche Ressourcen und Fähigkeiten habe ich heute, um eigener Instabilität zu begegnen?
- Wie gehe ich in der Arbeit mit Situationen um, die instabil sind?

Wir verstehen Stabilität grundsätzlich als einen Prozess. Menschen sind in ihrer Entwicklung nicht kontinuierlich gleich stabil. Sie haben unsichere Phasen, wenn sie gewichtige Entscheidungen treffen müssen. Die Entscheidungen, die Kinder und Jugendliche in Gefährdungssituationen oftmals treffen müssen, gehören dazu. Entscheiden sich z.B. Kinder dafür, die Familie zu verlassen und auf der Straße zu leben, geschieht dies aufgrund von großer Not und starkem Handlungsdruck. Genauso schwer wird es ihnen fallen, in die Kita oder Schule zu gehen, wenn sie wissen, dass in dieser Zeit zu Hause etwas passieren könnte.

Sie entwickeln die für sie passenden Lösungen zu den Problemen. Das »Auffälligwerden für andere« ist aus unserer Sicht ein äußerst hilfreiches Rettungssymptom! Kinder machen dadurch deutlich, dass etwas ganz und gar nicht in Ordnung ist und dass im Erziehungssystem etwas nicht stimmt. Als Fachleute müssen wir nur hinsehen und die Kinder ernst nehmen.

Kinder und Jugendliche sollten im Hilfeprozess an allererster Stelle lernen, dass ihnen Unrecht geschieht und dass sie sich Hilfe holen dürfen. Kein Erwachsener darf ihnen etwas antun, was sie nicht wollen. Diese Erwachsenen machen etwas falsch, nicht die Kinder und Jugendlichen. Sie sind berechtigt, sich gegen dieses Verhalten zu wehren. Hier ist es wichtig, Kinder und Jugendliche darüber aufzuklären, wo sie solche Hilfen finden und was dann passiert. Das ist die wichtigste Stabilisierung für gefährdete Kinder und Jugendliche. Professionelle Helfer_innen sollten dabei als Anlaufstelle in der Not zur Verfügung stehen, aber auch die Kinder und Jugendlichen genau aufklären, wann sie erreichbar sind und wann auch nicht. Wie sieht es mit der Erreichbarkeit an Wochenenden und in der Woche abends aus? Im Zusammenhang damit sollten Helfer_innen ein Repertoire wichtiger Kontakte zur Verfügung stellen, bei denen sich Kinder und Jugendliche Hilfe holen können:

- die Telefonnummern der Polizei (110) und des Rettungsdienstes (112) sowie des Kinder- und Jugendtelefons (»Nummer gegen Kummer«: 116111),
- Onlineberatung, z.B. unter www.nummergegenkummer.de/kinder-und-jugendtelefon.html,
- real existierende Orte (Polizeidienststellen, Geschäfte, Nachbar_innen etc.).

Diese Kontakte können gut in einem Flyer aufbereitet werden. Einen entsprechenden Ordner mit den notwendigen Informationen sollte es in jedem Träger der Jugendhilfe geben. Die Lotsenstelle sollte dafür zuständig sein, damit in Kindeswohlgefährdungsfällen den betroffenen Kindern und Jugendlichen sofort die wichtigsten Informationen zur Verfügung gestellt werden.

Die Stabilisierungsmethoden, die wir im Folgenden vorstellen, können in einem akuten Notfall, aber auch als ein vorbeugendes Element für drohende Instabilität eingesetzt werden. Sie werden gemeinsam mit der Helfer_in erarbeitet und ermöglichen es von Kindeswohlgefährdung betroffenen Kinder und Jugendlichen, Selbstwirksamkeit zu erleben und sich in einem höheren Maß handlungsfähig zu fühlen.

Methode: Das Special Team

Im Gespräch mit Kindern bietet diese Stabilisierungsmethode die Möglichkeit, sich ein eigenes Team zusammenzustellen, das in schwierigen oder bedrohlichen Situationen helfen kann. Das Team besteht aus vier starken Helfer_innen:

- einer Pflanze,
- einem Tier,
- einer Superheld_in,
- einer Fantasiefigur.

Zunächst wird nach einer Pflanze gefragt. Dann werden Größe, Gestalt, Farbe, Geruch, Standort usw. der Pflanze erkundet und die Frage beantwortet: Warum hilft dem Kind genau diese Pflanze, um sich zu stabilisieren? Welche Ressourcen werden mit der Pflanze verbunden? Was für eine hilfreiche Empfehlung würde die Pflanze aussprechen, wenn sie etwas sagen könnte? Gleiches wird dann mit den drei anderen Helfer_innen gemacht. Am Ende sollte die Frage stehen, wie das Team blitzschnell aktiviert werden kann, wenn Not entsteht, und wo sich das Team befindet, wenn es nicht gebraucht wird. Oft hilft es, kleine Anker zu installieren, beispielsweise ein Bild der Superheld_in, das in der Hosentasche aufbewahrt werden kann, ein Blatt der Lieblingspflanze oder das Helfertier in Form eines kleinen »Schleich«-Tiers.

Methode: Der Notfallkoffer

Der Notfallkoffer ist eine gute Methode, um Ressourcen und Möglichkeiten zur Stabilisierung zu sammeln, an einem sicheren Ort aufzubewahren und bei Bedarf hervorzuholen. Bei dieser Methode ist seitens der Helfer_innen sensibel darauf zu achten, dass Kinder und Jugendliche eine gewisse Grundstabilität mitbringen, die es ihnen ermöglicht, auch in Notsituationen auf die erarbeiteten Strategien zurückzugreifen. Eine Stolperfalle könnte sein, dass sich Kinder und Jugendliche in Krisensituationen alleingelassen fühlen. Daher ist wichtig, mit ihnen zu besprechen, wann sie den Notfallkoffer anwenden können und wie sie es schaffen, sich in einer Krise an den Notfallkoffer zu erinnern. Es hängt auch von Alter und Entwicklungsstand ab, ob Kinder in der Lage sind, diese Methode zu nutzen.

Die Fachkraft sollte eine kleine Box oder ähnliches besorgen und zusammen mit dem Kind gestalten, sodass ein Notfallkoffer entsteht. Je nach Notfall werden im Koffer unterschiedliche Dinge benötigt. Der Koffer kann gezielt zu einem Notfall gepackt werden oder als universal Notfallkoffer. Mögliche Aspekte sind:

- Welche Personen helfen mir in der Krise? Wen kann ich sofort anrufen? Wie erreiche ich diese Person? Wo bewahre ich die Telefonnummer auf, damit ich sie immer parat habe?
- Wohin kann ich im Notfall sofort flüchten (realer Ort, Zuflucht und innerer Ort, ...)?
- Welcher Gegenstand hilft mir?
- Welche Musik, Literatur, welches Bild, welcher Film hilft mir?
- Welche Farben beruhigen mich?
- Auf welche hilfreichen Gedanken, Sätze, Monologe kann ich zurückgreifen?
- Welche Stärke habe ich, die ich anwenden könnte?
- Welches Verhalten hilft mir bis zu dem Zeitpunkt, an dem direkte Hilfe eintritt? Welches weniger?

Darüber hinaus können noch weitere Fragen gestellt werden. Hilfreich ist es, alle Antworten – vor allem Telefonnummern und Adressen – möglichst konkret auf Moderationskarten aufzuschreiben oder Gegenstände auszusuchen, die zur Antwort gehören (z.B. Bücher oder CDs) und im Notfallkoffer zu deponieren.

Gemeinsam wird überlegt, an welchem Ort der Notfallkoffer aufbewahrt werden soll, damit er sicher, aber auch erreichbar ist. Wir empfehlen, den Notfallkoffer ab und an zur Hand zu nehmen, um ihn zu überprüfen und vielleicht zu erweitern.

Methode: Die Ressourcentankstelle

Bei dieser Methode stehen die individuellen Ressourcen und Fähigkeiten der Kinder und Jugendlichen im Fokus. Das Thematisieren, was sie alles gut können, stärkt immer. Es kann auch gut mit einem Feedback der Helfer_innen kombiniert werden, die ihre Beobachtungen zu den Ressourcen und Fähigkeiten beisteuern können. Folgende Fragen können hilfreich sein, um eine Sammlung an Ressourcen zu erstellen, die dann, auf Zettel aufgeschrieben, aufbewahrt und bei Bedarf angeschaut werden kann.

- Was kann ich gut?
- Welche Freund_innen habe ich?
- Welche selbstgesetzten Ziele habe ich schon erreicht?
- Was habe ich alles schon gelernt?
- Welche sportlichen Fähigkeiten habe ich?
- Welche handwerklichen Fähigkeiten habe ich?
- Welche sozialen Fähigkeiten habe ich?
- Welche kommunikativen Fähigkeiten habe ich?
- Welche künstlerischen Fähigkeiten habe ich?
- Wie schaffe ich es, mit Kritik umzugehen?

- Wie bewältige ich Konflikte?
- Welche Anerkennung habe ich schon von anderen bekommen und wofür?
- Welche Vernetzungsfähigkeiten habe ich?

Auch diese Liste kann selbstverständlich um weitere Fragen ergänzt werden bzw. soll als Anregung dienen, noch weitere Fragen zu entwickeln.

Methode: Der Stabilisierungsregler

Auch in der Stabilisierungsarbeit kann anhand einer Skala der Grad an Stabilität gut gemessen und somit Kommunikationsinhalt werden. Es gibt im Fachhandel sogenannte Spannungsregler, oder man bastelt selbst ein Exemplar. Dieser Spannungsregler wird nun umgewidmet und zum Stabilisierungsregler. Im Unterschied zu einer Skala, die auf einem Blatt Papier gemalt wird, ist ein Stabilitätsregler gut geeignet, um etwas in der Hand zu haben, unterschiedliche Werte einstellen zu können und damit Selbstwirksamkeit erlebbar zu machen.

Fragen, die mit dem Stabilisierungsregler beantwortet werden können

- Wie stabil fühle ich mich gerade?
- Wann habe ich mich weniger stabil gefühlt?
- Wie habe ich es geschafft, mit dieser Situation umzugehen?
- Wann habe ich mich sehr stabil gefühlt? Was war anders als jetzt?
- Welchen grundlegenden Stabilitätswert brauche ich, um mit instabilen Situationen umgehen zu können?
- Wie komme ich dorthin, wenn es notwendig ist?

Vielfalt von Ideen als Ressource – Kooperation im sozialen System

Heinz von Foerster[80] als einer der großen Theoretiker der systemischen Idee hat sinngemäß den Satz geprägt: Objektivität ist die Wahnvorstellung eines Menschen zu glauben, er könne handeln, ohne selbst daran beteiligt zu sein. Wir denken, dass damit gemeint ist, dass jeder Mensch die Welt durch seine ganz eigene und einmalige Brille betrachtet. Daher gibt es nicht die eine Sicht auf die Welt, sondern unterschiedliche Beobachtungen. Es ist eine Illusion, dass Menschen exakt gleich denken, gleich handeln, gleich sehen könnten. In der systemischen Praxis versuchen wir, einem weiteren Leitgedanken von Foersters zu folgen, der sinngemäß lautet: Erhöhe die Anzahl der möglichen Antworten auf die Fragen, die dir die Welt stellt.

Wenn in Erziehungssystemen Kindeswohlgefährdung auftritt, sind Veränderung und Weiterentwicklung hin zu einer sicheren Situation unumgänglich. Um unterschiedliche Möglichkeiten entstehen zu lassen, mit deren Hilfe Veränderung gelingen kann, ist es angebracht, mit unterschiedlichen Blickwinkeln, sprich mit unterschiedlichen Menschen über das Problem und mögliche Lösungen nachzudenken. Das hat viele Vorteile:

- Die Beteiligten werden als Expert_innen für ihr System anerkannt, Empowermenteffekte entstehen durch das Erleben von Selbststeuerung.
- Die Notwendigkeit für Verantwortungsübernahme seitens der Erziehungsverantwortlichen wird deutlich gemacht. Die Frage »Wer ist wofür zuständig?« kann bearbeitet werden.
- Die Anzahl an Ideen steigt. Lösungsideen entstehen, auf die Erziehungsverantwortliche alleine wahrscheinlich nicht gekommen wären.
- Das Problem wird transparent, was zu einem höheren Sicherheitsempfinden bei betroffenen Kindern und Jugendlichen führen kann: Mehr Leute wissen Bescheid und arbeiten mit.
- Durch dieses Wissen von anderen werden idealerweise auf der einen Seite erfolgreiche Entwicklungen beobachtbar, die wiederum zu stärkendem Feedback führen können. Auf der anderen Seite wird ein weiteres soziales Kontrollsystem installiert, welches das Kind und sein Wohl mit im Blick hat.
- Die Motivation zu Veränderung steigt: »Zusammen schaffen wir das!« Das kann Erziehungsverantwortliche entlasten (jedoch nicht im Sinn einer Entbindung von ihrer elterlichen Verantwortung).
- Nahestehende Menschen können im Prozess unterstützen.

80 Foerster, Heinz von/Glasersfeld, Ernst von (2007): Wie wir uns erfinden. Eine Autobiographie des Radikalen Konstruktivismus. Heidelberg: Carl Auer.

- Das Gefährdungssystem kann sich als Lösungssystem erleben, in dem kooperative Ideen entstehen, weiterentwickelt, ausprobiert und ausgewertet werden.
- Damit wird ein Modell angeboten, mit dem auch in Zukunft an Konflikten gearbeitet werden kann. Das soziale Netzwerk als Ressource kann über die Bearbeitung der Kindeswohlgefährdungssituation hinaus eine wichtige Instanz bleiben.

Auch hier möchten wir darauf hinweisen, dass wir – anders als Heinz von Foerster – bereit sind, ethische Grundsätze als Rahmung für den diversifizierten Umgang mit Lösungsansätzen und die Beteiligung vieler Menschen an einem Hilfeprozess zu fordern. Das kann nicht häufig genug gesagt werden. Diversifizierte Systeme brauchen klare Kontrollinstanzen, sonst droht der Verlust an persönlicher Bereitschaft, Verantwortung zu übernehmen. Systemisches Arbeiten bedeutet, dass Ratsuchende für ihr Tun prinzipiell verantwortlich sind. In erster Linie müssen wir diese Leitlinie allerdings auf uns selbst anwenden – indem wir überprüfen, ob wir bereit sind, die Verantwortung für unser Handeln auch in schwierigen Lebenssituationen zu tragen. Wenn das der Fall ist, wird es möglich, auch von anderen Menschen konsequent Verantwortungsübernahme zu fordern.

Methode: Die Netzwerkkarte

Die Netzwerkkarte eignet sich hervorragend, um zu visualisieren, welche Beteiligten im sozialen Netzwerk zu finden sind und welche Ressourcen sie mitbringen.

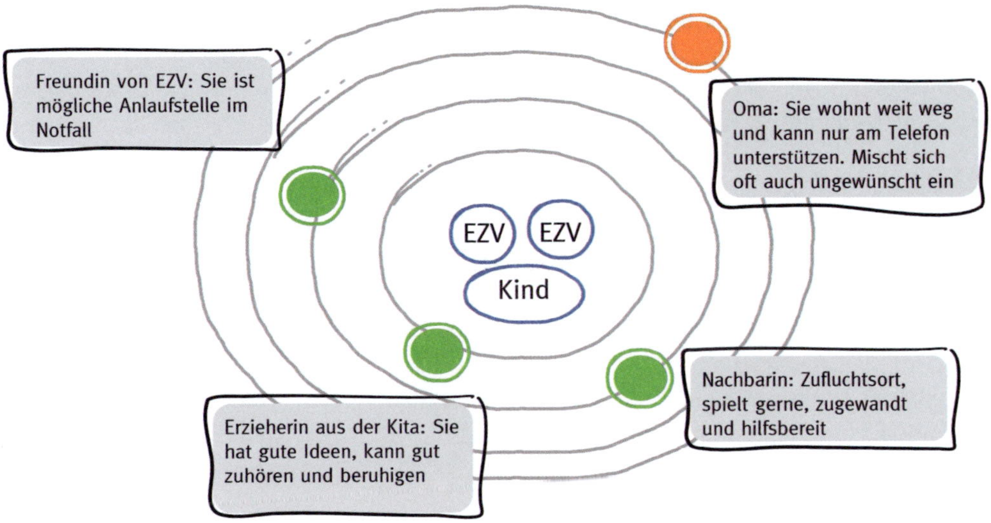

Benötigt werden ein großes Blatt Papier (etwa ein Flipchart- oder Metaplan-Papier und verschiedenfarbige bunte Filzstifte. Auf dem Blatt werden nun alle Personen und ihre Verbindungen untereinander visualisiert, die im Netzwerk zu finden sind. Dabei wird sichtbar, welche Einschätzung es zum Thema Nähe und Distanz zum Gefährdungssystem gibt.

Über die Art und Weise, wie Ratsuchende ihr Netzwerk darstellen, kann gemeinsam geredet und nachgedacht werden. Welche Bedeutung hat es, wenn Menschen in unmittelbarer Nähe zueinander dargestellt werden, und was bedeutet ist, wenn Distanz zwischen Menschen dargestellt wird? Ein weiterer Fokus kann auf Ressourcen gelegt werden. Im Mittelpunkt dieser Betrachtung des Netzwerkes steht:

- Welche Person wird mit welcher Ressource verbunden, die dem Gefährdungssystem hilfreich sein könnte?
- Wozu sind diese Ressourcen hilfreich?
- Wer kann wie zur Problemlösung beitragen? Wer kann welche Aufgaben erledigen?
- Fehlt noch eine Ressource im Netzwerk und wer kann dann noch einbezogen werden?

Es empfiehlt sich, mit unterschiedlichen Farben zu arbeiten – beispielsweise könnte man einen grünen Stift für Ressourcen und eine positive Beziehung nutzen, einen roten für eher schwierige Beziehungen.

Neben der hier vorgestellten Möglichkeit, eine Netzwerkkarte für das soziale Netzwerk des Gefährdungssystems zu erstellen, können auch Fachkräfte eine Netzwerkkarte des Hilfesystems erstellen oder einen eigenen Blick auf das Netzwerk des Gefährdungssystems werfen.[81]

Methode: Das konstruktive Gruppengespräch

Die Methoden des Reflecting Teams und des systemischen Dreiklangs[82] sind besonders geeignet, die Ideen einer unterschiedlichen, vielfältigen Betrachtungsweise von Ressourcen, Hypothesen und Lösungsmöglichkeiten in den Fokus zu rücken. Im konstruktiven Gruppengespräch übertragen wir diese Grundstruktur von Kommunikation auf das soziale System, in dem die Gefährdung stattfindet.[83]

Die Methode arbeitet im Sinne eines moderierten Gesprächs, in das sich unterschiedliche Menschen als Expert_innen für ihre eigene Lebenssituation einbringen. Im Gespräch soll gemeinsam an Lösungen zur Wiederherstellung des Kindeswohls gearbeitet werden. Um Entwicklungen, Erfolge, Bedarfe und Lösungsmöglichkeiten prozesshaft im Blick zu behalten, sollte die Methode in definierten Abständen wiederholt werden. Wenn sie intensiv eingeübt wurde, können Gespräche oder Teile davon auch ohne Moderation stattfinden. Gerade in Krisensituationen wie die einer Kindeswohlgefährdung ist es allerdings sinnvoll, dass eine Fachkraft als moderierende Person den Prozess strukturiert, steuert, kommentiert und

---

81 Zur Arbeit mit Netzwerkkarten vgl. PPSB-Hamburg (2015): Kooperative Konstruktion im Dialog. Ulm: Klemm und Oehlschläger, S. 228ff.

82 Siehe ausführlich in Kapitel »Der systemische Dreiklang und das Reflecting Team«.

83 In der sozialpädagogischen Praxis finden wir Entwicklungen und Ansätze, die sich mit kommunikativen Strukturen vor allem in Familien beschäftigen. So sind die »Familienkonferenz«, die von Thomas Gordon entwickelt wurde, oder der »Familienrat« von Rudolf Dreikurs in vielen freien Trägern Bestandteil des sozialpädagogischen Praxisportfolios.

auch kontrolliert, damit sich die Gesprächsteilnehmer_innen auf das Inhaltliche und die Veränderung hin zu einer dem Kindeswohl entsprechenden Situation konzentrieren können. Klare Steuerung und Kontrolle – im Sinn von Korrektur, nicht von Bestrafung – durch die Fachkräfte sind daher von großer Bedeutung.

Ist die Idee zu einem konstruktiven Gruppengespräch entstanden – meist sind es die Fachkräfte, die zu dieser Methode anregen – und sind Kinder oder Jugendliche und ihre Erziehungsverantwortlichen dazu bereit, wird das erste Gespräch vorbereitet. Wichtig ist, dass genau geklärt und erklärt wird, was es bedeutet, nach diesem Konzept zu arbeiten, damit die Menschen im Gefährdungssystem sich bewusst dafür entscheiden können. Grundvoraussetzungen für ein konstruktives Gruppengespräch sind:

- Offenheit und Transparenz, auch bezüglich der schwierigen Situationen,
- das Anhören von Beobachtungen anderer,
- das Einlassen auf ihre Ideen,
- ein respektvoller Umgang miteinander.

Auch hier muss klar gemacht werden, dass die Entscheidung für ein Gespräch von den Systemmitgliedern selbst getroffen werden muss, dass es aber nicht konsequenzlos möglich ist, sich gegen alles zu entscheiden. Wir empfehlen diese Methode für Systeme, in denen Kinder leben, die bereits in der Lage sind, sich sprachlich zu äußern. Je nach Alter der Kinder und Größe der Gruppe sollte auf einen passenden Zeitrahmen geachtet werden, damit die unterschiedlichen Konzentrations- und Aufmerksamkeitsspannen nicht überfordert werden. Eventuell werden aus den konstruktiven Gruppengesprächen heraus weitere Settings erforderlich, beispielsweise Gespräche, in denen die Erziehungsverantwortlichen allein an bestimmten Themen arbeiten. Die Kinder und Jugendlichen sind schließlich nicht für erwachsenes Fehlverhalten verantwortlich!

Die Einladung

In einem ersten Schritt geht es darum, zu klären, wer an dem Gespräch teilnehmen soll. In Frage kommen alle Menschen im Umfeld des Gefährdungssystems: Angehörige des Erziehungssystems, aber auch Nachbar_innen, Freund_innen etc. Das kann mit der Netzwerkkarte erarbeitet werden. Dabei ist der Fokus auf die Ressourcen der Menschen zu legen: Wer kann für das Gespräch und die damit verbundene Fragestellung hilfreich sein? Wie kann das Erziehungssystem es z.B. schaffen, einen guten Umgang mit Streit und Meinungsverschiedenheiten, ohne Schreie und Schläge, zu finden? Oder: Wie kann das System die anstehende Urlaubszeit so gestalten, dass es für alle schön wird?

Im nächsten Schritt können gemeinsam Einladungen gebastelt oder ausgesprochen werden. Sollten eingeladene Personen Zurückhaltung oder Ablehnung signalisieren, wäre es notwendig, dass die Fachkraft Kontakt zur jeweiligen Person aufnimmt, um zur Teilnahme zu motivieren und die Dringlichkeit zu erläutern.

Das erste Gespräch

Dann kommt der Moment, an dem die Gesprächsrunde zum ersten Mal zusammentritt. Als Setting eignet sich besonders ein neutraler Ort, etwa das Büro der Fachkraft. Wenn diese Art der Arbeit ein Standardmodell werden soll – was wir empfehlen –, lohnt es sich, dass die Lotsenstelle innerhalb der Organisation einen Konferenzraum für solche Gespräche einrichtet, der bei Bedarf gebucht werden kann. Ebenso empfehlenswert sind Schulungen und Fortbildungen, in denen die Fachkräfte Techniken zur Gesprächsführung und Moderation von Gruppen erlernen können.

Zu Beginn begrüßt die Fachkraft alle Anwesenden und wertschätzt die Leistungen, die die Mitglieder der Gesprächsrunde erbracht haben, um dieses Treffen zu ermöglichen. Es folgt eine Vorstellungsrunde, damit alle – vor allem die Fachkraft – wissen, wer alles in der Runde sitzt. An dieser Stelle kann benannt werden, warum gerade diese Person an der Runde teilnimmt – welche Ressource wird bei der Person erkannt? Das stärkt zum einen die Position dieser Person, zum anderen werden dadurch bereits Erwartungen und Hoffnungen an die Teilnahme formuliert. Dann sollte eine kurze Einführung der Methode, in der Regeln und wichtige Grenzen benannt und verhandelt werden, stattfinden.

Gemäß dem systemischen Dreiklang werden Moderationskarten in drei verschiedenen Farben zur Visualisierung genutzt: Ressourcen auf grüne Karten, Probleme auf rote Karten, Ideen auf gelbe Karten. Wenn die Teilnehmer_innen ihre Karten beschreiben, bevor zusammen über die Themen gesprochen wird, kann verhindert werden, dass sie sich in ihren Aussagen stark aufeinander beziehen. Die Chance auf Unterschiedlichkeit erhöht sich.

In der ersten Sitzung, die nicht länger als eine Stunde dauern sollte, sollten folgende Fragen beantwortet werden:

- Wie beschreibt jede teilnehmende Person das Problem, was bearbeitet werden soll?
- Was wird im Gefährdungssystem als Ressource erkannt? Jede Teilnehmer_in benennt zwei Aspekte.
- Wo werden Schwierigkeiten beobachtet? Welche Erklärungsansätze gibt es dafür? Jede Teilnehmer_in benennt einen Aspekt.
- Welche ersten Ideen gibt es, um unmittelbar an einer Verbesserung der Situation für das Kind zu arbeiten? Jede Teilnehmer_in bringt eine Idee ein.

Im Anschluss ist es enorm wichtig, die Verbesserungsvorschläge zu ganz konkreten nächsten Schritte weiterzuentwickeln und zu entscheiden, wer wie an der Umsetzung beteiligt wird.

Folgegespräche

Wir empfehlen für die Anfangsphase einen Abstand von einer Woche bis zum nächsten Gespräch, bei Bedarf kann man nach einigen Wochen in einen Zweiwochenrythmus wechseln.

Für die weiteren Gespräche ist wichtig, dass zunächst an die Verabredungen aus dem vorangegangenen Gespräch angeknüpft wird. Was hat sich seit dem letzten Mal entwickelt? Erfolge werden sichtbar und können durch Wertschätzung abgesichert werden. Das Nachhaken dient aber auch dem Controlling: Veränderung ist das Ziel und muss überprüft werden. An welchen Stellen hat sich durch die Arbeit die Situation für das Kind verbessert, wo noch nicht?

In den Folgegesprächen wird weiterhin in der Struktur des systemischen Dreiklangs gearbeitet:

- Was waren positive Entwicklungen in der letzten Zeit? Welche neuen Ressourcen sind entstanden?
- Welche Probleme bestehen weiterhin oder sind neu hinzugekommen?
- Was muss als Nächstes getan werden, um weiter an Veränderung zu arbeiten?

Auch hier ist es immens wichtig, mit konkreten Entscheidungen und Zuständigkeiten (Wer macht was wann mit wem?) abzuschließen, damit der Transfer in den Alltag gesichert wird.

Methode: Das Familienspiel[84]

Spielen soll Spaß machen! Wenn sich Kinder, Jugendliche und Erziehungsverantwortliche auf gemeinsames Spiel einlassen, dürfen Kinder und Jugendliche Dinge tun, die sonst nicht erlaubt sind, und werden dadurch gestärkt. Für die Dauer des Spiels verschwinden Machtgrenzen: Auch Kinder dürfen Ansagen machen oder Erziehungsverantwortliche zur Einhaltung von Regeln auffordern. Wir beobachten, dass in vielen Erziehungssystemen nur noch wenig Zeit und Lust für gemeinsames Spiel ist.

Das Team des PPSB-Hamburg hat für die pädagogische Arbeit eine spielerische Intervention entwickelt, die den Blick auf Erfolge und Ressourcen richtet und dabei Elemente des konstruktiven Gruppengesprächs integriert. Das Familienspiel kann als eine eigenständige Methode angewandt werden. Sinn des Spiels ist es, dass innerfamiliäre Kommunikation in einem spielerischen Rahmen erlernt wird. Die analoge Welt des Spiels ermöglicht es dem Erziehungssystem, gemeinsam Konfliktthemen zu bearbeiten, offene Fragen zu besprechen und dabei einen respektvollen, wertschätzenden Umgang miteinander einzuüben.

Das Spiel besteht aus einem Spielfeld, unterschiedlichen Spielfiguren (entweder Figuren aus dem Systembrett-Material oder einfache Spielpüppchen) und einem Würfel. Zudem werden kleine Karten und ein Stift benötigt. Vor Beginn des Spiels füllt jede Mitspieler_In eine Karte aus, auf der er_sie eine Frage formuliert, die ein mögliches Gesprächsthema beinhaltet, z.B. »Wie lange dürfen die Kinder abends wegbleiben?« Kommt die Spieler_in auf das gelbe Feld (»Familienkonferenz«), liest sie_er die Karte vor. Dann wird zu diesem Thema ein Gespräch geführt.

84 Den Spielplan können Sie als PDF-Datei über den QR-Code auf Seite 7 herunterladen.

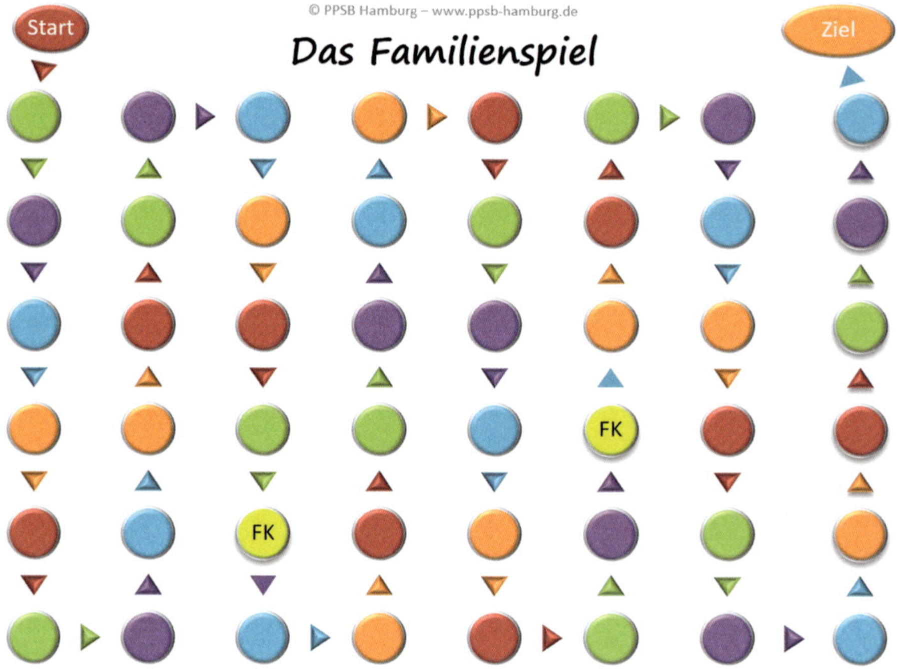

So funktioniert das Spiel: Die Mitspieler_innen würfeln der Reihe nach mit einem Würfel. Die unterschiedlichen Farben der Spielfelder haben folgende Bedeutungen:

- Grünes Feld: »Was habe ich heute gut gemacht?« Jede deiner Mitspieler_innen muss dir darauf eine Antwort geben!
- Violettes Feld: Du darfst der Mitspieler_in, die am weitesten vorangekommen ist, eine Frage stellen.
- Blaues Feld: Du darfst einen Veränderungswunsch innerhalb der Familie äußern – alle Mitspieler_innen müssen dazu ihre Meinung sagen.
- Oranges Feld: »Was kann unsere Familie besonders gut?« Jede Mitspieler_in sagt dazu einen Satz!
- Rotes Feld: Du musst dich bei einer deiner Mitspieler_innen für etwas, was nicht in Ordnung war, entschuldigen.
- Gelbes Feld: Du berufst ein Familiengespräch ein: Benenne das Thema, das du vor Beginn des Spiels auf deine Karte geschrieben hast.

Wir empfehlen, dass die Fachkraft sowohl dieses Gespräch als auch das gesamte Spiel moderiert. Mithilfe der Regeln wird eine neue, andere Art der Kommunikation eingeübt, die anfänglich trainiert werden muss. Zusätzlich können im Vorfeld weitere Regeln zwischen allen Mitspieler_innen verabredet werden, wie beispielsweise, dass eine Sechs gewürfelt werden muss, bevor man starten darf, oder dass man bei einer Drei nochmal würfeln darf.

Beim Familienspiel geht es darum, ein stärkendes Gemeinschaftserlebnis zu konstruieren, nicht darum, wer zuerst am Ziel ist. Alle sollen es gemeinsam schaffen, dass jede_r auf dem vorletzten Spielfeld landet: Sobald eine_r der Mitspieler_innen das vorletzte Feld erreicht hat, dürfen alle anderen auf dieses Feld nachziehen, ohne weiter zu würfeln, und gehen gemeinsam – ohne weiteres Würfeln – den letzten Schritt ins Ziel. Dabei sollte jede_r etwas zum Thema »An der heutigen Spielrunde fand ich besonders gut, ...« sagen. Dann kann das Erreichen des Ziels gefeiert und der nächste konkrete Schritt gemeinsam verabredet werden.

Fachkräften empfehlen wir, dieses Spiel mit ihrer eigenen Organisation auszuprobieren, um Selbsterfahrung zu sammeln. Aus unserer Sicht hilft es zu wissen, wie die einzelnen Methoden wirken: Auf der einen Seite kann damit ihr Wert erkannt und die Methode besser vertreten und erklärt werden. Auf der anderen Seite erlebt die Fachkraft am eigenen Leib, dass diese Art der Arbeit, auch in einem spielerischen Ansatz, schwierig und anstrengend sein kann. Gerade diese Erkenntnis sollte dazu führen, den ratsuchenden Menschen respektvoll und unterstützend zu begegnen. Motivation sollte gefördert und gelobt werden, die Notwendigkeit zur Veränderung darf aber nicht aus dem Blick verloren werden.

Selbstreflexion: Fragen zur Kooperation im sozialen System

- Welche Erfahrungen habe ich in der Arbeit mit Gruppen?[85]
- Was gelingt mir besonders gut?
- Wo habe ich Schwierigkeiten?
- Was muss ich tun, um diese Schwierigkeiten abzubauen?
- Wie gelingt es mir, unterschiedliche Akteur_innen in einen Prozess einzubinden?
- Kann ich Regeln durchsetzen? Wie kann ich mein Standing verbessern?

85 Das PPSB-Hamburg bietet in regelmäßigen Abständen den Workshop »Systemisches Arbeiten mit Gruppen« an. Er bietet methodische Ansätze, sich in der Rolle als Gruppenleiter_in zu reflektieren und weiterzuentwickeln. Nähere Infos dazu unter: www.ppsb-hamburg.de.

Sozialraum als Chance

Kinder und Jugendliche benötigen einen sozialen Kontext mit vielfältigen Ansprechpartner_innen. Viele Kulturen gehen davon aus, dass die Kindererziehung nicht nur auf den Schultern von einem oder zwei Erziehungsverantwortlichen ruhen, sondern breit verteilt werden sollte. Erziehungsverantwortliche brauchen in ihrem sozialen Umfeld andere Menschen, um die Bedürfnisse der Kinder nach Zuwendung und Wertschätzung, Entwicklung und Bildung, Spaß und Spiel etc. zu befriedigen und somit eine gelungene Entwicklung zu unterstützen.

Wenn es gut läuft, finden Kinder und Jugendliche auch außerhalb ihres primären Bezugssystems Zuwendung, Zuspruch und wichtige Bezugspersonen, etwa Großeltern, Verwandte, Nachbar_innen, Freund_innen, Lehrer_innen, Erzieher_innen und Gleichaltrige. Wenn das nicht der Fall ist, gilt es, Möglichkeiten zu entwickeln, wie die Vielfalt an Bezugspersonen, auf die Kinder, Jugendliche und Erziehungsverantwortliche als Ressource zurückgreifen können, erhöht werden kann. Das kann besonders dann wichtig werden, wenn Kinder und Jugendliche von Kindeswohlgefährdung betroffen sind, ihre Familie also ein gefährlicher Ort und kein Schutzraum ist. Dennoch bleibt die Familie für die meisten Kinder der hauptsächliche Kontext.

Wer gehört zur Familie?

An der Bedeutung von familiärem Zusammenleben im Sinne eines Primärbezugssystems hat sich in den letzten Jahrzehnten Einiges verändert. Das Zusammenleben in einer Groß- oder Mehrgenerationenfamilie, in der Oma und Opa mit im Haus oder in unmittelbarer Nachbarschaft wohnten, hat sich im Zuge von sozialem Wandel und Globalisierung hin zu einem Modell von Klein- und Kernfamilien entwickelt. Mit den größer werdenden Entfernungen gingen auch wichtige und oftmals entlastende Synergieeffekte der familiären Gemeinschaft in der Versorgung von Kindern verloren. Auf der anderen Seite haben sich dadurch glücklicherweise viele negative, gefährdende Auswirkungen eines traditionellen Familienverständnisses und -lebens verringert, z.B. Generationenkonflikte oder Auseinandersetzungen über unterschiedliche Lebensweisen oder politische Haltungen, die unter Umständen stark belasten und sogar krank machen können. Auch ist die Zahl der Alleinerziehenden in den letzten Jahren gewachsen. Laut statistischem Bundesamt lebten 2017 2,4 Mio. Kinder – das sind 17 Prozent aller Kinder in Deutschland – mit nur einem Elternteil zusammen.[86] Es sind aber auch viele neue Formen und hilfreiche Konstruktionen wie die soziale Familie entstanden. In unserem systemischen Verständnis ist Familie das, was jede_r Einzelne als Familie beschreibt, beispielsweise der Freundeskreis, die Nachbarschaft oder die Fußballmannschaft. Dieses erweiterte Konzept hebt die althergebrachte Bedeutung, dass die biologische Familie über allem steht, auf. Daneben gibt es weitere neue Möglichkeiten, Kinder, Jugendliche und Erziehungssysteme bei der Herausforderung Aufwachsen zu unterstützen. Die bereits bestehenden Angebote in Krippe, Kita und Schule haben sich weiterentwickelt und bieten Ganztagsbetreuung oder Kooperationen mit Logopäd_innen, Ergotherapeut_innen oder Familienzentren an. Im Zuge der sozialräumlichen Angebotsentwicklung sind in den Quartieren Beratungsstellen, Elterncafés und Angebote für Kinder und Jugendliche entstanden. Ein deutlicher Unterschied besteht allerdings zwischen der hohen Anzahl der Angebote in Städten und Ballungszentren und der weitaus kleineren Vielfalt an Angeboten im ländlichen Bereich. Hier gibt es Entwicklungsbedarfe, um die Chancengleichheit herzustellen.

Sozialraum gegen Rückzugstendenzen

Familien, in denen das Thema Kindeswohlgefährdung eine Rolle spielt, wenden sich nicht selten von sozialen Kontexten ab. Es gibt nicht mehr so viel Kontakt zur erweiterten Familie, Spielverabredungen werden weniger, die Aktivitäten im Sportverein lassen nach und für viele Kinder und teilweise auch Jugendliche bedeutet es einen hohen Aufwand, sich trotz dieses sozialen Rückzugs weiterhin im Außen zu vernetzen. Aus unserer Sicht ist allerdings genau das nötig: ein starker und stabiler sozialen Kontext, der die Familie wieder stärkt.

Eine Stolperfalle könnte eine schnelle Verantwortungsverschiebung sein. Daher muss deutlich gemacht werden, dass die Erziehungspersonen diejenigen bleiben, die die – auch gesetzlich formulierte – Verantwortung für den Schutz ihrer Kinder und Jugendlichen haben. Das Gemeinwesen im Sozialraum kann unterstützen, ergänzende Hilfsangebote, Beratung und Betreuung zur Verfügung stellen, jedoch keine elterliche Verantwortung abnehmen. Sollten Erziehungsverantwortliche ihrem Verantwortungs- und Schutzauftrag nicht nachkommen, ist der Staat verpflichtet, einzugreifen und Kinder und Jugendliche zu schützen.

Aus unserer Sicht ist es wichtig, dass Fachkräfte in ihrer Arbeit immer auch den sozialen Kontext und den Sozialraum im Blick behalten und mit einbeziehen. Neben Bezugspersonen wie Nachbar_innen, Freund_innen der Erziehungsverantwortlichen sind auch die im sozialen Umfeld ansässigen Institutionen von Bedeutung, die Unterstützung bieten können. Eine gut ausgebaute und ausgestattete Gemeinwesenarbeit ist eine wichtige Akteurin im Kinderschutz. An vielen Stellen gibt es hierzu positive Entwicklungen. Allerdings sind diese Angebote oftmals kostenintensiv und somit abhängig vom politischen Steuerungswillen.

86 Vgl. Statistisches Bundesamt (2018): Alleinerziehende in Deutschland 2017. Online verfügbar unter: https://www.destatis.de/DE/Presse/Pressekonferenzen/2018/Alleinerziehende/pressebroschuere-alleinerziehende.pdf?__blob=publicationFile.

Die Angebote in Kitas, Schulen, Jugendzentren, Beratungsstellen oder Elterncafés, die meist von Freiwilligenarbeit leben, können als hilfreiche Kooperationspartner_innen in die Arbeit eingebunden werden. Daneben braucht es aber auch ein gut ausgebautes Angebotsportfolio von Institutionen, die Erziehungsverantwortliche verpflichtend in ihren Erziehungskompetenzen stärken, indem sie nach einem präventiven Hilfekonzept an der Vermeidung von Kindeswohlgefährdung und Stärkung des Erziehungsverhaltens im Sinne der Förderung des Kindeswohls arbeiten. Das können Kursangebote für Eltern oder Elterncoachings sein.

Um eine Übersicht über möglicherweise hilfreiche Kooperationspartner_innen im sozialen Umfeld zu bekommen, bietet sich das Erstellen einer Netzwerkkarte an.

Methode: Der Ressourcen erkundende Stadtteilspaziergang mit dem Erziehungssystem

In Bewegung kommt vieles in Bewegung. Daher machen wir uns in dieser Methode auf den Weg, im Stadtteil oder im Wohnumfeld des Erziehungssystems Ressourcen zu entdecken.

Materialien:

- ein ausgedruckter Stadtplan, um hilfreiche Einrichtungen und Orte zu verzeichnen,
- Metaplan-Karten für Notizen,
- ein Handy oder eine Kamera, um Ressourcenstandorte zu fotografieren,
- Snacks für unterwegs.

Los geht's! Zuerst muss geklärt werden, wer zum Spaziergang mitkommt. Am besten ist es natürlich, wenn möglichst alle Mitglieder des Erziehungssystems am Spaziergang teilnehmen – das stärkt das Gemeinschaftsgefühl, fördert das gemeinsame Erkunden des Umfelds und bringt Transparenz und Wissen um Hilfemöglichkeiten und Ressourcen für sich selbst und die anderen mit sich. Am besten eignet sich gutes Wetter, das erhöht die Motivation und Lust, sich draußen zu bewegen. Auch eine positiv motivierende Grundhaltung seitens der Fachkraft ist von großem Vorteil. Zudem ist es wichtig, dass die Fachkraft bereits einige Kenntnisse über das soziale Umfeld und die vorliegenden Angebote hat. Die lassen sich gut über Internetrecherche und Netzwerkarbeit erlangen.

Gemeinsam mit der Fachkraft macht sich das Erziehungssystem auf den Weg durch den Stadtteil. Alles, was als Ressource erkannt wird, wird aufgenommen. Die Fachkraft sollte bei den einzelnen Stationen genau erfragen, was für die einzelnen Mitglieder des Erziehungssystems eine Ressource im Hinblick auf das Kindeswohl sein kann. Spielplätze, die Kinderarztpraxis, Beratungsstellen, Behörden, Angebote für Kinder, Jugendliche und Eltern, Sportvereine und vieles mehr können so zu einem individuellen, hilfreichen Sozialraumkonzept vernetzt werden.

Zur Auswertung am Ende des Spaziergangs eignet sich wieder der systemische Dreiklang. Jede_r kann zu den Punkten etwas sagen:

- Was war gut?
- Gibt es noch etwas, was fehlt?
- Was ist der nächste konkrete Schritt hinsichtlich des Lebens im Sozialraum? Was will die Familie (mehr) nutzen?

Die Ergebnisse können in den Schutzvertrag übernommen werden.

Wenn die gemeinsame Auswertung an der Stelle überfordernd ist, beispielsweise weil die Familienmitglieder zu diesem Zeitpunkt noch Schwierigkeiten haben, Ressourcen und Schritte zu benennen, sollte die Fachkraft unterstützen, indem sie einen abschließenden Kommentar im systemischen Dreiklang formuliert: durch Lob das Geschaffte absichern – offene Fragen oder Schwierigkeiten benennen – nächste Schritte empfehlen. Dann sollten in einer kurzen Runde nächste Schritte entwickelt und fest verabredet werden. Die entstandenen Fotos werden ausgedruckt und zusammen mit der Karte und den Notizen in ein »Stadtteilbuch« geklebt oder an einer Stelle in der Wohnung aufgehängt.

In der Arbeit mit Erziehungssystemen, die im ländlichen Raum leben, kann mithilfe dieser Methode gut herausgearbeitet werden, wie und auf welchem Weg – mit dem Auto, mit öffentlichen Verkehrsmitteln oder dem Fahrrad – Erreichbarkeit von Beratungsstellen und anderen Einrichtungen geschaffen werden kann. Eine kartografische Übersicht über öffentliche Verkehrsmittel kann genauso erkundet werden wie Möglichkeiten, telefonisch Kontakt zu helfenden Einrichtungen zu bekommen. Gerade weil es im ländlichen Raum oftmals aufwändiger ist, lohnen sich auch hier Ausflüge, mit denen die Familienmitglieder trainieren können, Hilfe zu bekommen.

In der Organisation kann diese Methode ebenfalls gut genutzt werden. Kitas können mit den Kindern Spaziergänge machen, um zu erfahren und zu entdecken, wie beispielsweise Polizei und Feuerwehr arbeiten und Kindern helfen können. Spaziergänge zu Spielplätzen ermöglichen es Kindern, das eigene Umfeld zu erkunden und kennen zu lernen. Auch in der Schule, im Jugendclub oder anderen Einrichtungen können entsprechende Projekte angeboten werden. Das stärkt Kinder in ihren Möglichkeiten, sich auch selbstständig Hilfe zu holen. Auf der anderen Seite stärkt es die Kooperation und Vernetzung von Einrichtungen.

Methode: Der Ressourcen erkundende Stadtteilspaziergang mit Fachkräften

Um aus dem Netzwerkgedanken hilfreiche Effekte abzuleiten, sollten sich Fachkräfte gut im Stadtteil und Sozialraum der Menschen, mit denen sie arbeiten, auskennen. Stabile und stärkende Netzwerke werden nicht in der Krise geknüpft, sondern in weniger krisenbehafteten Zeiten. Stadtteilspaziergänge im Team, auf denen an den einzelnen Stationen Informationen gesammelt, Kooperationsmöglichkeiten ausgelotet und diskutiert werden können, erzeugen eine gute Orientierung im Sozialraum. Diese präventive Maßnahme erleichtert es, im Krisenfall sicherer zu handeln.

Die Lotsenstelle kann im Stadtteil eine »Schnitzeljagd der Ressourcen« für die Mitarbeiter_innen vorbereiten, deren Ergebnisse für alle sichtbar in Wandbildern, Collagen mit Fotos und Texten oder in stadtteilbezogenen Ordnern festgehalten werden.

Controlling

Was verstehen wir unter Controlling, wenn wir mit einzelnen Menschen und ihren sozialen Systemen an Veränderung arbeiten? Transparente Kontrollen bieten beiden Seiten – der kontrollierenden und der kontrollierten – Orientierung und Sicherheit. Beide wissen, wo sie in diesem Prozess stehen, in den Kontrollergebnissen zeigt sich die bereits geschaffte Veränderung.

Im Controlling überprüfen wir immer wieder,

- ob alle Bestandteile des Systems noch dieselben sind. Sind beispielsweise durch Arbeitsplatzwechsel oder Vertretungsregelungen neue Kolleg_innen hinzugekommen oder hat jemand das System verlassen? Hat das Kind neue, wichtige Freund_innen gewonnen oder haben die Erziehungsverantwortlichen gewechselt? Ist das Hilfesetting geändert worden, z.B. durch einen Gerichtsbeschluss (Besuchsrechte, begleiteter Umgang, ...)?
- ob die Beobachter_innen als Kontrollierende ihren Blickwinkel oder die Bewertung der Beobachteten geändert haben. Hat die Kolleg_in ihr inneres Bewertungssystem durch die ständige und zu häufige Konfrontation mit dem Gewaltthema so geändert, dass sie selbst mehr Angst entwickelt oder in manchen Situationen aggressiver reagiert wie früher? Werden manche Beobachtungen schneller bagatellisiert, um eigene Entlastung zu schaffen?

Unter den vielen Variablen in Controlling-Prozessen ist der ordnende Anteil sehr wichtig. Beobachtungen in Fällen von Kindeswohlgefährdung müssen zunächst in zwei Bereiche geordnet werden: einen vorgegebenen und einen verhandelbaren Bereich.

Zum vorgegebenen oder festgeschriebenen Bereich zählen:

- Gesetze, die eingehalten werden müssen, wie §§ 8a und b, SGB VIII,
- Gebote, die in der gemeinsamen Arbeit in allen Fällen als nicht verhandelbar ausgewiesen sind, z.B. Regeln werden nur im Beisein der Fachkraft geändert,
- der Grundsatz, dass alle Vertragsinhalte kontrolliert und die Ergebnisse gemeinsam besprochen werden,
- die Handlungsschritte von Fachkräften bei einer Nicht-Veränderung der Gefährdung.

Zum verhandelbaren Bereich zählen z.B.:

- Lesen wir eine Geschichte beim Zu-Bett-Gehen vor? Oder erzählt jemand eine Geschichte? Oder sagen wir uns zum Abschied vor dem Schlafengehen, was heute gut geklappt hat?
- Werden heute die roten oder die grünen Schuhe angezogen?

- Kann ich schon allein in die Schule gehen oder sollen wir noch üben, wie der Schulweg gemeistert werden kann? Gibt es, wenn es geklappt hat, ein Eis, oder darf ich dann etwas später ins Bett, weil ich schon größer geworden bin?
- Welche Konsequenzen darf ich als Erziehungsverantwortliche oder als Fachmensch verteilen und wie darf ein Lob aussehen?

Diese Zweiteilung nehmen wir im Umgang mit den Hilfesuchenden vor. Gleichzeitig hilft es dabei, das Hilfesystem bei der Umsetzung seiner konzeptionellen Vorhaben zu beobachten. Dieses Controlling wird einerseits intern organisiert, beispielsweise durch:
- Reflexionsgespräche im Team und in Tandem-/Vertretungssystemen,
- Reflexions-, Beratungs- und Anleitungsgespräche durch die Leitung der Organisation, die Lotsenstelle Kinderschutz und die Erfahrene Fachkraft Kindeswohlgefährdung (EFK),
- die Führung von Handakten und computergestützten Dokumentationssystemen,
- strukturell angelegte Vorlagesysteme bei Fallkonferenzen, z.B. dem Ampelsystem,
- Fortbildungsveranstaltungen zur Weiterentwicklung der Mitarbeiter_innen.

Andererseits kontrollieren Aufsichtsbehörden wie Jugendamt, Schulbehörde und Gerichte durch Dokumentation, Verfahrensvorgaben (z.B. bei einer festgestellten Kindeswohlgefährdung oder angeordnetem begleitetem Umgang) und Fachgespräche.

Die gemeinsame Kontrolle des Zusammenwirkens von hilfesuchenden Menschen und Hilfeanbietenden ist ein weiterer wichtiger Schritt, um die angewendeten Konzepte auf ihre Wirksamkeit hin zu überprüfen. Dazu dienen Hilfeplankonferenzen, in denen Maßnahmen von allen Beteiligten auf den Prüfstand gestellt werden, um sie immer wieder neu auszurichten, Erfolge herauszuarbeiten und sie durch Wertschätzung der Erfolge zu stützen. Auch die Beziehung zwischen Fachkräften und Hilfesuchenden steht in diesen Gesprächen auf dem Prüfstand. Erfahrene Fachkräfte wissen: Wenn die Chemie nicht stimmt – und das können wir nur durch kontrollierende Beobachtung feststellen –, kommt es nicht zu Veränderungen und wir sollten schnellstmöglich etwas ändern. Paul Watzlawick hat einmal sinngemäß gesagt: »Wenn ich nach zehn Sitzungen feststellen muss, dass ich nicht helfen konnte, dann muss ich bereit sein, ein anderes Setting aufzubauen und die Bezüge zu wechseln.«

Wir sollten beim Controlling einerseits Instrumente benutzen, die es ermöglichen, das Gefühl zu überprüfen, das wir beim beruflichen Handeln entwickelt haben: Das Gefühl zu den Menschen, mit denen wir arbeiten, und zu den Handlungen der Täter_innen, aber auch der gefährdeten Kinder und Jugendlichen entsteht immer in der Wechselwirkung mit ihnen. Damit enthalten sie Anteile von uns als Beobachter_innen. Genauso spielen die vom Gegenüber ausgelösten Impulse eine Rolle beim Entstehen eines Gefühls. Fachkräfte sollten diese Gefühle ernst nehmen und als Arbeitshypothesen nutzen.

Selbstreflexion: Eigene Gefühle als Teil des Controlling-Verfahrens

- Bin ich ruhig und in einem angemessenen Verhältnis von Entspannung und Anspannung?
- Erkenne ich die Impulse, die in der Begegnung mit der Täter_in entstehen, und berücksichtige ich sie angemessen? Gibt es Raum, sie zu reflektieren, oder verdränge oder bagatellisiere ich sie?
- Können wir im Team oder im Einzelkontakt mit der Lotsenstelle oder einer externen EFK vertrauensvoll und offen über unsere Gefühle reden?
- Kann ich die Gefühle in der Kommunikation mit dem Gefährdungssystem verbalisieren und klären?
- Wie kann ich meine psychische Struktur und mein Wertesystem vor ungewollten, von mir nicht autonom entschiedenen Veränderungen schützen? Zum Beispiel berichten Mitarbeiter_innen aus Einrichtungen, die sich auf sexualisierte oder auch häusliche Gewalt spezialisiert haben, häufig, dass sich ihr Männerbild in Richtung eines potenziellen Täters verändert. Das kann auch ungewollte Auswirkungen auf ihre privaten Beziehungen zu anderen Menschen haben.

Andererseits sollten wir genau darauf achten, was auf jeden Fall faktisch überprüft werden muss. Was wurde im individuellen Hilfeplan vereinbart und muss deshalb standardisiert kontrolliert werden? Was muss individuell ergänzt werden, weil jeder Fall durch das Zusammenwirken von Individuen anders läuft?

Im Folgenden werden wir einige Aspekte des Controlling vorstellen und dabei die unterschiedlichen Blickwinkel trennschärfer betrachten.

Controlling als neue Erfahrung von Sicherheit und Verlässlichkeit

Das helfende System kann durch eine kontrollierende Beobachtung einen hohen Wert in der gemeinsamen Arbeit sicherstellen. Controlling ermöglich die Feststellung von Erfolgen und von hilfreichen Vorgehensweisen, die diesen Erfolg ermöglicht haben. Durch diese wertvolle Arbeit werden die Sicherheit und Verlässlichkeit in das System einführt. Die Betroffenen haben genau das bisher nicht erlebt. Sie waren in gefährlichen, von Willkür geprägten, verwahrlosenden Systemen einer mächtigen und unterdrückenden Täter_in ausgesetzt. Sicherheit und Verlässlichkeit sind Grundlagen für eine Veränderung zu einem an Freiheit orientierten Entwicklungssystem.

Die Netzwerkkarte als Controlling-Instrument

Wir empfehlen, eine Netzwerkkarte in die Handakte einzuheften, auf der auch die Kennzeichnung des Ampelsystems vorhanden ist: Ob und wie schwer ist ein Problem aktuell im System präsent? Dadurch werden Veränderungen im sozialen System schnell erkennbar.

Personelle Veränderungen können ein wichtiger Indikator und eine hilfreiche Arbeitshypothese für Verbesserung sein, aber auch auf eine neue Bedrohung des gefährdeten Kindes und einen erhöhten Schutzbedarf hinweisen.

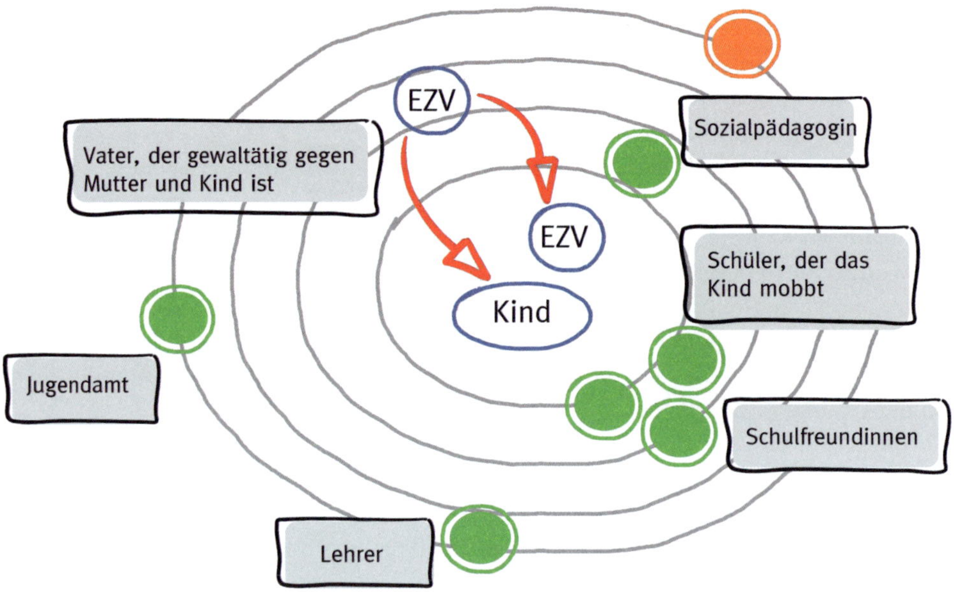

Es empfiehlt sich, die Karte in entsprechenden Abständen neu anzufertigen, ohne die alte Karte als Vorlage zu nehmen. Die Unterschiede zwischen den beiden Karten weisen auf Entwicklungen im Fall oder veränderte Sichtweisen der Beobachter_in hin. Es ist deshalb immer wichtig, die Frage »mitlaufen« zu lassen: Ist jemand Neues in deinem Umfeld hinzugekommen: neue Freund_innen, Lehrer_innen, Verwandte, Trainer_innen, Nachbar_innen? Die Netzwerkkarte ermöglicht der fallführenden Fachkraft eine schnelle Orientierung und ein sicheres Ordnungssystem.

Als Nächstes geht es darum, über Kontrolle Sicherheit in den drei entscheidenden Fragen zu erlangen:

- Hat es eine Veränderung zum Kindeswohl gegeben? (Hierbei sollten Fachkräfte im Blick behalten, dass sie auch im Umgang mit Kindeswohlgefährdung auftragsbezogen arbeiten, d.h. die Wiederherstellung des Kindeswohls verfolgen. Danach können sie sich aus der Kooperation mit dem hilfesuchenden System entlassen.)
- Ist es hilfreich, die Situation noch einmal zu überprüfen? Vielleicht wird der nächste Schritt noch durch etwas, was wir bisher nicht bedacht haben, verhindert?
- Müssen wir davon ausgehen, dass die Gefährdung nicht abnimmt oder sogar zugenommen hat, und gegebenenfalls eine Inobhutnahme mit dem Jugendamt einleiten?

Da alle Beobachtungen sehr komplex sind, gilt es, sie zu vereinfachen und einzugrenzen, damit die Beobachtungsergebnisse so genau wie möglich werden. Unsere Fragestellung lautet, die unterschiedlichen beteiligten Personen auf Veränderungen kontrollierend zu beobachten.

Das betroffene Kind

- Hat das Kind in letzter Zeit sein äußeres Erscheinungsbild geändert: Kleidung, Mimik, Haare, Körperhaltung und ähnliches? Bei einer solchen Beobachtung kann direkt und gezielt mit dem Kind gegengesteuert werden (wenn sich das Erscheinungsbild verschlechtert hat) oder eine Entwicklung in Richtung eines hilfreicheren, stärkeren Selbstbildes unterstützt werden (verkleiden, schminken, frisieren).
- Hat sich das Verhalten des Kindes geändert? Wenn ja, allgemein oder nur einer Person (vor allem der Gefährder_in) gegenüber? Auch hier lautet die Frage: Hat sich das Verhalten zum Positiven oder Negativen gewendet? Helfen können der Metadialog mit Puppen oder Theater oder Rollenspiele werden genutzt, um Schutzstrategien zu entwickeln und das Selbstbestimmungsrecht auszudehnen.[87]
- Hat das Kind neue Symptome entwickelt, alte geändert oder aufgegeben, und was hat ihm dabei besonders geholfen? Wenn ja, sollten Erfolge gefeiert und neue Erfolge gefördert werden.
- Hat es neue Freund_innen oder sich von alten verabschiedet? Was ist dadurch verloren gegangen, was ist dazugekommen? Trennung, aber auch die neue Beziehung zu leben, sind große Herausforderungen für Kinder und Jugendliche mit Gewalterfahrungen.
- Hat sich am Verhalten in der Kita oder in der Schule etwas geändert? Ist ein Elterngespräch oder Gespräch mit den Fachkräften angezeigt?
- Gibt es Veränderungen im Tagesablauf des Gefährdungssystems?

Ein hilfreiches und effizientes Controlling sollte aus den Beobachtungen direkt eine Handlung ableiten. Beobachten wir eine positive Veränderung Richtung Kindeswohl, wird so unmittelbar wie möglich eine Wertschätzung erfolgen. Ist eine Verschlechterung zu erkennen, wird sofort ein Gespräch in die Wege geleitet, um der Verschlechterung Einhalt zu gebieten und den Hebel in Richtung Verbesserung umzulegen.

Die Fachkraft

- In vielen Fällen sind Fachkräfte mit unterschiedlichen Professionen tätig. Es ist wichtig, deren Bindung an den Fall zu kontrollieren. Wer gehört dazu und welche Wechsel, Ergänzungen und Reduzierungen im Hilfesystem hat es gegeben? Wie hat sich gegebenenfalls die Verantwortung verschoben und wer ist jetzt verantwortlich? Die Antworten auf diese Fragen können anhand der Netzwerkkarte deutlich gemacht werden.

---

87 Vgl. Ott-Hackmann, Harald/Käsgen, Rainer (Hrsg.) (2009): Lasst uns die Welt erfinden! Systemische Therapie mit Kindern und Jugendlichen. Weimar: verlag das netz.

- Welche Maßnahmen werden von welcher Helfer_in mit welchem Ziel durchgeführt und wie entwickelt sich der betroffene Mensch mit diesen Hilfemaßnahmen?

Behördliche Stellen

- Welche Stellen sind mit welcher Maßnahme und welchem Ziel involviert?
- Wie können die Maßnahmen gut koordiniert werden, damit es nicht zu Doppelungen und sogar gegenseitigen Konkurrenzsystemen kommen kann?
- Gibt es Auflagen für das System oder einzelne Mitglieder?

Kita und Schule

- Gibt es Veränderungen im Verhalten des betroffenen Kindes im Kita- oder Schulalltag?
- Hat es Bezugspersonenwechsel gegeben und wie sind die Übergänge verlaufen? Muss die Kooperation durch Gespräche stabilisieret werden?
- Können anstehende Entwicklungsschritte vorbereitet, eingeleitet und unterstützt werden? Wenn ja, von wem und mit welchem Ziel?

Hausgemeinschaft und soziales Umfeld

- Gibt es hilfreiche und verlässliche Menschen im häuslichen Umfeld, zu denen das Kind gehen kann, wenn es Schutz braucht?
- Gibt es andere Möglichkeiten für das Kind, in der näheren Umgebung selbstständig Schutz oder Unterstützung zu finden?
- In Wohngruppen ist ein neues Mitglied immer auch Anlass zu außergewöhnlichen Vorfällen. Es bewirkt Veränderungen – mit positiven oder negativen Wirkungen.

Woran erkennen wir, dass der Hilfeplan verändert werden muss?

Wenn wir bei der Beobachtung des Gefährdungssystems eine langfristige (ca. 3 Monate andauernde) Stagnation feststellen oder eine Verschlechterung erkennen, die über eine einmalige Ausnahme hinausgeht, ist eine konsequente Haltung und daraus folgend Handlung angezeigt. Diese Abfolge wird in einem einfachen Regelkatalog am Anfang der Zusammenarbeit transparent gemacht. Sie ist fester Bestandteil des von uns empfohlenen Schutzvertrages. Demnach wird im Übertretungsfall eine selbstgesteuerte Entscheidung getroffen, keiner kann sagen: »Hätte ich das gewusst ...« Solche Regeln können beispielsweise sein:

- ein sofortiges Gespräch oder eine Familienkonferenz mit der Fachkraft,
- eine öffentliche Entschuldigung mit Vorschlag wie es beim nächsten Mal ablaufen kann (hier kann eine gemeinsam ausgehandelte Wiedergutmachung folgen),

- die letzte Regellockerung in Richtung einer höheren Selbstständigkeit wird zurückgenommen (zurück auf Los – aber nicht das Gleiche noch einmal, sondern: »Es muss sich was ändern!«),
- Kontakteinschränkungen oder eine höhere Betreuungsdichte als Konsequenzen.

Wir empfehlen den Sanktionskatalog in Abstimmung mit der Lotsenstelle so zu gestalten, dass die Fachkraft jederzeit sicher ist, diesen Katalog auch umsetzen zu können. Wenn die Fachkraft nötige Sanktionen aus persönlichen Gründen nicht durchsetzen kann, sollte sie diese Schwäche aufarbeiten. Schwäche kann sehr kontraproduktiv wirken im Sinn von: »Dann war das Verhalten wohl in Ordnung, es wurde ja gar nicht sanktioniert.«

Eine gute Beobachtung ist die Grundlage für ein gründliches Controlling. Dieser hohe Anspruch kann auch mal zur Überbelastung der Fachkraft führen: Sie muss sehr komplexe Zusammenhänge beobachten und sich auch dann noch erinnern können, wenn sie zwischendurch weitere, nicht weniger schwere Fälle bearbeitet und sich empathisch und mit allem Fachwissen auf andere Menschen konzentriert hat. Daher sind alle Maßnahmen willkommen, die der Entlastung und der Reduktion von Komplexität dienen. Die Netzwerkkarte ist eine Möglichkeit, weitere sind die Systemskizze der Kernfamilie und die Verlaufsdokumentation. Alle dienen der Unterstützung kurzer Erinnerungswege sowie besserer Organisation und Übersicht.

Die Verlaufsdokumentation

Eine Verlaufsdokumentation hilft, den Prozess kontrolliert zu gestalten. Dazu sind nötig:
- eine gute Vorbereitung (im Sinn einer Zielorientierung),
- eine präzise Durchführung,
- eine Erfolgsfeststellung,
- Wertschätzung der unternommenen Anstrengungen,
- eine Ergebnisformulierung mit passender Hausaufgabe (zwischen den Kontakten geht das Leben weiter),
- eventuell verabredete Übungen.

Werden diese Punkte gut dokumentiert, kann die Fachkraft beim nächsten Kontakt gezielt abfragen, was gelungen ist und was aktuell bearbeitet werden muss. Die Erfolge und geglückten Versuche, etwas zum Positiven zu verändern, werden wertgeschätzt. Gleichzeitig bleibt der Bogen gespannt und kann in Kontinuität überführt werden.

Wir haben häufig von Entscheidungsträger_innen im Jugendamt gehört, dass sie sich gern von den Textfluten langer Protokolle und Berichte befreien würden. In der Kindeswohlgefährdung ist – leider zum Teil durch Erfahrungen gespeist – der Druck sehr hoch, absolut lückenlos zu dokumentieren. Die Angst, für Probleme oder gar schwere Übergriffe verantwortlich gemacht zu werden, ist groß. Wir empfehlen, eine Dokumentation so zu erstellen, dass auf jeden Fall Standards abgefragt werden (über die verlässliche Struktur des Bogens), während die Inhalte der Fragen stichwortartig an den jeweiligen Fall angepasst werden können. Vergessen Sie nicht, in regelmäßigen Abständen überholte Strukturen (Fragen oder Daten, die nicht mehr neu erhoben werden müssen) zu entfernen und die Dokumentation zu verschlanken. Aktuelle Anmerkungen sind dann im Bogen klar zu erkennen. Wenn es den Fachkräften gelingt, die Unterschiede zwischen den einzelnen Treffen herauszuarbeiten, ist ein Verlauf bzw. eine Entwicklung gut zu erkennen. Lässt sich in einer gut geführten Dokumentation keine gute Entwicklung erkennen, sollte eine Änderung im Bezugssystem angestrebt werden, um die Gefährdung abzuwenden und nachhaltige Veränderungen zu bewirken.

Muster für eine Verlaufsdokumentation:

Verlaufsdokumentation für den Zeitraum vom letzten Hilfeplangespräch am … bis zum nächsten HPG am …

Name: Tagesziel:		Datum:
Wer war anwesend?	Welchen Fortschritt hat ... gemacht ?	Übung bis zum ...

Gab es Verstöße gegen die Absprachen?

Was wurde deshalb vereinbart?

Ziele bis zum nächsten HPG:

Unterschrift: Fachkraft Hilfesuchende_r

Ein sicherer Anker für den Notfall

Die schlechteste Antwort der Fachkraft auf die Frage »Wie ist es dazu gekommen?« ist: »Das hat sich so ergeben.« Sie deutet darauf hin, dass nicht allzu viel Planung in die Zukunft gemacht wurde. Das Scheitern ist nicht mitgedacht worden, und das kann schlimme Folgen für ein Kind haben, das in latenter Gefährdung lebt. Wir als professionelle Helfer_innen sind nur wenige Stunden als Sicherung für das Kind anwesend. In unvorhergesehenen Situationen, denen sich das Kind entziehen möchte, muss es spontan reagieren können und hat kaum Zeit, sich Gedanken zu machen. Sich willkürlich ändernde Gefährdung durch spontane Gefährdungshandlungen von Erziehungsverantwortlichen bedroht Kinder und Jugendliche existenziell. In Notfällen benötigen sie eine zuvor entwickelte und eingeübte Sicherungsstrategie.

Vertrauenspersonen und sichere Orte

Sie brauchen die Möglichkeit, den Ort zu verlassen, und Vertrauenspersonen, zu denen sie sich in Sicherheit bringen können. Das können Freund_innen und deren Familien oder Nachbar_innen sein, die schon zuvor besucht wurden und in die Situation eingeweiht sind. Vielleicht ist es möglich, solche Vertrauenspersonen zu einem gemeinsamen Gespräch auch mit den Erziehungsverantwortlichen einzuladen und mit ihnen über die Bereitschaft, das Kind spontan aufzunehmen, zu reden. Wenn eine Vertrauensperson dazu bereit ist, sind die Probleme der Erziehungsverantwortlichen gegenüber der außenstehenden, aber eingeweihten Person, beispielsweise Scham und Neid, nicht mehr so groß. Das Kind muss weniger Angst haben, gegen die Loyalität zu seinen Erziehungsverantwortlichen zu verstoßen, und kann freier handeln.

Für den Fall, dass ein Kind spontan fliehen muss, um sich in Sicherheit zu bringen, braucht es andere Adressen. Ein Rundgang mit dem gefährdeten Kind durch seinen Kiez ist dabei sehr hilfreich und sollte gleich zu Beginn der Hilfe unternommen werden.[88] Ziel ist es, dem Kind Wissen um Fluchtmöglichkeiten mitzugeben und eventuell bereits einen Kontakt anzubahnen. Gemeinsam mit dem Kind können anschließend mögliche Fluchtpunkte zusammengetragen werden. In Frage kommen:

88 Siehe ausführlich in Kapitel »Sozialraum als Chance«.

- öffentliche Dienststellen,
- Allgemeine Soziale Dienste,
- Kinder- und Jugendnotdienste,
- Lehrer_innen und Schulsozialarbeiter_innen,
- Erziehungsberatungsstellen,
- Beratungsstellen gegen Kindeswohlgefährdung,
- Kinderhäuser, Frauenhäuser,
- Kirchengemeinden,
- eventuell auch die Trainer_in des Sportvereins oder andere, dem Kind bereits bekannte Stellen und Personen

Eigentlich alle Einrichtungen, die sich in der Nähe befinden, müssen dem Kind helfen und es mindestens zu einer geeigneten Stelle oder zur Polizei zu bringen, und, wenn möglich, den Übergang zu einer netten und hilfsbereiten Beamt_in sicherstellen. Das Sozialgesetzbuch sieht vor, dass alle Angestellten öffentlicher Dienste diese Beratungspflicht haben.

Wir würden sagen: Alle Menschen haben die Pflicht, hilfesuchenden Menschen, grundsätzlich zu helfen. Das Mindeste ist, sie auf dem Weg zu begleiten, der zur Hilfe führt. Wir wissen aber auch, dass es in unserer Gesellschaft viele »Weggucker_innen« gibt. Daher ist es der beste Weg, sich präventiv um ein Sicherungssystem zu kümmern. Hochseilakrobat_innen hängen schließlich auch vor ihren Übungen ein Netz in die Manege.

Sicherheit und Stabilität auch im Fall des Scheiterns

Welche Alternativen haben wir, wenn wir keine Möglichkeit sehen, das Kindeswohl wiederherzustellen? Was können wir tun, wenn unsere Arbeit nicht zum gewünschten Ergebnis geführt hat? Auch dieser Frage wollen wir uns gern noch widmen.

Wenn das Kind in Obhut genommen wird, erlebt es eine Trennung von seinem Ursprung. Das bedeutet einerseits eine große Enttäuschung und kann andererseits eine Befreiung von großer Not bedeuten. Auf jeden Fall ist die Situation von Ambivalenz gekennzeichnet.

Das Kind muss sich von einer Welt lösen und zu einer neuen Vertrauen aufbauen. Es hat in dieser Situation keine Sicherheit. Es erlebt einen Übergang. Übergangssituationen sind oft mit Abbrüchen gepflastert. Um das zu vermeiden, sollte dem Kind für diese Zeit eine vertraute Person zur Seite gestellt werden. Die Kindesbetreuer_in sollte mit dem Kind in der Pflegefamilie oder in der Notunterkunft Kontakt halten, bis eine andere Betreuer_in ihren Platz eingenommen hat. Fachkräfte sollten sehr darauf bedacht sein, keinen zusätzlichen Beziehungsabbruch für das Kind zu verursachen. Geschieht das doch, sind Erholung, der Wiederaufbau hilfreicher Lebensstrukturen und die Brücke zwischen altem und neuem Lebenskontext gefährdet. Eine solche zusätzliche Gefährdung ist leider häufig institutionell angelegt. Dem kann entgegengehalten werden, dass sich der vorübergehend höhere

Betreuungsaufwand im wahrsten Sinn bezahlt macht. Das Kind wird eine höhere Stabilität erlangen, und die Unterbringung hat eine höhere Erfolgschance. Eine von allen gut gemeisterte Übergangssituation spricht für eine hohe Beziehungs- und Prozessqualität und verdient unsere besondere Wertschätzung.

Ebenfalls wichtig ist es für das Selbstständig-Werden des Kindes, den Kontakt zum Herkunftssystem zu halten. Das System muss über Enttäuschungen hinwegkommen (das Kind ist verloren), Scham überwinden und darüber nachdenken, ob ab sofort Erziehungsfähigkeit gelernt wird, damit das Kind vielleicht zurückkehren kann. Elternkurse und ähnliche Angebote können dabei unterstützen. Wir sprechen uns allerdings gegen eine prinzipielle Rückführung in die Familie aus. Aus unserer Sicht sollte die Entscheidung beim begleiteten Kind und seinen betreuenden Erziehungspersonen und gesetzlichen Vertreter_innen liegen. Kinder und Jugendliche sind kein Eigentum, das rückgeführt wird, sondern selbstgesteuerte Wesen, die ein Recht auf Autonomie in ihrer Lebensführung haben.

Beiden Parteien, Erziehungssystem sowie in Obhut genommenes Kind, können sich weiterentwickeln und sollten beim »(Neu-)Erfinden der Welt« geeignete Begleitung und Unterstützung erhalten. Wenn das gelingt, sind wir dem Ziel mit unserem Schutzprogramm ein ganzes Stück näher gekommen.

Wie kann es gelingen?

Der Schutz von Kindern ist eines der höchsten Güter in unserer Gesellschaft – so heißt es bei Politiker_innen und anderen verantwortlichen Menschen und sicherlich auch bei den meisten Bürger_innen unseres Landes und Kulturkreises. Wir sind uns fast sicher, dass der Kinderschutz von der gesamten Menschheit als gesellschaftlicher Wert anerkannt ist. Die Voraussetzungen sind also eigentlich gut, um das hier beschriebene Schutzprogramm einzuführen und gegen Angriffe unverantwortlicher Gegner_innen der kindlichen Entwicklungsfreiheit zu verteidigen.

Auch aktuelle Entwicklungen in diesem Rahmen weisen darauf hin: Ja, es geht in die richtige Richtung. Auf politischer Ebene fordern Einzelne stärkere Maßnahmen gegen Täter_innen und setzen sich für mehr Aufklärung und Überprüfung der alten, christlich orientierten Werte im Umgang mit Kinder und Jugendlichen. Als Beispiel diene die Aufarbeitung alter Straftaten katholischer Würdenträger: Die Tatsache, dass die Opfern sich mit ihrem Leid stärker in die Öffentlichkeit trauen, hat dazu geführt.

Wie wichtig die veränderte Sichtweise vom angenommenen Schutz der Kinder in ihrer Familie hin zu »Die Familie kann der gefährlichste Raum für Kinder sein« ist, haben wir mehrmals betont.

Im Alltag und in unserer Arbeitswelt konnten wir erkennen, wie sich einzelne Maßnahmen auf gesellschaftliche Prozesse niederschlagen. In einer Stadt, in der wir einige Fortbildungen zum Thema Risikoabschätzung im Bereich Kindeswohl durchgeführt haben, wurde die Aufmerksamkeit der Fachkräften und die Bereitschaft zur Mitwirkung der Bürger_innen innerhalb eines Jahres so gesteigert, dass mehr Straftaten ans Tageslicht kamen und die Bereitschaft, Kinder aus den Familien zu nehmen, um sie vor diesen Taten zu schützen, sich deutlich erhöhte.

Trotzdem sind die Zahlen von 2019 erschreckend:

Akute und latente Kindeswohlgefährdungen

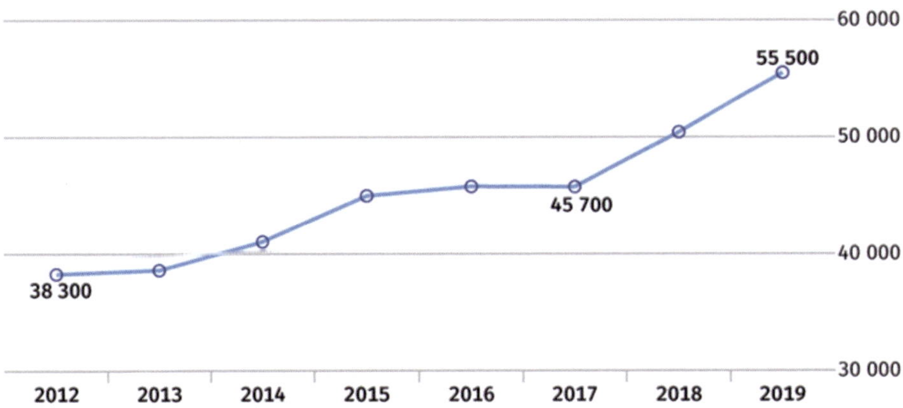

©Statistisches Bundesamt (Destatis), 2020

Auch wenn Kindeswohlgefährdungen durch sexualisierte Gewalt mit rund 3.000 Fällen am seltensten festgestellt wurden, war hier prozentual ein besonders starker Anstieg zu beobachten: Von 2018 auf 2019 nahmen die Fälle sexualisierter Gewalt um 22 Prozent zu (das entspricht einem Plus von 536 Fällen). Die Dunkelziffer ist natürlich nicht eingerechnet. Diese dürfte aufgrund der Tabuisierung des Themas ebenfalls sehr hoch sein. 2019 registrierten die Jugendämter auch mehr betroffene Jungen: Bei ihnen betrug der Anstieg gegenüber dem Vorjahr sogar 30 Prozent (ein Plus von 238 Fällen). Das könnte ein Hinweis darauf sein, dass inzwischen auch Jungen häufiger als potenzielle Opfer sexualisierter Gewalt wahrgenommen werden.

In rund 28.000 Fällen wurde die Kindeswohlgefährdung 2019 von den Jugendämtern als eindeutig (akut) eingestuft – 12 Prozent mehr als im Vorjahr und zum ersten Mal mehr als die als latent eingestuften Fälle.[89]

Was uns jetzt hilft

Wir sollten in unseren Organisationen und Einrichtungen die Strukturen überprüfen und entwickeln, die uns in der Kontrolle unserer eigenen Entwicklung helfen und die Täter_innenschaft in unseren eigenen Reihen unmöglich machen.

Wir sollten diese Arbeit durch eine mit den nötigen Kompetenzen ausgestattete Lotsenstelle stützen und diese zu einer verlässlichen Größe machen. Kinderschutz kann nicht nebenbei erledigt werden – dazu sind die kindeswohlgefährdenden Strukturen zu mächtig.

Wir sollten Verbündete (Politik, Kirchen, Vereine, Nachbarschaftsstrukturen, die Weltgemeinschaft) einbeziehen und zu solidarischen Gewährsmenschen für bedrohte Kinder und Jugendliche machen.

Wir sollten gemeinsam dafür kämpfen und lautstark fordern, dass die politische Finanzsteuerung nicht weiterhin zu Lasten von Einzelfallhilfen gehen darf. Das Gegenteil müsste der Fall sein: Die finanzielle und personelle Ausstattung im Kinderschutz muss wieder deutlich verbessert werden!

Wir müssen Schulungen, Fortbildungen und Supervisionen anbieten, die uns helfen, Kindeswohlgefährdungen schneller zu erkennen und konsequent dagegen vorzugehen. Um unsere Hoffnung am Ende des Buches noch einmal zum Ausdruck zu bringen, möchten wir die überstrapazierten Worte der Kanzlerin nutzen: Wir schaffen das – wenn alle mitwirken – jeder Mensch an seinem Platz und mit seinen Möglichkeiten.

---

89 Levold, Tom (2020): Kinderschutz: Jugendämter melden erneut 10 Prozent mehr Kindeswohlgefährdungen. Online verfügbar unter: https://systemagazin.com/kinderschutz-jugendaemter-melden-erneut-10-mehr-kindeswohlgefaehrdungen.

Literatur

Veröffentlichungen des Autor_innenkollektivs des PPSB-Hamburg

Berthold, Erika/Käsgen, Rainer/Ott-Hackmann (1999): So sollst du sein. Wie Familiengeschichten die Persönlichkeit prägen. Reinbek: Rowohlt.

Käsgen, Rainer/Ott-Hackmann, Harald (Hrsg.) (2001): Im Kindergarten ist die Hölle los. Systemische Lösungsstrategien für Alltagsprobleme. München: Luchterhand.

Ott, Brigitte/Käsgen, Rainer/Ott-Hackmann, Harald/Hinrichsen, Sven (Hrsg.) (2007): Die systemische Kita. Das Konzept und seine Umsetzung. Weimar/Berlin: verlag das netz.

Ott-Hackmann, Harald/Käsgen, Rainer (Hrsg.) (2009): Lasst uns die Welt erfinden! Systemische Therapie mit Kindern und Jugendlichen. Weimar/Berlin: verlag das netz.

PPSB-Hamburg (2015): Kooperative Konstruktion im Dialog. Ulm: Klemm und Oehlschläger.

Schader, Heike (Hrsg.) (2013): Risikoabschätzung bei Kindeswohlgefährdung. Ein systemisches Handbuch. Weinheim/Basel: Beltz Juventa.

Stipendiumsschrift des PPSB-Hamburg

Kallies, Heidrun/Rezai, Farrin (2020): Migration und Interkulturalität. Hrsg. v. PPSB-Hamburg. Hamburg: Alma Marta.

Weiterführende Literaturempfehlungen

Alle, Friederike (2020): Kindeswohlgefährdung: Das Praxishandbuch. Freiburg im Breisgau: Lambertus.

Andersen, Tom (1990): Das Reflektierende Team. Dialoge und Dialoge über die Dialoge. Dortmund: modernes lernen.

Berg, Insoo Kim (2010): Familien-Zusammenhalt(en). Ein kurz-therapeutisches und lösungsorientiertes Arbeitsbuch. Dortmund: modernes lernen.

Berghaus, Margot (2003): Luhmann leicht gemacht. Eine Einführung in die Systemtheorie. Köln/Weimar/Wien: Böhlau.

Biesel, Kay/Urban-Stahl, Ulrike (2018): Lehrbuch Kinderschutz. Weinheim/Basel: Beltz Juventa.

Breiner, Georg/Polt, Wolfgang (2012): Lösungen mit dem Systembrett. Ein umfassendes Handbuch für Aufstellungen mit dem Systembrett in Unternehmensberatung und persönlicher Beratung. Praxisnah und auf den Punkt gebracht. Münster: Ökotopia.

Clemm, Christina (2020): AktenEinsicht. Geschichten von Frauen und Gewalt. München: Antje Kunstmann.

Conen, Marie-Luise (2014): Kinderschutz: Kontrolle oder Hilfe zur Veränderung? Ein systemischer Ansatz. Freiburg im Breisgau: Lambertus.

Ellebrecht, Heiner/Lenz, Gerhard/Osterhold, Gisela (2009): Systemische Organisations- und Unternehmensberatung. Praxisbuch für Berater und Führungskräfte. Wiesbaden: Gabler.

Foerster, Heinz von/Glasersfeld, Ernst von (2007): Wie wir uns erfinden. Eine Autobiographie des Radikalen Konstruktivismus. Heidelberg: Carl Auer.

Glasersfeld, Ernst von (1998): Radikaler Konstruktivismus. Frankfurt am Main: Suhrkamp.

Hantke, Lydia/Görges, Hans-Joachim (2019): Ausgangspunkt Selbstfürsorge: Strategien und Übungen für den psychosozialen Alltag. Paderborn: Junfermann.

Hargens, Jürgen (2006): Aller Anfang ist ein Anfang. Gestaltungsmöglichkeiten hilfreicher systemsicher Gespräche. Göttingen: Vandenhoeck und Ruprecht.

Hildenbrand, Bruno (2010): Einführung in die Genogrammarbeit. Heidelberg: Carl Auer.

Hüther, Gerald (2004): Die Macht der inneren Bilder. Wie Visionen das Gehirn, den Menschen und die Welt verändern. Göttingen: Vandenhoeck und Ruprecht.

Imber-Black, Evan/Roberts, Janine/Whiting, Richard A. (Hrsg.) (2006): Rituale. Rituale in Familien und Familientherapie. Heidelberg: Carl Auer.

Keller, Heidi (2019): Mythos Bindungstheorie. Konzept, Methode, Bilanz. Weimar/Berlin: verlag das netz.

Königswieser, Roswita/Lang, Erik/Königswieser, Ulrich/Keil, Marion (Hrsg.) (2013): Systemische Unternehmensberatung: Die wirksamsten Theorien, Modelle und Konzepte für die Praxis. Stuttgart: Schäffer-Poeschel.

Luhmann, Niklas (1987): Soziale Systeme. Grundriß einer allgemeinen Theorie. Frankfurt am Main: Suhrkamp.

Ludewig, Kurt (1992): Systemische Therapie. Stuttgart: Klett-Cotta.

Massing, Almuth/Reich, Günter/Sperling, Eckhard (2006): Die Mehrgenerationen-Familientherapie. Göttingen: Vandenhoeck und Ruprecht.

Maturana, Humberto/Varela, Francisco (1987): Der Baum der Erkenntnis. Bern/München/Wien: Scherz.

Perry, Bruce D. / Szalavitz, Maia (2008): Der Junge, der wie ein Hund gehalten wurde. Was traumatisierte Kinder uns über Leid, Liebe und Heilung lehren können. Aus der Praxis eines Kinderpsychiaters. München: Kösel.

Rödel, Bernd (2009): Praxis der Genogrammarbeit. Die Kunst des banalen Fragens. Dortmund: Borgmann.

Rothe, Marga (2006): Sozialpädagogische Familien- und Erziehungshilfe. Eine Handlungsanleitung. Stuttgart: Kohlhammer.

Rüegger, Peter/Gysi, Jan (Hrsg.) (2017): Handbuch sexualisierte Gewalt: Therapie, Prävention und Strafverfolgung. Göttingen: Hogrefe.

Satir, Virginia (2013): Selbstwert und Kommunikation. Familientherapie für Berater und zur Selbsthilfe. Stuttgart: Klett-Cotta.

Schlippe, Arist von/Lösche, Gisela/Hawellek, Christian (Hrsg.) (2001): Frühkindliche Lebenswelten und Erziehungsberatung. Weinheim/Basel: Beltz Votum.

Schone, Reinhold/Wagenblass, Sabine (2006): Wenn Eltern psychisch krank sind ... Kindliche Lebenswelten und institutionelle Herausforderungen. Weinheim/Basel: Beltz Juventa.

Schwing, Rainer/Fryszer, Andreas (2010): Systemisches Handwerk. Werkzeug für die Praxis. Göttingen: Vandenhoeck und Ruprecht.

Stachowske, Ruthard (Hrsg.) (2007): Drogen, Schwangerschaft und Lebensentwicklung der Kinder. Das Leiden der Kinder in drogenkranken Familien. Kröning: Roland Asanger.

Stadtjugendamt Erlangen/Gedik, Kira/Wolff, Reinhart (Hrsg.) (2018): Kinderschutz im Dialog. Grundverständnis und Kernprozesse kommunaler Kinderschutzarbeit. Leverkusen: Barbara Budrich.

Watzlawick, Paul (1985): Die erfundene Wirklichkeit. München/Zürich: Piper.

Welter-Enderlin, Rosmarie/Hildenbrand, Bruno (Hrsg.) (2012): Resilienz – Gedeihen trotz widriger Umstände. Heidelberg: Carl Auer.

White, Michael/Epston, David (1992): Die Zähmung der Monster. Heidelberg: Carl Auer.

Wiener, Norbert (1982): Mensch und Menschmaschine. Kybernetik und Gesellschaft. Planegg: Koch.

Autor_innen

Das PPSB-Hamburg wurde 1989 gegründet und hat seinen Sitz in Hamburg-Altona. Das PPSB-Hamburg ist ein Institut für berufsbegleitende Fortbildungen im systemischen Bereich. Es ist Mitgliedsinstitut sowohl in der Systemischen Gesellschaft e.V. (SG) als auch in der deutschen Gesellschaft für systemische Beratung, Therapie und Familientherapie e.V. (DGSF).

Zum Fortbildungskanon, auf den das Institut mit mittlerweile fast 30-jähriger Erfahrung blicken kann, gehören die Fortbildungen

- systemische Beratung (SG),
- systemische Therapie und Gesundheitscoaching (SG),
- systemische Supervision und Organisationsberatung – ProChange (SG),
- systemisch orientierte Fachkraft Kindeswohlgefährdung,
- systemisch-pädagogische Fachkraft Kindeswohlgefährdung.

Daneben werden regelmäßig weitere unterschiedliche Kurzfortbildungen, Workshops und Fachtagungen angeboten. Zahlreiche Veröffentlichungen sind bereits erschienen. Neben dem Fortbildungsgeschäft sind die Partner_innen und Lehrtherapeut_innen des PPSB-Hamburg in Beratung, Gesundheitscoaching und systemischer Therapie, Coaching, Supervision und Organisationsberatung tätig.

Das Autor_innenkollektiv dieses Buchs besteht aus Partner_innen des PPSB-Hamburg. Alle Partner_innen des PPSB Hamburg sind Lehrtherapeut_innen und lehrende Supervisor_innen des PPSB-Hamburg und der Systemischen Gesellschaft e.V. (SG).

Lasst uns die Welt erfinden

Jahrzehntelang behandelte die therapeutische Fachwelt die Probleme von Kindern in Not eher stiefelterlich. Nun geht sie mit großen Schritten und offenen Armen auf die betroffenen Kinder zu.

Die Lehrtherapeutinnen und -therapeuten des Hamburger Psychologischen Privatinstituts für Systemische Beratung fassen in diesem Buch ihre langjährigen Erfahrungen in der Arbeit mit Familien und deren professionellen Helfern in einem systemischen Konzept zusammen, das viele Möglichkeiten bietet, Kinder, Jugendliche und deren Eltern in schwierigen Lebenslagen zu unterstützen.

Mit ihrem Buch werben die Autorinnen und Autoren um Verständnis für Menschen in solchen Lebenssituationen, fordern Respekt vor ihren Überlebensstrategien und beschreiben Lösungsversuche. Sie geben Fachleuten aus unterschiedlichen Kinder- und Jugendhilfeeinrichtungen methodische Hilfen an die Hand und tragen mit Reflexionsübungen dazu bei, die eigene Profession zu stärken.

Im inhaltlichen Aufbau folgt das Buch der Entwicklung von Kindern und Jugendlichen. Diese Gliederung liegt auch dem Curriculum der Ausbildung »Systemische Therapie mit Kindern und Jugendlichen« der Systemischen Gesellschaft zugrunde, und kann als hilfreicher roter Faden dienen.

Harald Ott-Hackmann und Rainer Käsgen (Hrsg.)
Lasst uns die Welt erfinden
Systemische Therapie mit Kindern und Jugendlichen
288 Seiten, mit vielen Grafiken
verlag das netz 2009
ISBN 978-3-86892-260-8
24,90 Euro